Societas Publicanorum

Medici Bank

East India Company

Union Pacific Railroad Company

Ford Motor Company

Exxon Corporation

Kohlberg Kravis Roberts & Co

Facebook

8つの企業

ウィリアム・マグヌソン

FOR PROFIT A HISTORY OF CORPORATIONS

東洋経済新報社

ジェインへ

FOR PROFIT by William Magnuson

目次

序――企業の役割

第1章

「ソキエタス」がもたらしたローマの繁栄

第2章 メディチ銀行が築いた金融システム

第3章 東インド会社が解き放った株式に秘められた力

第4章 アメリカ大陸横断鉄道と独占の問題

第5章 フォード・モーター・カンパニーが可能にした大量生産

第6章 国家を超越した石油会社エクソン

第7章 コールバーグ・クロビス・ロバーツと「乗っ取り屋」の時代

第8章
スタートアップ企業フェイスブックによる創造と破壊

結論——共通善の促進のために

序——企業の役割

ディケンズが描いた企業の内部

チャールズ・ディケンズの小説『ニコラス・ニクルビー』の中に、株式会社のことが語られている箇所がある。そこで株式会社は「国家の要である」といわれている。株式会社の活動は「自由で偉大な国民の富と、幸福と、安寧と、自由、さらにはその存立そのもの」に役立つという。議員たちはこぞって支持を表明する。最初の会合にはおおぜいの投資家が詰めかける。社名は「ユナイテッド・メトロポリタン焼き立て高級マフィン・丸パン即配会社」という。この新しい会社には、多大な期待が寄せられている。

「まさにこの社名ゆえに、株価はうなぎのぼりに高まるでしょう」と、取締役のひとりが声高にいう。

取締役たちは順々に演壇に立っては、集まった投資家たちを前に、今のマフィン業界にいかに悪がはびこっているかを力説する。ある取締役はロンドンで貧しい人々の家を訪問したときのことを語る。「彼らの家にはマフィンのかけらすら見当たりませんでした。この恵まれない人々が1年以上マフィンを口にしていないことは、火を見るより明らかです」。別の取締役――「聖職者のような格好をした、憂い顔の紳士」――は、ロンドンの街路でマフィン売りをしている通称マフィン少年たちの苦境をつぶさに報告する。「真冬だというのに、あわれな子どもたちが毎晩、外に出てきて、雨に打たれながら、何時間も暗い通りを行ったり来たりしています。雹《ひょう》や雪が降る日もそうです。彼らには雨宿りする屋根も、食べるものも、防寒着もありません。わたしたちはその事実に思いを致すべきです。最後の点について申し添えるなら、マフィンは温かい包みに大事にくるまれているというのに、少年たちは着の身着のままで、みじめな状態に捨て置かれているのです。ああ、なんと嘆かわしいことか！」。聴衆の中には涙をこぼすご婦人方もいる。

幸い、ユナイテッド・メトロポリタン社にはこの悲しむべき状況を改善する方策があると、取締役たちは続ける。第一に、われわれは個人的なマフィンの売買をいっさい禁止する。違反に対する重い罰則も設ける。第二に、極上のマフィンを低価格で提供する。第三に、マフィンと丸パンの購入を「社会の全階級に義務づける」。これらの諸策を実現するための法案はすでに議会に提出済みだという。

取締役たちの言葉は聴衆に深い感銘を与える。「すべての演説が終わったときには、取締役たちの狙いどおりにことが運んでいた。聴衆の心に、これほど確実な投資も、これほど意義のある投資もめったにあるものではない、ユナイテッド・メトロポリタン焼き立て高級マフィン・丸パン即配会社への投資は絶対に間違いないという印象を植えつけていた」。取締役のひとりは別の取締役に、これで株価が25%上がったと耳打ちした。取締役たちは万雷の拍手喝采を浴びる中、閉会を告げると、そそくさと昼食に向かった（昼食代は会社持ちだった）。

ユナイテッド・メトロポリタン社の話は、きわめて簡潔な形ながら、資本主義時代に対する見事な批判になっている。そこには悪徳経営者も、腐敗した政治家も、だまされやすい投資家も、横暴な独占企業もすべて登場する。また、ディケンズの思いがどこにあるかもはっきりしている。取締役のひとりは、ラルフ・ニクルビーといい、この小説全体を通じての敵役でもある。しかしディケンズは哲学をくどくどと語ることに関心はない。資本主義の壮大な理論を打ち立てるより、その中で暮らす人々――傑出した人も無名の人も、金持ちも貧乏人も、所有者も労働者も――を描くことに心血を注ぐ。そのための舞台として企業を選んだのは、偶然ではない。ディケンズは企業の内部に目を向け、その仕組みを観察し、その手法を解き明かすことではじめて、資本主義から生まれる巨大な力を示すことができた。資本主義の物語がじつは企業の物語であることがディケンズにはわかっていたのだ。

企業が動かしてきた世界

本書では、企業と企業を支える人たち、つまり資金を提供する株主や、経営を手がける重役や、業務を担う従業員といった人たちの歴史が語られる。したがって、それは取りも直さず人間の物語になる。長い時間をかけて近代的な経済を形作ってきた多種多様な商人や、銀行家や、投資家たちの物語だ。それは数々の大富豪や、権力者や、天才の話のほか、陰謀家や、詐欺師や、卑劣漢の話にも満ちている。奴隷商人や悪徳資本家についても、科学者や発明家についても知ることになるだろう。舞台は古代ローマの宮殿から、デトロイトの工場の組み立てラインにまで及ぶ。ビジネスがどのように成功し、どのように失敗するかや、優れたリーダーとそうでないリーダーとはどこが違うのかも目の当たりにするだろう。

企業の歴史に一貫して見られる特徴がひとつあるとしたら、それは世界の動向につねに多大な影響を及ぼしてきたということだ。古代ローマでは、ローマ軍が史上屈指の有能な戦闘集団へと変貌するのに企業が力を貸した。ルネサンス期のフィレンツェでは、企業の庇護のもとで、天才的な芸術家たちが活躍し、史上最も華やかな時代が築かれた。最近では、ビッグ・テック（巨大ＩＴ企業）が台頭し、スマートフォンとインターネットによってわたしたちの世界との関わり方を大きく変えた。

いうまでもなく、これらの社会の発展において企業が果たした役割は、好ましいものばかりではない。ローマの徴税請負人は、強欲と腐敗で悪名をはせ、聖書の中では罪人と同一視されることになった。フィレンツェのメディチ家は、高利貸しを手がけたことを非難された。メディチ家の悪徳を糾弾するため、ドミニコ会の修道士サヴォナローラの先導によって、贅沢品を焼き捨てる「虚栄の焼却」が行われたことは有名だ。ビッグ・テックは、プライバシーの問題から、独占的な地位や、表現の自由まで、ありとあらゆる面で批判を浴びている。企業は善玉のこともあれば、悪玉のこともある。しかし、つねに舞台に立っているのが企業だ。

本書は８つの章からなり、各章でそれぞれ１社を取り上げて論じている。企業は資本主義の基本構成単位だ。しかし必ずしも昔から今と同じ形態だったわけではないし、活動内容も今とは違った。共和政ローマでは、企業は農業経済の中で運営され、道路建設や徴税など、もっぱら政府から請け負った公共事業に携わっていた。エリザベス朝時代の英国では、重商主義経済の中で探検と貿易にいそしみ、しばしば海賊行為（としかいいようのない活動）に従事した。現在の企業は、複雑なグローバル経済の中で競争を繰り広げ、驚くほどさまざまなモノやサービスを提供し、かつては考えられなかったような巨額の資本にもアクセスできる。本書では全編を費やして、このような企業の発展がどのように進んできたのかを明らかにしていくつもりだ。

企業（コーポレーション）とは何か

本論に入る前に、議論の前提となる事柄をはっきりさせておくほうがいいだろう。そもそも企業（コーポレーション）とは、具体的に何を指すのか。事業体と同義語のように使われることも多いが、企業と事業体とは同じではなく、ある決まった形態や構造をもつ、特定のタイプの事業体のことを企業と呼ぶ〔英米における「コーポレーション」と日本語の「企業」とはイコールではないが、本書では、「企業」という語は基本的に、ここで定義されている「コーポレーション」の意味で用いる〕。

企業という概念は共和政ローマで初めて生まれたもので、英語のコーポレーションという語は、「体」を意味するラテン語コルプス（corpus）に由来している。では、具体的に企業とは何かというと、この由来にも示唆されているとおり、個人の集まりが、法律にもとづいて、一体化したもののことである。

それまで個人の集まりだったものが、企業になると、個々のメンバーの人格とは別個の人格として、行為することも、行為の対象にすることもできる。

英語以外の言語では、企業を表す語が古代ローマで企業を表すのに用いられていたもとの語ソキエタス（societas）にもっと近いこともある。例えば、イタリア語では、企業はソチェタ・ペル・アッツィオニ（società per azioni）、つまり「株式会社」と呼ばれる。ここに企業の第二の重要な特徴が示されている。すなわち株式と株主の存在だ。企業が一般の投資家に向けて、株式を発行し、それらの投資家からお金を集められるということは、経営に携わる重役たちの所持金だけでなく、世の中にある広大な資本の海を利用できることを意味する。

さらにもうひとつ、事業を営むうえでたいへん好都合な特徴が企業にはある。それは有限責任という特徴だ。パートナーシップの場合には、事業が失敗すると、パートナー全員が責任を負うが、企業の所有者は、企業の負債を返済する義務を負わない。株主は株の購入のためにお金を一度支払ったら、あとはもう、事業がどれだけ悪化しようとも、債権者から取り立てを受ける心配はない。

これらの特質を兼ね備えたことで、企業は商業活動を推し進めるとてつもなく強力なエンジンを獲得した。実際、これらの特質を併せ持つというのは類例のないことで、18世紀英国の法学者ウィリアム・ブラックストーンは、有名な著書『英法釈義』（Commentaries on the Laws of England）の中でかなりのページをその説明に費やしている。「企業の特権および免除、地所および財産は、ひとたび企業の所有するところとなれば、以降、新たな後継者にそのつどあらためて譲渡されることなく、いつまでも企業の既得のものであり続ける。なんとなれば、企業の創設から現在に至るまでに在籍した個々の構成員、および将来、在籍する個々の構成員は全員、法律上、一個の人格と見なされるからである。この人格に死というものはない。これはちょうどテムズ川がつねに同じ川でありながら、それを構成する部分は刻々と変化し続けているのと同じである」。同じく英国の著名な法律家だったサー・エドワード・コークは、もっと簡潔に次のように述べている。企業は「目には見えず、死ぬこともない[1]」。

企業の発展はまったく新しい社会階級の誕生にもつながった。資本家階級の誕生だ。いつの時代にも裕福な人たちはいたが、企業は裕福な人たちにもっと裕福になるための新しい手段を与えた。富を持つ人はそれをただ蓄えておいたり、贅沢三昧の派手な暮らしに費やしたりする代わりに、企業に投資できるようになったのだ。企業の株主になれば、あとは投資したものが成長するのを高みから見守っていればいい。その成長のために実際に働くのはほかの人間であり、自分ではまったくか、あるいはほとんど何も貢献する必要がない。

これにより企業のあり方は一変した。企業の株式を持つがその経営には携わらない資本家階級が出現したことで、経済の中に、独自の論理と手法を有する新しい勢力が生まれたのだ。資本家たちが気にかけたのは、たいていは給与や長期的な企業の成功よりも配当や株価のほうだった。このことは必ずしも企業にいい影響を及ぼさなかった。また、新手の詐欺を招くことにもなった。資本家は自分が株を持っている企業の評判を変えることで、株価を操作して、富を増やせたからだ。例えば、東インド会社の有名な株主だったサー・ジョサイア・チャイルドは、インドで戦争が始まったというデマを流して、その株価を下落させた。そしてまんまと安値で株を大量に買い取ることに成功した。このような市場操作のせいで、株式市場や未熟な投資家の懐は数世紀にわたって損なわれ続けてきた。

「見えざる手」による市場の監視

このような資本主義制度の台頭をどう評価するべきなのだろうか。アダム・スミスは、最終的には最善の結果をもたらすものだと考えていた。『国富論』の中で市場は「見えざる手」の監視下にあると論じられているのは有名だ。利己的な個人がそれぞれ自分の利益ばかりを追求しても、「見えざる手」の調整機能が働いて、結果的には社会全体の利益が促進されることになるという。「見えざる手」が具体的にどう働くかは明らかではないが、それはおおむね需要と供給の関係にもとづくものだった。つまり、企業どうしが市場の需要に従って競争すれば、おのずと社会に必要な財やサービスが手頃な値段で供給されるようになるという理屈だ。

この資本主義の「見えざる手」という考え方は、以来、世界じゅうの経済学者や、政治家や、経営者を魅了し続けてきた。大統領選挙の公約にも、国の政策にも、シンクタンクの白書にも取り入れられている。「市場に問題の解決を委ねよ」、「市場を基盤とする取り組みが求められる」、「民営化すべきだ」等々、日常的に耳にする言葉にも、その残響が感じられる。経済学者ミルトン・フリードマンが次のように結論づけたのも、「見えざる手」という考え方に導かれてのことだ。「企業の社会的な責任はひとつしかない。それはゲームのルール内で、利益の増大を目的とした活動に資源を振り向け、取り組むことである」。世界にこれほどまで大きな影響を及ぼしている経済理論はめずらしい[2]。

企業は世界に災いを招く？

一方で、「見えざる手」がほんとうにそんなによいものなのか、あるいはそもそも存在するのかについて、疑問を投げかける識者も少なくない。世界に災いを招くものとして、何百年にもわたって世の中から非難されてきた歴史が企業にはある。今では企業への批判は至るところで聞かれる。企業は飽くなき利潤の追求によって、労働者を搾取している。企業は天然資源を使い果たし、環境を破壊している。企業はずる賢いやり口で消費者を害し、価格を吊り上げている。このような企業の悪しき行為のリストはまだまだ続く。おかげで批評家たちは飯の種に困らない。

トーマス・ジェファーソンは次のように書いている。「金にものをいわせる企業という特権階級を、まだ生まれて間もない時期につぶしておくべきだった。今や政府に力競べを挑み、国の法律を無視するまでになっている」。カール・マルクスは次のように書いた。企業は「創設者や投機師や名ばかりの経営者の姿をした、新しいタイプの寄生者である。企業の創設や、株式の発行や、株式の投機に関して、手練手管や不正のかぎりを尽くすためのすべてを備えた組織である」。個々の企業に向けられた批判の言葉はさらに饒舌だ。18世紀の英国の政治思想家エドマンド・バークは東インド会社のことを論じて、次のように断じた。「この唾棄すべき企業は、やがて、まるで毒蛇のように、自分を慈悲深く育んでくれた国に破滅をもたらすだろう」。最近では、ジャーナリストのマット・タイビがゴールドマン・サックスを次のように評している。「まるで吸血鬼イカのごとく、人間に抱きついてきて、金の匂いのするものを見つけると、容赦なく、血を吸う漏斗を差し込む」[3]

しかし、最も古びない痛烈な批判といえるのは、お金の力を使って、民主主義の制度自体を損ねているという批判だろう。政治家に賄賂を贈り政府の事業を受注している、ロビイストを雇って世論を捻じ曲げている、選挙運動に協力した見返りに自社に都合のいい規制を導入させているといった批判だ。中でもセオドア・ローズベルトによるものは情理を尽くした見事なものだった。1910年、ローズベルトはカンザス州オサワトミーのジョン・ブラウン記念公園で演説し、「公平な取引」への支持を表明した。それは「特別利益団体の悪影響と支配」から政府を解放するという意味だった。

企業が政治に振り向けるお金が、政治汚職の大きな原因になっています。[…]資産の真のよき友、真の保守主義者と呼べるのは、資産は国家の下僕であって、主人ではないと唱える人です。人間の手で作られたものは、あくまで人間の下僕であって、けっして主人にしてはならないと唱える人です。アメリカ合衆国の市民は、自分たちが生み出した強大な商業力の賢明な使い手にならなくてはなりません。

企業が政府に大きな影響力を行使することに懸念を抱いた指導者は、ローズベルトが最初ではない。最後でもないだろう。ウィリアム・シェイクスピアの『リア王』で、リアはもっとあからさまに次のようにいっている。「罪に黄金の鎧を着せてみよ。そうすれば頑丈な正義の槍も、傷ひとつつけられずに折れるだろう。だが、ぼろの鎧をまとわせれば、小人のわらにすら、突き通される」

企業が政治的に大きな力を持つのは、当然の成り行きだ。民主主義の政府には、民主主義に則るかぎり、社会の利害や、好悪や、願望が反映されていなくてはならない。したがって、企業が世の中に不可欠な存在になるほど、おのずと政治への影響力は増す。むしろ、政府が国内の巨大企業の利害に合わせて政策を変えないほうが、よっぽど驚くべきことといえるだろう。

しかし今、わたしたちが考えなくてはならないのは、企業が民主主義を変えたかどうかではない。変えたことはもはや自明だろう。そうではなく、どれほど民主主義を変えたか、どのように変えたかだ。多くの識者の目には、それは悪いほうに変えたと映っている。間近で自分たちの組織の絶大な力が発揮されるのを目撃してきた企業内部の人間にも、そう感じている者がことのほかおおぜいいる。

冷笑家はこういう状況を前にしても、肩をすくめて、次のようにうそぶくだけかもしれない。「所詮、企業は他者の犠牲の上に富を築き、政治家に賄賂を贈り、民主主義を腐敗させるものだ。企業にほかに何を期待せよというのか」と。しかし企業の歴史を紐解いてみれば、あまり性急に判断を下すべきではないことがわかる。新たな企業の不祥事や、新たな不正が明るみに出るたび、社会は課題に取り組んで、解決策を講じてきた。

政府から徴税を請け負っていた富豪たちがローマの属州を不当に苦しめていたことが発覚すると、皇帝アウグストゥスは政府が直接租税を徴収する方式に切り替えた。東インド会社は株の仕組みのせいで社員間に争いが生じていることに気づくと、社員どうしでインセンティブが一致するよう恒久的な株を発行した。1929年に発生した株価の大暴落後、一般投資家への株の売却で詐欺行為が横行していたことが明るみに出ると、米国議会は証券法と証券取引所法を制定して、一般投資家を欺く行為を取り締まり始めた。これらは資本主義の世界に起こった重要な変化だが、忘れられていることが多い。企業ではなく、政府が税金を徴収することも、個々の事業ごとに利益を還元するのでなく、恒久的な株を発行することも、株主への情報開示を企業に義務づけることも、今では当たり前になっている。しかしそれらは昔から当たり前だったわけではない。

企業の存在意義とは何か？

本書の核をなしているのは、至って単純な議論だ。企業はひたすら利益だけを追い求める集団であり、人間味などとは無縁のものであると考えている人は多い。中には、利益の追求を最優先するのは、そもそも企業の義務だとまで主張する人もいる。しかしどちらも間違っている。企業は誕生した当初から、共通善（社会全体にとってよいこと）の促進を目的とする組織だった。古代ローマでも、ルネサンス期のフィレンツェでも、エリザベス朝の英国でも、企業は社会に使われるものであり、社会の繁栄を築き、維持するための働きをしてきた。企業は公共の目的を持った公共の機関であり、国の発展に寄与するものだと見なされているからこそ、国から特別な権利も与えられている。ときどき――あるいはしばしば――この目的から逸脱することがあるとしても、企業の存在意義が共通善を促進する能力にあることはつねに変わらない。

近代経済学の父アダム・スミスも、このことは理解していた。スミスは「見えざる手」を論じた『国富論』のある箇所で（めったに読まれない箇所だが）、万能の資本主義に重要なただし書きをつけ加えている。「見えざる手」も完全無欠ではないのだ。「生産物の価値が最大限に高まるよう、労働を振り向けることで各人がめざしているのは、自分自身が利益を得ることだけである。このとき各人は、そのほかの多くの場合と同じように、見えざる手に導かれて、自分ではまったく意図していなかった目的の達成に貢献している。各人にそういう意図がないことは必ずしも悪いことではない。自分自身の利益を追求しているときのほうが、意図的に社会の利益を促進しようとするときよりも効果的に社会の利益を促進することが多いからだ」。この箇所で注目すべきは、ここでいわれていないことにある。すなわち、個人の利益を追求することがいつも共通善の促進につながるとはいっていないのだ。多い、としかいっていない。さらに重要なのは、利益という動機はあくまで手段であって、それ自体が目的ではないとスミスが考えていることだ。企業が利益を追求することで、結果的に社会に恩恵がもたらされると信じているからこそ、わたしたちは企業に利益の追求を認めているのだ。スミスの考えによれば、企業には公共の目的があり、その目的とは共通善を促進することだとされている。

　企業と共通善の結びつきは、かつては今よりもはるかにはっきりしていた。当初、企業は君主や政府から認可を得る必要があり、認可を得るためには、採算の取れる事業であることに加え、国のためになる事業であることも示さなくてはならなかった。1600年、東インド会社はエリザベス1世に対し、「自社の航海の拡大をめざすと同時に、イングランド王国の名誉のために」活動することを誓った。ユニオン・パシフィック鉄道には南北戦争の最中に議会から認可がおりた。大陸横断鉄道が開通すれば、分断された国の統合を図れるというのが支持者たちの主張だった。

放棄されてしまっている企業の本来の役割

前世紀に、わたしたちは企業の本来の精神を見失ってしまった。もとは手段だった利益の追求が目的と化してしまった。そのような変化には、法律の影響もいくらかあった。20世紀に入った頃には、もう君主に認可を求める必要はなく、地域の役所に書類を提出するだけで企業を設立できるようになっていた。企業が存在意義の説明を求められることはなかった。しかしそれよりも大きかったのは、政治の影響だ。共産主義の脅威と冷戦に直面した西側諸国は、資本主義の価値への信頼を強めざるを得なかった。企業はもはやアダム・スミスが述べていたような、欠点はあるが有用なものという位置づけではなく、西側の生活を特徴づけるもの、共産圏の暗愚な市民と自分たちを区別するものと見なされた。こうして民主主義と資本主義とが同義語になった。その結果、企業は使われるものから称えられるものに変わった。企業がわたしたちの特徴になると同時に、わたしたちは企業をもてはやすようになった。

しかし、企業の歴史の中で起こったこの変革は、危険な副作用も招いた。企業が成長し、巨大化する一方で、今や企業に公共の精神が求められることはまれだ。市場の倫理性よりも、市場の効率性が問われる。ある企業が儲かっていれば、それは企業の効率性が高い証拠であり、効率性の高さこそ、追求するべき善である。こういう考え方が社会だけでなく、企業のリーダー自身のあいだにも浸透している。これにより社会の大きな問題への関心が薄く、もっぱら利益を上げることに腐心するビジネスリーダーが増えた。金融資本主義も台頭し、ものの生産よりも金融工学に軸足を移した企業活動が目立つようになっている。さらに「迅速に動き、破壊せよ」というモットーに代表される、責任ある行動より急速な技術の進歩を重んじるシリコンバレー精神も広まった。ときにビジネスリーダーが共通善の守り手としての役割を口にすることもあるが、わずかな例外を除いて、そのような発言に行動の裏づけがあることはますます減っている。

わたしたちが今、目の当たりにしているのは、企業と大物経営者が途方もなく大きな――東インド会社の時代には想像すらできなかったであろうほどの――富と力を持つ時代だ。しかし社会の繁栄を築くための道具という、企業の本来の役割は放棄されてしまっている。これは危険な状況だ。長い年月のあいだに企業は進化したが、同時に、制度を悪用して、他人の富を奪い取ろうとする悪徳経営者の手口も進化している。グローバル経済の将来に何が待ち受けているかは、企業の原点に立ち返れるかどうかで決まる。原点に立ち返れなければ、あらゆる犠牲を払って利益を最大化するという泥沼にはまって、二度と抜け出せなくなるだろう。

法律事務所で浮かんだ本書のアイデア

本書では、長年研究してきた企業の世界を描き出してみたい。

わたしはハーバード大学ロースクールを卒業後、法律事務所サリバン・アンド・クロムウェルのM&A（合併・買収）部門にアソシエイト弁護士として加わった。サリバン・アンド・クロムウェルはウォール街で指折りの法律事務所だ。古くはパナマ運河の建設やUSスチールの設立に法務の助言役として関わっている。出身者の中には最高裁判事や、ＣＩＡ（中央情報局）長官や、国務長官を務めた人物も名を連ねる。現在は、世界の最大手企業数社を顧客に持ち、重要な案件で法律の助言を行っている。わたしも在籍時に、そのような大きな案件に何度か携わることができた。最終的には法律事務所の生活から学究の道へ移ったが、法律事務所に勤めたおかげで、企業がどう成り立ち、何で動き、何を求めているのかを内側から見る機会に恵まれたことにはいつも感謝している。

実際、本書のアイデアが初めて浮かんだのは、法律事務所に在籍していたときだった。平日の深夜1時頃のことだ。わたしはまだ、サリバン・アンド・クロムウェルの名高いM&A部門が入っている36階の自分のオフィスにいた。机の上には夕食のときに注文したタイ料理の食べ残しが散らかっていた。椅子の後ろの壁には、ロスコの絵があった。同僚はすでに帰宅していて、わたししかいない室内は薄気味悪いほど静かだった。気持ちは沈み、疲れ切っていた。なぐり書きしたＴｏＤｏリストに目を通すと、それらをすべて終えるには数時間かかりそうだとわかった。終えるまでは家に帰れなかった。人生への不安から来るような苛立ちを不意に覚えたわたしは、椅子を後ろに押しやって立ち上がり、窓際のほうへ歩いた。遠くに、明かりに照らされた自由の女神像が見えた。窓のはるか下では、黒い自動車が道路脇に長い列を作っていた。アソシエイトたちを家に送り届けるため、待機している車の列だった。その光景にはどことなく華やかさがあったが、同時に、憂鬱にもさせられた。

こういうものはなぜ生まれたのだろうかと、わたしはふとふしぎに思った。いつからこんなことが始まったのか。有能で誠実な若者がかくもおおぜい、朝から晩まで、企業の利益の追求のためにおのれの時間を捧げるなどということがいつから始まったのか。これにはどんな意味があるか。このとき、わたしは本書を書く必要があると気がついた。企業を歴史的な文脈の中に置いて、よきにつけ悪しきにつけ、企業が現在の姿へと進化するまでにどういう道を歩んできたのかを振り返る、企業の物語を書く必要がある、と。

変わり続けてきた企業のあり方

わたしは結局、サリバン・アンド・クロムウェルを退職して、法学の教授になった。現在は会社法や、M&Aや、国際ビジネスなどを教えている。授業では、ウォール街での経験談も話すし、今の企業社会をどのように生き抜いていけばいいかについて、学生たちに及ばずながら助言もする。しかしあの日にひらめいた壮大な構想のことを忘れたことはなかった。毎年、会社法の授業の初日には、最初に、学生たちに次の質問をしている。企業の目的とは何か？　ほとんどの学生は「利益を上げること」だと答える。それはどういう意味かと重ねて問うと、「株主のために利益を上げること」という答えが返ってくる。その後の授業を通じて学ぶように、これは現在の法律のもとではおおむね正解だ。裁判では繰返し、最高経営責任者（CEO）には株主の利益を第一に守る義務があり、株主の第一の関心は利益にあるという判断が示されている。しかし、本書を読んでいただくとわかるように、歴史的な観点からは、この答えは完全な誤りだ。エリザベス1世はロンドンの商人の一団に儲けさせるために、東インド会社に認可を与えたのではなかったし、エイブラハム・リンカーンもボストンの一握りの資本家たちの富を増やすために、ユニオン・パシフィック鉄道を設立したわけではなかった。ふたりの頭にあったのは、そんなちっぽけなことではなく、もっと重要なことだった。共通善という目的だ。

本書は企業のあり方に関するガイドブックのようなものになるだろう。本書では、企業が長い年月のあいだに、どのような進化を経て、現在の姿に至ったのかが描き出される。その中で、企業がどこで繁栄し、どこで衰退したか、どこで高潔に振る舞い、どこで腐敗したかが明らかにされるだろう。しかし何より重要なのは、ディケンズの言葉を借りるなら、「自由で偉大な国民の富と、幸福と、安寧と、自由、さらには存立そのもの」の実現のために企業がどういう役割を果たしているかという点だ。複雑かつ矛盾に満ち、たえず変わり続けているその役割について、企業の歴史をたどりながら、深く掘り下げていきたい。

第1章

「ソキエタス」がもたらしたローマの繁栄

ローマを救った3つの企業

前215年、地中海世界の2大大国、ローマとカルタゴのあいだで、国家の存亡をかけた熾烈な戦いが繰り広げられていた。戦線はスペインの海岸からギリシャの内陸やチュニジアの砂漠まで延び、ガリア、ヌミディア、マケドニア、シラクサの人々が戦争に巻き込まれていた。勝った国はヨーロッパからアフリカ、アジアにまたがる広大な領土を獲得し、負けた国は消滅の危機にさらされる。まさに西洋世界の未来を決する戦いだった。

すでに数十年にわたって激戦が続いていたが、このときにはカルタゴが名将ハンニバルのもと、勝利を目前にしていた。前218年、ハンニバルは歩兵隊と騎兵隊、それに戦象からなる大軍を率いて、アルプスを越え、イタリアに攻め込んだ。これは危険な作戦だったが、カルタゴ軍は進軍を食い止めるべく送り込まれてきたローマ軍を次々と撃破した。トレビアの戦いと、続くトラシメヌス湖畔の戦いでは敵を圧倒し、最小限の兵しか失わなかった。最も衝撃的な勝利を収めたカンネーの戦いでは、8万6000人という過去最大の兵力を結集したローマ軍を打ち倒した。ローマ軍は桁外れに大きな損失をこうむり、推定7万6000人が死に、1万人が捕虜になった。これはたった1日の戦闘で兵役年齢のローマ人男子の20％が命を落としたことを意味する。そこには300人の元老院議員のうちの80人も含まれた。これで勢いづいたハンニバルはその後、イタリア南部を自由に巡って、農村を襲い、略奪を繰り返し、兵士を集めて回った。ローマの同盟市も、形勢がカルタゴに傾いたと見て取ると、次々とカルタゴ側に寝返った。若きローマは崖っぷちに立たされた。

このように絶体絶命の状況に追い詰められたローマがその後、どのようにハンニバルをイタリアから駆逐し、最終的にカルタゴ軍を破ったかは、古代史の学生にはおなじみの話だ。ローマ軍のこのときの戦い方はのちに「ファビアン戦略」として有名になった。それは正面からぶつかり合う大規模な戦いを避けて、ゲリラ戦に徹することで、戦争を長引かせ、本国から遠く離れた戦地にいるハンニバル軍を疲弊させようとする作戦だった。さらにローマ軍の知将スキピオ・アフリカヌスは、スペインでカルタゴ軍との大きな戦いに勝つと、イタリアでハンニバルに決戦を挑む代わりに、アフリカに船を向けて、カルタゴに攻め込んだ。ハンニバルは本国の防衛のため、イタリアを離れざるを得なくなり、最後にはザマの戦いでスキピオに大敗を喫した。

この出来事であまり知られていないのは、ローマが戦争を続けるのを可能にした資本家の役割だ。前

215年、ハンニバルがイタリアで暴れ回っているさなか、スペインのプブリウス・コルネリウス・スキピオ（スキピオ・アフリカヌスの父）から元老院に悪い知らせが届いた。軍の物資が著しく不足しており、あとしばらくで、兵士たちに給料を払うことも、食事を与えることもできなくなる。ついては、すぐに必要な物資を送って欲しい。さもなければ、軍はこれ以上持ちこたえられず、スペイン全土を失うことになるという。しかし、ローマの国庫も底を突きかけていて、求められたものを送る余裕はなかった。元老院は窮余の策として、ローマの市民に嘆願した。ローマの国庫が回復したら償還するので、私費でスキピオの軍隊に衣服や食料や装備を送ってくれないか、と。この要請に対し、3つの企業（ものラテン語ではソキエタス）、計19人の市民から協力の申し出があった。19人が見返りに求めたのは、兵役の免除と、船に積んだ物資が悪天候や敵の攻撃で失われた場合の弁済だけだった（陸路で運ぶ物資については、そのような弁済を求めていないので、名高いローマの道路はやはりとても安全だったのだろう）。元老院はその条件を受け入れた。

3社は約束を寸分違えることなく果たした。リウィウスの『ローマ建国史』には次のように書かれている。「物資の供給契約はきわめて寛大なものであるとともに、立派に実行に移された。兵士たちのもとに届けられた物資は、かつて国庫が潤沢だったときと比べてもまったく遜色がなかった」。物資の供給を受けられたおかげで、スキピオとその弟の軍隊は攻勢を維持でき、ハスドルバル（ハンニバルの弟）の軍との数度の会戦を制することができた。この連勝の結果、「スペインのほぼ全勢力」がカルタゴを見限って、ローマの側についた。リウィウスはこの出来事について、ローマ市民の徳の高さを示すものだと述べ、民間の企業が軍隊への物資の供給に協力したのは、私欲からではなく、使命感からだったと指摘した。「このような気質と祖国愛は、全階級に共通するものである」[1]とリウィウスは書いている。

しかし、この一件からは、ローマ市民の気質云々とは別に、ローマ世界のもうひとつの重要な特徴が浮かび上がってくる。経済と民間組織の力だ。わずか3社だけで、スペインに駐留するプブリウス・コルネリウス・スキピオの軍隊に必要な物資を供給できたという事実は、3社の事業規模が相当大きかったことを示唆している。資本や、穀物や、衣料や、船や、船員をはじめ、さまざまなものを調達する手段をもとから持っていたのだろう。またローマの社会の中ですでに確かな地位を占めていたとも考えられる。そうでなければ、元老院が契約を交わそうとしなかったはずだ。しかもこの3社の関与によって、戦局は変化することになった。

これは共和政ローマの歴史において注目されるべき出来事だった。破綻寸前だった政府を、有力な企業の一団が救済したのだから。これはつまり、リウィウスが書いているように、未曾有ともいえる国難のさなか、しばらく「民間の資金が国を支えていた」ということだ。[2]

共和政ローマにおいて企業が果たしていた役割

現在、企業（コーポレーション）はいくつかの一定の特徴を備えた事業体として定義されている。株主がいる、永続性がある、企業の所有者が出資額以上の責任を負わない、一個の人格として扱われる（少なくとも取引を行うことができ、自分で自分の責任を負えるという点では）といった特徴だ。さらに、最高裁判事アンソニー・ケネディは、市民連合と連邦選挙委員会が争った裁判の判決で、企業には憲法で保障されている言論の自由が認められると述べている。

ただしローマの企業は今の企業とはだいぶ違った。ローマの企業はもっぱら政府の仕事を請け負い、道路の建設や、税金の徴収や、軍隊の支援といったことに携わっていた。企業を営めるのは、1つの社会階級――騎士階級――だけだった。必ずしも有限責任ではなく、企業の所有者の私的な資産が守られないこともあった。さらに、戦争好きなことでも悪名が高かった。政府に他国を征服して属州を拡大するよう働きかけていることをしばしば批判された。

それでもローマの企業が後世に残したものには、なぜ企業というものが現代まで存続したのか、なぜ企業が現在のような姿になったのかが示されている。ローマの国家と企業とは、繁栄した社会を築くという大事業における、密接なパートナーどうしだった。企業は国への貢献の見返りに、国から特権を与えられていた。両者の関係は互恵的なものだった。特権によって効率と安定性を高められれば、それだけ国の期待にも応えやすくなった。

ダンテ・アリギエーリは『帝政論』の中で古代のローマ人について、次のように書いている。「あの敬虔で徳の高い、立派な人々は、社会全体の平和と自由を優先し、社会を害する私欲をすべて抑えていた。人類全体の幸福の実現のためなら、進んで自分の利益を犠牲にしていたようにすら見える」。天才ダンテもここでは間違っている。ローマ人はいつの時代にもつねに、富や贅沢への欲をあらわにしてきたし、ときにその欲は異常なまでに強かった。一方で、ローマ人は暴力的で残忍でもあった。ガリア全域を征服したユリウス・カエサルは、抵抗していたある町が降伏したとき、その町に残っていた兵役年齢の男子全員の両手を切り落とした。ローマ一の大富豪マルクス・リキニウス・クラッススは消防隊を設立したが、火事になった家の持ち主が家を二束三文で売ることに同意するまでは、火を消すのを拒んだ。大政治家大カトーは、近隣都市カルタゴの繁栄を目の当たりにすると、以後、演説の最後は必ず、そのときの話題がなんであっても、「カルタゴ・デレンダ・エスト（カルタゴを破壊せねばならぬ）」という言葉で締めくくった。ローマ人があらゆる私欲を抑え、人類の幸福のために自分を犠牲にしていたと信じるには、それこそ天才的な想像力を発揮する必要があるだろう[3]。

一方で、ダンテの古代ローマ人論では、見過ごされがちな重要な事実も指摘されている。ローマ人は私欲や物欲を抑えることこそ知らなかったが、それらを共通善に振り向けることが重要だという意識は強く持っていたということだ。実際、企業と政府とのつながりはとても深く、ときに両者のあいだに区別がなくなるほどだった。第二次ポエニ戦争では、リウィウスが述べているように、国が民間の資金で持ちこたえた。ローマの戦争の背後には必ず企業の存在があり、企業が戦争の継続を支え、ときに開戦にも関与していた。やがてこの民間の企業と国の政府との協力関係が発展して生まれたのが、企業が自社の利益を追求することを通じて国の役にも立てる、高度で複雑な仕組みだった。現代のわたしたちが古代ローマに負っていることは言葉から、政府や、法律まで、あらゆる分野に及んでいるが、企業というものもそのひとつなのだ。

共和政ローマで企業が果たしていた役割については、いくらか議論が分かれてはいる。ひとつには、古代の行為をいい表すのに現代の言葉を使うことには、つねに問題がつきまとうからだ。ローマのソキエタスは、今の企業と同じものだったのか。当然、同じではなかった。古代ローマには、企業の設立を認可する国務長官もいなかったし、証券の発行や、株主代表訴訟や、取締役の義務について定めた膨大な数の法律もなかった。しかし、現在の企業の核となる特徴の多くは、ソキエタスに備わっていたのでないか。これは備わっていたといえそうだ。特に、後述するソキエタス・プブリカノルム（societas publicanorum）と呼ばれる特殊なソキエタスについてはそういえる。もうひとつの問題は、ローマの企業の構造と機能に関するものだ。ある学者たちの考えによれば、古代ローマには、今とほとんど同じように株式の売買ができる大規模な市場があって、活発に株式の取引が行われていたことが、当時の文献資料から読み取れるという。それに異を唱える学者たちにいわせると、そのような文献資料の解釈は牽強《けんきょう》付会《ふかい》だという。本書ではこの議論自体には踏み込まないが、古代ローマの経済生活については、このように重要な事実に関して意見が大きく割れている場合があることも、まずはじめに指摘しておきたい。[4]

ではそれを踏まえて、古代ローマの企業がどういうものであったかについて、現在わかっていることを見ていこう。

「ソキエタス・プブリカノルム」と呼ばれる民間組織

双子の兄弟ロムルスとレムスによる前７５３年の伝説上の建国から、アウグストゥスによる前27年の帝政への移行まで、ローマが「大きな政府の罠」に陥ることは一度としてなかった。これは驚くべきことだ。テベレ川のほとりの小さな村から世界的な大国へと成長し、スペインの高地からシリアの北岸まで、サハラの砂漠からフランスの南岸まで支配地域を拡大しながら、共和政ローマはつねに最小の官僚制度とごく少数の役人によって運営されていた。政権を担ったのは、元老院議員と数人の政務官だった。必要性がますます高まっていく数多くの日常業務に取り組む行政機関を持たないことは、やがて問題を招いた。急速に拡大する領土をどうやって統治すればいいのか、という問題だ。この問題が完全な解決を見たのは、共和政が帝政に取って代わられ、行政機構が整備されてからのことだが、当面は政府の業務を請け負う民間組織、特にソキエタス・プブリカノルムと呼ばれる民間組織の活用を増やすことで、解決が図られた。

ソキエタス・プブリカノルムとは、文字どおりには「プブリカニ（公的請負人）の組合」を意味する。では、プブリカニ（publicani）とは何者だったのか。キリスト教徒にとっては、これはネガティブな印象が強い言葉だ。聖書にはこの言葉が何度も出てくるが、一度もいい意味では使われていない。例えば、ルカの福音書に、イエスがレビという名のプブリカニの家で盛大なもてなしを受け、多くのプブリカニと食事をともにする場面がある〔聖書ではプブリカニはふつう「徴税人」と訳される〕。ファリサイ派の人々に、「なぜプブリカニや罪人と食事をともにするのか」と詰問されたイエスは、次のように答える。「健康な人間に医者は必要ない。医者を必要とするのは、病人たちだ。わたしが来たのは、正しい人ではなく、罪人たちを招いて、悔い改めさせるためだ」。以来、プブリカニといえば、すぐに罪人が連想されるようになった。[5]

しかし共和政ローマの市民からは、それとはまったく違う見方をされていた。プブリカニは立派な階級とされ、尊敬すらされていたのだ。その名称自体に国家との深い結びつきが示されている。プブリカニのプブリカ（publica）とは、「パブリック（公の）」という意味であり、レス・プブリカ（res publica）

といえば、「公のもの」や「リパブリック（共和国、共和政）」を意味した。では当のプブリカニは何かといえば、公的事業の請負人だった。つまり、国と契約を交わして、公的事業を請け負う民間人だ。共和政ローマは公的事業を手がけられる大規模な行政組織を持たなかったので、国の運営をプブリカニに大きく依存していた。

プブリカニは共和政ローマのかなり早い段階で登場した。前述のブラックストーンは、伝説の王ヌマ・ポンピリウスによって創始されたという説すら唱えている。ただし、文献に現れるのは、前1世紀のハリカルナッソスのディオニュシオスの著作が最初だ。その著作には、前493年に、ローマの政府がケレス、リベル、リベラの三神（農耕と豊穣を司るいわゆるアベンティヌスの三神）を祀る神殿建設のため、民間の組織と契約を交わしたことが記されている。プリニウスの著書には、円形競技場で使われる馬を育てることや、カピトリヌスの丘のガチョウに餌をやることがプブリカニの仕事だったという記述がある（ガチョウの餌やりというと、あまり立派な事業のように思えないかもしれないが、古代ローマでは宗教的な意味があるたいへん重要な行為だったのだろう。前390年、ガチョウはガリアの都市で略奪をしていたローマ軍に、ガリア人の襲撃が近いことを知らせ、ローマ軍を救ったといわれている）[6]。

前3世紀までに、プブリカニはローマの国家運営に確たる地歩を占めるようになっていた。例えば、第二次ポエニ戦争のときには、団結してローマ政府に働きかけ、神殿の修復や、二輪戦車に使う馬の供給の契約を延長させた。ただし、その頃には、請け負う事業の幅は大きく広がっていた。民衆へのサービスや物資の提供も手がければ、鉱山や採石場といった公共財の開発も担った。実際、わたしたちがローマの諸都市の見事さに目を見張るとき、たいていそれはプブリカニの功績だ。ローマの人々が街中で見たであろうものはほぼ何もかも、道路も、市壁も、神殿も、市場も、会堂も、像も、劇場も、水道橋も、下水道も、円形競技場もすべて、プブリカニによって建設され、維持されているものだった。もちろん、ローマ軍の数々の勝利もプブリカニに多くを負っていた。ハンニバルとの戦争が終わったあとも、プブリカニは軍への食料や、衣類や、馬や、装備の供給を請け負った。[7]

しかしプブリカニを最も有名にしたのは、いくらかいかがわしい面がある業務だった。租税の徴収だ。徴税はプブリカニの大きな収入源であり、その代表的な業務と考えられるようになった。実際、翻訳者の多くはプブリカニを単に「徴税人」や「徴税請負人」と訳している。徴税の請け負いというのは、現在では聞き慣れない仕事だが、古代には広く行われていた。ローマでは、国家が収入を確保するうえで大切な(おそらくは欠くことのできない)手段だった。カエサルは次のように述べている。「ふたつのことが国家を築き、守り、大きくしてきた。それは兵力と財力だ。このふたつは互いに支え合っていた」

共和政ローマには徴税の形態がいくつもあったが、一般に、ローマの収税に最も苦しめられたのは、征服地の人々だった。征服地には重税が課された。例えば、シチリアや小アジアでは、農民たちが毎年、生産物の10%以上をローマに納めていた。征服や併合によって新たな地域がローマの領土に組み入れられれば、その地域(属州)も必ず収税の対象になった。しかし共和政ローマには大規模な行政機構がなかったので、属州から税を取り立てる能力に限界があった。ローマの領土が大陸全体に広がるにつれ、この問題はますます大きくなった。元老院がこの問題の解決を図ろうと導入したのが、徴税の請負制度だった。この制度では、国はみずから直接、税を徴収する代わりに、徴税権を競売にかけ、徴税権を取得した民間組織に営利目的で徴税業務を手がけさせた。[8]

徴税権の競売はフォロ・ロマーノ（公共広場）で、監察官（国勢調査を担当する政務官で、財政の責任者でもあった）の指揮のもと、正式な手続きに則って行われた。そのような公の場で、衆人環視のもとで競売を開くことは、法律で定められていることだった。決定の過程を公開し、透明化するためだ。請負契約の条件はあらかじめ明らかにされており、政務官がその契約をフォロ・ロマーノで競りにかけた。競売会にはさまざまなソキエタスの代表（マンケプス）が参加し、挙手によって買取の意志を示した。

契約を落札した業者は、国庫に定められた金額を支払う義務を負う一方で（全額前払いのこともあれば、分割払いのこともあった）、自分たちの営利を目的として、属州の住民から税を徴収する権利を与えられた。これは国とソキエタスの双方に利益をもたらす制度だった（ただし、属州の住民にとっては、あまりありがたいものではなかったが）。ローマは確実に収入を得られるうえ、税制を運営する手間を省けた。そもそも官僚制度の規模が小さすぎて、みずから運営することはむずかしそうだった。ソキエタスにとっては、属州が繁栄すれば、徴税業務の取り組み方しだいで、国庫に支払った金額の何倍も儲けられるチャンスがあった。しだいにソキエタスは専門的な組織と化し、一部の実業家は競売の常連として名が知られるようになった。[9]

プブリカニはまたたく間にローマの社会の中で存在感を増し、富裕な階層へと急成長した。その業績はさまざまな公の演説で取り上げられた。例えば、マルクス・トゥッリウス・キケロは何かにつけ、国を支えているプブリカニたちの役割を称えた。グナエウス・プランキウスが横領の罪に問われたときには、有名な騎士階級のプブリカニの息子であることを理由に、プランキウスを擁護した。「名誉を追い求めるあらゆる人々が、いかに彼ら［プブリカニ］から多大な援助をこうむっているかは、よもや知らない人はいますまい。なんとなれば、騎士階級の精華にも、国家の誉れにも、共和国の偉大な防壁にも、すべて、彼らは力を貸しているのですから」。キケロや、カエサルや、アウグストゥスの時代には、プブリカニはすでに政治的、経済的に強大な勢力になっていた[10]。

ソキエタスと現代の企業の3つの共通点

しかしある重要な仕組みが備わらなければ、プブリカニが前1世紀に目もくらむような力と富を手に入れることはけっしてなかったはずだ。プブリカニたちは早い段階で、単独で取り組むより集団で取り組んだほうがはるかに大きな力を発揮できることに気がついた。一市民にはとうてい、軍への供給や神殿の建設といった大規模な事業を遂行するのに必要な富はなかった。ひとりでは、人間であるかぎり避けられないありとあらゆる状況（病気や、けがや、死）のせいで、計画が頓挫しやすかった。ばらばらでいるよりまとまったほうが格段に得だった。同様にローマの政府にとっても、プブリカニが共同で国の事業を進めるというのは、たいへん都合がよかった。ひとりのプブリカニの死によって、公的なサービスが停止したり、国の収入源が減ったりするという問題があったからだ。

こうして、特定の権利や特権を与えられたソキエタス・プブリカノルムが誕生することになった。このソキエタスは、現代の企業に驚くほどよく似ていた。まず第一に、所有者とは完全に切り離された団体と見なされた。これはローマの一般的なパートナーシップとの重要な違いだった。一般的なパートナーシップでは、構成員が全員、ほかの構成員の行為に対して責任を負った。ある構成員が負債を返済できなければ、会社そのものがつぶれる恐れがあった。一方、ソキエタスでは、会社自体の責任で交渉したり、契約を交わしたりすることができた。ソキエタスはその所有者からは独立した存在なので、ローマの法典「ディゲスタ（学説彙纂《いさん》）」に記されているように、「ひとりの人間として行動する」ことができた。これは構成員（ソキウス）の死後も存続できることを意味した。第二には、第一の点とも関連することだが、ソキエタスには株式（パルテス）があった。会社の所有者の持ち分を示すもので、ほかの株主からも、企業からも買い取ることができた。株式の値段には変動もあったようで、キケロの著作にも「そのときの株式の値段は高かった」という記述が見られる。第三には、多くの株主が企業の経営には携わりたがらなかったことから、ソキエタスでは企業の運営を担う経営層が発達した。この株主と経営者の分離からは新しい対立関係が生まれ、両者の関係を調整する方法が必要になった。例えば、経営者が株主の金をくすねるのを防ぐため、経営者には会計帳簿をつけ、会社の収支を明らかにすることが義務づけられていた。会社の問題について話し合う経営者と株主の会合すらも開かれていたようだ。[11]

ソキエタスがもたらした多大な恩恵

ソキエタスの階層構造もやがて、現代の企業とよく似たものになった。ソキエタスの代表は「マンケプス」と呼ばれた。マンケプスは前に述べたように、請負契約の競売に参加したほか、請負契約の担保を提供する義務も負った。担保にされるのは、たいていは土地（マンケプスの私有地）で、会社が契約を履行できなかった場合、その土地が国に没収された。マンケプスはソキイと呼ばれるほかの出資者の一団とともにソキエタスを構成し、必ずではないが、資産を抵当に入れる形で保証金も積んだ。マンケプスとソキイは共同で会社を設立すると、それを監察官に届け出た。ソキイは現代の株主同様、直接は会社の経営を担わず、現代の取締役会に相当するマギストリに経営を委ねた。このマギストリは、毎年改選され、しばしば入れ替わった。[12]

ソキエタスはこのように複雑な仕組みを備えたことで、大きな組織に成長することが可能になった。収入も莫大だった。トーガとチュニック、それに馬の供給を請け負った前2世紀のある契約は、約120万デナリもの収入をもたらした。これは兵士の年収の1万人分に相当した。また水道橋の建設を請け負った契約は、4500万デナリもの収入になった。これはローマ一の大富豪マルクス・クラッススの資産に匹敵した。スペインの鉱山から、小アジアのミトリダテス大王の地まで、ローマ世界全土で事業を展開したソキエタスは、何千キロにも及ぶ連絡システムも築いた。その連絡システムは速さと確実さで知られ、ローマ政府が国の通達に利用することすらあった。[13]

企業の重役には、数多くの役得があった。富を手にするだけでなく、政治的・社会的にもローマの企業の経営者たちは有力な地位を占めた。その結果、あらゆる場面で優遇された。人々は彼らを呼ぶとき、マキシミ（優れたる）とか、オルナティッシミ（誉れ高き）とか、アンプリッシミ（いと高き）とか、プリミ・オルディニス（最上級の）といった尊称を用いた。古代版の法人ボックス席もあり、前

129年には、競技会の観客席の14列分は騎士階級（ソキエタスを営んでいた階級）の優先席にするという法律が元老院で可決された[14]。

しかしソキエタスのおかげでいい思いをしたのは、重役たちばかりではない。ローマの民衆も恩恵に浴した。それはひとつには国家の収入の安定した増加を通じて、ひとつには株の所有を通じてだった。共和政ローマの国家予算からは、財政の推移がおおまかに読み取れる。前3世紀、共和政ローマの収入はだいたい年400万～800万セステルティウスだった。それが前150年までに、年5000万～6000万セステルティウスまで増えた。そしてソキエタスの全盛期である前50年に、いっきに年3億4000万セステルティウスに達した。この劇的な増収のおかげで、未曾有の規模の公共事業が可能になり、道路や、神殿や、水道橋や、下水管が建設され、もちろん、円形競技場も築かれた。

ローマの人々は株を所有することでも、ソキエタスの恩恵をこうむった。実際、ソキエタスの株はローマ社会に広く行き渡っていたようだ。歴史家ポリュビオスは次のように書いている。「これらの請負契約やそこから生じる利益とまったく無関係であるという人間は、ほとんど皆無といっていいぐらいである」。ローマの市民のあいだでは企業の株が自由に売買されていた。その売買は、ふつうフォロ・ロマーノにあるカストル神殿で行われた。ポリュビオスはソキエタスの事業の幅の広さも伝えている。「イタリア全土で、橋の建設と修復のため、数え切れないほど多くの請負契約が監察官から発注されている。委託されている事業はほかにもいくつもある。水路や、港や、庭園や、鉱山や、用地をはじめ、ローマの領土内のありとあらゆるものが請け負われている」

近代の評論家たちは、おそらくは史実を拡大解釈して、ローマには本格的な資本市場があったと論じている。経済史家ウィリアム・カニンガムは古典的著作『西洋文明の経済面について』(An Essay on Western Civilization in Its Economic Aspects)に次のように書いた。「フォロ・ロマーノとそこに立つ会堂は、立派な証券取引所と見なすことができるだろう。そこではあらゆる種類の金融投機がたえず行われていた」。別の評論家はフォロ・ロマーノのようすをあたかも自分の目で見たかのように臨場感豊かに描写している。「おおぜいの男たちが集まって、徴税請負業者の株や債券のほか、即時決済や後払いのさまざまな品物、イタリアや属州の農地や地所、ローマや諸都市の家や店、船や倉庫、奴隷や牛を売り買いしていた[15]」

ソキエタスによる不正や虐待

しかし企業の規模と力が増大するにつれ、国に対する会社の危険性も同じように増大した。ひとつには不正や汚職の問題があった。リウィウスが『ローマ建国史』で、第二次ポエニ戦争のときにふたりのプブリカニが企てた詐欺について書いている。第二次ポエニ戦争では、ローマは民間の業者に頼らなければ、戦地の部隊に物資を供給できなかった。その供給を請け負っていた、山っ気があるふたりのプブリカニは、あるとき、契約条件の中に抜け穴を見つけた。物資が海上で失われた場合、政府はその損失を弁済する義務を負うと契約で定められていたが、政府にはプブリカニの証言を信じる以外、海で何が失われたかを調べる手段がなかったのだ。ふたりはここに目をつけると、おんぼろの船を使い始め、それに粗悪な品を少し積んで、故意に船を沈めた。そうしておいて、政府には高価な積み荷が失われたと報告し、補償を受けた。まさに濡れ手で粟だった。やがて、この不正のうわさが元老院の耳に届くところとなり、ふたりは起訴された。世間の関心を集めた裁判は、混乱をきわめ、結審に至らなかった。ほかのプブリカニたちが裁判所に詰めかけて、審理を妨害し、「自分たちの仲間」に対する起訴に抗議したからだ。元老院はそれでもひるまず、後日、あらためて裁判を開くことを決めたが、ふたりのプブリカニは結局、裁かれるのを避け、国外へと逃亡した。[16]

不正以外にも、ソキエタスには問題があった。ソキエタスの商行為は情け容赦がないことでも知られていた。前104年、元老院が同盟国ビテュニアのニコメデス3世に、国境沿いでのドイツの部族との戦いに軍隊を送って欲しいと要請した。ニコメデス3世からの返答は意外なものだった。「ビテュニア人の大半がプブリカニに奴隷として連れ去られてしまっていて」、市民が不足し、送りたくても送れないというのだ。元老院はそのような事実を知らされて動揺したようで、慌てて、以後、プブリカニが同盟国の市民を奴隷にすることを禁じた。この一件で何より驚きなのは、プブリカニが市民を奴隷にすることがこのときまで、違法ではなかったという事実だろう。実際、ソキエタスはかなり堂々と市民を奴隷にし、たいていはそれによって大きな利益を得ていた。カルタゴノバの銀の鉱山だけで、働かされている奴隷の数は4万人にのぼった。その生活の過酷さは見るに堪えないものだった。古代ギリシャの歴史家シケリアのディオドロスは次のように書いている。

採掘作業員たちは雇い主に信じられないほど莫大な利益をもたらしているが、昼夜を問わず、穴を掘らされ、疲弊しきっている。あまりに過酷な作業のせいで、死にかかっている者も少なくない。

気晴らしはおろか、休むことも許されず、監視員にむちで打たれて、ひたすらこのうえない不運に耐えさせられ、やがてあわれな一生を終えることになる。中には頑丈な体や屈強な精神でこの苦難に長く耐えられる者もいるが、そういう者たちも、果てしなく苦しみを味わい続けるよりは死を選ぶ[17]。

ソキエタス・プブリカノルムはこのような虐待ゆえに、古代と現代のどちらの識者からもきびしい批判を浴びることになった。リウィウスは次のように書いている。「プブリカニがやって来た土地には、もはや法の支配も、領民たちの自由もなかった」。ハーバード大学の古典学者エルンスト・バディアンにいわせると、プブリカニは「被征服民にとって、不幸と災いの元凶だった。属州でローマ人の名が忌み嫌われたのは彼らのせいだったし、共和政ローマが没落したのも、おそらく彼らに大きな原因があった」。本来の目的を見失った民間企業がいかに危険になりうるかを、ローマはこの頃から感じ始めた[18]。

共和政ローマの衰退期におけるソキエタスの影響力

バディアンはローマが没落したのは「おそらく」ソキエタスのせいだという説を立てている。これは大胆な説だ。ローマの没落にはほかにもっとはっきりした要因がある。富裕層と貧困層の対立や、軍部の台頭や、カエサルの度を越した野心や、元老院に対する強い不信感といった要因だ。しかし、よく見てみると、それらの要因にはたいていソキエタスが関係していることがわかる。

前1世紀のソキエタスの盛衰をたどると、共和政の衰退から帝政の台頭へと至る激動の時期のくわしい様相、ときに意外な様相が浮かび上がってくる。当時のローマには、富裕な元老院議員と貧しい平民（プレブス）との闘争が、社会の基本的な対立関係として存在していた。両者の力関係は前1世紀を通じて、たえず揺れ動き続けた。護民官に選出されたポピュリスト、グラックス兄弟の統治下では、元老院の力が後退した。これはグラックス兄弟が騎士（エクイテス）階級を元老院の対抗勢力にしようとして、騎士に新たな権限を与えたからだった。中でも、属州一豊かなアシア（今の小アジア）の徴税権をソキエタス・プブリカノルムに与えた効果は大きかった。これによりソキエタス・プブリカノルムが尽きることのない富と力の源泉を手にする一方、元老院の力は弱まり始めた。元老院議員はソキエタスへの参加を禁じられていたからだ[19]。

キケロは弁論家、哲学者、政治家として名高い人物だが、ソキエタスから好意を得るのもたいへんうまく、終生、ソキエタスとの良好な関係から恩恵を受けた。キケロ自身、騎士階級の出身で、元老院で行った初期の演説の中には、ソキエタスを擁護するものが多い。前66年、ローマとポントス王国のミトリダテス6世とのあいだで戦争が勃発したときには、プブリカニの一団の求めに応じて、彼の代表的な演説のひとつになる「ポンペイウスの指揮について」の演説を行い、有能な司令官であるグナエウス・ポンペイウス・マグヌスに総軍の指揮を任せるべきだと訴えた。その演説の中で指摘したのは、ソキエタスがアシアに多大な投資をしていることだった。ミトリダテスが戦争に勝てば、その投資が無に帰する恐れがあった。もしソキエタスが倒れれば、共和政ローマもともに倒れることになるだろうと、キケロは論じた。

最も誉れ高くして、最も卓越した人々であるプブリカニたちは、持てるもののすべて、持てる富のすべてをかの属州に注ぎ込んでいます。彼らの財産はそれ自体、みなさんが特別に配慮しなくてはならないものです。じつのところ、もしわれわれが国家の維持に税収が欠かせないとつねづね考えてきたのだとしたら、収税を請け負っている彼らを、ほかのすべての階層の支え手と呼ぶのは、まったくもって正当なことと言わねばなりません。〔…〕したがって、それらの市民の多くを不幸から守ることはみなさんの道義的な責務になるでしょう。多くの市民の不幸と国の不幸とは切り離せないと知ることは、みなさんの知恵となるでしょう。〔…〕次に、惨事から学んでいるわれわれは、アシアでの戦争の初期にアシアとミトリダテスが教えてくれたことを忘れてはなりません。おおぜいの市民がアシアで多くの富を失ったとき、ローマでは支払いが滞って、あらゆる貸付金が焦げついたことをわれわれは知っているのですから。ある都市でおおぜいが財産を失えば、必ず、ほかの多くの都市も同じ惨事の渦に巻き込まれるのですから。そのような災厄から国を守らねばなりません。わたしが申し上げたいのは、もうみなさんにもおわかりだと思いますが、ローマと公共広場に存在するこの貸付金、この金融市場は、アシアに投じられている大金と、切り離せない形で結びついているということです。かの地の大金が失われれば、ここにある貸付金も同じ打撃を受けて、同じように消え去ります。ですから、今、この戦争に本腰を入れるかどうかで迷っている場合なのかどうか、考えてください。この戦争は国を守ると同時に、みなさんの名誉を、同盟諸国の安全を、国家の最大の収入源を、おおぜいの市民の財産を守ることになるのですから。

キケロはソキエタスがローマ国家と深く結びつき、両者が持ちつ持たれつの関係になっていることを見抜いていた。ソキエタスが倒れれば、おおぜいの人々が「惨事の渦」に巻き込まれる。それは国にとって絶対に避けなくてはならない事態だった[20]。

一方で、キケロはソキエタスによる権力の濫用にも気づいていた。属州の統治に関する助言を書いた弟宛ての手紙の中で、次のように記している。

おまえの意志と努力の大きな妨げになるものがひとつある。プブリカニだ。彼らと対立すれば、わたしたち自身も国も、その協力を得にくくなる。わたしたちが彼らに助けられていることはきわめて多いし、これまで公共の利益のために手も組んできた。とはいえ、何から何まで好きなようにさせたら、民衆の破滅に目をつむることになる。わたしたちには民衆の利益と命を守る義務がある。［…］また、アシアが忘れてならないのは、ローマの属州になっていなかったら、戦争や内紛によってあらゆる不幸に見舞われていただろうということだ。帝国の維持には、税収が欠かせない。アシアは恒久的な平和と引き換えに税金を納めているのだから、税金を払うのを惜しむべきではない。

キケロはソキエタスが属州の住民を虐げていることは知っていたが、ローマの一部でなくなるよりはまだそのほうがいいと考えていた。キケロにとって、ローマ帝国は究極の善であり、帝国を支えるためなら、なんであれ、がまんする価値があった。キケロは友人宛ての手紙に次のように書いている。「君はわたしがプブリカニをどう操っているかを知りたいようだね。わたしは彼らを甘やかし、彼らのいうとおりにし、彼らのご機嫌を取っているのだよ。そうすることで、彼らが誰のことも害さないようにしている[21]」

カエサルの盟友であるポンペイウスとクラッススのふたりも、ソキエタスと緊密な関係にあった。名将として知られたポンペイウスは、ミトリダテスとの戦争で、キケロの雄弁な演説のおかげもあって、ローマ軍の総指揮官に任ぜられ、ビテュニア、ポントス、シリアの3王国を征服した。これによりローマ帝国に、ソキエタスが事業を手がける広大な属州が新たに加わった。ソキエタスがポンペイウスの政治活動の強力な支援者になったのは、これがきっかけだった（トマス・ペインは『人間の権利』の中で、このことに触れ、次のように書いている。「商業活動を許される範囲が全世界に広がったら、戦争という制度は根絶されるだろう」）。大富豪として有名なクラッススも、元老院でソキエタスたちの立場を代弁し、その支援を受けた。オックスフォード大学の歴史学者チャールズ・オマーンは、「莫大な蓄財と、金融界で確立した地位が［クラッススを］プブリカニたちの親玉にした」と評している。クラッススはソキエタスの株も持っていたようだ[22]。

共和政の衰退期にあったローマの政界でいかにソキエタスが強大な影響力を行使していたかは、カエサルが執政官（コンスル）に選ばれる前年の、前60年の出来事によく示されている。ソキエタスは前回の競売で、小アジアの属州で徴収できる税額を過度に楽観的に見積もり、回収可能な金額をはるかに上回る金額で契約を請け負っていた。したがって、契約の遵守を求められたら、深刻な損失は免れなかった。このときもソキエタスの利益を守ろうと立ち上がったのはクラッススだった。クラッススは元老院にこの問題を持ち込んで、解決を図った。キケロはこの一件について、彼一流の饒舌さで次のように語っている。

われわれが暮らしているこの国の状況は、弱々しく、嘆かわしく、不安定である。ご存じのとおり、われわれの友人である騎士と元老院との仲はこじれてばかりいる。先日は、元老院が陪審員の収賄に関する調査を定めた法律を発布したことが、騎士たちを激怒させた。［…］騎士たちは公には何もいわなかったが、立腹していることは察せられたので、わたしは元老院に、十分こたえるであろうと思われる手きびしい批判の言葉を浴びせた。ただし恥ずべき行為を正当化するようなことはいっさい口にしなかった。そして今また、騎士たちが別のことで騒ぎ始めた。そのいい分にはほとんど支持できるところがなかったが、わたしはひとまずそれを是としただけでなく、雄弁に弁護してもやった。監察官からアシアの徴税権を買ったプブリカニたちが元老院に訴えたのは、勇み足で高い金額を提示してしまったので、契約を無効にして欲しいというものだった。彼らにとってわたしぐらい頼りになる支援者はほかにいないだろう。いや、ひとりいる。クラッススだ。彼らにそのような大それた要求をするようけしかけたのは、そもそもクラッススなのだから。なんと忌むべき所業だろうか！　そんな要求をするなど、恥知らずのすることではないか。自分には思慮が足りないと宣言しているようなものではないか。しかし、もしその要求が拒まれていたら、元老院と騎士とが完全に決別してしまう危険があった。ここでもまた、わたしは尻拭いをさせられたのだ。

共和政ローマの運命は資本家たちの救済にかかっていると、キケロは論じた。しかし元老院を説得することはできなかった。元老院はソキエタスの要求を呑むのを拒んで、代わりにカトーの助言を受け入れた。厳格な道徳家であるカトーは、契約を反故にすることは許されないと主張していた。[23]

貴族階級と中産階級の対立と三頭政治の台頭

元老院の決定はソキエタスに打撃を与えただけでなく、カエサル、ポンペイウス、クラッススの3人のあいだで三頭政治の盟約が結ばれる交渉にも、間違いなく影響を及ぼした。この盟約は互いの政治的な利益の促進を目的としたもので、のちにはその活動が共和政を終わらせることになった。1年後の前59年、カエサルは執政官に就任すると、すぐに元老院の決定を無効にして、懸案のアシアでの請負契約に変更を加え、ソキエタスを救済した。カエサルがなぜそのような挙に出たのかは明らかになっていないが、カエサル自身がソキエタスの株主で、自分の資産を守るためにそうした可能性も考えられる。その証拠としては、例えば、キケロのある演説の中に、「護民官がカエサルとプブリカニから、当時高騰していた株を取り上げた」という興味深い一節があることがあげられる。あるいは単に、有力な支援者層に取り入ろうとしただけなのかもしれない。[24]

多くの識者がソキエタスと三頭政治の台頭との結びつきを指摘している。社会学者のマックス・ウェーバーは、プブリカニの影響力こそがカエサルに成功をもたらした直接の要因だと考えた。ウェーバーの『古代社会経済史——古代農業事情』では、いかにソキエタスの要請に従って、ローマの戦争とその社会への影響のサイクルが繰り返されていたかがたどられている。「領土の拡張を始めたのは、もとは資本家たちだった。官職を担う貴族層は、慎重な外交政策を維持しようとし、他国への干渉は避けていた。ローマの軍事力を使って、カルタゴや、コリントスや、ロドスといった交易の中心都市を破壊したのは、勢力を伸ばした商人や、プブリカニや、国内の借地人たちだった。いずれも目的は資本家としての利益を追求することにあった」。ウェーバーの考えでは、共和政時代のローマの発展を理解するには、元老院を司る貴族階級と、ソキエタスを司る中産階級の「はげしい利害対立」を理解することが鍵とされる。「元老院議員たちはあからさまに中産階級（貴族）を自分たちの支配下に置き続けようとした。［…］しかし征服によって領土が拡大するにつれ、利益を上げる機会が着々と増えた。そうすると資本家たちの経済力がますますものをいうようになった。資本家たちは現金で前払いできるのに加え、国の収入を管理するのに必要な実務経験を持っていたので、国庫に不可欠の存在になっていたからだ」。ウェーバーはこのプブリカニの隆盛が古代資本主義の「頂点」だったと見ている。しかし、対立は避けられなかった。元老院がソキエタスの力を制限する改革案を可決すると、中産階級は後ろ盾を別に探し、やがてそれを三頭政治に見出した。「これらの変化の結果［つまり、元老院によるソキエタスの規制の結果］、騎士階級は皇帝による独裁政治を支持するようになり、カエサルは征服に対するソキエタスの経済的、軍事的関心を当てにできるようになった[25]」

ソキエタスの長い衰退

皮肉なことに、カエサルはソキエタスやその背後の資本家階級に助けられて、出世を遂げたといえる一方で、それらの勢力自体にはかなり懐疑的な目を向けていたふしがある。カエサルは生涯を通じ、属州の人々にはっきりと共感を寄せていた。これは資本家であるプブリカニの利益と真っ向から対立する態度だった。カエサルが初めて世に名を知られるようになったのも、属州の総督を告発したことがきっかけだ。例えば、まだ23歳だった前77年に、元執政官でマケドニア属州総督のグナエウス・コルネリウス・ドラベッラを権力濫用で告発した。訴訟には負けたが（ドラベッラの社会的な地位を考えると、敗訴はおおむね予想された結果だった）、雄弁な演説と力強い議論で広く称賛を勝ち取った。[26]

三頭政治がやがて崩れ、ローマが内戦状態に陥ると、ソキエタスの長い衰退が始まった。内戦中、ソキエタスの資産は敵側に没収された。商業の機会も消えた。内戦の終結後、勝者となったカエサルは、ソキエタスの力を制限する一連の改革に着手した。アシアとシチリアでは、徴税業務の委託を一部廃止して、地方政府にその業務を担わせ、これによりソキエタスから徴税請負の事業を奪った。また徴税権が保たれた場所でも、徴収できる税額を減らした。[27]

前44年3月15日のカエサルの暗殺後、ソキエタスの力はさらに弱まった。皇帝アウグストゥスのもとで実施された一連の税制改革により、私的な利益のために収税を行っていたソキエタスは、しだいにローマ皇帝の直属機関であるプロクラトル・アウグスティに取って代わられた。そのほかにも、ソキエタス・プブリカノルムの合法的な活動を制限する法律がいくつも可決された。後2世紀には、ソキエタスはすっかりすたれていた。官僚がついに私企業を完膚なきまでに打ち負かしていた。

ローマの経験が示す教訓

古代ローマの歴史からは、企業とは何か、なぜ存在するのかを考えるうえでのヒントが得られる。最初に、なぜ存在するのかのほうから見ていこう。ローマの企業（ソキエタス）は、問題を解決するために作られたものだった。共和政ローマはあまりに急速に、あまりに遠くまで領土を拡大しすぎていた。征服に長けてはいたが、これからは統治にも長ける必要があった。しかしたいした官僚制度を持たないローマには、それはどう考えてもむずかしそうだった。誰がローマの民衆にパンとサーカスを提供するのか。誰が橋や道路を建設するのか。誰が軍備を担うのか。誰が税を徴収するのか。これらの問題を解決したのが、ソキエタス・プブリカノルムだった。ローマは行政国家をゼロから立ち上げるのではなく、すでに民間の資本家たちの手中にある資金と、人員と、専門技能を利用して、国の重要な機能を果たそうとした。両者の関係は互恵的なものだった。資本家たちも国の助けがなければ、それらの機能を果たせなかったからだ。これは見事な解決策だった。企業は人的労力を組織し、投入することにきわめて優れた手腕を発揮し、みるみるうちに国の中で確固たる地位を占めるようになった。

これはいい換えれば、企業は国全体の利益を促進するために生まれたということだ。

では、もうひとつの点についてはどうか。企業とは何か。ここでもやはり企業の仕組みを決定づけたのは、国のニーズだった。サービスを提供する見返りとして、企業にはほかの事業体にはない特別な権利が与えられた。企業は永続的な事業体であり、所有者が死んでも存続できた。また売買可能な株を発行でき、株主は有限責任の恩恵を享受できた。さらに構成員とは別の人格として扱われ、一個の人格として行動できた。

少し考えてみれば、これらの特徴がなぜ備わったかは明白だろう。長く続く企業のほうが、肝心なときにつぶれてしまう会社よりも信頼が置けた。有限責任と株式の売買は資金調達をしやすくし、徴税請負契約の取得のために大金を国に払うことを可能にした。また、企業を一個の人格として扱うと、あらゆる面で、運営を簡略にできた。裁判で争うときも、契約を結ぶときも、関わる人間が何十人とか何百人とかいるより、ひとりだけのほうが、はるかにことを進めやすかった。

要するに、企業はあるひとつの前提にもとづいているということだ。それは個人がひとつにまとまる、単に抽象的にまとまるだけでなく、法律のもとで正式にまとまることで、ひとりでは成し遂げられない大きなことが成し遂げられるようになるということだ。この前提によって、企業はなぜ存在するかも、どういうものであるかも、説明がつく。企業が作られたのは、国全体の利益を促進するのに必要だからだった。また、企業が今の形になったのは、協力の利点を信じたからだった。

しかし、ローマの経験はわたしたちに教訓を示してもいる。ローマの企業は最後には、共和政ローマを土台から崩すことになった。利益を追求するあまり、ソキエタスは属州の人々を虐げ、軍事侵攻による領土の拡大を求めた。好んでリスクを冒し、国内に金融危機を招きもした。企業の強欲さは政治を腐敗させた。国の発展に私企業の力を利用するのは危険な行為だと、ローマは気がついた。帝政に移行したローマでは国家機構が大々的に再編され、ソキエタスは存在価値を失って、ついには完全に姿を消した。

しかし企業という概念は滅びなかった。ローマ法はその後、何世紀にもわたって多大な影響を及ぼし、企業の諸特徴はヨーロッパ各国の企業に受け継がれた。とはいえ、企業が本格的に復活し始めたのは、1000年以上のち、ローマからさほど遠くない都市においてだった。このときには企業がさらに強大な力を持った。その事業はお金を徴収するのではなく、お金をみずから作り出すというものだった。これにより投機にも新しい時代がもたらされた。

第2章

メディチ銀行が築いた金融システム

ルネサンス期の「万能人」ロレンツォ・デ・メディチ

1478年4月26日、英姿颯爽たるロレンツォ・デ・メディチがフィレンツェのドゥオーモ（大聖堂）の中へと歩を進めた。隣には枢機卿が並んで歩き、後ろには枢機卿の訪問を熱烈に歓迎するフィレンツェ市民1万人がつき従っていた。「イル・マニフィコ（偉大な人）」と呼ばれる人物にふさわしく、催しは壮麗をきわめた。ロレンツォが枢機卿の訪問を歓迎するために選んだ場所は、ドゥオーモの荘厳ミサだった。ドゥオーモでは、ジョットが手がけたゴシック様式の目を見張る鐘塔や、ブルネレスキの設計になる完成したばかりの丸屋根を愛でてもらうこともできた。ミサのあとは、領主や貴族や大使らをメディチ家の宮殿で開く豪華な宴会に招待していた。招待客は宮殿で、美術品のコレクションのほか、タペストリーから壺、宝石、時計、異国風の布、中国の陶器まで、世界各地から集められた贅沢品の数々を鑑賞できた。その中には、ボッティチェリの絵が2点、ジョットの絵が3点、フラ・アンジェリコの絵が6点含まれた。中庭には、ドナテッロのダビデ像もあった。[1]

ロレンツォは当時まだ29歳だったが、すでに天賦の才と、同時代のすべての傑物に共通する知的な好奇心を併せ持っていた。いわゆるルネサンス期の「万能人」のひとりだった。政治指導者として声望が高く、全盛期を迎えていた都市国家フィレンツェ共和国の政権を担いもすれば、したたかな外交手腕の持ち主でもあり、王侯や教皇と渡り合って、しばしば有利に交渉を進めた。芸術作品の目利きでもあり、歴史に名を残すことになる偉大な芸術家を数多く支援した。その中にはミケランジェロや、ダ・ビンチや、ボッティチェリや、ギルランダイオもいた。馬術や馬上槍の手並みも一流だった。自由な時間には、詩を書いたり、哲学を勉強したりした。

ロレンツォはヨーロッパ最大の金融機関、メディチ銀行の頭取でもあった。メディチ銀行は曽祖父ジョバンニによって80年以上前に設立された銀行で、それまで無名だったメディチ家を王家にも伍する名家へと押し上げたのは、このメディチ銀行の莫大な利益と国際的な事業展開だった。メディチ家からは4人の教皇と、ふたりのフランス王妃も輩出している。フィレンツェでは、学問・芸術・文学・建築がメディチ家の庇護下で、比類なき隆盛を見た。イタリアでは、メディチ家によって経済と芸術に大きな変革の時代がもたらされた。その影響は今日のイタリアでも目にすることができる。さらにヨーロッパの各国が中世の軛《くびき》から脱し、新しい繁栄の時代へと進むための道を開いたのも、メディチ家だった。

しかし都市国家間で戦争が繰り広げられ、同盟関係がめまぐるしく変わる時代にあって、メディチ家の成功は妬みと反感を買った。特にメディチ家の不倶戴天の敵となっていたのは、パッツィ家だった。パッツィ家はフィレンツェの古い家柄で、先祖には第1回十字軍で最初にイェルサレムの壁を乗り越えた騎士といわれるパッツィーノ・デ・パッツィがいた。パッツィ家が営む銀行は、メディチ家の台頭によって打撃を受けていた。何度も失った栄光を取り戻そうとしては、留まるところを知らないメディチ銀行の企業帝国によって阻まれてきた。パッツィ家がメディチ家に恨みを抱いていて、メディチ銀行の経営が傾けば大喜びするであろうことは、公然の事実だった。

しかしパッツィ家がついに有力者を説得し、メディチ家を打倒する計略に引き入れたことは、ロレンツォの耳に入っていなかった。ロレンツォは敵の罠にかかろうとしていた。

銀行業が世界に及ぼしたふたつの影響

どんな銀行でも、事業の土台をなす方程式はふたつの変数でできている。預金と融資だ。預金者が銀行にお金を預ける。銀行はその見返りに、預金に利子を払うことを約束する。銀行は次に反対を向き、その預金を使って、現金を必要とする人にお金を貸しつける。借り手は、借りたお金に対して利子を払うことを約束する。借り手から受け取る利子が、預金者に支払う利子を上回っているかぎり、銀行は利益を上げられる。

よくできた仕組みだが、支払った額以上の額を受け取れるようにするというだけなら、特にめずらしくない。銀行でなくともやっている。銀行業の特殊な力は、このお金の出し入れの結果として生じる部分にある。銀行はじつは、お金を預かったり、お金を貸したりすることを通じて、新たにお金を作り出しているのだ。どういうことか。ある人が銀行にお金を預け入れると、その人の口座の預金額は増える。一方で、別の人がその銀行から融資を受けると、その人の口座の預金額も増える。ここに新たにふたつの預金が生まれることになる。重要なのは、どちらの預金も、買い物の支払いに使えるということだ。おわかりだろうか。これは銀行がお金を作り出しているということにほかならない。経済学者ジョン・ケネス・ガルブレイスはこれを次のように表現している。「銀行でお金が作り出される仕組みは、あまりに単純すぎて、どうにも腑に落ちない。お金のように重要なものは、もっと深い神秘に包まれているほうがしっくりくるようだ[2]」

銀行業が資本主義の世界に及ぼした重要な影響はふたつある。ひとつは、銀行があると必ず、時代や地域を問わず、周囲の経済がその多大な影響を受けるということ。銀行は誰が、いくらお金を受け取るかを決めることができ、お金を持つ者のところから、お金を必要とする者のところへ、お金が回るようにする。銀行のこのような機能が果たされるとき、資本の流れは最適化され、お金が最も有効に活用されるる。銀行が利益を生む企業にお金を振り向けようとすることで、先細りの産業はしだいに融資を受けにくくなり、前途有望な新しい産業がどんどん融資を受けやすくなるからだ。経済学でこれは「資本配分」と呼ばれる。資本の有効な使いみちを見つける働きのことだ。19世紀の英国のジャーナリスト、ウォルター・バジョットは次のようにいい表している。「英国では資本が確実かつすみやかに、最も必要とされている場所、最も有効に利用される場所に、水が低きへ流れるように行き渡る」。実際、銀行というシステムが正しく働くことが、これまであらゆる経済の繁栄の土台になってきた。いってみれば、銀行は融資の価値が相手にあるかどうかを判断することを通じて、企業や産業や人を生かしたり、殺したりできるのだ。そういう意味では、銀行業で何より肝心なのは、単なる銀行業ではないといえる。市場を支えることこそ、銀行業のいちばんの眼目となる[3]。

銀行業が資本主義の世界に与えた影響のもうひとつは、もっと有害なものだ。これは銀行業には欠陥がもとから備わっていることによる。銀行業はその性質上、不安定であるがゆえに、つねにリスクを抱えざるを得ない。銀行は預金者に対し、必要なときはいつでも預金を返すと約束しているが、同時に、その預金を貸し出しにも使っている。もちろん、ある程度は手元に現金を残しているが、その額は預金の総額にはとうてい及ばない。だから、もし、おおぜいの預金者がいっせいに預金を引き出そうとすれば、困ったことになる。手元にある準備金ではそれらの預金を全部返すことはできない。そのようなうわさが広まって、預金者のあいだにパニックが起これば、さらにおおぜいの預金者が銀行に詰めかけ、預金を引き出そうとし、流動性の危機を招く。いわゆる取りつけ騒ぎだ。取りつけ騒ぎは、自己成就予言にもつながりやすい。銀行が倒産するかもしれないという不安が、実際に銀行を倒産させてしまうのだ。それだけではない。経済の広い範囲に深く関わっているという銀行業の性格ゆえに、銀行の危機は外の世界にもたやすく波及し、その先々でパニックや危機を引き起こす。前世紀の金融規制の大半は、銀行業につきまとうこのようなリスクの問題を解決しようとして導入されたものだったといっていい。

銀行業の発展は企業の歴史に大きな転換点をもたらした。銀行業の発展に伴って、企業の持つ力は増大し、同時にリスクも膨らんだ。企業が国と運命をともにしていることもあらわになった。また、銀行は企業の土台になる一方で、しばしばみずからも企業であった。このような緊張関係をもっともよく体現していたのが、メディチ銀行だった。

世の中の混乱から生まれたフィレンツェの銀行業の繁栄

メディチ家は、何よりもまず銀行家だった（ちなみに、イタリア語で「メディチ」というと医師を連想させるが、医師ではなかった）。教皇や王侯との結びつきを深めたのも銀行業を通じてだったし、ヨーロッパ全土に各国の新興市場をつなぐ支店を設立したのも銀行業を通じてだった。さらに想像を絶する莫大な富を築き上げたのも、銀行業を通じてだった。その富が芸術家や建築家たちに降り注がれて、やがて世界有数の美しい作品の数々が誕生することになった。ルネサンスの基盤を理解しようと思ったら、フィレンツェの銀行業に着目しなくてはならない。

フィレンツェの銀行業の繁栄は、世の中の混乱から生まれたものだった。その頃、現在イタリアと呼ばれている地域は、抗争を続ける多数の都市国家や王国と、それらの上に覆いかぶさるバチカンからなっていて、ばらばらの状態だった。3大都市（ベネチア、ジェノバ、フィレンツェ）は国際貿易を支配していたが、隣接する領土を巡ってたえず争っていた。ベネチアとジェノバは自国の港を拠点に海上交易路を確立して栄え、フィレンツェは1406年にピサを征服後、その港を獲得して、交易の競争に加わった。ローマでは、バチカンが中央イタリア各地に領土を持つ「教皇国家」を形成し、さらなる領土の拡大を虎視眈々と狙っていた。さらにイタリア南部では、強国のナポリ王国とシチリア王国がアンジュー家とアラゴン家の血で血を洗う抗争に巻き込まれていた。[4]

これらの国々はどこも、黒死病による荒廃からの回復の途上にあった。14世紀半ば、ヨーロッパ全土を襲ったペストは、各地に甚大な災厄をもたらしていた。中でも深刻な打撃をこうむったのが、フィレンツェだった。何度も感染の流行に見舞われ、最終的には住民のおよそ3分の2が命を落とした。その結果、フィレンツェの人口は1338年に9万5000人だったものが、1427年にはわずか4万人にまで減った。フィレンツェの詩人ボッカチオはペストの恐怖に触発され、代表作となる『デカメロン』を書き上げた。10人の男女がペストの蔓延するフィレンツェを逃れて、山荘で過ごすという設定のこの物語では、疫病の流行下での暮らしが描かれている。それによると、フィレンツェでは1日に何千もの人が病死し、通りに男女の死体が横たわり、死臭が立ち込めていたという。教会に運ばれてくる遺体の数が多すぎて、墓の場所もなくなり、巨大な塹壕《ざんごう》のような穴を掘って、そこに遺体を積み重ねて葬らねばならなかった。「都市全体が墓場と化した」とボッカチオは書いている。心身ともに人々の疲弊ははなはだしかった。メディチ銀行の創設者ジョバンニ・ディ・ビッチ・デ・メディチも、1363年、父親をペストで亡くしている。[5]

しかし15世紀のフィレンツェに暮らす人々には自慢の種もあった。1320年に書かれた名作『神曲』の作者で、イタリア最大の詩人ダンテ・アリギエーリはフィレンツェ出身だった。経済も繁栄し、自国の通貨フローリン金貨がヨーロッパじゅうで使われているほどだった。また、どんなに苦しみを味わおうとも、自治共和国としての地位は保たれていた。これはイタリアの多くの地域では当たり前のことではなかった。ナポリも、シチリアも、サルデーニャも、ピエモンテも、他国に征服されていた。

フィレンツェの政治的な自由は、巧妙な選挙制度によって保障されていて、メディチ家の台頭にもそれが役立った。フィレンツェでは、2カ月ごとに、くじ引きで選挙が行われた。まずギルド（市の最も重要な産業を支配していた商人の組合）が30歳以上の有資格者の名簿を提出すると、次に選挙管理人（アコッピャトーリ）がそれらの名前をすべて札に書いて、8個の革袋に入れた。2カ月ごとに、8人の名前がその革袋から無作為に選び出され、選ばれた8人の市民が執政官（プリオーレ）として、同じくくじ引きで選ばれる政府の長、最高執政官（ゴンファロニエーレ）とともに、政府（シニョーリア）を構成した。新たに執政官に選ばれた者たちは全員、フィレンツェの中心部にあるシニョーリア宮殿に移り住み、そこで60日間、市政に携わった。2カ月でその任期が切れると、ふたたび同じ手続きが繰り返され、新しい執政官が選ばれた。この複雑な市政の仕組みにより、ギルドが大きな力を持ち、フィレンツェの経済と政治に決定的な影響を及ぼすようになった。

ギルドの中でもとりわけ歴史が古く、かつ強大な力をふるっていたのが、銀行業のギルドだ。15世紀には、フィレンツェは銀行業が盛んなことで広く知られ、フィレンツェといえば誰もが銀行を連想するほどだった。英語で銀行をbankというのも、フィレンツェの銀行業者がテーブル（イタリア語で、banco）で業務を営んでいたことに由来する。当時のフィレンツェでは、フローリン金貨とピッチョーリ銀貨というふたつの通貨が流通していて、変動する為替レートに従って頻繁に両替しなくてはならなかったが、それらの並行通貨を維持するのに銀行は役立った。

銀行業はギルドによってきびしく律されていた。銀行ギルドのメンバーは、メルカート・ヌオーボ（市場）近くのオルサンミケーレと呼ばれる小さな地区に、業務のためのテーブルとベンチを出した。赤いガウンと大きな財布がトレードマークだった。大きな財布の中にフローリン金貨などの硬貨が詰まっていることは、市民の誰もが知っていた。テーブルには緑色の布がかけられ、その上にその日の取引を記録する台帳が置かれた。ギルドの規則は絶対で、そこには銀行業務の細かい手順まで定められていた。例えば、「布をかけたテーブルに財布と台帳を置く」という規則もあった。取引はすべて、顧客の前で台帳に記入しなくてはならず、台帳を破棄したり、書き換えたりすれば、即刻ギルドから除名された。規則に従っているかぎり、両替は儲かる商売だった。バルディ家やペルッツィ家をはじめ、裕福な一族には銀行業で富を築いた一族が多かった。

フィレンツェで銀行業が発展したのは、なんとも皮肉な巡り合わせだった。フィレンツェからわずか数百キロの距離にはローマがあり、バチカンがあり、教皇がいたのだから。当時、絶大な宗教的権威を持っていたローマ教会は金貸し業に対して、きびしく禁ずるという立場を前面に押し出していた。金貸し業は「高利貸し」と呼ばれ、教会法ではっきりと重罪と定められ、違反者には重罰が科された。1179年のラテラノ公会議で、高利貸しはキリスト教徒として埋葬できないという判断が示されていたほか、ダンテも『神曲』の中で、金貸しを男色者とともに地獄の第7圏に置いた。フランシスコ修道会は高利貸しに「貨幣に姦通させる行為」などといくつもの印象的なレッテルを貼り、フェルトレの修道士ベルナルディーノは、ペストが流行したのは神が高利貸しに罰を下そうとしたからだと論じた。バチカンによる高利貸しの定義も、今とは違う極端なものだった。高利貸しというと、現在では法外な利子を要求する業者が想像されるが、そうではなかった。バチカンの定義では、わずかでも利子を課せば、高利貸しと見なされた。これは当然、金貸しを手がける銀行業の妨げになった。銀行はどうにかして、教会法に抵触せずに利益を上げられる事業形態を見いださなくてはならなかった。[6]

地獄の業火に焼かれるのが怖くて、フィレンツェの銀行家たちは必死で知恵を絞ったのかもしれない。あるいは、規制はイノベーションの母であるということだったのかもしれない。理由はともかく、ローマ教会の掟は、世界初の大銀行家、メディチ家の誕生を妨げることにはならなかった。

「為替手形」と「乾燥為替」と「任意預金」及び「複式簿記」の採用

1397年、ローマで銀行の支店長を務めていた、物腰の穏やかな37歳のフィレンツェ人、ジョバンニ・ディ・ビッチ・デ・メディチが、母国で銀行をみずから設立するため、妻とふたりの幼い子どもたちを母国に戻すことに決めた。一族はフィレンツェの古い家柄だった。曽祖父は最高執政官を務めたことがあり、祖父は駐ベネチア大使を務めたことがあった。しかしジョバンニは父からほとんど何も受け継いでおらず、独力で人生を切り開かねばならなかった。妻と子どもたちがラルガ通りのこぢんまりとした住まいに落ち着くと、フィレンツェの銀行業ギルドに自分の新しい銀行を登録するための活動を始めた。

このときに銀行を設立しようとしたのは、タイミングを見計らってのことだった。フィレンツェの銀行業界は栄えている一方で、ちょうどその頃、バルディ家とペルッツィ家が営んでいる有力な銀行がつぶれるという事態に直面していた。14世紀の銀行業はこの2家の銀行の独壇場だったが、1340年、イングランド王エドワード3世に百年戦争の戦費として、莫大な融資をしたのが命取りになった。1345年、エドワード3世が債務不履行に陥ると、バルディ家とペルッツィ家の銀行はともに倒産に追い込まれた。この2つの銀行の消滅で銀行界に生じた空白に入り込もうというのが、ジョバンニ・ディ・ビッチの狙いだった。それでも、競争相手はいた。銀行業ギルドの記録によれば、1399年のフィレンツェには71の銀行があった。メディチ銀行が全盛期を迎えた1460年でも、33の銀行が営業していた。楽勝というわけにはいかなかった。それでもジョバンニには、ライバルに勝ちさえすれば、巨万の富を手に入れられるという確信があった。フィレンツェは金融の先進地としてヨーロッパじゅうで評判が高く、フィレンツェの銀行家たちは各国の上流層から重要な取引を託せる相手として厚い信頼を寄せられていた。

ジョバンニはローマ時代に、高利貸しに関する教会法に精通していて、フィレンツェで銀行を設立するに当たっては、その知識が生かされた。実際、メディチ銀行が国際的な大銀行へと発展するうえで、教会との衝突を回避するために凝らされた工夫の数々が、さまざまな場面で役に立った。特に巧妙だったのは、為替手形という手法だ。教会法の定義では、借り手に対して、実際に借りた額以上の返済を求める貸しつけが高利貸しと見なされるのをジョバンニはよく知っていた。ラテン語の条文でいえば、「クゥイドクゥイド・ソルティ・アッケディト・ウスラ・エスト quidquid sorti accedit, usura est（「元金を超えれば、高利貸しである」）」だった。したがって、当初の融資額になんらかの課金をすることはいっさいできなかった。しかし、高利貸しを禁ずる教会法が適用されるのはあくまで融資に対してであることも、ジョバンニは知っていた（ラテン語の条文を記すなら、「ウスラ・ソルム・イン・ムトゥオ・カディト usura solum in mutuo cadit」）。つまり、取引が融資でなければ、高利貸しとは見なされないということだった。ジョバンニはここに法の抜け穴を見出した。顧客にお金を貸して、のちに利子をつけて返済させる代わりに、メディチ銀行は顧客にいったんお金を預け、それを別の場所で別の通貨で返すよう求めるという形を取った。こうすると形式上は融資ではなく、両替に見える取引になった。そのうえで両替のレートや、返済の期限を操作することで、銀行はしかるべき利益を上げられた。しかも、この取引では手数料も課せた。そもそも融資ではなかったからだ。[7]

メディチ銀行のこの為替手形という手法は、まったくのごまかしではなかったし、さらにいえば、まったく新しいものでもなかった。じつは、為替手形はヨーロッパの新興経済の中で重要な役割を果たしていた。外交官や、聖職者や、巡礼者たちはヨーロッパ各地の定期市や教会やそのほかの重要な場所へ行く際、旅に出る前に為替手形の発行を求めることが多かった。当時の旅行者は、ころころ変更される国境を越えていかねばならず、容易に察せられるとおり、ベルトの内側とかサドルバッグとかに大金を入れているのは危険だと感じていた。メディチ銀行の為替手形はそのような旅行者たちに、安全な手段を提供した。メディチ銀行に為替手形を発行してもらえば、自分で金貨を携えていく必要がなく、目的地に着いてから、その手形を使って、現地の通貨で現金を受け取れた。

しかし、このようなシステムを滞りのないものにするためには、メディチ銀行内で一連の複雑な手続きが必要だった。まず銀行の「振出人」部門――「送金人」と呼ばれる個人から現金を受け取る部門――が送金人に対して、必要事項が記された為替手形を発行した。必要事項には、送金人の氏名のほか、受け取った金額（現地通貨）、支払う金額（外国通貨）、支払いの場所と期日、「名宛人」（支払いの責任を負う個人。ふつうはメディチ銀行の外国支店の支店長）の氏名、「受取人」（外国で支払いを受ける人。送金人と同じこともあるが、必ずしも同じとは限らない）の氏名が含まれた。これらの情報はすべて振出人部門の台帳にも正確に記入された。支払いの期日になると、受取人がメディチ銀行の外国支店へ出向いて、支店長に為替手形を提示し、現地通貨で現金を受け取った。さらにそれらの部門すべての台帳を定期的に突き合わせて、為替手形の入出金の計算が合うかどうかを確かめる必要もあった。

為替手形の必要事項を書くためには、移動の所要時間や、外国の商人の信用度や、最新の為替レートについて、詳しく知っている必要があった。送金人から現金を受け取ってから、受取人に現金を支払うまでに長い期間（支払猶予期間、ユーザンス）が空くことがしばしばあったので（例えば、フィレンツェとロンドン間の為替手形の場合、90日）、そのあいだに為替レートが銀行に不利益な方向に大きく変動するリスクがあった。加えて、ヨーロッパ各地の支店間で取引額に差が生じがちだったことから（特にブルージュ支店で、受け取る現金の額が送金の額を著しく上回っているのが問題とされた）、それぞれの地域での業務に必要な資本が各支店に十分に行き渡るよう、バランスを取らなくてはならないという難題もあった。

為替手形の業務はどこを取ってもきわめて複雑な手続きを必要としたので、メディチ銀行は従業員が手順を間違えないよう、事細かなマニュアルも作成していた。1417年、ある従業員は新しいマニュアルの下書きを終えると、最後に次の一文を書き加えた。「為替に携わる者や、商売に携わる者はいつも不安を抱え、つねに心配事が絶えない。そんなもののマニュアルよりラザーニャやマカロニのレシピのほうがよっぽどありがたい[8]」

しかしメディチ銀行は、為替手形の利用を外国旅行者による利用だけでは終わらせなかった。フィレンツェにも、ほかの諸都市にも、現金へのアクセスに対する強い需要が一貫してあった。そのような要望に応えるため、メディチ銀行はまた別の、さらに複雑な取引を考案した。それは「乾燥為替」と呼ばれた。乾燥為替の手続きは通常の為替手形とよく似ていたが、外国の支店ではなく、国内の同じ支店で通貨の両替が行われる点と、その手続きが2度繰り返される点が違った。例えば、ある借り手が、後日英国ポンドで返済するという約束で、メディチ銀行からフローリン金貨でお金を借りる。返済期日になると、その借り手は別の為替手形を発行してもらって、後日フローリン金貨で返済するという約束で、英国ポンドを借りる。最終的に、この借り手は最初に借りた当のフローリン金貨ですべての返済を済ませることになる。ここでの英国ポンドのやりとりは、完全に形式的なものだった。実際、外国の通貨の受け渡しがまったく行われないことも多かった。メディチ銀行はしかるべき利率を確保できるよう、異なる為替レートや手数料を設定することで、この取引から利益を上げられた。それでもこれは形の上ではあくまで両替（正確にいえば、2回の両替）だった。したがって融資ではないので、高利貸しを禁ずる教会法に抵触しなかった。

　為替手形を手がけ始めたことがメディチ銀行にもたらしたことのひとつは、諸外国の動向に強い関心を持つようになったことだった。両替事業の急成長に伴って、メディチ銀行は国際的な商業の世界にどんどん深く関わるようになっていった。為替レートを決めるには、他国やほかの都市や町のことを知る必要があった。そのためにはヨーロッパ各地に従業員を派遣して、現地の景気や、政府の政策や、通貨の価値を調べさせなくてはならなかった。外国に支店を設立して、現地の政府や商人との関係も築いた。外国支店からは定期的に、その国の状況に関する報告が届いた。その報告には、各都市の文化や経済についての洞察が詰まっていた。

メディチ銀行が高利貸しの問題を回避するために用いた方法は、もうひとつあった。それはデポジト・ア・ディスクレッツィオーネ、つまり「任意預金」と呼ばれる方法だった。ここでの「任意」とは、預金者に対して利子を支払うかどうかについての銀行の判断が「任意」であるという意味だ。利子を支払うのは、もちろん預金者にお金を預ける見返りを与えるためだったが、ここでもやはりそれが教会法で利子と見なされないようにすることが肝心だった。したがって、「任意」は、銀行からただで随意に提供され、預金者がありがたく受け取る贈り物であるという形を取った。つまり贈り物なので、高利貸しに当たらないということだ。これは教会法のうまい回避策のように見え、銀行と預金者の双方から歓迎された。

しかし問題があった。「任意」はその名のとおり任意だったので、銀行は支払わないという決定をすることもできた。そのような決定がなされることはめったになかったが、なされたときには、預金者に破滅的な結果を招くことがあった。例えば、1489年、メディチ銀行のリヨン支店が、フランスの裕福な外交官で歴史家であるフィリップ・ド・コミーヌの2万5000エキュの預金に対し、「任意」の支払いを拒んだ。コミーヌはリヨン支店に預金をしたのち、フランス王シャルル8世に対する謀反に加わった罪で逮捕され、投獄されていた。謀反で果たした役割のせいで、獄中での生活は何年にも及んだ。1489年、コミーヌはリヨン支店に預金の引き出しを求めた。莫大な罰金を支払って、牢屋から釈放してもらうためだった。しかしリヨン支店はずさんな経営と不良債権の蓄積のせいで経営難に陥っていて、当初の預金を払い戻すのが精いっぱいで、「任意」はまったく支払えなかった。愕然としたコミーヌは、直接、ロレンツォ・デ・メディチに手紙を書いて、支店で不当な扱いを受けていることを訴えた。ロレンツォからの返事はつれないものだった。銀行の損失があまりに膨らみすぎていて、彼にもどうすることもできなかったのだ。[10]

いうまでもないが、これらの複雑な取引——為替手形、乾燥為替、任意預金、為替変動、支店の預金の払い戻し——はすべて、記録に残す必要があった。メディチ銀行は国内外の支店の資産と債務の記録を、長期にわたってつけておかなくてはならなかった。そうしなければ、事業を発展させることも、教会法の巧みな回避策を継続することもできなかった。

メディチ家がその記録のために使ったのは、現在でも広く使われている、複式簿記と呼ばれる優れた帳簿の方式だった。複式簿記では、銀行の各取引が帳簿の貸方と借方の両方に記入された。そうすることで帳簿の記入ミスを防げた。記入ミスがあれば、貸方と借方とで数字が合わなくなるので、すぐに気づけたからだ。複式簿記を発明したのはメディチ家ではないが（フィレンツェのほかの銀行でも採用されていたほか、1340年にすでにジェノバで使われていたことを示す証拠がある）、この帳簿方式を完成させたのはメディチ家だった。メディチ銀行の帳簿はきわめて広範囲を網羅していて、今でもその帳簿を見れば、各支店の各年の損益を正確に知ることができる。そこにはメディチ銀行の金融工学のシステムがいかにきめ細かなものだったかが示されている。

教会や統治者といった顧客の開拓

ジョバンニは計画や仕組みがどれだけ立派でも、顧客がいなければなんにもならないことを知っていた。だから、当初から、顧客の開拓に力を入れた。最初に接近した相手は教会で、ここで大きな賭けに出た。1390年代末、バルダッサーレ・コッサというナポリ人の若い助祭長がバチカンで名を上げていた。コッサはナポリ沖に浮かぶ小さな島プローチダの貧しい貴族の家に生まれた。はじめは、ふたりの兄弟とともに商船を襲って生活の糧を得ていた。しかしやがてそのような海賊稼業から足を洗うと、ボローニャ大学で法律を学び、一時期は法律の仕事をし、のちに聖職の道に入った。教会では、かつての生業で覚えた技、すなわち絶妙なタイミングで相手を脅すという技を使って、瞬く間に出世の階段を駆けのぼった。司祭たちをものの見事に「説得」して、バチカンへの贈り物をさせることで、教皇ボニファティウス9世にも取り入った。有り金をはたかなければ、イスラム教徒に土地を譲り渡すというのが、司祭たちを脅すときの決まり文句だった。

そのようにして権力の座にのぼりつつあったどこかの段階で（具体的にいつだったかはわかっていないが）、コッサはジョバンニと出会って、親しくなった。1402年、枢機卿への就任を確実にするためにお金が必要になると、ジョバンニから1万フローリンの融資を受けた。現代の価値に換算することは不可能だが、これはかなりの金額だったことは間違いない。当時（1400年）の建設作業員の1週間の賃金は、約1フローリンだった。つまり、ジョバンニの融資は1万人の建設作業員を1週間雇える額だったということだ。1404年のメディチ銀行の帳簿には、コッサへの8937フローリンの融資の記録がある。これはふたりのあいだでビジネスが続いていたことを示している。コッサとジョバンニの関係は、友人どうしのように温かいものだったようだ。この時期に書かれた手紙の中で、コッサはジョバンニを「最も親愛なる友」と呼んでいる。そしてついに1410年、コンクラーベ（新教皇を選ぶ選挙）で、コッサが教皇に選ばれた。これはジョバンニにとってそれまでで最大の勝利だった。コッサはすぐにメディチ銀行をバチカンの受託銀行に指名した。こうしてメディチ銀行は正式な神の銀行となった。メディチ銀行からコッサ（教皇名はヨハネス23世）にはさらに、教皇への就任に反対する勢力との戦いを支援するため、約10万フローリンが融資された。[11]

以後、バチカンがメディチ銀行の最大の顧客となり、最も安定した収入源になった。メディチ銀行は、バチカンがヨーロッパ全土で十分の一税やその他の教会税を徴収するのを手伝った。広大な地域にまたがり、複雑なロジスティックスを伴うこの大規模な事業は、メディチ銀行の国際的な拡大を促進した。またこの事業を通じて、メディチ銀行は教皇庁の財務管理者となり、バチカンの国庫のお金がメディチ銀行に預けられることになった。

これらが銀行にもたらす利益は莫大な額にのぼった。１４３４年まで20年以上にわたり、ローマ支店の収入はメディチ銀行の収入の半分以上を占めていた。ジョバンニは教皇が一時的に居を構える場所にも必ず従業員を派遣して、バチカン支店を開設させた。コンスタンツからバーゼル、ローマまでその支店はさまざまな場所に移動した。実際、メディチ銀行の文書では、バチカン支店はしばしばイ・ノストリ・ケ・セグオノ・ラ・コルテ・ディ・ローマ（「ローマの宮廷につき従う支店」）という呼び名で記されている。[12]

教会のほかに、王や領主や貴族もメディチ銀行の重要な顧客になった。いずれも戦争や、城の建設や、贅沢品の購入のため、ルネサンス期を通じてほぼつねにお金を必要としている者たちだった。メディチ銀行はそれらの者たちの頼れる資金源となった。例えば、ジュネーブ支店の顧客名簿には、フランス王や、サボイア公や、ブルボン公の名があった。ミラノ支店はミラノ公フランチェスコ・スフォルツァを上客にしていた。ロンドン支店はイングランドの代々の国王や諸侯にお金を用立てた。そのためにはときに、信頼できる配送業者を使って、ヨーロッパの各地に大量の金貨や銀貨を送ることもあった。金貨や銀貨はそれとわからないよう、たいていは布にくるまれていた。ときには為替手形でも取引が行われた。メディチ銀行は富裕な顧客へのつけ届けに、絹や宝石や香辛料といった高価な品物を贈ってもいる。ブルボン公爵夫人にキリンを贈ろうとしたこともあった。ただ、このキリンは長旅に耐えられず、途中で死んでしまったようだ。[13]

統治者への融資にはリスクもついて回った。下級の聖職者を相手にするのと違って、統治者に返済を拒まれたら、メディチ銀行にはなすすべがほとんどなかった。実際、14世紀のフィレンツェの2大銀行（バルディ銀行とペルッツィ銀行）が倒産したのは、エドワード3世への融資が焦げついたせいだった。そのようなリスクを軽減するため、ジョバンニは何かしら価値のあるものを担保として提供するよう相手に求めた。ヨハネス23世がジョバンニに提供したのは、高価な司教冠だった。インノケンティウス8世は教皇冠を差し出した。オーストリア大公からは宝石で飾られた重さ約9キロの聖遺物箱を担保として受け取った。担保を取るのは新しい商慣行ではなかった（フィレンツェはユダヤ人の質屋が多い土地柄で、それらのユダヤ人の質屋は教会法に縛られていなかったので、昔からふつうに抵当貸しもしていた）が、メディチ家のもとでそれは別次元のものに変えられた。担保を取るのは今や、ルネサンス期の大物や権力者を相手に商売をする人間の特権だった。[14]

リスクを分散させるための組織形態

しかしジョバンニの才は、教会法を巧みに回避することや、有力な顧客をこつこつと開拓することに限られたものではなかった。銀行そのものの仕組みにもそれは発揮された。メディチ銀行の組織形態には、法律的・政治的な鋭い洞察が注ぎ込まれていた。メディチ銀行は法律上は、メディチ家と共同経営者で構成されるパートナーシップだった。しかしメディチ家は、ヨーロッパ有数の裕福な一族であることから、領主や商人に妬まれたり、憎まれたりしやすいということを強く意識していた。そこで身を守るため、メディチ銀行は現在の銀行持ち株会社によく似た事業形態を編み出した。その事業形態の中心にあるのは、メディチ家のメンバーが幹部を務めるメディチ銀行本店だった（幹部にはひとりかふたり、メディチ家以外の人間が加わることもあった）。しかしヨーロッパ各地に置かれたメディチ銀行の支店（全9支店）も、それぞれ別個のパートナーシップとして設立されていた（パートナーが訴訟から守られるリミテッド・パートナーシップの初期形態を取るものもあった）。

メディチ銀行本店が各支店の筆頭パートナーを務める一方、支店長はそのジュニアパートナーとなった。この独創的な仕組みには、支店長の働く意欲を掻き立てる効果があった。支店長もパートナーとして銀行と損益を共有していて、銀行の成功は自分の利益につながったからだ。またこれは一般の従業員の動機づけにもなった。メディチ家は原則として、従業員の中から支店長を選んでいたので、従業員も働きを認められれば、パートナーになるチャンスがあったからだ。さらにここには有限責任のメリットを享受できるという側面もあった。つまり各支店が独立したパートナーシップであれば、ある支店が倒産しても、没収されるのはその支店の資産だけですみ、メディチ銀行全体の資産は損なわれなかった。[15]

リスクを分散させるこの手法の効果は抜群だった。銀行はそのおかげで顧客からの損害賠償請求をたびたび退けることができた。例えば、1455年、ミラノのダミアーノ・ルッフィーニという人物がメディチ銀行ロンドン支店から羊毛を9梱購入した。この羊毛が梱包の不備のせいで、ブルージュへの輸送中に傷ついてしまった。ルッフィーニはブルージュ支店に対し、損害賠償の訴えを起こそうとしたが、ブルージュの支店長はブルージュの裁判所に、ロンドン支店は完全な別会社であり、ブルージュ支店はその責任をいっさい負わないと申し立てた。この申し立てが認められ、ルッフィーニはブルージュ支店からはいっさい賠償を受けられなかった。

ただし、組織を周到に切り離しても、メディチ銀行が各支店に対して支配力を行使しなかったわけではない。各支店はメディチ銀行の強い統制下にあった。ジョバンニはすべての支店が銀行全体の利益にかなった運営をするよう、知恵を絞った。各支店の運営を監督するため、各支店に指示や方針を与えられる総支配人というポストを設けたのもそのひとつだ。例えば、総支配人は各支店の帳簿や記録をチェックして、赤字にならないよう指導したり、愚かな融資やリスクの大きすぎる融資をやめさせたりした。現在のCEO同様、総支配人は特別に大きな役割を担い、成果しだいで報酬の多寡が決まった。

歴代の総支配人の中でおそらく最も有名なのは、ジョバンニ・ダメリーゴ・ベンチだろう。金融の見識の深さで知られ、1440年代から50年代にかけてメディチ銀行の黄金時代を支えた。そのあとを継いだフランチェスコ・ディ・サッセッティによる采配は逆に惨憺たるものだった。それがメディチ銀行の衰退の一因になったともしばしばいわれる（ただし、自身はかなりの財を成した。一時は、5万2000フローリンのほか、フィレンツェの邸宅と3つの農場、モントゥギの別荘、宝石、蔵書といった資産を持ち、メディチ銀行に4万5000フローリンを出資していた）。

銀行の従業員はきびしく監視され、細かい行動のルールを課されていた。支店長は、任期中（たいていは4、5年）は、自分の支店がある都市を離れてはならなかった（例外は、フィレンツェの本店から明確に呼び出されたときと、いくつかの重要な市場へ出向かなくてはならないとき）。勝手に王侯や貴族に融資することも禁じられていた。そのような融資は微妙な問題をはらむことから、すべて本店に判断を仰がなくてはならなかった。銀行の顧客名簿はもっぱら富裕層や社会の有力者だけで占められ、ほとんどの一般市民は銀行の取引からは締め出されていた。一方で、従業員は信頼されるようになれば、十分な報酬を与えられた。下級の従業員が昇進することもめずらしくなかった。メディチ家と個人的に親しくなる者も多かった。コジモ・デ・メディチの財務管理者を務めたフォルコ・ポルティナーリが1431年、幼い子どもを数人残して世を去ると、コジモはその子どもたちを引き取って、自分の子どもとして育てた。ただ、これにはポルティナーリの子どもたちがダンテの有名な恋人ベアトリーチェの遠い子孫であったことも、影響していたのかもしれない[16]。

メディチ家が支えた芸術家たち

こうしてジョバンニは史上最大規模の成功を収めることになる企業を築き、銀行は以後、何十年にもわたって莫大な利益を上げた。その結果、一族の富も膨らんだ。１３９７年から１４２０年までのあいだに、ジョバンニ自身、銀行業で11万３８６５フローリンの収入を得た。年平均で４９５０フローリンだ。銀行業の収入はそれからも増える一方だった。１４２７年の土地台帳管理局への納税記録には、ジョバンニがフィレンツェで2番めに多くの資産を持つ富豪だったことが示されている（1番は同じく銀行業者で、ジョバンニのライバルだったパッラ・ストロッツィ）。１４５７年、息子のコジモ・デ・メディチは納税に際し、ラルガ通りに豪邸を2軒、カレッジとカファッジオーロとトレッビオに別荘を数軒、ピサとミラノに家屋を1軒ずつ持っていることを申告した。１４６９年の時点で、メディチ家の資産は22万８０００フローリン相当に達していたと推定される。これは驚愕させられる額だ。例えば、１４８０年のフィレンツェの労働者は70フローリンの年収で、妻と4人の子どもを余裕を持って養えた。これはつまり、１４６９年のメディチ家の資産は、一般家庭の生活費３０００年分以上に相当したということだ[17]。

しかしメディチ家がその富を個人的な贅沢のためにばかり使っていたら、フィレンツェのパトロンとしてその名を歴史に残すことはなかっただろう。現在では、メディチ家は銀行家としての業績より、美術、建築、学問といったフィレンツェの文化の繁栄に多大な貢献をしたことで知られている。15世紀を通じて、メディチ家はミケランジェロ、ダ・ビンチ、ボッティチェリ、ブルネレスキ、フラ・アンジェリコ、ギルランダイオといったフィレンツェの芸術家たちに惜しみなく経済的な援助を施した。ジョバンニは苦しい生活を送る芸術家たちを雇って、自宅の壁にフレスコ画を描かせた。１４１９年には、ブルネレスキにお金を払って、新しい孤児院（オスペダーレ・デリ・イノチェンティ）の設計と建設を任せた。ジョバンニの息子コジモ・デ・メディチは著名な学者マルシリオ・フィチーノに報酬を支払って、プラトンの全著作をラテン語に翻訳させた。西洋の人々がプラトンの著作をラテン語で読めるようになったのは、これが最初だった。古代の知恵から学ぶことに熱心だったコジモは、リューベックの代理人にリウィウスの失われた著作を探させたこともあった。シトー会の修道院にあるとうわさされていたその本は結局、見つからなかったが、代わりにドミニコ会の修道院で貴重なプリニウスの著作が見つかった。ロレンツォ・〝イル・マニフィコ〟はミケランジェロを自宅に住まわせて、わが子のように育てた。芸術と学問にメディチ家が力を注いだことで、フィレンツェは一変した。イタリアの詩人ポリツィアーノは次のように書いている。「アテネは異民族に破壊されなかったが、フィレンツェに移された」。フィレンツェへの貢献を称え、コジモには「祖国の父（パテル・パトリアエ）」という称号が贈られた[18]。

しかしメディチ銀行は芸術分野だけでなく、人々のお金や為替との関わり方も根底から変えた。そうすることを通じて、ヨーロッパ経済が農業を基盤とした封建主義から、金融や商業にもとづいたもっと近代的な資本主義へと移行するのを手助けした。メディチ銀行がヨーロッパじゅうに張り巡らせた支店のネットワークのおかげで、商取引の障壁が取り払われた。商人たちは現地通貨の価値が低いことを恐れずに、最も需要がある場所で商品を売買できるようになった。メディチ銀行の飛脚や船団を使った配達網は、ヨーロッパじゅうの大都市に高価な商品（香辛料、絹、布、羊毛、繻子《しゅす》、金糸、宝石、明礬《みょうばん》、オリーブ油、柑橘類）を送ることを可能にし、新しい市場を創出した。さらに、メディチ銀行が築いた国際金融システムの初期のモデルは、1世紀にわたって驚異的な経済成長を促した。これはルネサンス期最大の経済のイノベーションだったといえる。

政治と距離を置いたジョバンニやコジモ

いかなる場合もキングよりキングメーカーになるほうが安全である。15世紀前半のメディチ銀行はこの格言を忠実に守っていた。政治的な権力という罠に陥るのを注意深く避けて、浮き沈みのある国政で力を振るうより、安定した金融の利益を得るほうを選んだ。創業者ジョバンニは、銀行の財務基盤を築くという大きな課題に心血を注ぐ一方で、政治的な野心を見せることはなかった。

フィレンツェでは執政官がくじ引きで選ばれていたので、ジョバンニも市政を担ったことは何度かあった。1421年には最高執政官にも選ばれている。しかしその政策は、貧しい人々を救おうとするものがほとんどだった。例えば、逆累進の人頭税をもっと累進的な財産税に切り替えたり、貴族にも執政官になる権利を与える法案を退けたりした。また政治的な栄誉を受けるのもたびたび拒んでいる。1422年にはマルティヌス5世からモンテベルデ伯爵の称号を授けるといわれたが、それも丁重に断った。政治は彼の関心の外にあった。ジョバンニがどういう人物だったかは、死の床で子どもたちに語った次の言葉によく示されている。

人々の望みに背くようなことはけっしてしてしてはいけない。もし人々が望むべきではないことを望んでいるなら、考えを改めるよう、友人として、丁寧に根気よく忠告してやることだ。間違っても居丈高に指図するべきではない。政治の場をおまえの活躍の場にしてはならない。政治の場には呼ばれたときにだけ出ていけばいい。その際も、控えめな態度に徹して、大口をたたくのは厳に慎むこと。いつも人々の平和を保つことと、よいところを伸ばすことを心がけて欲しい。法律の揉めごとはくれぐれも起こさないよう気をつけること。法律を軽んじる者は、法律によって滅びる。世間の関心を集めないようにし、わたしがいなくなっても、やましいことだけはぜったいにしてはならない。[19]

1420年、ジョバンニ・ディ・ビッチの息子、コジモが父の後任となり、父の志を継いだ。コジモは類まれな商才に恵まれ、1464年に死ぬまで、メディチ銀行の全盛期の指揮を執った。コジモのもとでメディチ銀行はさらなる拡大を遂げる。それまでもローマ、ジュネーブ、ベネチア、ナポリの4都市に支店があったが、ヨーロッパじゅうに進出し、ロンドン、ピサ、アビニョン、ブルージュ、ミラノ、リューベックの各都市で支店を開設した。収益は大幅に増え、1397年から1420年までは年およそ6500フローリンだったのが、1435年には年1万2500フローリン、1450年には年2万フローリンに達した。

コジモは商才に加え、人格者としてもフィレンツェの国内外から広く尊敬を集めていた。ニッコロ・マキャベッリの『フィレンツェ史』にはコジモのことが次のように書かれている。「飛び抜けて聡明な人物だった。物腰に品格があって、礼儀正しく、しかもきわめて柔軟で、思いやり深かった。どの党派も、どの統治者も敵に回さず、誰に対しても心を開いていた。どこまでも寛大な人柄ゆえに、階級の別なくあらゆる市民の味方だった」。16世紀のイタリアの歴史家フランチェスコ・グイチャルディーニは次のように書いている。「ローマ帝国が崩壊してからこのかた、あれほどの称賛を浴びた一般市民はいない」。コジモ自身は自分の成功の原因を謙虚さに帰し、次のように述べている。「庭には水をやってはいけないたいていの植物がある。しかしたいていの人はその植物に水をやってしまう」。ただし、銀行の利益のためであれば、ときにはロビー活動も辞さなかった。その成功例のひとつが、前にも触れた乾燥為替の合法化だ。乾燥為替は、有識者たちには利子つきの融資に限りなく近いものに見え、議論を呼んだ取引だったが、銀行には多大な利益をもたらした。[20]

コジモは政治からは努めて距離を置いていたが、当時の騒ぎと完全に無縁ではいられなかった。1430年代初頭、フィレンツェが豊かなトスカーナ地方を巡って、ルッカとミラノとの戦争に突入した。戦費は瞬く間に膨らんだ。あるとき、フィレンツェ政府がセルキオ川の流れをルッカに注ぎ込むように変えて、ルッカを水没させようと目論んだことがあった。著名な建築家ブルネレスキも計画の指揮のため、現地に派遣された。怪しい動きに気づいたルッカ側が運河を破壊して、平原を水没させたことから、フィレンツェ軍は撤退を余儀なくされ、この作戦は結局、失敗した。コジモもはじめは、メディチ家の現金を使って、この大がかりな作戦を支援していたが、もともとこの戦争に賛同していなかったので、途中でその支援を打ち切った。これに憤ったのが、フィレンツェの支配一族のひとつで、この戦争を主導していたアルビッツィ家だった。コジモは政治の風向きが自分の不利に変わり出したのを感じると、銀行の利益を守る対策を講じ始めた。1433年、メディチ銀行の現金をローマとナポリの支店にひそかに移し、大量の金もサン・ミニアート・アル・モンテのベネディクト会の修道士とサン・マルコのドミニコ会の修道士のもとに隠した。

コジモの直感は、いつものようにこのときも当たった。1433年9月、フィレンツェ政府に呼び出されたコジモは、政府の宮殿に出向くと、その場で拘束され、アルベルゲッティーノと呼ばれる鐘塔の狭い牢屋に収監された。アルビッツィ家はコジモを裁判にかけ、「思い上がった振る舞い」をしようとした罪で死刑に処すべきだと主張した。しかし、200人の市民からなる委員会（バリーア）の前で行われた裁判で、検察側はコジモを糾弾するのを拒んだ。メディチ銀行の最も有力な顧客もコジモのために異議を申し立てた。メディチ家と事業で手を組んでいるベネチア共和国とバチカンからは、コジモを弁護するための代表団がフィレンツェに送られてきた。結局、コジモはバリーアから10年間の国外追放処分をいい渡されるだけですみ、ベネチアへ移り住んだ。メディチ銀行の資産はすでに国外に移されていたので、メディチ銀行の業務も滞りなく継続できた。1年後には政府に請われ、コジモはフィレンツェに戻ることになった[21]。

銀行を政治に利用したロレンツォ

しかし、1464年にコジモ・デ・メディチが世を去ると、銀行の経営がぐらつき始めた。問題の始まりは、「痛風持ち」とあだ名されたピエーロが父のあとを継いだことにあった。ピエーロは銀行業の経験がなく、いくつもの失策を犯して、銀行の経営に深刻なダメージを与えた。例えば、判断ミスのひとつには、多くの債務者に融資の即時返済を求めたことがあった。この決定は一時的には銀行の収入を増やしたが、顧客離れを招いた。しかも、返済できなかった多くの企業がこれにより倒産に追い込まれた。また、支出の抑制を方針として掲げていながら、ピエーロはリスクの大きい投機的な事業に銀行を次々と関わらせた。ピエーロのもとで、メディチ銀行はフランス北部グラブリーヌの徴税業務を請け負ったり、「突進公」と呼ばれた無謀な君主ブルゴーニュ公シャルルに融資をしたりしたが、どちらも不首尾に終わった。ピエーロは政府内で生じたさまざまな危機の対応に時間の大半を取られるようになると、銀行の経営は部下のフランチェスコ・ディ・サッセッティに任せ切りにした。サッセッティは自身の財は築いたが、銀行の苦しい経営状態を上向かせるようなことはほとんど何もしなかった。[22]

ピエーロが1469年に死ぬと、その息子ロレンツォ・〝イル・マニフィコ〟があとを継いだ（王家の血統同様、会社の支配権も長男に受け継がれるのがふつうだが、パートナーシップ契約の締結が求められることもあった）。ロレンツォは、父親と同じように銀行の経営にはあまり興味がなかった。フランチェスコ・グイチャルディーニが書いているように、「商売や個人的なことは関心の埒外にあった」。その代わり、もっと高尚なことに心を引かれ、詩を書いたり、哲学を学んだりした。1469年には、ピアッツァ・サンタ・クローチェで開かれた馬上槍試合の大会で優勝した。彼の詩は今でもイタリアで広く読まれている。銀行の経営はほったらかしだった。[23]

ロレンツォは何よりも政治が好きだった。若い頃、外交団を率いてイタリア各地（バチカン、ボローニャ、ベネチア、ミラノ）を回ったことがあり、そのときに外交や政治のおもしろさを知った。1469年に父のあとを継いで、一家の当主になると、すぐに支配を固める活動を開始した。フィレンツェ国内では、市民議会やポポロと呼ばれる市民団体を廃止して、彼の権力を抑制する仕組みを取り除いた。国外では、ミラノのスフォルツァ家と盟約を結んだり、新教皇シクストゥス4世の歓心を買ったりした。「メディチ家の統治が崩れれば、金持ちはフィレンツェで暮らしにくくなる」というのが、ロレンツォが自分の政略を正当化するときに使う決まり文句だった。グイチャルディーニは次のように書いている。「ロレンツォはフィレンツェを自分の意のままに操った。その姿はまるで指揮棒を振る王子のようだった」[24]

たまに思い出したように銀行の経営に携わったときには、事態をかえって悪化させがちだった。ロレンツォの最初の発案のひとつに、明礬の事業があった。明礬は当時、万能の鉱物ともてはやされ、羊毛の染色などに使われていた。明礬で大儲けできると踏んだロレンツォは、1460年、チビタベッキア近郊のトルファという町で、その鉱床が発見されたと聞くと、急いで採掘権をバチカンから得た。しかしこの投資は大失敗だった。オスマン帝国から輸入される明礬にたえず利益を脅かされたうえ、イスキア島で新たな明礬の鉱床が発見されると、さらなる価格競争を避けるため、不本意な利益分配の協定を結ばざるを得なくなった。ボルテッラという町で新たな鉱床が発見されたときには、町に採掘権の譲渡を強引に迫って、住民に反乱を起こされた。ロレンツォは傭兵隊長として名高いウルビーノ公フェデリコ・ダ・モンテフェルトゥロを派遣して、町を制圧させたことで、みずからの評判をさらに落とした。1470年代に入るとバチカンとの対立から、一段と損失が膨らんだ。1476年にはとうとうシクストゥス4世がメディチ銀行との明礬の契約を解消し、逆にパッツィ銀行とその契約を交わした。パッツィ銀行はメディチ銀行の商売敵だった。ロレンツォの明礬への賭けは、高い代償を払うことになった。

しかしロレンツォは交戦国の計略にどんどん深く関わるようになり、政治的な思惑のためにメディチ銀行を利用するという誘惑に抗えなかった。味方を助け、敵を害するために銀行の金融網を使うことがますます増えていった。ブルゴーニュの「突進公」シャルルのような返済能力に不安がある者に融資を行う一方、教会のようにもっと信頼できる顧客への融資を拒んだ。その結果、融資が焦げつき、各支店の損失が増大し、メディチ銀行は手ひどい打撃をこうむった。しかしそれでもまだ最悪の事態は起こっていなかった。政治と企業の結びつきは、ジョバンニやコジモのように傑出した経営者のもとですら、つねにデリケートなものだ。それがロレンツォのもとでからからに乾いた火薬と化し、いつ爆発を起こしてもおかしくない状態になっていた。1478年4月26日、ついにそれが爆発した。

パッツィ家の陰謀とロレンツォの復讐

パッツィ家の陰謀と呼ばれる事件が起こった背景には、長年の対立があった。ロレンツォは10年近くメディチ銀行の頭取を務めるあいだに、芸術作品の収集に劣らぬ早さで次々と敵を増やしていった。1478年には、数々のフィレンツェの大物がそのリストに名を連ねていた。パッツィ銀行を営むフランチェスコ・デ・パッツィは、長年にわたって、自分の銀行がメディチ銀行に圧倒され、なかなか思うような事業ができないことから、メディチ家に苦々しい思いを抱いてきた。ピサの大司教フランチェスコ・サルビアーティは、叙任に反対されて以来、ロレンツォを恨んでいた。傭兵隊長にして公爵の熱血漢フェデリコ・ダ・モンテフェルトゥロは、かつてはロレンツォと親しくし、ボルテッラの反乱の鎮圧を助けてもいたが、今では関係は冷え切っていた。

しかし、最大の敵はローマの玉座にいた。シクストゥス4世だ。ロレンツォは当初、教皇と良好な関係を築いていた。しかし教皇が親族のためにイモラという町を購入しようとしたとき、自分でもその町を買いたいと思っていたロレンツォが融資を拒んだことから、関係は急速に悪化した。教皇は結局、融資をパッツィ銀行から受け、教皇庁の財務管理者もメディチ銀行からパッツィ銀行に変更した。しかしパッツィ家はこのような小さな勝利では満足しなかった。メディチ銀行を永久にフィレンツェの金融界から葬り去りたかった。そのためには、メディチ家そのものを抹殺する必要があった[25]。

陰謀の最後のピースが揃ったのは、1478年の春だった。ピサのサルビアーティ大司教と、ウルビーノのフェデリコ・ダ・モンテフェルトゥロから支援の約束を取りつけると、パッツィは教皇に謁見し、メディチ家転覆の計画を打ち明けた。ルネサンス期の多くの陰謀家同様、シクストゥス4世は責任を避ける返事をした。「わたしはけっして人の死は望まない。望むのは、政権の交代だけだ」。そういってから次のように続けた。「フィレンツェの政権からロレンツォが取り除かれることを切に望んでいる。あの悪党は油断がならない。何かとわれわれに歯向かってくる。あの男さえいなくなれば、われわれは喜んで貴国と手を組むだろう。それはわれわれにとってもたいへん都合がいい」。教皇は顔色ひとつ変えず、計画を遂行するための軍隊を提供することを約束した。メッセージは明らかだった。教皇は計画を祝福しているということだ。

ロレンツォは4月26日の荘厳ミサに参列するため、ドゥオーモの堂内へ入ったとき、自分の周りで陰謀が渦巻いているとはつゆも知らなかった。信徒席の最前列まで進むと、弟ジュリアーノと通路を挟んで反対側の席に腰を下ろした。騒ぎが起こったのは、賛歌「アニュス・デイ」を聴いているときだった。「これを食らえ、裏切り者め！」という叫び声が堂内に響き渡った。と同時に、フードをかぶったふたりの人物（ひとりはフランチェスコ・デ・パッツィ本人だった）がジュリアーノに近づいてきた。ふたりは短剣を振り上げて、19回、ジュリアーノをはげしく突き刺した。ジュリアーノはその場で息絶えた。一方、ロレンツォは、ふたりの司祭がナイフを抜いて、自分に襲いかかろうとしているのに気づき、首をわずかに切られながらも、聖歌隊席を乗り越えて逃げた。このときロレンツォの親しい友人で同業のフランチェスキーノ・ノリが走り寄って、襲撃者を止めようとし、殺された。ノリのおかげで貴重な数秒の時間を稼げたロレンツォは聖具室に駆け込んで、青銅のドアを閉めることができた[26]。

そのとき、ドゥオーモの外では、計画の第二段階が実行されていた。それはパッツィ家の当主を含む別のメンバーが、街じゅうで兵士の一団を率いて、馬上から「自由」と叫び、フィレンツェ市民にメディチ家への反乱を促すというものだった。この作戦が裏目に出た。フィレンツェ市民は、国の支配一族が襲撃されたことに怒って、「パッレ、パッレ（球）」（メディチ家の紋章にあしらわれている赤い球を意味する）と叫び返した。パッツィ家の共謀者たちは暴徒と化した市民に逆に襲われ、雇った石弓兵もろとも、殺された。市民の怒りはそれだけで収まらず、フランチェスコ・デ・パッツィとサルビアーティを捕らえて、ベッキオ宮殿に引きずっていき、そこでふたりを首吊りにした。

ロレンツォは襲ってきた者たちが撃退されたことがわかると、聖具室から出て、胸に復讐を誓った。それからの数週間は、彼の治世で最も血塗られた時期となった。彼はパッツィ家の一族と共犯者全員を探し出して、捕まえ、殺すよう命じた。政庁舎に使われていたベッキオ宮殿の窓から吊るされた者もいれば、宮殿の最上階から突き落とされた者もいた。パッツィ家の当主ヤコポ・デ・パッツィは痛めつけられたうえで、首吊りにされ、どぶに捨てられ、その後、市内を引き回されて、最後にはパッツィ宮殿のドアの前に横たえられ、その首はドアのノッカーにされた。パッツィ家の成人男性はことごとく殺され、殺されなかったのは、ロレンツォの義兄（姉の夫）であるおかげで命拾いしたグリエルモ・デ・パッツィただひとりだけだった。パッツィ家の女性は結婚を禁じられた。ボッティチェリは政府からの依頼で、ベッキオ宮殿の壁にこの事件を題材にした巨大なフラスコ画を描いた。メディチ家に楯突くとどうなるかを人々に思い出させるためのこの絵には（現在は失われている）、謀反人たちが処刑された姿が生々しく描かれていた。

メディチ家の没落

ロレンツォはパッツィ家に対して容赦のない復讐をすぐに果たしたが、パッツィ家の陰謀はある面では成功だった。この事件がメディチ銀行の没落につながったからだ。パッツィ家へのロレンツォの暴力は、味方を離れさせ、敵を激怒させた。フィレンツェ政府はパッツィ家の資産を没収後、教皇へ手紙を送って、その中でロレンツォを「ペテロの座にいるユダ」と呼んだ。この手紙を受け取った教皇はロレンツォを破門して、ローマとナポリのメディチ銀行の資産をすべて没収した。メディチ銀行の倉庫に残っていた明礬もひとつ残らず取り上げた。

バチカンとナポリはさらに合同でフィレンツェに宣戦布告した。銀行が弱体化し、深刻な資金不足に陥っていたロレンツォは、フィレンツェの国庫から現金をくすね始めた。その総額は7万5000フローリンにも及んだ。この頃から、ロレンツォはますます偏執的になり、独裁的になっていった。軍事十人委員会なる緊急委員会を設立して、強力な権限を与えたり、12人の武装した護衛に自分の身を守らせたりした。残りの人生は、もっぱら政治と外交に明け暮れた。メディチ銀行の経営は顧みられず、財務状況は悪化の一途をたどった。[27]

15世紀末には、メディチ銀行はほとんど立っているのがやっとの状態だった。負債は膨らみ、支店は閉鎖し、事業は縮小していた。１４９２年、〝イル・マニフィコ〟が世を去ると、メディチ家の衰退はいっそう顕著になった。ついにとどめを刺されたのは、１４９４年、トスカーナ地方に侵攻したフランス王シャルル8世に対し、ロレンツォの息子ピエーロが屈辱的な降伏を受け入れたときだった。フィレンツェ市民はこれに怒って反乱を起こし、メディチ家を国から追放した。メディチ銀行の資産は新政府に没収され、メディチ銀行は地上から永久に姿を消した。

メディチ銀行がルネサンスの中心をなしてきた時代はここに終わりを告げた。その後ほどなく、フィレンツェはドミニコ会の過激な修道士ジローラモ・サボナローラの支配下に置かれることになった。サボナローラは金持ちの悪徳を批判し、市内の大広場で本、鏡、楽器、絵といった罪深い贅沢品を焼き捨てる「虚栄の焼却」を先導した。しかしメディチ銀行の遺産は現在まで生き続けている。メディチ銀行が高利貸しを禁じた教会法を回避するために考案した画期的な金融商品は、ヨーロッパ経済を一変させた。そのハブ・アンド・スポーク方式の事業形態は銀行持ち株会社の先駆けとなり、その優れた会計手法は今も世界じゅうで使われている。そしていうまでもなく、芸術や建築へのジョバンニ、コジモ、ロレンツォの傾倒は、ミケランジェロ、ドナテッロ、ダ・ビンチ、ボッティチェリの活躍を可能にし、史上に類を見ないほど芸術の精神と華やかさに満ちあふれた時代を生み出した。

メディチ銀行が生み出したもの

メディチ銀行の物語でさらに目を引くのは、洗練された近代的な金融システムをまったくのゼロから築き上げたことだ。ルネサンス期のフィレンツェでは、政権が不安定でめまぐるしく変わり、戦争と疫病と陰謀が繰り返されていた。そこに法の支配は存在しなかったし、銀行業は大罪とされていた。しかしそんな中で、メディチ家は銀行を築いただけでなく、ヨーロッパ全土で事業を展開し、支配階級を相手に対等な立場（ときに対等以上の立場）で商売をした。メディチ銀行は1世紀近くも存続して、創業者たちに莫大な富をもたらし、さらには自国のために比類なき美を創造した。世界が銀行を必要とし、それを提供したのがメディチ家だった。

メディチ銀行が生み出したものには、新しい企業形態もある。メディチ銀行はフィレンツェに所在し、フィレンツェで経営され、フィレンツェで所有される単一の事業体としてではなく、銀行持ち株会社の初期の形態として築かれた。フィレンツェのメディチ銀行が中心の事業体だったが、それとは分離した事業体がヨーロッパの各地に設立された。それらの分離した事業体はそれぞれの社名と、経営者と、帳簿を持つと同時に、フィレンツェの銀行持ち株会社に定期的に事業の報告をした。このような仕組みにしたことで、各地の経営者は自分自身の支店の所有者になるので、自分で責任を持って経営に当たり、支店の利益を増やそうという意欲を引き出された。またこの仕組みは、ある支店の損失のせいでほかの支店が倒産するといったリスクから会社全体を守るのにも役立った。

しかしメディチ銀行の没落は、金融にはどういう危険があるかについても教えてくれる。金融機関は合理的な判断を下すものだと、わたしたちは期待している。最もしかるべき借り手にお金を貸し、最も有効に資本を配分するのが金融機関だ、と。しかし実際には、判断を下すのは銀行ではない。人間だ。人間はすばらしい親切心や寛大さを発揮できる一方で、残酷にも、愚かにも、あるいは怠惰にもなりうる。ロレンツォの例に見られるようにそれらの3つすべてが揃ってしまうこともある。したがって、銀行はいつも経済的合理性に完璧に合致した機関として振る舞うとは限らない。偏ったものの見方をしていることもあるし、ミスをすることもある。リスクも冒す。これらの不完全さから現実の結果は生まれる。その影響は銀行自身にだけでなく、社会全体にも及ぶ。さすがに現代のわたしたちは、ウォール街が不埒なことをしたからといって、教皇に軍隊を送り込まれて政府を打倒されるなどということは心配する必要がない。しかし金融制度に内在している働きには注意が必要だ。市場の効率性は放っておけば自然に実現されるというものではない。

銀行業の台頭は、商業の歴史に大きな転換点をもたらした。しかしそこにはまだ肝心な要素が欠けていた。メディチ銀行は、政治的な風向きや力関係の変化を察知する鋭敏な感覚を頼りに、ガムテープと糊で企業をこしらえた。しかし企業のビッグバンが起こったのは——企業が素朴な組織から社会で最も大きな力を持つ組織へと変貌を遂げたのは——およそ1世紀後、エリザベス朝の英国においてだった。そこでついにジョイント・ストック・カンパニー（株式会社）によって、株の強大な力が解き放たれることになった。

第3章 東インド会社が解き放った株式に秘められた力

株式を巡る内戦

1613年8月、東インド会社の有力商人ジョン・ジュールダンが期待に胸を膨らませて、ジャワ島へと船を向けた。ジュールダンの商船は6カ月かかって、高価なクローブの積み荷を回収するため、香料諸島（マルク諸島）にぶじにたどり着いたところだった。ジュールダンは、ジャワ島のバンテンに留まり、船の修理や現地人との取引をしている仲間との再会を楽しみにしていた。ところがバンテンの港に入った一行を待ち受けていたのは、嫌な予感のする光景だった。[1]

港に停泊している東インド会社最大の商船（当時の英国で最大の商船でもあった）トレーズ・インクリーズ号に、どういうわけか人影がまったくなかった。同船は4年前、船体が大きすぎて出港できず、以来、そこに錨を下ろしていた。ジュールダンは大声で呼びかけたり、部下に空砲を撃たせたりしたが、反応はなかった。砂浜に目をやると、そこにも人の姿がなかった。現地人がどこかで待ち伏せ、攻撃を仕かけようとしているのではないかと恐れたジュールダンは、部下に戦闘の準備をさせた。と、そのときだった。漕ぎ船が遠くに現れ、こちらに向かってくるのが見えた。目を凝らすと乗っているのは4人で、いずれも知っている東インド会社の商人であることがわかった。しかしふだんは快活な4人に、いつもの陽気さがなかった。まるで幽霊に出くわしたかのような表情をしていた。[2]

4人は商船に乗り移ると、バンテンでは疫病が蔓延して、英国人の多くが死に、生きている者も衰弱しているのだと告げた。こうして商船まで出迎えに来られる元気がある者はもう自分たちしかいない。だから上陸しないほうがいいという。ジュールダンは訝《いぶか》しんだ。岸からこちらの船に合図を送る者がひとりもいないというのは、それにしてもあまりに異常ではないか。問い詰めると、ひとりがジュールダンを離れたところへ連れていき、小声で事実を打ち明けた。「奴らはあなたの上陸を望んでいないんです。あなたを商売の元締めとして受け入れようとは思っていません」[3]

海に6カ月いるあいだに、ジャワでは戦争が始まっていたのだ。ただし、ジャワ人との戦争ではなかった。「株式」という新しい金融概念を巡って勃発した内戦だった。ジュールダンのような商人が、クローブや胡椒やナツメグといった異国の商品を探し求めていた1600年代初頭、東インド会社はまだ「世界最大の商人組合」と呼ばれるような組織にはなっていなかった。そのように呼ばれるようになるのは数十年先のことであり、アダム・スミスやカール・マルクスに著作を書くきっかけを与えたり、茶葉が海に投げ捨てられるボストン茶会事件（1773年）の原因になったりするのはさらに先のことだった。

その頃の東インド会社は、拡大する世界貿易に是が非でも参入したいと欲する、ロンドンの商人たちの小さな組合にすぎなかった。エリザベス1世から認可が降りて、正式に発足したのは1600年12月31日（ユリウス暦）で、最初の航海で成功を収めたが、そのときの儲けはさほどではなかった。しかし東インド会社にはほかの多くの企業にない大きな強みがあった。それは「株式会社（ジョイント・ストック・カンパニー）」であるということだ。当時の英国の法律では新しい概念だった株式会社は、大航海時代に打ってつけの企業形態であることがやがて明らかになった。一口でいえば、株式会社は投資家に株式を売ることで、事前に現金を得ることができた。投資家にはその現金と引き換えに、将来の配当が約束された。これは貿易会社にはたいへん都合がよかった。事業に莫大な初期投資（商船を用意し、船員を雇うのには相当の費用がかかった）を必要とするうえ、収益が得られるのは、数カ月や数年の後、船が世界の裏側まで行って帰ってきてからのことだったからだ。株式会社は、世界貿易という新しい時代の幕開けを予感させた。

ただ、ひとつだけ問題があった。株式の扱い方がはっきりしていなかったのだ。株主は会社の将来の利益のすべてに対して権利を持つのか。それとも一部に対してのみ権利を持つのか。株主は会社の経営に対して発言権があるのか。それとも配当を得られるだけなのか。当時はまだこのような問題が解決しておらず、会社によって方針が違った。東インド会社で採用されていたのは、複数の船で行われる1回の航海ごとに出資を募る「航海別」の方針だった。これは株主のリスクを軽減できる利点があった。株主が1隻または全隻から得られた航海の利益の配当を受けられるのは、航海がどれだけ順調に進むかに左右され、航海の1年後になることもあれば、それ以上先になることもあった。

しかしこの方法からは思わぬ問題が生じた。違う航海に参加した商人どうしのあいだで争いが起こったのだ。商人が受け取る報酬額は、各自の航海の成果に応じて決まったので、商人たちには、同じひとつの会社に属していながら、協力し合う動機づけがなかった。それどころか、互いにじゃまし合うことが多かった。外国の商人と裏取引をして抜け駆けをしたり、うその情報を流して、後続の商人の船が航路に迷うように仕向けたりした。ジョン・ジュールダンが経験したように、そのような対立は暴力沙汰に発展することもあった。

ジュールダンの不在中に、東インド会社の商人たちは2派に分裂して、抗争を始めていた。1派は町の北側に商館を設立した第6回航海のメンバー、もう1派は町の南側に商館を設立した第8回航海のメンバーだった。双方とも、会社の倉庫に保管されている品物と、それをロンドンへ持ち帰ったときに得られる利益に対して、自分たちの権利を主張していた。ジュールダンは上陸すると、2派の調停を図った。しかしはじめは2派のあいだで、小競り合いが起こり、剣やら、銃やら、槍やらを持ち出す者までいる始末だった。幸い、けが人は出ず、2週間後には全員が和解に応じた。しかしジュールダンはこの一件を通じて、出資の形態に改善が必要であることを痛感した。[4]

1614年、「航海別」方式は廃止され、代わりに株主に会社そのものの所有権を与えるジョイント・ストック方式が取り入れられた。この変更により東インド会社の資産は飛躍的に増え、東インド会社はほどなく、世界史上最も多くの富と強大な力を持った企業となり、その後、2世紀にわたって世界貿易を支配することになる。またこれによりロンドンの金融市場にも繁栄がもたらされた。それから数十年のあいだに、証券取引所が開設されて活況を呈し、カフェ（コーヒーハウス）で一般の人々向けに株価一覧が掲載され始め、株式仲買や投資銀行といった投資家をサポートする産業が隆盛した。これらはすべて、ジュールダンの事例のような経験が積み重ねられたおかげだった。富を求めて、祖国から何千キロも離れた場所へ勇敢な冒険に出て、恐怖や欲と闘い、資本主義の黎明期にあって試行錯誤を繰り返した賜物だった。

株式の大きな長所と欠点

現在、株式はわたしたちの生活になくてはならないものになっている。それがない世界など想像できないほどだ。毎日、新聞やテレビのニュースチャンネルではダウ平均株価の変動や、新規株式公開や、投資信託や、株価の高騰や急落のニュースが熱心に報じられている。世界じゅうに、おびただしい数の投資銀行家やヘッジファンドマネジャーがいて、株式の売買を生業にしている。労働者も老後の資金ができると信じて、汗水たらして稼いだ給料を年金基金や株式市場に投じている。株にわたしたちの夢と希望が託されているといっても過言ではない。

しかし基本的には、株式は至って単純なものであり、企業のために企業によって生み出されたものだ。株式は所有権の持ち分を表している。ある会社の発行株式数が１００株で、あなたが50株持っていれば、あなたはその会社の50％を所有していることになる。これは所有者が権利を持つあらゆるものの２分の１の権利を持っていることを意味する。株主の権利や義務は、それだけで丸１冊の本が書けるぐらい複雑な法律の問題になるが、株主に与えられる権利は大きく2種類に分けられる。1種類は、会社の利益の配当を得られる経済的な権利。もう1種類は、会社の経営に意見をいえる投票の権利だ。これだけだと、株式はきわめて平凡で、たいしたものではないように見える。

しかし株式には、特筆すべき大きな長所と欠点がひとつずつある。まず長所は、株主に課される責任が有限責任であるという点だ。このことの意味はとてつもなく大きい。会社を所有しても、その会社の行為には責任を持たなくていいということなのだから。例えば、アップルが作ったスマートフォンが発火しても、株主はそれでけがをした人の治療費を払う必要はない。アップルがプライバシー法に違反しても、株主は罰金を科されない。アップルが借金を返済できなくなっても、株主はその借金を肩代わりしなくてよい。自分のお金を運用したい資本家の立場から見ると、株式ほどありがたいものはない。リスクがなく、いいこと尽くめだ。

あるいは少なくとも、ほぼ、いいこと尽くめだとはいえる。ほぼというのは、株式方式には、所有と経営が分離されるという大きな欠点があるからだ。株主は名目上、会社を所有しているが、会社の実権は、ときに株主と対立することもある取締役会に握られている。先ほど、株主は会社の経営に意見をいえると述べた。これは厳密には正しくない。意見をいえる場は限られており、経営のすべてに意見をいえるわけではない。実際、定期的に意見をいえるのは、年1回、株主総会で行われる取締役の選任の決議のときだけだ。ひとたび投票が終わって、取締役が選任されたら、株主は次の株主総会までは、会社が実際に進む方向についてほとんど何も手出しができず、ただ傍から眺めているしかない。

じつは、この点では、企業の民主主義は現実社会の民主主義にとてもよく似ている。わたしたちは民主主義について語るとき、国民による政治ということをいいたがるが、現代の民主主義の実態は、選挙で選ばれた議員による政治だ。それと同じように、わたしたちは株主について語るとき、企業の所有者ということをいいたがるが、現代の株式の保有は実際には、おおむね受け身的で、大半の株主が会ったこともなければ、人によってはいることすら知らない取締役たちに決定を委ねるものになっている。株主は企業の所有者ではあっても、企業との関わりは実質的にはほとんどない。

ただし、だからといって株主が株式に注意を払っていないわけではない。むしろ逆で、株式に対する関心はきわめて高く、株式への株主たちの集団的な執着がもたらす影響をいい表した理論があるほどだ。その理論は、効率的市場仮説と呼ばれる。その説によると、世に出回っている企業に関する情報はすべて、株価に反映されるという。これは恐るべき説だ。ある種の情報とか、ほとんどの情報とかではなく、すべての情報、あらゆる種類の情報が世に出るなり、即座に、なんらかの形でひとつにまとまって、株価に影響を及ぼすというのだから。アップルの収益が前年比で増えたという情報も、9月にｉＰｈｏｎｅの新製品が発売されるという情報も、ティム・クックが今朝、頭痛を訴え、メールに返信しなかったという情報も、すべてただちに組み込まれる。

効率的市場仮説が意味することの中で特に重要なのは、どんな投資家も将来の株価を正しく予測することはできないということだ。投資家が持っている情報はすべて、当然ながら情報なので、ほかのすべての情報と同じように、すでに株価に織り込まれている。効率的市場仮説に対しては、批判もある。すべての情報が株価に反映されるわけではないと論じる者もいれば、情報が株価に反映されるまでの時間を問題にする者もいる。あるいは、願望や、不安や、思い込みといった、情報の拡散そのものとは別の要因によって株価は左右されると主張する者もいる。しかし、そういう理論があること自体、またそれが学者のあいだで広く受け入れられていること自体、株式にはわたしたちの想像力を刺激する大きな力があることの証拠になっている。株式市場はすべてを見ていて、すべてを知っている資本主義の番人だ。

株式が持つ意義は、計り知れないほど大きいが、必ずしもあらかじめわかっていたわけではない。株式制度や株式市場は生まれるべくして生まれたもの、資本主義の当然の帰結だと考えてしまいやすい。しかしわたしたちをここまで導いてきたのは、あくまで経験であって、理屈ではない。わたしたちが今いる場所にどのようにたどり着いたのかを理解するには、株式会社（ジョイント・ストック・カンパニー）の元祖とされる企業がたどった運命に目を向けるのがいちばんいい。おそらくほかのどんな企業よりも世界に大きな影響を及ぼした企業であり、国家を支配した企業だ。では、東インド会社の歴史を振り返ってみよう。

東インド会社の誕生

ロンドンのフィルポット通りで結成された商人の小さな集団が、やがて「世界最大の商人組合」へと発展を遂げた出来事は、おそらく企業の歴史において最も目を見張る出来事のひとつだろう。1600年の発足から1874年の解散までのあいだ、東インド会社は世界じゅうの人々の暮らしと深く結びついていた。英国に紅茶を飲む習慣を広め、ボストン茶会事件で「自由の息子たち」によってボストン港に投げ捨てられたのは、東インド会社の紅茶だった。中国でアヘン戦争を引き起こしたのは、東インド会社のアヘンだった。誕生したばかりのロンドンの証券取引所で株価を変動させたのは、東インド会社の株式だった。証券取引所の周辺に続々とオープンしたコーヒーハウスで使われたコーヒー豆は、東インド会社のコーヒー豆だった。ベンガル州を征服し、100年以上に及ぶインド統治の端緒をなしたのは、東インド会社の軍隊だった。東インド会社の活動（と不祥事）は、アダム・スミスやカール・マルクスからナポレオン・ボナパルトまで、さまざまな思想家に執筆の着想を与えた。東インド会社の驚異的な発展について、エドマンド・バークは次のように見事にいい表している。「東インド会社は一商業団体として産声を上げ、帝国として終焉を迎えた」[5]

東インド会社の歴史が始まったのは、公式には1600年12月31日、エリザベス1世から「東インドとの交易を行うロンドンの商人たちの組合」に対して特許状が発布されたときだ。しかし東インド会社のルーツはそれよりはるか以前に遡る。1498年、ポルトガルの探検家バスコ・ダ・ガマがアフリカ大陸南端の喜望峰を回って、インドに達し、「キリスト教徒と香辛料を探し」にやってきたと宣言した。この航海がヨーロッパの歴史に新しい時代を切り開き、以後、探検家たちが海の向こうにあるといわれている富を求めて、世界の海を航海するようになった。それからの1世紀は、ポルトガル人が東方との交易を支配し、胡椒やナツメグやクローブといった異国の産物をヨーロッパ市場にもたらすことになる。[6]

英国の商人も香辛料貿易が儲かることは知っていたが、具体的にどれぐらい儲かるかははっきりしていなかった。それが変わったのは、ある幸運から、ポルトガルの独占的な商売の実態が判明したときだった。1587年、英国の海賊サー・フランシス・ドレイクが政府の支援を受けて、フェリペ2世によるスペイン無敵艦隊の編成を妨害するため、スペインの海岸沿いに襲撃を繰り返していた。５月、ドレイクはカディス湾を襲って、艦隊の大部分を破壊した。これは「スペイン国王のひげを焼いてやった」と本人が自賛する快挙だった。しかしドレイクはそのまま帰国せず、その前に、インドから積み荷を満載して帰ってくるとうわさされていた、ポルトガルのガレオン船サン・フィリペ号を探してみようと考えた。うわさでは、サン・フィリペ号はモザンビークで越冬後、最近、リスボンに向けて出港したところだといわれていた。食料の蓄えは減り、船員たちも疲弊していたが、ドレイクはこのうわさに賭け、船をアゾレス諸島方面へ向けた。これが大当たりだった。アゾレス諸島最大の島サン・ミゲル島の沖合でサン・フィリペ号を見つけることができ、あとは易々と追いついて、難なく拿捕《だほ》に成功した。

　捕らえた船は英国のプリマスまで運び、そこで積み荷の一覧を作成した。今も残っているその一覧には驚くほど数々の品名が記されている。キャラコ（平織りの綿布）、キルト、タフタ（平織りの絹布）、絹、藍、胡椒、シナモン、クローブ、メース、磁器、硝石、蜜蝋、ナツメグ、黒檀といった品々だ。宝石箱の中身はさらに豪華で、金の鎖、金の腕輪、ダイヤモンド、ルビー、水晶をあしらった帯、真珠の指輪、血石といった宝飾品が入っていた。ドレイクは「女王陛下にじきじきに献上するため」といって、宝石箱とそのほかの高価な積み荷をわがものにした。積み荷の価値は、10万８０４９ポンドにのぼった。これは現在の価値に換算すれば、じつに約２５００万ドルに相当する額だ。[7]

　このドレイクの発見にロンドンの商人の誰もが衝撃を受けた。歴史家のリチャード・ハクルートは次のように書いている。「このキャラック船〔上述のガレオン船のこと〕の拿捕は、英国に大きな影響をふたつ及ぼした。第一には、商人たちがこの一件を通じ、キャラック船は狙われたら逃げ切れず、拿捕されうると知ったこと。［…］第二には、東インドの桁外れの富が具体的にどういうものであるかが、一般の国民に広く知れ渡ったことだ。その結果、航海技術でも勇気でもポルトガルに劣らないことを自負する英国自身と隣国オランダが、自分たちも東インドの富の分け前にあずかろうと奮い立った」[8]

東インドでどういう利益を上げられるのかがわかると、ロンドンの商人の一団が「東インドとの交易を行うロンドンの商人たちの組合」という新しい会社を結成して、女王エリザベス1世に特許状の発布を申請した。当時の英国では、王（または場合によって議会）から特許状をもらうことではじめて、会社を立ち上げることができた。この特許状は会社を設立する権利ではなく、特権だった。女王は1600年の大晦日にこの申請を承認し、218人の商人たちの団体を「法人（one Body Corporate and Politick, in Deed and in Name）」にするとともに、東インドとの交易の独占権を与えた。この特権の範囲は驚くほど広かった。特許状は「前述の東インド、アジアとアフリカの国々と地域、アジア、アフリカ、アメリカのすべての島、港、都市、湾、町、またボナ・エスペランザ岬からマゼラン海峡までにあるそれらすべてにおいて」独占的に交易を行う権利を彼らに授けるものだった。これはつまり、アフリカ大陸南端の喜望峰より西で、南米大陸南端のマゼラン海峡より東の範囲であれば、どこでも現地の人々との交易を独占できることを意味した。女王の一筆によって、ロンドンのわずか200人ほどの商人が、地球上の多くの地域で、貿易の支配権を獲得したのだ。

特許状には、この途方もない特権の見返りとして、企業に期待されることも明記されていた。それは国の偉大さに貢献することだった。女王が商人たちに特権を与えるのは、「英国の栄誉のため、また、英国の航海の拡大及び、通商の発展のため」であると特許状には記されている。東インド会社と国の結びつきは、企業のブランド戦略にまで及んだ。東インド会社が紋章に用いたのは、2頭の黄金のライオンが盾を持ち、その盾に国旗を掲げた3隻の船があしらわれているという、国の紋章に酷似した図案だった。さらにそこにDeo ducente nil nocet（「神が導いてくださるところに、わたしたちを害するものは何ひとつない」）というラテン語が刻まれていた。18世紀の英国の法学者ウィリアム・ブラックストーンは『英法釈義』の中で、企業と王のこの明確な結びつきにもとづいて、企業は「民衆の利益のために」築かれたものだと述べている。[9]

東インド会社の創業メンバー自体には、さまざまな人物が含まれていた。初代代表を務めたトーマス・スミスは、絹とビロードの交易で財を成したのち政界に進出し、ロンドンの州長官になった人物だった。ジョン・ワッツは、スペインの無敵艦隊と戦った経験を持つ裕福な船主で、駐英スペイン大使から「英国史上最強の海賊」と評されていた。エドワード・マイケルボーンは、東インド会社の初回の東インド航海で指揮官に任じられることを切望していた兵士だった。その願いがかなわないことがわかると、マイケルボーンは別会社を立ち上げて、東インド会社から除名され、「この団体のメンバーに与えられている自由と特権を奪われ、その恩恵や利益にあずかるチャンスを失った」。そのほかにも過去にいわくのあるさまざまな商人や貿易商が創業メンバーに名を連ねていた。[10]

この新米資本家たちはすぐさま、新たに「獲得」した領地への探検を開始した。東インドへの最初の航海（具体的な目的地は、胡椒の豊かな産地とうわさされるインドネシア）が行われたのは、特許状を得てからわずか1カ月あまり後の１６０１年2月13日だった。この東インド会社の処女航海は、ジョナサン・スウィフトの小説を地で行くような冒険の旅となった。船団はヘクター号、スーザン号、アセンション号、レッド・ドラゴン号（当初はスカージ・オブ・マリス〔悪意の鞭〕号と名づけられたが、貿易会社の船にふさわしくないと見なされ、変更された）の4隻で編成された。乗船者数は計４８０人。大砲は38門積まれた。指揮官トーマス・ランカスターは自身が乗船するレッド・ドラゴン号に瓶詰めのレモン汁を積んだ。これは壊血病を予防するための賢明な判断だったが、ほかの3隻はそれに倣わなかった。その結果、喜望峰に到達したときには、１００人以上の水夫が死に、おおぜいが体調を崩していた。

船員たちの休息や療養が必要になり、船団はサルダーニャ湾（南アフリカ）にいったん停泊した。船員たちはそこで出会った現地の部族と取り引きし、食料を分けてもらおうともした。このときの出会いについては英国側の記録しか残っていないので、今となっては一方から見たことしかわからない。その記述は当時のほかの多くの記録同様、無知と偏見に満ちている。船員たちが出会ったのは、何世紀も前からそこに暮らす牧畜民コイコイ人だったようだ。「ここの人間はみんな黄褐色の肌をしている。体格は低くもなく高くもない。走るのが速く、ひどい盗み癖がある」と東インド会社の水夫のひとりは書いている。「しゃべるときはもっぱら喉から声を出し、チッチッと舌を鳴らす。7週間滞在しても、わたしたちの中でいちばんの秀才ですら、彼らの言葉を1語も習得できなかった」。しかしこの問題は思わぬ形で解決した。ランカスターが「バベルの塔の混乱でも変わらなかった家畜の言葉で話しかけた。牛は『モース』、羊は『バア』といった具合だ」。すると「いかなる通訳がなくても、話がよく通じるようになった」。一行はサルダーニャで2カ月ほど快適に過ごしたのち、ふたたび船に乗り、１６０２年6月5日、ついにインドネシアのアチェに着いた。英国を出てから、約16カ月後のことだった。[11]

アチェの統治者アラ＝ウディン・シャーは、象の隊列とらっぱや太鼓で一行を出迎え、ご馳走でもてなし、さらに虎どうしの戦いを披露した。東インド会社の社員たちはアチェに滞在しながら、ジャワ島や香料諸島へ出向き、胡椒やクローブやメースやナツメグを買いつけたり、商館を設立したりした。インドの織物を積んだポルトガルの商船が近くにいることがわかったときには、すかさず船を出して、その商船を拿捕した。この一件を聞きつけたアラ＝ウディン・シャーから「美しいポルトガルの乙女」を返すよう求められたが、ランカスターは「陛下に差し上げるのに値するほどのものはありませんでした」と如才なくいい、要求には応じなかった。

英国への帰路は過酷をきわめたが（レッド・ドラゴン号は喜望峰沖で嵐に見舞われて、舵を壊され、あやうく沈没しかかった）、1603年9月11日、最後の1隻が母国に帰り着いた。最初に英国の港を出発したときからは、2年半以上が経っていた。航海で支払った代償は大きかった。はじめに乗船した480人のうち、182人が命を落としていた。しかし儲けも同じように大きかった。航海の出資者たちは合計で、出資に対して300％のリターンを得ることができた。[12]

こうして幸先のいいスタートを切った東インド会社は、その後、繰り返し東インドに船団を送り、船の数も増やしていった。東インド会社の富はみるみる膨らんだ。レッド・ドラゴン号はそれらの航海に何度も参加し、あるときにはシェイクスピアの『ハムレット』の知られている最初の舞台にも使われた（1607年、シエラレオネ沖）。1619年にオランダによって沈められることになるが、それまでに参加した東インド航海の数は5回にのぼった。

全般に、東インドとの交易はかなり収益性が高かった。香辛料は現地でははした金で買え、ロンドンではその何百倍もの値段で売れた。バンダ諸島ではナツメグが10ポンド（約4・5キロ）当たり半ペニー以下、メースが10ポンド当たり5ペンス以下で買えた。英国ではそれらがおのおの1・60ポンドと16ポンドで売れ、3万2000％の利益が上がった。1601年から12年までの資本利益率は155％で、初期の出資者は継続的に高いリターンを得た。第3回航海で持ち帰ったクローブからは200％以上の利益が生まれた。1613年から16年までのリターンは、87％だった。[13]

オランダ東インド会社による妨害とインドへの進出

しかし東インド会社の香辛料貿易は、規模に勝り、することもあくどい競争相手にたえず妨害された。オランダ東インド会社だ。オランダは英国より前に東インドに進出していて（最初の船団が東インドに到達したのは1596年）、縄張りを断固として譲るまいとし、島から英国の東インド会社を排除して、至るところでその交易をじゃました。商売のために公然と武力を用いるのがオランダ東インド会社のやり方だった。1614年、幹部のひとり、ヤン・ピーテルスゾーン・クーンはオランダの取締役会に宛てた手紙の中で、商売をどう営むべきかについて、自説を述べている。「戦争抜きに、商売は営めない。商売抜きに、戦争は続けられない」というのがその考えの要点だった。英国の東インド会社はこのような無法な争いに備えておらず、オランダと争うたびに敗れた。東インド会社の香辛料貿易が決定的な打撃を受けたのは、1623年、インドネシアのアンボン島でオランダ東インド会社に雇われていた日本人の浪人（主人を持たない侍）が雇用主に、英国の商人たちが当地にある同社の要塞を奪い取ろうと画策していると、告げたのがきっかけだった。オランダ東インド会社はこれを聞くと、英国の東インド会社の従業員を10人捕らえて、拷問し、処刑した。このアンボンの虐殺は東インド会社の取締役会を震撼させた。取締役会は、自社にはこのような攻撃に応戦する手立てがなく、オランダから香辛料貿易の支配権を奪い取るのは不可能だと、断念せざるを得なかった[14]。

それでも東インド会社は香辛料貿易をあきらめはせず、香料諸島よりももっと大きく儲けられそうな別の地域に狙いを定め直した。それがインドだった。インドのムガル帝国では、織物業が大産業に発展し、世界一の高品質を誇る絹や、キャラコや、綿が生産されていた。しかもムガル帝国の皇帝は外国の企業との交易にきわめて積極的だった。東インド会社はインドの海岸じゅうに、北西部のスーラトから西部のボンベイ（現ムンバイ）、南西部のカリカット（現コーリコード）、南東部のマドラス（現チェンナイ）、東部のマチリパトナム、北東部のカルカッタ（現コルカタ）まで、次々と商館を設立した。スーラトから英国への布の輸出量は1620年代に早くも、年間22万枚に達し、1684年には1億7600万枚を記録した[15]。

一方本国では、インドの産品の急激な流入が、言葉やファッションから政治まで、社会に幅広く変化を引き起こした。例えば、商品を表す言葉として、インドの言葉が英語の語彙に入り始めた。現在も使われているバンダナや、キャラコや、チンツ（インド更紗）や、ダンガリーや、シアサッカー（木綿地）といった言葉はみんなインドの言葉だ。インドのキャラコは特に人気が高く、女王までが身につけた。『ロビンソン・クルーソー』の著者で、英国文化を風刺した作家ダニエル・デフォーは、当時の変化を次のように評している。「インドの産品への人々の執着は、今や、染めたキャラコにまで及んでいる。

かつてだったら、そんなものは縫い合わされた毛布や下層階級の子どもの服ぐらいにしか使われなかった。それが最近では、着飾ったご婦人方にまで使われている。ファッションの力とは、いやはや恐ろしい。上流階級のお歴々がインドの服を着ている。以前は女中しか身につけることを許されていなかった服だというのに」

衣料品店を営んでいたジョン・ブランチという人物は、インドのファッションも「女性たちに飽きられればおしまいだ」といい、英国の男性たちに「女性をインド人の支配から取り戻そう」と呼びかけた。これらのコメントからわかるように、当時の誰もが東インド会社の商売を快く思っていたわけではなかった。特に羊毛産業からははげしい批判の声が上がった。インドから入ってくる高品質の織物によって自分たちの生活が脅かされるという不安があったからだ。織工や紡績工や染色工、それに羊飼いたちは団結して、東インド会社が自分たちの仕事を奪い、国内の雇用を破壊していると非難した。17世紀後半には政治的な圧力が高まり続け、ついに1696年、庶民院でインドの絹とキャラコの輸入を禁止する法案が提出された。この法案が貴族院で否決されると、何千人という怒ったロンドンの織工たちがウエストミンスターの議事堂までデモ行進し、途中で東インド会社の本社のドアを叩き壊したり、同社の副総裁の自宅を荒らしたりした。ほかの幹部の住居を守るため、国軍の兵士まで呼ばれた。最後には、織工たちの抗議が実を結び、1700年、議会でキャラコの輸入を禁止するキャラコ法が制定された。[16]

株式会社の3つの重要な利点

東インド会社は急速な拡大を続ける中で、かつて古代ローマのソキエタス・プブリカノルムやフィレンツェのメディチ銀行によって創始された事業形態の特徴をいくつも再発見した。世界に広大な版図を持つ企業帝国の運営は、ロンドンの本社で指揮を執る少数の幹部によって担われていたので、世界各地の従業員が会社の利益のために積極的に働くようにするためには、抑制と均衡のシステムが欠かせなかった。東インド会社には、ロンドン本社で定期的に会合を開く取締役会があった。各地域の主な商館には、多岐にわたる業務を監督させるための管理者や職員が置かれていた。また大規模な記録管理システムも築き、管理者に倉庫の中身や契約の内容を事細かく記録させた。東インド会社のこれらの仕組みの円滑さは、17世紀の企業の中で群を抜いていた。

しかし東インド会社のイノベーションの中で何より大きな効果をもたらしたのは、株式というアイデアだった。東インド会社は英国で最初の株式会社ではなかったが（最古の株式会社は1550年代まで遡る）、最も成功した株式会社であることは間違いなかった。株式会社には、ほかの一般的なパートナーシップにはない重要な利点が3つあった。出資者が負うのは有限責任であり、したがって出資者が会社の損失のせいで訴訟を起こされないというのがひとつ。株式は一般の人々のあいだで自由に売買できるので、一般の人々から広く出資を受けられるというのがひとつ。会社の資金源が安定するので、長期的な観点から事業に取り組めるというのがひとつだ。これら3つはどれも東インド会社には欠かせないものだった。東インドに船団を送るためには、莫大な額の先行投資が必要なうえ、収益が得られるまでに2年以上かかることもあったからだ。商人たちも女王に会社の認可を申請したとき、「これほどの遠隔地との交易は、株式会社でなくては営めない」と説明している。[17]

株主と経営者のあいだの緊張

東インド会社にとって「株式会社」が魅力的なアイデアであった一方で、実際にそれを使いこなす方法が確立されるまでには時間がかかった。その習得の過程はまさに波乱に満ちていた。ジョン・ジュールダンと反逆者たちの話はその一例だ。問題は株主と経営者の関係を巡っても生じた。株主は形の上では会社を所有していたが、一般には、経営に関与することはなかった。経営を担ったのは、「委員会」と呼ばれた取締役のグループだった。両者のあいだには緊張が絶えなかった。経営者が日々の判断を下している一方で、それらの判断から生まれる利益の大半は株主の手に渡った。株主にとっては、いかに経営者にまじめに務めを果たさせ、自分たちのお金を有効に使わせるかが重要であり、経営者にとっては、いかに自分たちが正当な報酬を受け取れるようにするかが重要だった。

この対立からは、当初、いくらか奇妙な取り決めが交わされた。株主は取締役を選ぶ権利を持つことになったが、株式を一定数以上所有していること、基本的には500ポンド以上所有していることがその条件とされた。その資格がある株主の議決権は、所有株数に関係なく、つまり500ポンドでも、1000ポンドでも、1万ポンドでも、それ以上でも、ひとり1票だった。容易に想像されるとおり、株主の中にはこのルールを逆手に取り、持ち株を500ポンドずつに「分割」して、友人や家族や同僚などに所有者になってもらうことで、自分の議決権を実質的に増やそうとする者もいた。一方、取締役会は、一握りの大株主（候補になるには株式を2000ポンド以上所有していることが条件だった）の中から選ばれ、24人で構成された。取締役会のメンバーが決まると、次に取締役会は自分たちの中から総裁（取締役会長に相当）を選出した。東インド会社が成長するにつれ、取締役たちは絶大な影響力を持つようになり、その影響力は社内だけでなく、社会にも広く及んだ。取締役の利益供与や方針には家運を左右するほどの力があり、取締役たちはしばしばその力を使って、友人や同僚や親族などのために便宜を図った。地位の固定化を防ぐため、取締役を連続で務められるのは4期までと定められ、次にまた務めるまでには1期以上の間隔を空ける必要があった。

このような取り決めは、異例のものではあったが、株主の最悪の懸念を和らげるのには十分に役立ち、取締役会もきわめて秩序立った舵取りをした。毎週水曜日には、レドンホール通りにある本社で取締役会の会議が開かれた。会議の司会を務めるのは会長で、会長はいくつかの小グループに分けられた取締役にそれぞれ重要な任務（通信、財務、倉庫、会計など）を割り振った。

現地の社員の監視

経営戦略が具体的に決まると、取締役たちは海外の営業所に手紙を送り、何をいくらで買えばいいかなどの指示を与えた。商館と呼ばれる現地の営業所には、それぞれ商館長がいて、その指示を実行する役割を負った。ただし取締役たちからの指示にどこまで従うかは、おおむね商館長の裁量に委ねられていた。その結果、商館長は莫大な私財を築くことができた。1687年から92年まで、マドラスの商館長を務めたエリヒュー・イェールは、任期中、数多くの不明朗な取引を行い、自社よりも自分の富を増やした。奴隷貿易にも手を染めていたと考えられるほか、個人的な投機に会社の金を使っていたのは明らかだった。最終的には職を解かれたが、そのときにはすでに一財産を成していた。彼は大金持ちとなってロンドンに戻ることができた。晩年（1718年）、イェールは設立されて間もなかったニューヘイブン（米コネティカット州）の大学に図書を寄贈した。この大学はのちに彼に敬意を表して、校名をイェール大学と改めた。今のイェール大学だ。

現地での勝手な振る舞いを最小限に抑えるため、東インド会社は現地の営業所に対して、金銭の出し入れをすべて事細かく記録に残すよう命じた。各商館の商館長のもとにはたいてい、経営幹部6〜9人で構成される評議会があり、その評議会で定期的に経営会議が行われた。マドラスでは、評議会の会合が開かれるのは、毎週水曜日の午前6時と決まっていた。早朝が選ばれたのは、いうまでもなく、熱帯地方の日中のうだるような暑さを避けるためだ。会合で決まったことは文書にされ、「日誌と議事録」と題された会社の記録帳に収められた。このような記録帳は、それを定期的にチェックする本社の取締役会にとってはもちろん、外国での生活に興味がある者たちにとっても、貴重な情報源となった。そこに問題があれば容赦なく叱責された。1718年にロンドンの取締役会からマドラスの評議会に送られたある手紙では、現地の社員が食事の際に使った酒代が高すぎることがきびしく咎められている。「バートン・エール1ダースに9パゴダも支払うとは、あなたがた全員が恥ずかしく思うべき浪費です。

どうしてもそんなに高い金を払って酒を飲みたいのであれば、今後は会社の金ではなく、自分たちの金でそうするように」。ベンガル州の評議会に送られた別の手紙では、記録のつけ方の拙さが批判されている。

記録帳は長年のあいだに、ありとあらゆる無意味な項目によって、今や途方もない大きさに膨れ上がっています。それに加えて、個人的な用途にまで利用され、私的な事柄が好き勝手に書き込まれているせいで、すべてがごちゃごちゃで、始末に負えません。たいていの書き写しがいい加減です。項目が頻繁に消されていたり、あちこちに抜け落ちがあったりもします。記入の形式も無視されています。そういうことをした当の本人にも、そのような記録に署名した上司にも、われわれの憤りをわかってもらわねばなりません。［…］過去数年、そのようなずさんな書き方がされていて、判読不能な箇所が多々あります。インデックスもしばしば抜け落ちています。先にも述べたとおり、記録帳をつけるのも、こちらへ送るのも遅れています。要するに、あなたがたの管区のあらゆる部門で、業務の仕方に手抜かりや怠慢が見られるということです。これはわれわれから信を置かれている者にとって恥ずべきことです。商館長と評議会は秩序と、方法と、実行において範を示さねばなりません。部下には従順さを教え、職務を忠実に果たさせるべきです。怠慢には訓戒が必要です。訓戒しても、改まらないときには、われわれの思いが理解されるまで、職務から外すべきでしょう。[18]

しかし、何千キロも離れた場所にいる社員の振る舞いを監視するのは、容易ではなかった。さまざまな不品行があとを絶たず、現地の人々も、会社の幹部も手を焼いた。1676年、マドラスのセント・ジョージ要塞の牧師が取締役会に手紙を送って、東インド会社の社員たちの度を越した不道徳さを嘆き、助けを求めている。「あなたのおおぜいの部下たちの乱れ切った生活のせいで、神が冒涜され、神の御名が汚され、キリスト教が異教徒たちから非難されていることを、ご存じでしょうか」と、牧師は書き、社員の資質をもっと正しく見定めてから、外国に送るようにして欲しいと嘆願した。その手紙には、牧師が目にした非道な振る舞いが綴られていた。

こちらには数千人の人殺しが来ています。盗賊やカトリックも来ています。本国で妻帯しているにもかかわらず、独身者と偽って、こちらで別の女性と結婚し、平然と姦通の罪を犯している者もいます。一方で、既婚者としてこちらに来ていながら、ほんとうは結婚していないのではないかという妙な疑念を抱かせる者もいます。［…］書記の一部にも、キリスト教徒にはふさわしくない生活をしている者がいます。酔っ払って、トランプで賭けをしたり、ワインを賭けてさいころを振ったりし、挙句の果てには、さいころで誰が全員の勘定を支払うかを決めたり、誰がワインを全部飲むかを決めたりしています。無理やり酒を飲まされた者が、獣にも劣る醜態をさらすこともあります。あるいは相手に酒を飲ませて、正体をなくさせ、そのうえで裸にし、相手が裸のまま、自宅まで通りを運ばれていくようにするなどといういたずらを、得意になってやっている者もいる始末です。[19]

社員の品行を改善するため、東インド会社は現地の社員に厳格な階級制を導入して、階級が上がるほど、給与と責任が増すようにし、昇進は振る舞いの良し悪しで決めるようにした。新たに採用された者は、まず「書記（writer）」（実質的には事務員）に任じられ、それを5年務めると、「商館員（factor）」に昇進できた。商館員を3年務めた者には、次に「取引員（merchant）」に昇進するチャンスが与えられた。取引員は運がよければ、評議会のメンバーに取り立てられ、場合によっては商館長にもなれた。1764年には、一定額以上の金品の授受を禁じる倫理規定も設けられた[20]。

しだいに、階級制と組織の重視が成長の大きな原動力になることがわかってきた。東インド会社の事業の幅は着実に広がり、やがて手がけていないものはないと思えるぐらいにまで拡大した。最初に商ったのは、胡椒やシナモンやナツメグといった香辛料だった。次に、インドからシアサッカーや絹やキャラコといった織物を輸入し始め、英国人の好みやファッションを一変させた。それから間もなく、紅茶貿易に参入し、1750年代には年間で300万ポンドの茶葉を輸入した（トワイニング紅茶の創業者トーマス・トワイニングも、一時期、社員だった）。その次は、硝石（火薬の材料）とコーヒーの貿易だった。また、奴隷貿易にも手を染め、推定30万人を奴隷としてゴアやセントヘレナなどへ運んだ。これらの幅広い活動を通じて、世界じゅうに東インド会社の拠点網が張り巡らされた。最初に商館を設置したのは、ジャワ島と香料諸島だった。1700年代初頭には、インドの海岸沿いにぐるりと商館が置かれた。日本、中国、シンガポール、バスラ（現イラク）、ゴンブルーン（現イラン）、モカにも代表を送っている。まさに世界規模の企業だった[21]。

株式市場の台頭と株価の操作

本社の近くでは、ロンドンの代表的な機関のひとつである証券取引所の発展にも大きく貢献した。株式会社が株式会社たるゆえんは、資本市場――いい換えるなら人々のお金――を利用できることにある。その利用のためには、なんらかの手段によって、株式の買い手を確実に見つけられるようにする必要があった。証券取引所はその手段としてまさに打ってつけだった。東インド会社の初期には、コーンヒル通りにある王立取引所で株式の売買が行われた。しかし王立取引所はもともとは商品の取引所だった。すぐに株式仲買人たちの騒々しさが、王立取引所で行われているほかの取引を妨げることが明らかになり、株式の売買の場はエクスチェンジ通りの路上へと移された。その頃、エクスチェンジ通りにはたまたまコーヒーハウスが何軒も立ち並んでいた。コーヒーハウスはカフェインで目を覚まし、アルコールで景気をつけたい株式仲買人たちが好んで行く場所でもあった（当時のコーヒーハウスでは、コーヒーだけでなく、アルコールも飲めたのだ）。コーヒーハウスはたちまちおおぜいの客で賑わうようになり、ロンドン市民がふらりと立ち寄っては、コーヒーを片手に新聞を読んだり、その日のビジネスの話題を論じ合ったりする場となった。中でもジョナサンズというコーヒーハウスは、ロンドンに新しく生まれた資本市場の中心地として名を轟かせ、1698年にはその店内で定期的に株価が発表されるようになった。ロンドンの国際金融の中心地としての時代がここに始まった。[22]

株式市場の台頭は、株価の操作というあまり歓迎できない行為も引き起こした。特に悪名高かったのは、ジョサイア・チャイルドだ。チャイルドは1670年代から90年代にかけ、取締役、会長、最大の株主として東インド会社を指揮した人物だった。それ以前には、王立アフリカ会社という会社を設立して、奴隷貿易も手がけていた。東インド会社の取締役を務めていたときには、要求のきびしい上司として知られた。彼がマドラスの営業所に送った叱責の手紙には、そのリーダーシップのスタイルをうかがうことができる。「われわれが大いに苦労させられているのは、君たちが古いやり方から抜け出せないことだ。君たちが何かといえばけちをつけたり、こじつけたりし、間違ったことをし、するべきことを先延ばしにし、自分が部下であることを忘れて、まるでわれわれと対等の立場にあるかのように、われわれの計画や命令を無視していることだ」。このように部下に罵倒を浴びせる一方で、チャイルドは株主を操作するすべにも熟達していた。偽情報を流しておいて、ひそかに買いあさる彼の手口について、ダニエル・デフォーが次のように書いている。

あの株屋の元祖、サー・ジョサイア・チャイルドの手練と策略を伝える者たちの報告を信ずるなら、東インドから以下のことを手紙で報告するよう上から命令が下されたと、述べている者たちがいることになる。その報告とは、実際にはぶじに到着しているのに船が途中で沈没したとか、実際には途中で沈没しているのに船が到着したとか、実際には平和そのものであるのに、ムガル帝国の皇帝とのあいだで戦争が起こったとか、実際には皇帝がベンガル州の商館に1万人もの兵を差し向けたのに、平和が保たれているとかいったものだった。株価を上げたり下げたりするには、そのようなうわさを流すのが手っ取り早いと考えたからだ。安く買って高く売るというのが彼の狙いだった。[23]

その世紀の末には、政府の役人たちがインサイダー取引や株価操作の蔓延を憂慮するようになり、「わが国の商業の現状」をきわめて深刻と結論づける報告書を発表して、原因はひとえに株式の発明にあると指摘した。商務長官は1696年の報告書で次のように述べている。

近年、株式の売買で儲けるという有害な商売のせいで、企業の目的と制度が捻じ曲げられてしまっている。企業は本来、製品の発売や製造がその製品の最初の立案者の私的な利益につながるようにするために築かれたものである。しかし会社に与えられたそのための特権が、今では、本来の目的のために使われず、もっぱら株式の最初の取得者や引受者が、無知な者にその株式を転売して利益を上げることばかりに使われている。無知な者たちは、株価が上がるという意図的に広められた誤った評判にだまされて、そのような株式を買ってしまうのである。したがって、株式の最初の引受者が実際よりもはるかに高い価格で、儲け話につられた者たちに株式を売却する一方、事業と資本は未熟な者たちの手に渡ることになる。その結果、そのような特権を生かして売り出され、よりよいものへ改良できる会社に委ねられるはずだった製品が、当初の期待とは裏腹に、日の目を見ることなくこの世から消え去ることになる。

株式市場の誕生で企業の性格は変わってしまっていた。国の名誉や繁栄のために尽力する団体だったのが、ずる賢い人間が無知な者を食い物にして私腹を肥やす裏の賭博場と化していた。しかもそこには、不正を取り締まるカジノの支配人もいなかった。[24]

ジョサイア・チャイルドの「ビジネス戦略」

世界じゅうで事業を展開し、無尽蔵の資金源を持ち、最低限の監視しか受けない企業がやがて度を越すことは、当然の成り行きだった。唯一決まっていなかったのは、どこへその触手を伸ばすかだけだった。結局、いちばんうまみがあると判断されたのは、政界だった。東インド会社は成長するにつれ、英国政府を統治者というよりも商売の取引相手、買収し、無視し、積極的に弱体化させるべき取引相手と見なすようになった。ジョサイア・チャイルドがここでもその典型を示している。17世紀末、チャイルドは政治的便宜を得るため、英国の政界に盛んに賄賂攻勢を仕かけた。当時の議員たちは株式会社（ジョイント・ストック・カンパニー）に熱心に関わっていたので、チャイルドにはきっと自分の話に食いついてくるという確信があった。1681年、東インド会社の総裁に選出されたときにも、自分が何をすべきかはわかっていた。それはチャールズ2世に1万ギニーの贈り物をすることだった。その後、7年にわたってこの贈り物は繰り返された。東インド会社の特許状が更新されるときにも、議員たちに賄賂を贈って、自分に都合のいい投票をさせ、ある捜査官からは次のような見解を引き出した。「企業に体はあるが、魂はないといわれている。魂がなければ、良心の問題もない」

チャイルドは政府の規制を蔑み、社員に規制を無視するよう公然と指示することもあった。すべての企業に東インドで事業を営む同等の権利を与える決議が採択され、東インド会社の独占権が廃止されたときには、現地の幹部に手紙を送って、国の決定を無視するよう命じた。従うべきはわたしの命令であって、「戯言だらけの国の法律ではない。国の法律を作っているのは、一般の人々をよく治めるためにはどういう法律を作ればいいかすら、まるでわかっていない、無知な田舎の地主貴族たちだ。そういう者たちには、企業や貿易にどういう規制が必要かなど、わかろうはずがない[25]」と。

しかしチャイルドの最大の功績は、東インド会社を、貿易と収益に重点を置く商人の集団から、戦争と実力に重点を置く、企業国家に変えたことだ。東インド会社の事業はそれまでもけっして武力と無縁ではなかったが（同社の船は武装していたし、そもそも初航海でポルトガルの商船を拿捕している）、取締役たちは長年、戦争を避けてきた。実際、それが会社の正式な方針でもあった。会社の初期の外交官サー・トーマス・ロウによって立案されたいわゆるロウ・ドクトリンのもと、東インド会社の社員は外国で軍事衝突を起こさないよう戒められていた。「利益を上げようとするなら、海において、平穏な貿易によってそれを追求するということを原則としなければならない。なぜなら、インドでむやみに駐屯軍を使ったり、地上戦を引き起こしたりすることが誤りであるのは明白だからである。戦争と輸送は両立しない」とロウは述べている。1681年の時点でも、取締役がインドの社員に次のように書き送っている。「戦争はすべて社の利益に反するのはもちろん、社の規則にも著しく反する。われわれが戦争を忌避していることはくれぐれも肝に銘じてもらいたい[26]」

チャイルドのもとでこれががらりと変わった。チャイルドの主なビジネス戦略は、それがビジネス戦略と呼べるものであればだが、どんな犠牲を払ってでも、ベンガル州で軍事支配を確立することだった。彼の考えでは、それを成し遂げることではじめて、現地の統治者や外国の企業にじゃまされずに商売ができるようになるからだった。チャイルドはセント・ジョージ要塞の司令官に自分の狙いを説明し、東インド会社は「単なる貿易商の一団」から「強大なインドの軍事政権」へと変わらなければならないと述べた。めざすのは、「インドに広大かつ安定した自分たちの領地を持つための土台として、官僚制と軍隊を備えた国家的組織を築くとともに、莫大な収入を確保することだった」[27]。

この目的を達成するため、1686年、チャイルドはベンガル州に軍艦と歩兵隊を派遣して、ムガル帝国に海戦を仕かけた。のちに「チャイルドの戦い」と呼ばれるようになるこの戦争は、悲惨な結果に終わった。彼が送り込んだ軍艦19隻、大砲200門、兵士600人という戦力では、兵力400万人と推定されるムガル帝国軍にはとうてい歯が立たなかった。ムガル帝国の皇帝はたちまちフーグリ、パトナ、カシムバザール、マチリーパトナム、ヴィシャーカパトナムの商館を制圧し、ボンベイの商館を包囲した。損失を少しでも減らすため、東インド会社は態度を百八十度変えて、皇帝に許しを請い、インドで商業活動をする権利の回復を求めた。歴史家ウィリアム・ウィルソン・ハンターはこの戦いを次のように要約している。「地理的な隔たりについても、敵の戦力についても、信じられないぐらい軽視していたこの壮大な計画では、実行できた項目はひとつもなかった」[28]

しかし一度ロンドンの取締役たちの心を捉えた、インド亜大陸を政治的に支配するという考えは、その後も消えなかった。18世紀を通じて、東インド会社のインド駐留軍の規模はじわじわと拡大を続けた。1742年には、約1万2000人の兵士がマドラスの基地に駐留していた。東インド会社の軍事力が増強される一方、ムガル帝国はしだいに弱体化していたことから、インドにおけるパワーバランスは少しずつ変化していった。1756年、インドの新たな統治者が攻撃を仕かけてきたときには、東インド会社には反撃できるだけの軍事力が備わっていた。[29]

ロバート・クライブとベンガル太守との戦い

紛争の中心地となったのは、東インド会社のインド事業の拠点であるベンガル州だった。ベンガル州では、英国で高く売れるモスリンやキャラコが生産されていた。1720年の時点で、東インド会社の輸入額に占めるそれらの割合は半分以上にのぼった。東インド会社とベンガル政府とはもともと特に良好な関係を築いていたわけではなかったが、1756年、シラージュ・ウッダウラがベンガル州の新しい太守（統治者）になったことで敵対した。シラージュは前太守の孫で、以前から残忍な人物として有名だった。ガンジス川で沐浴していたヒンズー教徒の女性を誘拐したとか、泳げない人を怖がらせるためだけに、自分の船を別の船にわざとぶつからせたとか、気に入らない大臣を死刑にしたとかいった話が人々のあいだに伝わっていた。また東インド会社にとって厄介だったのは、シラージュが海岸沿いに商館を設置しているヨーロッパの会社に不満を抱いていたことだ。シラージュは外国の企業がインドで特権を濫用していると考え、外国の企業を追い出すことを自分の使命に掲げていた。現に、それを実行するだけの財力もあった。権力の座に就いたとき、自分の資産がどれぐらいあるかを調べると、6億8000万ルピーに達することがわかった。これは現代のお金に換算すれば、およそ130億ドルだ。英国の新聞は彼のことを「サー・ロジャー・ダウラー」と呼んだ。これはもとの名前（シラージュ・ウッダウラ）をもじって、それらしい英語名をこしらえたものだが、敬称の「サー」には莫大な富の持ち主であるという意味も込められていた。[30]

太守に就任してから2カ月も経たずに、シラージュは行動を開始し、1756年6月、カルカッタにある東インド会社の要塞を攻撃して、難なく占領した。要塞の守備隊はまるで統率が取れておらず、ある兵士がのちに司令官のことを次のようにいっているほどだった。「司令官に軍事の能力がどの程度あったのかは、わたしにはまったくわからない。ただひとついえるのは、彼がそれを隠していたせいで、われわれがひどく困ったということだ。もちろんそれがあったのかどうかも疑わしい。何しろ、われわれの誰ひとりとして、彼が駐屯軍の隊長らしい振る舞いをするのを一度として見たことがないのだから」

カルカッタの要塞を奪われたのは、東インド会社にとって大きな打撃だった。カルカッタは貿易事業の中核をなし、アジアからの輸出品の60%はカルカッタの商館で扱われていた。要塞陥落のニュースが本国に伝わると、東インド会社の時価総額が225万ポンドも急減した。これは同社の株式資本の半分以上に相当した。しかしこの一件が悲惨な出来事として東インド会社の歴史に永久に刻まれることになったのは、そのあとに起こったことのせいだった。社員146人が要塞を占領したベンガル軍に捕らえられ、ブラックホールと呼ばれる狭い地下牢に閉じ込められたのだ。牢屋の広さは幅4メートル、奥行き5・5メートルほどしかなかった。2つある窓がどちらも太い鉄の棒で十字に塞がれ、空気の流れが遮断されている牢屋の中に、ドアがなかなか閉まらないぐらいぎゅうぎゅうに詰め込まれた社員たちは、次々と窒息や熱中症で倒れ始めた。必死で助けを求めても、看守は取り合おうとしなかった。翌朝6時、シラージュが来て、社員たちを外に出したときには、牢屋は墓場と化していた。生きていたのは23人だけだった。残りの123人は死んで、床に横たわっていた[31]。

インド南東のコロマンデル海岸に築かれていたセント・デイビッド要塞の副司令官ロバート・クライブは、カルカッタが攻略されたことを知ると、すぐに奪還の準備を始めた。おそらくここで指摘しておく価値があるのは、クライブのこの行動が東インド会社の取締役会によって入念に立てられた計画にもとづくものではなかったという点だ。そもそも取締役たちがいるロンドンとは何千キロも離れていた。ベンガルとロンドンとのあいだの通信の不便さ（ロンドンへ送った手紙が届くのに1年もかかり、その返事がベンガルに届くのにまた1年もかかった）を考えると、取締役会に細かい指示を仰ぐのは不可能だった。そのうえ、これはもっと意外というべきかもしれないが、取締役の大半は征服が自社の利益になるとは考えていなかった。1767年、東インド会社の役員ロバート・ジェームズは庶民院で次のように発言している。「東インド会社からの指示は一般に、攻撃的な行動を求めるものではありませんでした。われわれは征服や支配を望みません。われわれがめざしているのは、商業的な利益です」。実際、取締役たちはほとんどの紛争について、現地で行われていることをまったく把握していなかった。ジェームズが説明しているように、戦争は「無意味な問題を次から次へと発生させるばかり」で、「そこにはいかなる進歩も認めることができない」からだった[32]。

代わりにクライブが、ときどきインド南部のセント・ジョージ要塞の委員会からおおまかな指示を受けたほかは、ひとりでほとんどすべての重要な判断を下した。クライブは自分の部隊を率いて、カルカッタを奪い返したあと、シラージュに交渉を持ちかけたのち、交渉がまとまらないと見て取ると、マンゴー林で繰り広げられたプラッシーの戦いでついに太守軍を打ち破った。戦いの途中で、シラージュの側近のひとりがクライブ側に寝返ったことにも助けられた。この勝利により東インド会社はベンガルを完全な支配下に置き、クライブは新しい太守（先の戦いで寝返ったシラージュの元側近）をその統治者に任じた。また、この勝利は自社に経済的な成果ももたらした。東インド会社はベンガルの豊かな金や銀を奪い取って、100隻以上もの船に積み込み、ガンジス川でカルカッタまで運んだ。その価値は約2500万ポンド（現在の3億ドル）相当に達した。クライブ自身は23万4000ポンド（現在の2800万ドル）を得て、そのうちの2万4000ポンドを取締役会の各メンバーにも贈った。クライブはのちに、プラッシーの戦いの結果、東インド会社は「世界一裕福な会社」になったと書いている。[33]

クライブのこの1757年のベンガル太守との戦いの勝利は、東インド会社に新しい時代の幕開けをもたらした。ベンガルの政治的な支配権を獲得したことで、まったく新しい会社の収入源が生まれた。1765年、ムガル帝国の皇帝が東インド会社によるベンガルの支配を事実上認めて、東インド会社に同州の徴税権（ディワーニ）を与えたからだ。クライブはこの徴税権によって、年間250万ルピー、つまり約350万ポンドの収入が自社にもたらされると試算した。当時、東インド会社のアジアからの年間輸出額はすべて足してもせいぜい100万ポンドだった。したがってこれは桁外れに大幅な増収になることを意味した。この徴税権のニュースが本国に伝われば、間違いなく株価は急騰すると踏んだクライブは、ロンドンの代理人に株を買い増しさせるため、急いで手紙を送った。情報が漏れないよう暗号で書かれたその手紙には、次のような指示が記されていた。「公債その他で保有しているわたしの全財産と、わたしの名義で借りられる借入金のすべてを、一秒たりとも時間をむだにせず、東インド会社の株式に投資して欲しい。この件については、わたしの弁護士たちと話をしてもらうことになるだろう。彼らにわたしの切実な気持ちを伝え、大至急、手続きを進めさせて欲しい」。株価はその後の8カ月で2倍に上がり、クライブは多大な利益を手にした[34]。

東インド会社の蛮行とボストン茶会事件

さらに、軍事的な勝利は、東インド会社の自己認識にも重大な変化をもたらした。もとは商業を営む機関だったのが、国家のような機関にしだいに変わっていった。今や税を徴収し、軍隊を招集し、宣戦を布告していた。エドマンド・バークは会社の状態を論じ、次のように結論づけている。「アジアの東インド会社は、商社を装った国家である」。ほかの評論家は東インド会社の正式名「東インドと貿易する英国の商人の合同会社」を取り上げ、東インド会社は「商人」でもなければ、「貿易」の会社でもないと指摘した。東インド会社の実態は、徴税を手がけ、官僚制度を備え、軍隊を擁する帝国である、と。

東インド会社のこの企業国家の試みは、ほとんど始まると同時に問題を起こした。ベンガルからの税収をなんとしても確保しようと、東インド会社はただでさえ貧しい暮らしをしている人々に重い税を課した。作業が少しでも遅いと見なされた織工は、東インド会社の経営者によって容赦なく罰金を科され、投獄され、鞭で打たれた。そういう理不尽なことが日常茶飯事となり、絹織物産業の労働環境は地獄と化した。労働者の中には仕事を休めるよう親指をみずから切り落とす者までいた。水の供給や農作物の生産や穀物の貯蔵を東インド会社がおろそかにしたせいで、1770年にはひどい飢饉が発生した。「1770年の夏は酷暑にも見舞われ、人々がばたばたと死んでいった」と歴史家ウィリアム・ハンターは書いている。「農夫たちは牛を売った。［…］種用の穀物を食べ、息子や娘を売った。買い手がいなくなるまで売った。木の葉を食べ、野草を食べた。1770年6月には、人々が死んだ人の体を食べて生きている状態だと［社員が］認めた。飢えと病に苦しむ人の喘ぎ声が、昼も夜も、大都市に充満していた」。この飢饉で死んだベンガル人の数は、200万人とも、1000万人ともいわれている。[35]

インド以外でも、自社の商品を特別扱いさせようとごり押しする東インド会社によって、しばしば災いがもたらされた。1773年、ロンドンの倉庫に紅茶の余剰在庫を抱えた東インド会社は、英国議会に働きかけて、茶法を成立させた。これは輸出税を支払わず、直接北米に紅茶を出荷する権利を東インド会社に与える法律だった。ボストンの商人たちは、東インド会社の安い紅茶のせいで自分たちの商売が成り立たなくなると恐れ、反英闘争に加勢した。反英闘争の象徴的な出来事となったのが、ボストン市民がモホーク族の戦士に扮して、英国船に乗り込み、東インド会社の紅茶を海に投げ捨てたボストン茶会事件だ。この事件が英米関係の重要な転機になり、東インド会社の強欲さは米国独立革命で槍玉にあげられた。のちに独立戦争で指揮官を務める政治家のジョン・ディキンソンは「ラスティカス」というペンネームで、東インド会社がいかに「各国の法律も、権利も、自由も、人々の生活もまるで顧みない会社であるか」はアジアでの振る舞いに示されていると書いた。「東インド会社は戦争を仕かけ、反乱を煽り、王位を簒奪し、自社の利益のために何百万もの人々を犠牲にしてきた。その金が英国の国庫を支えているのだ。東インド会社は強欲さを満たすだけでは飽き足らず、蛮行と、強奪と、独占という手段で、哀れな住人たちから資産を奪い尽くし、地域一帯を貧困と荒廃に追いやってきた」。その東インド会社が今、米国を狙っている。「紅茶の独占は、われわれから財産を奪い取る計画のほんの序章にすぎない」と、ディキンソンは結論づけた。[36]

アダム・スミスとカール・マルクスによる批判

東インド会社は国家と経済に関する新しい理論を打ち立てたふたりの思想家の関心も引いた。ひとりは近代経済学の父アダム・スミス。スミスの『国富論』で有名なのは、自由市場では私利を追求する個人が「見えざる手」に導かれることにより、意図せずして、社会の利益を促進すると論じられている箇所だ。しかしそれほど知られていない箇所で、スミスは企業にそれと同じことを期待できるかどうかには疑問を投げかけている。スミスによれば、企業の株式を持つ資本家と「社会全体とでは利害が同じではなく、資本家は社会全体を欺き、抑圧することに関心があり、実際、これまでにもしばしば欺き、抑圧してきた」という。

スミスはさらに東インド会社には修正不可能な欠点があると考え、同社に対する次のような批判をかなり長々と書いている。東インド会社の経営陣は、産物の希少性を生み出せば「莫大な利益を得られると踏み」、畑を丸々破壊するよう命じ、社員は「自分たちが統治を任されている国の利益に反してでも、自分たちの利益を断固として守ろうとする傾向を経営陣以上に強く持っていた」。その結果、英国は「本来なら得られたはずの莫大な利益を逸したばかりでなく、このような大規模な会社の事務処理にはどうしてもついてまわる不正や悪習から生じる莫大な損失もこうむった」。それはインドも同じだった。「まったく恐るべき政府である。何しろそのメンバーの誰もが一日でも早く自分の国から逃れ出たい、政府の仕事から解放されたいと願っていて、自分がそこでこしらえた財産をすべて抱えて、去ることができたなら、あとはもう自分の国がどうなってもかまわない、たとえ次の日に大地震に見舞われてあとかたもなく消え去ってもかまわないという態度なのだから」。結論で、東インド会社やそれに類いする会社はすべて「どこまでも迷惑な存在である」とスミスは書いている。「たえずその国に不便をこうむらせ、その支配下に置かれた不運な人々の人生を破壊する」と。[37]

もうひとりは、カール・マルクスだ。その共産主義の理論は、アダム・スミスの資本主義の代案として打ち出されることになるが、このときには、おそらく生涯で初めて、スミスと完全に意見が一致した。1853年、マルクスはニューヨーク・トリビューン紙への寄稿で次のように書いている。「英国の山師たちの会社が、金儲けのためにインドを征服した」。それが招いたものは、惨事以外の何ものでもなかった。「今のインドに間違いなくあるといえるのは、永続的な財政赤字、戦争の頻発、公共事業の途絶、極悪非道な税制、それに劣らず極悪非道な司法の状態だ。この5つは、いうなれば、東インド憲章の5原則だ」

マルクスの考えでは、これらの悪は、社内の「腐ったりんご」のせいでもなければ、幹部の不手際のせいでもなかった。それは株式という制度から必然的にもたらされた結果だった。「このふつうではない支配の体制を深くまで覗き込むと、その底には第三の勢力がいることがわかる。その勢力は、監督庁や役員会より強い力を持ちながら、それらのようには責任を負わず、世論という監視の目からも隠され、守られている」。マルクスは、「レドンホール通りの主人は誰なのか」(レドンホール通りとは、東インド会社の本社がある通りのことで本社を指す)と問い、次のように答えている。「会社の収益から配当が得られること以外、インドになんの関心もない2000人の老婦人と病弱な老紳士だ」と。マルクスにいわせると、腐っているのは株式の芯の部分だった。[38]

最終的には、英国議会もふたりとほぼ同じ結論に達した。1769年、財務の悪化で倒産の瀬戸際まで追い込まれた東インド会社は、政府に救済を申し立てた。政府は融資には応じたが、引き換えに、会社に配当額を制限させるとともに、カルカッタに新しい評議会を設立させ、それを議会の支配下に置かせた。1783年、東インド会社はまた経営危機に陥って、議会に助けを求めた。議会はこのときも救済の融資に応じたが、このときには会社の完全な支配権が議会に与えられた。インド法により、東インド会社の民事と軍事の両方の指揮権を持つ監督庁が設置され、会社は政府の管理下に置かれることになった。政府にはインドの重役を解任する権利もあった。東インド会社はそれからさらに70年も（1857年のインド大反乱をきっかけに国有化されるまで）営業を続けたが、民営企業としての時代はもうほぼ終わっていた。すでに英国政府の一部門だった。

東インド会社が株式に秘められていた力を解き放って、自社を貿易商の小さな企業から大帝国へと発展させた。それは畏怖の念を起こさせる偉業だったが、同時に厄介な問題を引き起こすものでもあった。海外貿易で利益を得る事業として始まったのが、やがて自社の成長が目的と化し、自社の土台である国の利益を損ねるようになった。国と会社の緊張関係は高まり続け、最後には暴力的な結末を迎えた。エドマンド・バークは次のような警告を発していた。「この呪われた会社は、やがて毒蛇のように、自分を大事に育んでくれた国に破滅をもたらすだろう」。東インド会社は企業にはどういう力があるかを証明しても見せた。以後数世紀にわたって、株式会社制度とその後継の企業形態が資本主義と商業を支配することになる。企業は新世界の植民地化を促進し、産業革命を到来させ、米国経済の拡大を支えることになる。その支配はすぐに歴史の必然であるかのように感じられるようになった。

株式と株式取引がもたらした問題

株式と株式取引は資本主義制度には必ず備わっている要素だ。株式のおかげで、企業が一般の人々から資本を集めることができ、株式取引のおかげで、一般の人々が株から利益を得られる。東インド会社が嬉々として発見したように、この組み合わせには爆発的な効果がある。投資家が有望な企業にお金を投じ、企業がそのお金を新しい事業に使う。新しい事業が成功すると、投資家が利益を手にし、有望な企業にふたたびお金を投じる。これが繰り返される。そこに際限はない。あるとすれば重役が野心を抱かなくなるか、世の中の人々の財布が空になるときぐらいだ。

しかし株式と株式取引は新しい問題も生み出した。もとから弱かった企業の所有者と経営者のつながりが株式によって断ち切られてしまったからだ。株主は企業を所有していたが、その企業がすることにはほとんど口出しできなかった。取締役が株主のお金で、私腹を肥やしたり、自分の給与を上げたり、巨額のボーナスをもらったりしても、取締役たちにはほとんど説明責任がないうえ、そういう行為が発覚する可能性も少なかった。もちろん、両者の対立を和らげる方法はあった。経営者に自社株を持たせることで、株主と経営者の利害関係を近づけることはできた。不正や誤りがないかどうか、会計士に帳簿を確かめさせることはできた。雇う前に、誠実な人物であるかどうかを調べることはできた。しかしそういうことはどれも対症療法でしかなかった。症状は緩和できるが、問題の根っこにある原因を取り除くものではなかった。

株式取引は企業の姿勢にも著しい変化をもたらした。株式取引が発展し、株式の売買が広まるにつれ、株主たちはしだいに自分が所有する企業にあまり興味を持たなくなった。興味があるのは企業よりもその株価のほうだった。株価の上昇を求められるようになった企業は、利益を増やすためには、ますます手段を選ばなくなった。また、株価はあらゆる突飛な動きをしやすいことも明らかになった。株価は気まぐれだった。高騰し、暴落し、はじけた。うわさやゴシップが乱れ飛んだ。その結果、株式市場は腹の探り合いの場と化した。株式市場によって企業は新たな荒海に投げ込まれ、はげしい波に揺さぶられ続けるようになった。上がるのも下がるのも、こっちに引っ張られるのも、向こうに押し流されるのも、すべては変わりやすい市場の動きしだいだった。

株主と株式取引の台頭で、企業には収益性を追求する姿勢が一段と強く求められるようになった。あちこちに散らばっている株主たちは、企業が日々どういうことをしているかは知りもしなければ、あまり知ろうとしなくても、一年の終わりに企業がいくら儲かったかには必ず注目した。それは自分の懐具合で感じ取れることだった。やがて、企業はこの株主資本主義という新しい世界に適応しようとする中で、利益を上げる絶対確実な方法がひとつあることに気がついた。

第4章

アメリカ大陸横断鉄道と独占の問題

リンカーンが夢見た大陸横断鉄道

1862年7月1日、エイブラハム・リンカーンは数多くの悩みを抱えていた。南軍のロバート・E・リー将軍が有名な7日間の戦いの中で、北軍自慢のポトマック軍に大きな損害を与えると、北軍のジョージ・マクレラン将軍から増援部隊の派遣を求める電信が届いた（「100万人もの兵力は間に合うようには送れない」とリンカーンは返信を書いてから、諸州に30万人の増派を要請した）。リンカーンはちょうど領土内の奴隷制を禁止する法案に署名したところだった。2カ月後には、南部諸州の奴隷を全員自由にする奴隷解放宣言を発表することになる。南北戦争ははげしさを増し、日々、国じゅうの果樹園や畑や谷での熾烈な戦闘で、何千人もの米国人が命を落としていた。[1]

このような重大な事案を抱えていたことを考えるなら、リンカーンが議会から執務机に届いていた法案を見落としてしまったとしても、仕方なかったかもしれない。それは「ミズーリ川―太平洋間の鉄道及び電信線の建設の促進、並びに政府による同鉄道及び同電信線の郵便、軍事、その他の目的への利用の確保法」という名称を持つ、長くて複雑な法案だった。20のセクションに分かれ、10ページに及ぶその法案には、経線と経度とか、利率とかいったことがびっしり書かれた条文が並んでいた。一見、リンカーンがその日に頭を悩ませていたほかの問題と比べたら、さして重要なものではなかった。しかしリンカーンにはその価値がわかっていた。この法律は国の未来に欠かせないものだった。ついにこの法律により大陸横断鉄道が建設されることになる。

鉄道は昔からリンカーンにとって大事なものだった。政治家になる前には、鉄道弁護士として、イリノイの鉄道会社のために弁護活動をしていた。ある有名な裁判では、川への橋の敷設を巡って、蒸気船会社から訴訟を起こされた鉄道会社の弁護を担い、勝訴を勝ち取った。鉄道の弁護を手がけたのは、報酬のためばかりではなかった。鉄道に未来を感じ、それが米国の重要な「公共財」になると信じていたからだった。鉄道は遠隔地に暮らす貧しい人々を乗せることができ、それらの人々にほかの地域と行き来するための新しい移動手段を与えた。1832年、イリノイ州から下院議員の選挙に立候補したときには、鉄道の必要性を粘り強く訴え、次のように呼びかけた。「考えてみてください。社会をよくする手段として、鉄道に勝るものがあるでしょうか」

大陸横断鉄道にはさらに大きな可能性があった。東海岸から西海岸まで鉄道でつなぐことが、ばらばらになりやすい国をひとつにまとめるにはどうしても必要だと、リンカーンは考えた。今、執務机の上にある法案の作成を主導したのも自分だった。鉄道会社の重役グレンビル・M・ドッジが書いているように、「リンカーンがその可決と建設を求めたのは、軍事上の理由からばかりではなかった。北部連邦が太平洋岸を奪われないようにするためでもあった」。リンカーンはのちに、鉄道会社の別の重役コーネリアス・ブッシュネルに、大統領の任期を終えたとき、鉄道に乗って故郷に帰れるよう、急いで鉄道を完成させて欲しいと頼んでいる。その建設を許可する法律に署名したことは「生涯で最も誇らしいこと」だった。[2]

リンカーンにとって、鉄道は国民を物理的にも、精神的にもひとつに結びつける、国の基盤となるものだった。今、執務机の上にある法案は戦闘の一進一退と同じぐらい重要なものだとも考えていた。したがって、リンカーンが鉄道を建設するために講じた戦略は、いくらか意表を突くものといえた。太平洋鉄道法は、政府の機関に鉄道の線路を敷き始めるのを認可するものではなかった。建設を監督する新しい国の機関を設置するものでもなかった。鉄道建設は国の事業ですらなかった。代わりに、この法案に盛り込まれていたのは、アイオワからカリフォルニアまで「鉄道を敷設し、運営する法人」であるユニオン・パシフィック鉄道会社の創設だった。法案にはそのほかに会社の資本金や、取締役の選出や、取締役会の実施についても記されていた。また、もとからあるカリフォルニアのセントラル・パシフィック鉄道会社も、反対方向へ、つまり太平洋岸から東へ向かって鉄道を建設することが認可された。こうして大陸横断鉄道は、リンカーンの決定にもとづき、企業によって建設されることになった。

リンカーンは大陸横断鉄道の建設に強い関心を寄せ、その進捗状況をたえず気にかけていた。1865年1月20日、暗殺されるわずか3カ月前、ユニオン・パシフィック鉄道会社の鉄道建設が滞っているのを知ると、下院議員オークス・エイムズと会って、相談した。「エイムズ、この件を引き受けてくれないか」と、リンカーンはエイムズにいった。「もし今の補助金では建設に足りないようなら、倍にする。この鉄道はなんとしても建設しなくてはいけないんだ。それができるのは君しかいない。君に直接、建設を指揮してもらいたい。この鉄道を完成させたら、君の名は後世に残るだろう」[3]

この言葉自体は間違っていた。オークス・エイムズの名が後世に残ることはなかった。むしろその栄誉に浴したのはリンカーンのほうだった。しかしリンカーンの気持ちはいい加減なものではなかった。瓦解しかかっている自分の国には鉄道が必要だと心の底から信じていた。リンカーンがその鉄道の建設を託したのが、企業だった。鉄道と企業はここに、国をひとつにまとめるという大役を担うことになった。[4]

資本主義の理論の欠陥

企業がすべきでないことは数々あるが、その長いリストのトップに決まってあげられるのは、独占だ。独占はすべての経済学者から嫌われている。ある1社が強大化し、その分野で唯一の会社になると、商品の値段は上がり、投資は停滞し、品質は低下する。消費者は無責任な企業のわがままを受け入れるしかなく、政府にはなすすべがない。

しかし皮肉なことに、これだけ誰からも蔑まれていることでありながら、企業自身にとっては、独占は究極の理想だ。あらゆる企業がそれを追求している。そもそも資本主義の核には、競争の精神がある。

企業どうしが品質や、価格や、迅速さや、便利さを巡って健全な競争を繰り広げることで、世界はよくなり、すべての人がその恩恵にあずかれるというのが、経済学の基本的な考え方だ。しかし、企業は競争のために競争をしているわけではない。どの企業も勝つために競争をしている。他社よりいい商品を作る、より安く売る、より早く届ける、そういうことが目標だ。それらの目標を達成すれば、すばらしいご褒美が待っている。市場を奪うことができ、商品が飛ぶように売れ、最終的には、競合企業を市場から追い出せる。そうなれば、当然、他社よりいい商品を作ろうとはしなくなる。その企業に挑戦する競争相手はもはや残っていないのだから。

これは控えめにいっても、資本主義の理論の欠陥だろう。競争の行き着く先が競争の消失であるときに、果たして競争にもとづいたシステムというものが可能なのだろうか。これはＮＢＡ（全米バスケットボール協会）に当てはめて考えるなら、レイカーズがセルティックスにプレイオフシリーズで勝ったら、セルティックスはプレイオフから脱落するだけでなく、ＮＢＡから永久に追い出されるということだ。さらに、レイカーズが勝ち進んで優勝すれば、レイカーズ以外の全チームがＮＢＡから追い出される。次のシーズンからは、バスケットボールファンが観戦できるのは、レイカーズの紅白戦だけになる。しかも以前より高いチケット代を支払ってだ。いうまでもなく、こんなシステムではファンに喜ばれないだろう。

もちろん、既存の競合企業を退けても、別の企業が新たに市場に参入してくる可能性があるとはいえる。その場合、よりよい商品をより安い価格で提供し続けなければ、あとから参入してきた企業に市場を奪われ始めるだろう。ＮＢＡの例でいえば、ＮＢＡから追い出されたチームが新リーグを結成して、一強のレイカーズと視聴率を争おうとすることはできる。しかし、そういうことがなんらかの手段で阻まれたらどうか。ＮＢＡが新リーグの結成を阻む障壁を設けたら、どうなるか。例えば、ＮＢＡはほかのリーグの放映を禁じる契約をテレビ局と結ぶことができるかもしれない。あるいは採算が取れないぐらいにまで、一時的に、チケットの値段を極端に安くして、規模が小さく、資金力がない新リーグを破綻に追い込もうとするかもしれない。

独占は消費者にとってだけでなく、社会にとっても大きな問題になる。企業はその性質上、たえず市場支配力を高めようとする。ひとたび圧倒的な市場支配力を獲得したら、それをけっして手放すまいと、ありとあらゆる手段を使ってその維持に努める。そのためには一般社会の犠牲も顧みない。大陸横断鉄道の事例には、独占がどのように形成されるのか、独占からどういうことが起こるのかが鮮明に描き出されている。

鉄道建設への期待と論争

19世紀の半ばは、米国が劇的な変化を遂げた時代だった。米国はまさに物理的に、国を築くことに力を傾けると同時に、必死で国の分裂を防ごうとしていた。新しい州が次々と北部連邦に加わり、領土は拡大の一途をたどった。１８３０年から60年までのあいだに北部連邦に加わった州は、ミシガン州、フロリダ州、アイオワ州をはじめ、９州を数えた。１８４６年には、長年英国とのあいだでくすぶってきた、オレゴン州と英領アメリカの境界線を巡る対立が合意に達し、北緯49度線を境界にすることが決まった。さらに１８４８年、米墨戦争が終わると、テキサス州、カリフォルニア州、アリゾナ州、ネバダ州、ユタ州の５州が米国の領土に組み込まれた。１８５０年には、現在の米国本土すべての主権が確立されていた。

しかし領土の拡大の結果、米国は国の方向性に関して、むずかしい問いを突きつけられることにもなった。その中には実際的な問いもあった。開拓民を新しい領土にどのように移住させればいいか、そこに郵便を定期的に届けるにはどうすればいいか、あるいは広大な領土を軍隊にどのように守らせたらいいかという問いだ。しかし一方で、米国のアイデンティティの根幹に関わる倫理的な問いもあった。特に当時、最もはげしい議論が交わされたのは、新たに獲得された領土での奴隷の地位をどうするかだった。南部の奴隷州はそれらの領土でも奴隷制を敷きたいと望み、北部の自由州はそれに反対した。問題になったのは、個々の州の経済のことだけではなかった。もっと広い国内のパワーバランスも問題になった。新しい州が加われば、新たに上院議員と下院議員が議会に加わるので、議会の勢力図がたやすく奴隷州と自由州のどちらかに有利に傾いてしまう恐れがあった。この対立の解決策として、「１８５０年の妥協」と呼ばれる協定が結ばれ、カリフォルニア州が自由州と認められる一方、ニューメキシコ州とユタ州には奴隷州と自由州のどちらになるかをみずから選ぶことが許可された。また逃亡奴隷法も制定されて、奴隷州から逃亡した奴隷をもとの奴隷の持ち主に返すことが自由州に義務づけられた。とはいえ、これらの妥協は緊張を一時的に和らげはしたが、問題の根本的な解決を先送りにしたにすぎなかった。

このような希望と失望が交錯する状況の中から、大陸横断鉄道というアイデアは生まれた。支持者たちは大陸横断鉄道ができれば、国を悩ませている実際的な問題も、倫理的な問題もどちらも解決すると信じていた。ここで思い出したいのは、当時、国内の移動がいかに困難で、危険に満ちていたかということだ。東海岸から西海岸までたどり着くのは、並大抵のことではなかった。ルイスとクラークによる探検は3年がかりで行われ、東海岸と西海岸をつなぐ航行可能な川はないという残念な知らせをもたらした。したがって大陸を横断しようとする旅行者には、選択肢はふたつしかなかった。陸路か、さもなくば海路だ。陸路の場合、峻厳なロッキー山脈を横切り、グレートベースンの砂漠を通り抜け、最後に、シエラネバダ山脈という高峰を越えなくてはならなかった。一方、海路の場合、荒天で知られる南米大陸南端のホーン岬を回ることになる。これは2万9000キロの距離があり、6カ月の日数を要した。陸路と海路を組み合わせる行き方もあった。パナマまで海路で行き、そこから上陸してパナマ地峡を突っ切り、最後にまた海路でカリフォルニアへ向かうというルートだ。ただしこのパナマルートには、途中で熱病にかかる恐れがあった。また日数も35日かかった。

それでも、米国人たちの西部への移住は驚くほどの勢いで進んだ。欲に駆られた者もいれば、切羽詰まった者も、単に新しい生活に憧れた者もいた。1848年にカリフォルニア州コロマで金鉱が発見されたのをきっかけに始まったゴールドラッシュは、何十年にもわたって続いた。1840年に8000人だったカリフォルニア州の非原住民の人口は、1850年に12万人、1860年に37万9994人へと激増した。開拓者たちの主要な通り道となったオレゴン街道は全米に知られ、人々の想像力を刺激した。こうした中で、西部と東部をつなぐ鉄道を求める気運が高まった。

鉄道は完璧な解決策に見えた。蒸気機関車の登場で、鉄道は効率がよくて、速く、便利な乗り物になり、鉄道建設は大ブームの黎明期に入っていた。１８３４年にわずか１２２６キロだった全米の鉄道路線の長さが、１８４４年には６９３８キロ、１８５４年には2万５２２６キロまで延びた。発明家で鉄道会社の重役でもあるロバート・スティーブンスによって、当時普及していた木製のレールに代わる鉄製の頑丈なレールが開発されたのは、１８３０年代だった。その後、汽車の大型化と高速化が進むと、安全性を高めるため、汽笛とエンジンブレーキも備えつけられた。橋の技術が向上したことで、川や谷に鉄道の線路を渡すことも可能になった。牛が鉄道の運行を妨げる主な原因になっていることがわかると（牛は汽笛を無視して、線路内に入ってくることが多く、そのせいでしばしば脱線事故が発生していた）、機関車の前面に「カウキャッチャー」と呼ばれる、牛をどけるための鋤形の器具が取りつけられた。デザインのいいカウキャッチャーは、体重９００キロの牛を9メートルも突き飛ばすことができるといわれた。[5]

深い分断の時代にあって、大陸横断鉄道は国民的な合意が形成されているまれな分野だった。その建設は共和党、民主党の両党から支持され、一般の人々からも期待を寄せられていた。あとはいつ、どこで、どのように鉄道を建設するか、あるいはできるかだけの問題だった。１８５９年、ジャーナリスト、ホレス・グリーリーがカリフォルニアへの旅行記『ニューヨークからサンフランシスコへの陸の旅』（An Overland Journey from New York to San Francisco）を発表すると、あらためて大陸横断鉄道への世の人々の関心が高まった。

きょうだいのみなさん！　そろそろ本気で、太平洋岸への鉄道を開通させようではないか。それはキューバを1ダースほど手に入れるより、よっぽど国を強くし、富ませてくれる。わたしたちを結びつける絆となり、この国の産業と繁栄と豊かさの新しい源泉になってくれる。新しい製品を誕生させもすれば、すでにある商品の需要を増やしてもくれる。国にも、個人にも、新しい希望を抱かせてくれる。世の中に新しい健全な方向を与えることで、無益な政争に終止符を打ってくれる。

同時に、そのような鉄道の建設にはとてつもない困難が伴うことにも、グリーリーは注意を促した。建設作業員たちは人間が住めない過酷な場所で、何百キロにもわたって、線路を敷設しなければならない。「わたしは不毛の地がどういうものか知っているつもりだった。ところがそこでは飢餓が王座に就き、王笏《おうしゃく》を振って、自分の領地であることを誇示していた」[6]

しかしあらゆる方面から歓迎されていたアイデアでありながら、この大陸横断鉄道の構想も政治的な論争という泥沼にはまって、前に進めなくなった。最大の争点になったのは、どこに線路を敷設するかだった。南部諸州はニューオーリンズからテキサスを経由して、サンディエゴへ至るルートを望み、このルートであれば、山岳部が少なく、冬に雪にも見舞われにくいと論じた。北部諸州が好んだのは、シカゴを起点とする北部ルートだった。そのほかに南部でも北部でもなく、国の中央部を走るルートを求める勢力もあった。

1853年、議会は候補ルートの調査に当たらせるため、委員会を設置して、15万ドルの予算をあてた。委員会の長を務めたのは、ミシシッピ州の政治家で、当時は陸軍長官だったが、のちに南部諸州の連合国家アメリカ連合国の初代大統領に選ばれるジェファーソン・デイビスだった。このデイビスの指揮のもと、南はメキシコ、北はカナダまで候補ルートの調査団が派遣された。委員会の結論は重要な意味を持っていた。線路のルートしだいで、町や市や州の運命が決まるからだ。デイビスの手でまとめられた調査結果の報告書は最終的に計11冊になり、そこには各候補地の地図や、イラストや、特徴が詳しく記されていた。報告書の結論で、デイビスはいささかのためらいもなく南部ルートを推薦した。しかし、このデイビスの結論は議会で否決されることがはじめから目に見えていた。北部の議員にはそのような線路の建設はとうてい受け入れることができなかった。

リンカーンが勝利を収めた1860年の大統領選挙の時点ではすでに、議会は完全に分裂し、大陸横断鉄道の建設計画で合意に達するのはむずかしくなっていた。それでも共和、民主両党ともに、建設を支持する姿勢に変わりはなかった。どちらの党の政策綱領にも鉄道について述べた項目が含まれていた。民主党の政策綱領には次のように書かれている。「軍事、商業、郵便の観点から、今日の時代に必要とされるのは、大西洋側の州と太平洋側の州とをつなぐ迅速な輸送手段である。民主党は上述のごとき立憲政府による支援を約束し、可能な限り早期に、太平洋岸への鉄道が建設されるようにする」。したがって、両党がルートについて合意に達することはなさそうでも、どちらかが議会の支配権を握りさえすれば、鉄道の敷設がいっきに進む可能性はあった。

民間企業に委ねられた鉄道の建設

そのときがついに訪れたのは、南北戦争のさなかだった。南部諸州が連邦を脱退し、それらの州の議員が議会から姿を消したことにより、北部諸州の法案の議会通過を妨げていた障害が取り除かれた。議会はただちに行動を起こし、1862年6月の最終日、リンカーンに太平洋鉄道法の法案を送った。

この法律の条文は、のちに鉄道の未来を大きく左右することになるものなので、ここでその内容を少し詳しく見ておこう。太平洋鉄道法は、きわめて事細かく、具体的であると同時に、きわめて曖昧模糊ともしている法律だった。いくつかのことははっきりと記す一方で、ほかの多くのことははっきりと記していなかった。ユニオン・パシフィック鉄道会社を創設することと、同社がミズーリ川を起点に西方向へ線路を建設すること、それから既存のセントラル・パシフィック鉄道会社がカリフォルニア州サクラメントを起点に東方向へ線路を建設することは明記されていた。しかし、ユニオン・パシフィック鉄道会社がミズーリ川のどこを起点にするかや、ユニオン・パシフィックとセントラル・パシフィックの線路がどこで接続するかは定めておらず、この問題がのちに争いの火種となった。

2社は鉄道を建設する見返りに、広大な土地と政府の融資を得られることになっていた。線路の両側それぞれ200フィート（約61メートル）の範囲の敷設権と、線路から10マイル（約16キロ）の範囲の、碁盤目状に区切られた土地が、線路1マイル（約1・6キロ）ごとに計6400エーカー（約26平方キロ）ずつ鉄道会社に与えられた。要するに、建設した線路の距離が延びるほど、手に入れられる土地が増えた。この土地の譲渡により、最終的に総延長3077キロに達する線路沿いに、鉄道会社の土地が急速に広がっていった（総延長が3077キロにしかならないのは、すでに米国にはかなりの鉄道網が張り巡らされていて、米国の端から端まで線路を新たに建設する必要はなかったから）。

また、土地の譲渡のほかに、2社は建設した線路の長さとその土地の難易度に応じて、政府から融資を受けられた。線路の建設が（比較的）容易な平地では、融資額は1マイルごとに1万6000ドルだった。ロッキー山脈とシエラネバダのあいだの高地では、建設がむずかしくなるので、同3万2000ドルの融資を受けられた。さらに、建設が困難をきわめる山岳地帯では、融資額は同4万8000ドルに増えた。これらの融資はすべて有利子だった。したがって最終的には利子をつけて返さなくてはならなかった。ただしこの法律ではその利率が定められていなかった。これものちに大きな問題になった。

鉄道会社に工事の手抜きをさせないため、土地の譲渡と融資に当たっては、その前に政府の担当官が40マイル（約64キロ）の区間を選んで、線路の作りが基準を満たしているかどうかを確認した。その基準もやはり具体的であると同時にあいまいでもあった。具体的だったのは、線路の材料に使う鉄についてだ。「建設に使うレール及びその他の鉄はすべて、最高級の米国製でなくてはならない」。この条文は下院議員タデウス・スティーブンスの要望で盛り込まれたものだった。スティーブンスはペンシルベニア州の鋳造所のオーナーでもあり、鉄道会社に鉄を買ってもらいたがっていた（ただし、1863年のゲティスバーグの戦いの前に、南軍に製品を焼き尽くされてしまい、その願いはかなわなかったのだが）。一方で、軌間（線路の幅）は具体的に定められていなかった。これにはわけがあった。1860年代にはまだ共通の軌間がなかったからだ。鉄道会社ごとに独自の軌間を採用していた。エリー鉄道は6フィート（約183センチ）、ミズーリ・パシフィックは5フィート6インチ（約168センチ）、サクラメント・バレー鉄道は5フィート3・5インチ（約161センチ）、ニューヨーク・セントラルは4フィート8・5インチ（約144センチ）といった具合だ。このような現状を踏まえ、太平洋鉄道法では、大陸横断鉄道の「軌間は全線で、合衆国大統領によって決定された幅に統一する」と定められていた。リンカーンは全閣僚会議でこの問題について話し合い、5フィート（約152センチ）と決めたが、その決定は議会に覆され、結局、1863年に可決された法律により、大陸横断鉄道の軌間は5フィート8・5インチ（約174センチ）と決まった。これがのちに国の「標準軌間」を定めるための土台になった。

なぜ議会は大陸横断鉄道の全権を民間の企業に委ねたのか。これには2つの理由があった。第一には、そのような大規模な事業を効率よく進められるのは、政府よりも企業であると考えたからだった。企業には、政府にまねのできない仕方で、資本家から経営者やエンジニアまで、さまざまな関係者の自己利益をうまく活用することができた。第二には、連邦政府の力が強まりすぎることへの懸念があったからだ。第15代の合衆国大統領ジェームズ・ブキャナンが1859年の一般教書演説で次のように述べている。

> 政府がみずから任命し、完全な管理下に置いている業者に、これほどの事業を行わせるのは賢明とはいえません。そういうことをすれば、行政の権限が危険なレベルにまで強まって、不正や汚職の構造ができあがり、官僚の側がどれだけ用心しても不正や汚職を避けられなくなるでしょう。したがって、鉄道の建設は、企業や個人の利益の観点からのみ、積極的かつ慎重に事業に取り組もうとする企業や業者に委ねるべきです。

連邦政府に対するブキャナンの不信（とそれに伴う企業への信頼）は、当時の民主党の綱領とも一致していた。民主党の綱領で強く主張されていたのは、連邦政府の権限が憲法によって制限されることと、民間産業が経済を主導するべきであることだった。[7]

太平洋鉄道法は、企業の長所への大きな賭けだった。1863年4月15日、ホレス・グリーリーは次のように書いて、同法を褒め称えている。「太平洋横断鉄道は、現代において最も壮大で、最も気高い事業であるだけでなく、間違いなく、最も有益で、最も儲かる事業となるだろう」。しかし、それを成し遂げるため、連邦政府は独占（あるいは複占）という手段を選んだ。ユニオン・パシフィック1社にだけ、オマハから西へ向かって鉄道を建設する権利が与えられ、セントラル・パシフィック1社にだけ、カリフォルニアから東へ向かって鉄道を建設する権利が与えられたのだ。ここに独占が始まった。[8]

難航した資金調達

人里から遠く離れ、たどり着くのさえ困難な、危険に満ちた場所で、何千キロにもわたって線路を建設するためには、政治的な手腕と、高度な財務の知識と、そして何より、傑出した技術力が必要だった。当初、ユニオン・パシフィックにはそれらすべてが欠けていた。人間を寄せつけないような過酷な環境で、物理的にどうすれば線路を建設できるのか、またその資金をどう用意すればいいのかを考えなくてはならなかった。このふたつはどちらも難問で、互いに関係し合っていた。技術上の問題を克服するための計画がなければ資金の調達が進まず、資金がなければ、技術上の問題を克服するのに必要な作業が進まなかった。

財務面では、波乱の門出となった。太平洋鉄道法の規定により、はじめに準備委員会（投資家、銀行家、政治家で構成される）を開き、そこでユニオン・パシフィック鉄道会社の組織や経営に関する決定が下されることになっていた。準備委員会は法案の通過から2カ月後の１８６２年9月2日、シカゴで開催されたが、出席者は少なかった。会場に来たのは、全委員の半分以下だった。委員会が北軍の将軍サミュエル・カーティスを会長に選ぶと、カーティスはのっけから「［太平洋鉄道法の］補助金は気前のいい額だが、それでもまだ足りない」といい、このままではユニオン・パシフィックの存続はむずかしいだろうと述べた。これは会社の初代リーダーから勇気づけられる言葉をもらったとはいいがたかった。それでも委員たちは、全国の都市で新株式の購入申込みを受けつけることや、全国紙に株式発行の広告を出して、資金調達を始めることに同意した。

株式発行は無残な結果に終わった。発行可能な株式総数10万株のうち、最低でも1株１０００ドルで２０００株以上売ることが目標だった。少なくともそれだけ売れなければ、太平洋鉄道法で定められている、常任取締役会が会社の運営を始めるための要件を満たせなかった。しかし株式を売り始めてから4カ月経っても、購入に応じた投資家はわずか11人で、売れた株式数は45株だった。目標には程遠かった。投資家の中で最も目立っていたのは、5株の購入に応じた、ユタ州のモルモン教会の代表ブリガム・ヤングだった。モルモン教会が築いた新都市ソルトレイクシティに鉄道を引きたいと考えるヤングには、株主になれば、ルートの決定にいくらかでも影響を与えられるのではないかという期待があった。この期待はあいにく外れた。それでもヤングはユニオン・パシフィックの熱心な支持者になり、のちにユタ州で線路の建設が始まったときには、その建設をかなり長い区間にわたって手伝いさえした。しかし会社が本格的に線路の建設を始めるためには、ひとりの支持者がいるだけではどうにもならなかった。

この危機に現れたのが、権謀術数に長けた鉄道財政の救世主トーマス・デュラントだった。「博士」とあだ名されたデュラントは、1820年、マサチューセッツ州の生まれで、大学は医学部を出ていたが、のちに商業の世界に入り、おじの貿易会社で働いたり、株投機に手を染めたりしたあと、鉄道会社の重役として成功した。短気で、ずる賢く、ときに倫理に反することもしたが、壮大な事業計画に対しては眼識があり、恐れずに好機を掴もうとした。

1863年、彼はユニオン・パシフィックに好機を見出した。四苦八苦しているユニオン・パシフィックが彼の目には魅力的な投資先に見えた。すぐに自分で50株購入し、さらに、大金を持っているボストンとニューヨークとフィラデルフィアの投資家仲間にユニオン・パシフィックを売り込んだ。仲間たちの多くは彼の話を信じなかった。「砂漠を突っ切り、ロッキー山脈を越える鉄道を作るだって？　そんな話をしたら、世界じゅうから狂人扱いされるぞ」と、仲間のひとりにはいわれた。しかしデュラントは、あきらめなかった。自分の目に狂いはないという確信があった。ときには、最初の投資を肩代わりしてまで、投資家たちに株を買わせようとした。また会社の財政的な見通しが立つようにするための対策を講じることによっても、相手を安心させようとした。資金調達が思うように進まないのは、太平洋鉄道法の取引条件が不十分なせいだと考えた彼は、議会に法律を改めるよう働きかけ始めた。同時に、隠された価値を掘り起こせるかもしれないという期待から、鉄道のルートの調査も開始し、地質学者を雇って、路線の周辺で鉱床を探させた。[10]

建設の開始と数々の困難

デュラントの努力は実を結んだ。1863年9月、ユニオン・パシフィックの株式を計2000株購入する出資者の一団をどうにかこしらえることができた。これでようやくユニオン・パシフィックが株主の会合を開いて、取締役の選出と役員の任命を行い、線路の建設を始めることが可能になった。この会合で、元財務長官ジョン・ディクス将軍がユニオン・パシフィックの社長に任命された。ただこれは名目的なもので、実質的なリーダーを務めるのは、予定どおり副社長に選ばれたデュラントだった。

デュラントはただちに大計画を実行に移した。最初のステップは、ユニオン・パシフィック鉄道の起点となる「東の終点」を決めることだった。これにはデュラントの個人的な利害も絡んでいた。デュラントはミシシッピ・アンド・ミズーリ鉄道という別の鉄道を所有していて、その鉄道がアイオワ州カウンシルブラフスまで走っていたので、大陸横断鉄道の終点がカウンシルブラフスになれば、その恩恵にあずかることができた。

デュラントは技術責任者に電信を送り、リンカーン大統領に鉄道の東の終点にカウンシルブラフスを選んでもらうため、さらに調査をして、説得に必要な材料を集めて欲しいと伝えた。電信のせっかちな調子には、デュラントがどういう鉄道会社のトップだったかがよく示されている。「大急ぎで、鉄道の起点を決める事前調査を実施せよ。遅れたら、おしまいだ。すべては君にかかっている」。しかしここでも、それがまた功を奏した。11月17日、ゲティスバーグの演説の2日前、リンカーンは大統領令を発布して、カウンシルブラフスを終点に定めた。終点が自分の希望の場所に決まると、デュラントはまた技術責任者に電信を送って、着工を命じた。「重大な事業にすでに遅れが出ている。水曜日に着工せよ」[11]

議会への働きかけも成果を上げた。1864年、議会で新しい太平洋鉄道法が可決され、鉄道会社との取引条件が改められた。譲渡される土地の面積は、線路1マイル当たり26平方キロから52平方キロに引き上げられた。また鉄道会社の新たな資金調達の手段として、抵当つきの債券を発行することも認められた。そしてデュラントにとって最大の収穫となったのは、譲渡された土地で見つかった石炭や鉄などの鉱物資源に対する権利が鉄道会社に与えられたことだった。最初の太平洋鉄道法ではそのような権利は土地の譲渡に含まれていなかった。デュラントの地質学者がすでにブラックヒルズで石炭と鉄を発見していたので、これで会社は将来、石炭と鉄から莫大な富を得られそうだった。

デュラントは新法の可決を実現させるため、臆面もなく、有力議員にユニオン・パシフィックの債券を贈った。デュラントに雇われたロビイスト、ジョゼフ・P・ステュワートが、この法案の関係者に渡した債券の総額は、25万ドルにのぼった。ウィリアム・テクムセ・シャーマン将軍の兄で判事のチャールズ・T・シャーマンには2万ドル、法案を起草したニューヨークの法律家クラーク・ベルには2万ドルが渡されている。

これによりユニオン・パシフィックには有利な法律と、潤沢な資本と、有能な経営陣の3つが揃った。いよいよ建設を始めることができた。建設は大方の予想にたがわず、困難をきわめた。建設の第一段階のほとんどあらゆる工程で厄介な課題にぶつかった。ルートの選定も、いまだに決着していなかった。技術者たちは最終的な目的地までできるだけ直線コースをたどりたいと考えていた。しかし最終的な目的地がどこかは知らなかった。まだそもそも決まっていなかったからだ。当時の列車は、道の勾配が2%を超えると、上ることも下ることもできなかったので、技術者の立場からは、丘や山や谷はできる限り避けたかった。さらに当時の列車は、急なカーブを曲がることもできなかった。したがって、そういう障害物がある場所ではかなり大回りをする必要があった。同時に、蒸気機関車には水が欠かせなかったので、川から遠く離れるわけにもいかなかった。ただし川に橋を架けるのは楽ではなかったので、何度も川を渡らなくてはならない蛇行した川は避けたかった。誰もが歓迎したのは、バッファローの群れの近くを通るルートだった。建設作業員たちが食べ物に困らないからだ。しかし先住民の土地には誰も近づきたがらなかった。鉄道の建設には先住民の多くが疑念を抱いたり、あるいは敵意をむき出しにしたりしていた。候補ルート沿いには既存の都市はなかったので、建設隊は必要な物資をすべて自分たちで持っていかなくてはならなかった。ミズーリ川を使って船で運ぶこともあれば、荷馬車で何百キロもの道のりを運ぶこともあった。それでもシエラネバダの高峰を越えなくてはならないセントラル・パシフィックに比べたら、ユニオン・パシフィックの建設作業はまだ容易といえた。[12]

このような数々の困難に加え、内部のごたごたもあって、建設計画は大幅に遅れた。太平洋鉄道法の可決から3年半後の1866年初頭の時点で、ユニオン・パシフィックが建設した線路の長さはわずか60キロと、お話にならないぐらい短かった。しだいに明らかになったのは、財政では優れた手腕を発揮したデュラントも、鉄道の建設に必要な知識は持ち合わせていないということだった。必要なのは、測量し、土地を平らにし、線路を敷くという肝心な作業に熟達した技術者だった。デュラントは、そのような仕事を託せる人物をひとりだけ思いついた。しかしその人物はそのとき戦場に出ていた。

グレンビル・M・ドッジは大陸横断鉄道の歴史において伝説的な人物だ。ドッジはマサチューセッツ出身の技術者で、若い頃に草創期の鉄道業界に入り、イリノイ州やミシシッピ州やミズーリ州の鉄道会社で経験を積んだ。大陸横断鉄道を建設するのが昔からの夢で、20代の大半をそのルートの研究に費やした。もともと細部を見る目を持っていたのに加え、鉄道産業で働く中で、いい鉄道には何が必要かを学んでいった。それらの研究と経験をもとに作成した地図には、大陸横断鉄道に必要なありとあらゆることが書き込まれていた。本人が述べているように、その地図を見れば、「どこに浅瀬があるか、どこで水や木材を手に入れられるか」がわかった。「そのような情報が掲載された米国で最初の地図」だった。彼も、奇しくもデュラントと同様、カウンシルブラフスが理想的な東の終点であるという結論に達していた。水へのアクセスのしやすさと、プラット川の谷の自然勾配がその理由だった。1859年には、カウンシルブラフスでエイブラハム・リンカーンとも会っていた。リンカーンが不動産の視察のために町を訪れたときだった。パシフィックハウスで開かれたリンカーンの歓迎パーティーで、ふたりは食後、玄関の階段に座って話をした。大陸横断鉄道に対するドッジの情熱のことを聞き知っていたリンカーンは、ドッジに助言を求めた。「ドッジ君、君はパシフィック鉄道を西部まで延ばすにはどのルートが最善だと思うかね？」。ドッジは自信たっぷりに答えた。「この町からプラット渓谷へ出るルートです」。「そう考える理由は？」とリンカーンは重ねて尋ねた。会話はそのような調子でひとしきり続いた。最後には、ドッジ本人の言葉を借りれば、「気がついたら、わたしが西部について知っていることも、入念な調査の結果も、やさしい口調に乗せられて、ひとつ残らず披瀝《ひれき》していた。すっかり秘密を知られてしまい、それがのちにわたしの雇用主に伝わることになった」[13]

デュラントにはドッジがユニオン・パシフィックに不可欠な人間だという確信があった。しかし、あいにく、太平洋鉄道法が可決された1862年、ドッジは北軍の一員として戦場にいた。それでもデュラントは繰り返し、ユニオン・パシフィックで働いて欲しいとドッジに誘いをかけた。ドッジはそのつど誘いを断った。ドッジの鉄道の知識は北軍に欠かせないものになっていた。ドッジは行く先々で線路の建設や修復を手がけ、軍の最上層部からも絶大な信頼を得ていた。ユリシーズ・S・グラント将軍は回顧録でドッジのことをかなり長く書き、「ずば抜けて優秀な将校」、「経験豊かな鉄道建設者」と評している。それでも1865年、果てしなく続くかに思われた戦争がついに終わった。デュラントとユニオン・パシフィックは欠けていたパズルの最後のピース、すなわち熟練した技術者を手に入れた。ドッジは1866年5月、主席技術者として、ユニオン・パシフィックに入社した。[14]

加速する鉄道建設

ドッジが加わると、ユニオン・パシフィックの社運はいっきに好転した。ドッジはすぐに労働者たちの能力を確かめ、彼らに自分が軍隊で学んだ規律を教え込んだ。南北戦争の元兵士たちも、規律の正しさを期待して、雇い入れ、調査をするチーム、地ならしをするチーム、線路を敷設するチーム、ほかの個々の作業に取り組むチームに分けた。財政面は無視して、あたう限り最高の線路を作ることに心血を注いだ。彼がひたすら最善のルートを見つけ、線路を敷くということに集中したことで、しだいに会社はいい方向へ変わっていった。彼の判断の中でとりわけ当たったのは、建設チームの監督にジャックとダニエルのケイスメント兄弟を雇ったことだ。ジャックは身長150センチそこそこの小柄な男だったが、コサック帽をかぶり、牛飼いの長い鞭を手に持って、線路の脇を歩いて回る姿にはすごみがあった。すぐにユニオン・パシフィックの作業員たちはてきぱきと働くようになった。

作業現場は見事なまでに統率が取れていた。フィラデルフィア・ブレティン紙の記者がそのようすを次のように伝えている。

レールを満載した小型の無蓋貨車が1頭の駆け足の馬に引かれて、線路の先端までやってくる。ふたりの作業員がレールの端を掴んで、前へ進み、貨車からレールを引っ張り出す。そのあいだ、ほかの作業員はふたり一組で傍らに待機していて、レールが出されると、さっと前に出て、次のレールを掴む。外に出されたレールは号令とともに、上下を間違えないよう気をつけて、前のレールと組み合わさるように地面に降ろされる。同時に貨車の反対側でも同じ作業が行われる。一組の作業員が1本のレールを下ろすのに要する時間は30秒。したがって、1分間に計4本のレールが降ろされる。じつに迅速といっていいが、これで驚くなかれ。ユニオン・パシフィックの作業員たちの働きぶりはすさまじい。貨車が空になると、すぐにそれを線路の脇に横倒しにして、レールが積まれた次の貨車を通らせ、次の貨車が通ると、それをまたすぐに起こす。ふたたびレールを積み込むため、空になった貨車が線路を飛ぶように戻っていく光景は一見の価値ありだ。恐れ知らずの若い御者が馬を全速力で走らせ、20メートル前後のロープで馬とつながれた貨車が猛烈な勢いで運ばれていく。最初の作業員のグループのあとには、計測班、くい打ち班、ボルト締め班が控えていて、すぐに賑やかな音を立て始める。荘厳な鉄床のコーラスよろしく、頑丈な大ハンマーが打ち下ろされる音が大平原に響き渡る。リズムは三拍子だ。1本のくいに3回、ハンマーが打ち下ろされる。1本のレールに打ち込まれるくいの数は10本、1マイルの線路に敷かれるレールの数は400本、サンフランシスコまでの距離は1800マイル（約2897キロ）。したがって2100万回、ハンマーが打ち下ろされたとき、2100万回、ハンマーがぴたりと狙ったところに打ち下ろされたとき、ついに現代の米国を代表する大事業が成し遂げられる。［…］シャーマン将軍の常勝軍がアトランタからサバンナまで進撃したときにも劣らないぐらい、オマハからサクラメントをめざして歩を進めるこの男たちの姿は輝いて見える。この男たちは人跡未踏の荒野を切り拓き、誰も知らない山をのぼり、過去に経験したことのない障害を乗り越え、米国の広い胸に、現代の進歩と文明を象徴する鉄のエンブレムをしっかりと固定しようとしている。[15]

前線にドッジとケイスメント兄弟を送り込んだことで、ユニオン・パシフィックの鉄道建設は加速し始めた。1866年4月（ドッジが加わる前の月）の時点では、着工から3年半以上かかって、わずか100キロほどの線路しか敷設できていなかった。それが同じ年の6月4日には、160キロに達していた。7月末には、ネブラスカ州グランドアイランドにたどり着き、線路の長さは246キロまで延びた。重要な節目になったのは、1866年10月6日の西経100度到達だった。これで398キロの線路が敷設された。この節目を祝って、デュラントは見学ツアーを企画し、上下両院の議員や、投資家や、新聞記者を招待した。このツアーの移動に使われたのは、発明家ジョージ・プルマンが手がけた有名なプルマン・パレス寝台車だった。参加者たちにはいくつかのコースが用意され、ケイスメントのチームによる線路の敷設作業の見学、プレーリードッグの生息地への訪問、バッファローやアンテロープの狩りの中から選ぶことができた。ツアー中のある朝、戦いの化粧をしたポーニー族の戦士の一団が、ツアーの野営地に突然現れて、雄叫びを上げて回った。ツアー客たちは震え上がって、テントの中に逃げ込んだが、やがて、デュラントが仕組んだ演出であることが明かされた。ポーニー族の戦士たちはそのあと、戦闘の踊りを披露し、模擬戦を演じた。その中には頭の皮を剥ぐ（まねをする）場面まであった。[16]

先住民族の抵抗

しかし建設隊が荒野に深く分け入り、都市から遠く離れるにつれ、先住民族の領地を侵すことが増え、はげしい抵抗に遭うようになった。コロラド州のセジウィック砦に線路が達した頃には、先住民族の戦士による攻撃が頻発していた。戦士たちは線路を破壊し、作業員を襲い、物資を略奪した。ドッジは労働者たちに銃を持たせるとともに、軍事的な編成も組み、襲撃の兆候が見られれば、いつでもすぐに臨戦態勢を取れるようにした。状況は悪化の一途をたどり、恐れをなした労働者たちの大量離職という事態を避けるため、ユニオン・パシフィックは攻撃の事実を伏せるようになった。

1867年8月にはネブラスカ州のプラムクリーク付近で特に苛烈な襲撃に見舞われた。当時、グレートプレーンズ（大平原）では、ジョージ・アームストロング・カスター将軍が先住民に対し、支配権を確立するための軍事作戦を展開しているところだった。ターキー・レッグに率いられたシャイアン族の戦士の一団はカスター軍から逃げていて、偶然、機関車に出くわした。誰もが機関車を目にするのは初めてで、尾根の上から興味津々でそのようすを眺めた。戦士のひとり、ポーキュパインがそのときの体験を次のように書き記している。「遠くに見えたときにはそれはとても小さかった。ところが近づいてくるにつれ、ぐんぐん大きくなった。しかも煙や蒸気を吐き出していた。わたしたちはそれを見て、パイプをふかしている白人のようだといい合った」。それから線路のそばまで下りて、「鉄の道」をためつすがめつし、どうするべきかを話し合った。次の列車を襲うことに決めると、線路の上に大きな木の枝を置いて、その横で火を焚き、次の列車を待った。日没後、ユニオン・パシフィックのトロッコが線路を走ってきた。「しだいに音が大きくなった」とポーキュパインは書いている。「薄暗がりの中、上下に動く何かを乗せた、小さなものがこちらへ近づいてくるのが見えた。乗っていた男たちは火とわたしたちに気づくと、急いで火の横を通りすぎようと速度を上げた。しかし車両は木の枝にぶつかって、宙に高々と舞い上がった。地面に叩きつけられた男たちは起き上がって、逃げようとしたが、すぐに追いつかれ、殺された」。木の枝ぐらいでは大きな車両は止められないとわかったシャイアン族の戦士たちは、線路の鉄のレールを曲げて、次の列車を待った。数時間後、狙いどおり、列車が脱線すると、車両の中に押し入って、金品を略奪した。[17]

トロッコに乗っていたユニオン・パシフィックの社員の中に、奇跡的に生き延びた者がひとりいた。英国人のウィリアム・トンプソンという電信設備の修理工だった。その夜はほかの5人の社員といっしょに、断線箇所を見つけるために派遣されていた。トロッコが線路の上に置かれた木の枝にぶつかったとたん、周りのあちこちの藪の中からシャイアン族の男たちが姿を現して、発砲してきた。トンプソンは走って逃げた。

小さな馬に乗ったひとりのインディアンがわたしに狙いをつけ、猛然と追いかけてきた。3メートルほどの距離にまで迫られたところで、そいつは銃を撃ってきて、弾がわたしの右腕を貫通した。しかしわたしがそれでも走り続けるのを見ると、そいつは突進してきて、わたしを銃で打ち据えた。さらにナイフを取り出して、わたしの首に突き刺し、わたしの髪を指でぐるぐると巻いたかと思うと、わたしの頭皮を切り取り始めた。痛みは並大抵ではなく、意識が朦朧とし、吐き気を催した。それでも声を上げるのはまずいことはわかった。おそらく30分ほど経った頃だろう、そいつはわたしの左のこめかみのところで、頭皮を切り取るのを終えた。少し皮がぶらさがっているのに気づくと、それも引っ張って取り除いた。わたしは叫び声とともに、自分の命を体の外に出してしまえればいいのにと思った。そのときの気持ちはとても言葉では説明できない。まるで自分の頭が丸ごとなくなってしまったような感覚だった。インディアンは馬にまたがって、走り去ったが、わたしのすぐそばに切り取った頭皮を落としていった。わたしはそれをそっと拾い上げた。

トンプソンはその後、宵闇にまぎれて、ウィローアイランドの駐屯地まで、地面を這って逃げ、そこで救助隊に発見された。手桶の水に入れられていた彼の頭皮は、医者には「溺れた鼠のように」見えた。医者はその頭皮を頭に戻せるのではないかと考え、処置を施そうとしてくれた。しかし処置はうまくいかず、トンプソンはカウンシルブラフスの公共図書館に自分の頭皮を寄付した。それから何年ものあいだ、その図書館では、アルコール液に浸けられた彼の頭皮が展示されていた[18]。

増える一方の戦闘を受け、1867年、ときの大統領アンドリュー・ジョンソンはインディアン平和委員会を創設して、さまざまな先住民族と会合を開いた。ネブラスカ州ノースプラットではスー族、シャイアン族とのあいだで、停戦と鉄道の保護を目的とする会合が開かれた。しかし言葉の問題と、非妥協的な態度と、互いの誤解のせいで、話し合いは不調に終わった。そこでの合意には戦いを食い止める力はほとんどなかった。逆に、ユニオン・パシフィックは軍事的な防備をいっそう強化し、軍隊に技術者や労働者を守らせた。一方、鉄道の開通で移住者が激増し、バッファローの群れが移動を妨げられるようになった。先住民族には最悪の事態が迫りつつあった。ジョン・ポープ将軍が次のように書いている。

インディアンにはもはや、国がないも同然だ。彼らの土地はどこもかしこも白人に占領されている。生きるための手段は破壊され、父祖伝来の地は力ずくで奪い取られている。男たちもその家族も飢餓に追い込まれ、男たちは白人とのやむを得ぬ戦いで次々と命を落としている。白人たちの着実かつ破壊的な前進のせいで、彼らは部族の消滅の危機にある。彼らが第一に求めているのは、白人がいこと、自分たちの国に入ってこないこと、自分たちの命を支えている動物を殺したり、追いやったりしないこと、自分たちの土地を奪わないことだ。果たして、移住を禁ずることなく、われわれはこれらのことを約束できるのだろうか。［…］考えたくないが、結果は目に見えている[19]。

技術者ドッジと財政家デュラントの対立

1869年、ユニオン・パシフィックはワイオミング州を越え、ユタ州に入ると、作業のピッチを上げた。ユニオン・パシフィックがつねに気にしていたのは、カリフォルニア州から出発したセントラル・パシフィックの工事の進捗状況だった。1867年の夏、セントラル・パシフィックは最大の難所であるシエラネバダを突破し、以後、着々と線路を延ばしていた。太平洋鉄道法では、敷設した線路の距離に応じて、2社に報酬が支払われることになっていたので、セントラル・パシフィックが1マイル線路を延ばせば、1マイル分、ユニオン・パシフィックが受け取れる金額が減ることを意味した。両社の線路のあいだの距離には限りがあり、その距離は急速に縮まりつつあった。まさにゼロサムの競争だった。これにより急がなくてはならないという意識が強まるとともに、長いあいだ潜在していた技術者ドッジと財政家デュラントの対立が表面化した。フィニッシュラインが近づくにつれ、デュラントから出される指示はますます切迫した調子を帯びた。彼が当時送った電信は、まるで怒りに任せて書かれているようだった。「大事なのは、もっと速く線路を敷設することだ。どうして1日に1マイルも敷設できないのだ」とか、「どうして敷設を速くできないのだ。言い訳は要らない」といった具合だ。[20]

一方、ドッジの考えでは、ほかのすべてを犠牲にして、スピードを重視すれば、粗悪な線路が作られることになる。デュラントの期待に応えようとしたら、手を抜き、ミスを見逃し、作業員を過度に働かせねばならない。それは大事故のもとだった。1868年、ドッジはユニオン・パシフィックの社長オリバー・エイムズに手紙を送り、デュラントの命令について不満を訴えている。「修理がいっさいなされていません。副社長の命令は、線路を敷くために、ほかのすべてをおろそかにせよ、省けというものです。仮設の橋は今のままでは列車の重みに耐えられないでしょう。冬が近づいているのに、何もなされていません。莫大な補助金は配当に費やされることになるでしょう。ですが、あなたのお仲間の何人かの名のあるかたがたが、全員、国民の目には恥知らずと映ずることになるでしょう」

1868年7月、ドッジはデュラントとグラント将軍との緊迫した会合で溜飲を下げることになった。大統領選の共和党の候補に選ばれたばかりのグラント将軍がデュラントに、大陸横断鉄道の建設の指揮はドッジに取らせたいといってくれたからだ。グラント将軍は南北戦争のときにドッジの働きを見ていて、ドッジが誰よりも頼りになる人物であることを知っていた。「政府が望んでいるのは、この鉄道が完成することであり、鉄道会社が務めを果たすことであり、ドッジ氏が鉄道の完成まで主席技術者の任に留まることだ」。この言葉が意味することは明白だった。デュラントがドッジを追放すれば、次期大統領の怒りを買うということだ。[21]

ついに鉄道がひとつにつながる

こうして1869年、ユニオン・パシフィックの線路がついにユタ州にたどり着いた。この頃には、作業がだいぶスムーズに進むようになっていた。当初は、1日で1マイル敷設できれば御の字だったのが、今では1日で5、6マイル（約8～10キロ）、日によっては7マイル（約11キロ）敷設できた。セントラル・パシフィックも負けてはおらず、ライバルを上回り、1869年4月28日、10マイルと56フィート（約16キロと17メートル）という記録を打ち立てた。しかし2社がともにユタ州に到達していた1869年の春になっても、議会は線路の接続地点を決められないでいた。したがって2社とも、進むべき方向がわからなかった。数週間にわたり、2社は互いから数十センチしか離れていない場所で、地ならしを行った。平行に進むこともあれば、交差することもあった。ときどき労働者どうしのあいだで小競り合いも起こった。真偽のほどは定かではないが、セントラル・パシフィックに雇われた中国人労働者のグループが、事前に通告せずに自社の線路を爆破し、ユニオン・パシフィックのアイルランド人労働者のグループが生き埋めになったといううわさも広まった。

最終的には、1869年4月8日の夜、ワシントンDCで、ドッジとセントラル・パシフィックの豪腕副社長コリス・ハンティントンが会って、朝まで激論を交わし、グレートソルト湖の北のプロモントリー・サミットを接続地点にすることで、ようやく話し合いがまとまった。これにより、ユニオン・パシフィックはすぐにプロモントリー・サミット以西での地ならしをやめ、セントラル・パシフィックも以東での地ならしをやめた（ただし、そのときにはすでに320キロ以上にわたって、互いに隣り合った場所で地ならしが行われていたのだが）[22]。

1869年5月10日、リンカーンが太平洋鉄道法に署名してからおよそ7年後、ついにひとつにつながるときが訪れた。2社の線路はどちらもプロモントリー・サミットの頂きまでのぼり切っていて、あとは最後のくいを打ちつけ、線路と線路を接続するだけだった。おおぜいの人がその瞬間を見ようと集まっていた。ドッジ、デュラント、ケイスメント兄弟もユニオン・パシフィックの代表としてそこにいた。セントラル・パシフィックからは、リーランド・スタンフォードがカリフォルニアから駆けつけた。労働者、カメラマン、記者、兵士、米国に滞在中の外国の高官、さらには楽団の姿もあった。

ユニオン・パシフィックの機関車とセントラル・パシフィックの機関車がそれぞれの線路を進んできて、向かい合う格好で止まった。最後のくいはこの日のために特別に金色に塗られていた。このくいを打ち込めば、大陸横断鉄道が1本につながる。誰が最後のくいを打ち込むかで、両社のあいだでいくらかもめた。セントラル・パシフィックは、自分たちが先に着工したのだから、スタンフォードがその役にふさわしいといい、ユニオン・パシフィックは、自分たちの線路のほうが長いのだから、デュラントがするべきだといった。結局、ふたりでいっしょに打ち込むことになり、伝えられるところによると、ふたりとも、振り下ろしたハンマーがくいに当たらなかったらしい。それでもスタンフォードとデュラントはめげずにグラント大統領に共同で電信を送った。「閣下、最後のレールが敷かれ、最後のくいが打ち込まれたことを謹んでご報告申し上げます。太平洋鉄道がこれにて完成の運びとなりました[23]」

拡大する商業活動

大陸横断鉄道は畏敬の念を抱かせるほどの偉業だった。総延長は3077キロに及んだ。途中には砂漠があり、山があり、川があり、人間が住めない、近づくのさえ困難な場所があった。詩人ウォルト・ホイットマンは「インドへ渡ろう」という詩の中で、このときの国民の喜びを次のように表現している。「わが日々を歌い、現代の偉業を歌い、技術者たちの軽妙ながら力づよい仕事を歌い、現代のかずかずの不思議を歌い、（古代の重厚な七不思議などすでに色褪《あ》せ）［…］わたし自身の大陸を席巻しつつ、あらゆる障害を乗り越えて行く、あれはパシフィック鉄道だ、蜿蜿《えんえん》とつづく車輌の列が貨物と旅客を運びながらプラット川ぞいにうねりゆく、突進する機関車の咆哮《ほうこう》、かん高い汽笛が聞こえる、汽笛の谺《こだま》が世界一雄大な風景を貫いて反響する」〔『草の葉（下）』酒本雅之訳（岩波文庫）〕

しかし歓喜に浸ってばかりはいられなかった。しなくてはならない仕事はまだ残されていた。ここまでのユニオン・パシフィックはもっぱら出費ばかりだった。ここからは収益を上げる必要があった。ユニオン・パシフィックには、絶対に誰にもまねのできない、きわめて価値の高い商品を提供することができた。ゴールドラッシュが始まってからも、大陸横断鉄道ができる前は、東海岸から西海岸へ行くには6カ月以上かかり、何百ドルもの費用がかかった。それが大陸横断鉄道の完成後は、1週間足らずの日数とわずか65ドルの費用で行けた。送料や郵便も安くなった。ユニオン・パシフィックは旅をより簡単で、より快適なものにする工夫もした。1868年に、ジョージ・プルマンと契約を交わして、寝台車を導入したほか、翌69年には、寝台車だけでなく、レストランやラウンジの車両もついていて、途中で食事のために停車する必要のない「ホテル列車」も走らせ始めた。ニューヨーク―サンフランシスコ間は今や、わずか5日半しかかからなかった。こういったことが評判を呼び、1870年、大陸横断鉄道の利用者数は15万人にのぼった。鉄道会社は時刻表も発行した。これをきっかけに、それまで地域ごとに独自に時刻が定められていたのが、全米に標準時間帯（タイムゾーン）が導入された。[24]

乗客はおおむね移住者だった。大陸横断鉄道の完成以前から、ユニオン・パシフィックは行く先々で町を作っていた。線路の先頭付近には、労働者たちが一時的に暮らすテントの町が生まれた。荒っぽい男たちが集まったそれらの町は、たちまち「無法の町」として米国じゅうに知れ渡った。そういう町の大半は、線路の前進とともに消滅したが、中にはあとまで残るものもあった。グレンビル・ドッジの測量技師によって計画され、建設されたワイオミング州のララミーは、銃撃戦と、無法者スティーブ・ロングと、ロングの酒場「血のバケツ」で有名になった。ジャーナリスト、ヘンリー・モートン・スタンリーは、アフリカのタンガニーカ湖のほとりでデイビッド・リビングストン博士を発見したことで後世に名を残したが、ララミーでこの世のものと思えぬ光景に出くわしたときのほうが、衝撃は大きかったようだ。

通りを歩いていくと、煌々と輝く派手な建物が目に留まった。「キング・オブ・ザ・ヒルズ」というたいそうな店名を掲げたダンスハウスだった。暗い通りから、石油ランプで照らされた一階のレストランへ足を踏み入れると、たちまち眩しさで目がくらみ、賑やかさに気圧《けお》された。一階は客であふれかえり、誰もが大声でまくしたてるようにしゃべっていた。どっちを見ても、はめをはずし、浮かれ騒ぐ者たちの姿ばかりだった。女たちは大胆に振る舞い、男たちはみずから進んで罪に溺れようとしていた。[…]町の外の広大な荒野にはどこまでも篝火《かがりび》の列が続いている一方、この建物の中では、兵士や、牛飼いや、御者や、女や、鉄道会社の社員が、踊り、歌い、ギャンブルに興じている。5ドルの報酬で仲間を殺した人間がここに何人もいるといわれても、わたしは容易に信じることができる。[…]通りに死体が転がっているのを見かけない日はなく、どの死体もポケットの中身を抜き取られている。

しかし、悪徳に染まった町ばかりだったわけではない。線路沿いには、もっと規模の大きな、一時的ではない都市も築かれた。特に鉄道会社の物資の補給基地が置かれる場所ではそうだった。ネバダ州のリノや、ワイオミング州のシャイアンやエバンストンはいずれももとは鉄道の町として築かれた都市だ。それまで人々が足を踏み入れることができなかった国内の広大な領域が、急に、東海岸から短時間で行ける場所に変わった。[25]

西部への移住者の増加はユニオン・パシフィックにとっても大きな利益につながった。ユニオン・パシフィックは鉄道建設の見返りとして、政府から広大な土地を譲渡されていた。その総面積は4万6139平方キロに達した。これはウェストバージニア州の面積を上回る広さだ。この土地を売らなくてはならないユニオン・パシフィックは、新聞や雑誌に広告を出して、土地の安さや無限の可能性を謳った。古くからの味方であるジャーナリスト、ホレス・グリーリーも「若者よ、西部へ行け」という言葉を広めて、鉄道会社を後押しした。[26]

とはいえ、実際に鉄道で西へ行くのは、最高に楽しい体験とはいいがたかった。列車の旅を快適なものにする努力はなされていたが、乗客の不満の声はあとを絶たなかった。ある不運な旅行客のグループは、1869年にユニオン・パシフィック鉄道を利用して、あまりに恐ろしい思いをし、後日シカゴ・トリビューン紙に会社を非難する投書をしている。「人命がたいへんな危険にさらされているとしか思えません。議会から惜しみのない予算が割り当てられているのですから、誰だって、当然、線路はさぞや安全で、頑丈で、しっかりしたものなのだろうと考えるでしょう。ところがそうではないのです。

あれはおおぜいの人間をいっぺんにいたぶって殺すための、むやみに細長い装置だとしか、いいようがありません」

しかし、この旅行客たちが最もはげしく会社を罵ったのは、また別のことについてだった。手荷物の手数料だ。「明らかにあれはいやがらせです。わたしたちは駅舎から何百メートルも離れた場所に停車している、貨物車と連結した車掌車に乗せられたのです。車内はぎゅうぎゅうに混んでいて、畜牛になった気分でした。しかも乗客たちは――男性も女性も子どもも――そこまで、自分の荷物と重い毛布やオーバーコートを抱えて、歩いていかねばなりませんでした。25ポンド（約11キロ）以上の手荷物には追加料金を請求されたうえにです[27]」

そのように快適さには難があっても、鉄道が商業活動を飛躍的に拡大させたことは確かだった。ラルフ・ワルド・エマーソンは次のようにいっている。「鉄道は魔法の杖だ。土地と水から秘められたエネルギーを引き出す力を持っている」。カリフォルニア州から東へ作物や鉱物を運ぶのにも、東海岸から西へ工業製品を運ぶのにも鉄道は役に立った。その効果は、東西を直接つなぐ当初のルート以外にも及んだ。コロラド州デンバー、ユタ州ソルトレイクシティ、ネバダ州ユリーカをはじめ、大陸横断鉄道の至るところに支線が築かれたからだ。1880年、鉄道で運ばれた商品の総額は5000万ドルにのぼった。これは今日の価値に換算すれば、約1000億ドルに相当する。これにより貨物輸送がユニオン・パシフィックの主力事業となった。そのほかには旅客運賃と郵便物の輸送が主な収益源だった。ここにアメリカの国内市場が産声を上げた。その市場規模は世界のどこにも過去に例のない大きさだった[28]。

クレディ・モビリエ汚職事件

ユニオン・パシフィックの成功と大陸横断鉄道の開通に批判がなかったわけではない。偉業が達成されたほとんど直後から、批判の声は上がり始めていた。その急先鋒となったのは、皮肉にもユニオン・パシフィックの元社長でもあるチャールズ・フランシス・アダムズだった。アダムズは1869年に、ユニオン・パシフィックは「やがて世界で最も裕福で、最も強大な力を持つ企業になるだろう。またおそらく、世界で最も腐敗した企業にもなるだろう」といった。この予言はどちらも正しかった。[29]

ユニオン・パシフィックが倒産寸前にまで追い込まれたクレディ・モビリエ汚職事件の種は、ユニオン・パシフィックが誕生した日に既にまかれていた。この汚職事件は、鉄道建設の一筋縄ではいかない経済的な側面に端を発するものだった。鉄道建設には労働者の人件費や部材やサービスの購入などに莫大な費用がかかった。大陸横断鉄道のような規模のものであれば、なおさらだ。それらの費用の大半は、先に支払わなくてはならなかった。しかし鉄道建設はすぐに収益を上げられる事業ではない。人々が完成した鉄道を利用し、貨物輸送や乗車の料金を払ってくれるようになるまでは、鉄道会社には一銭も金は入ってこない。では、その支払いと収入のギャップはどのように埋め合わされたのか。

いうまでもなく、一般的には、株式や債券を発行するというのが、企業のふつうの資金調達の手段だった。しかし、ユニオン・パシフィックの株式に投資をするのは、リスクがあまりに大きかった。実際、最初の募集ではほとんど購入者が現れなかった。そもそもいつ取締役たちが配当の支払いを決定するのかも定かではなかった。融資を受けたり、債券を売ったりするという手段もあった。それなら利子がつくので、貸し手や買い手にいくらかは確かなことをいえた。しかし事業そのもののリスクが大きいことから、それらの手段で資金を得るのもやはりむずかしかった。

解決策を見つけたのは、デュラントの友人のジョージ・フランシス・トレインという人物だった。トレインはフランスへ行ったときに、フランスの鉄道会社がどういう方法で資金を迅速に調達しているかを知った。フランスでは、鉄道会社の上層部や大株主が新たに建設会社を設立し、その建設会社が鉄道会社にサービスを提供することで、鉄道会社から株式や債券の形で支払いを受けていた。その株式や債券はすぐに市場で売るなり、銀行の融資の担保に使うなりすることができた。しかも建設会社と鉄道会社は同じ人物の配下にあるので、建設会社はいくらでも費用を水増しし、鉄道会社に法外な料金を請求することができた。鉄道会社から要求をはねつけられる恐れはなかった。

デュラントはこのアイデアが気に入り、トレインとふたりで、休眠状態にあったペンシルベニア・フィスカル・エージェンシーという会社を買収した。その会社には設立認可書に記された設立趣旨により、「鉄道会社の債券その他の証券の売買、鉄道会社への資金の融通」が認められていた。フランスでこの手法はクレディ・モビリエと呼ばれていたことから、ふたりはペンシルベニア・フィスカル・エージェンシーをクレディ・モビリエ・オブ・アメリカと改称し、デュラントが社長、トレインが取締役に就任した。ユニオン・パシフィックの大株主の多くにも、クレディ・モビリエの株式が分け与えられた。さらに、議会による調査を避けるため、マサチューセッツ州選出の下院議員オークス・エイムズに大量の株式を譲渡して、「株式がわれわれのために最大の効果を発揮するよう」計らってもらった。クレディ・

モビリエの株主たちの懐にはほどなく大金が転がり込んできた。1868年、クレディ・モビリエが1000ドルの出資ごとに約3500ドルの配当を証券と現金で支払ったからだ。まだ大陸横断鉄道が完成前で、ユニオン・パシフィックが赤字にまみれていたときにだ。[30]

しばらくは順調だったが、1872年、とうとうサン紙に事実をあばかれ、大きく報じられた。たちまちはげしい非難の嵐が沸き起こり、議会と司法省が調査に乗り出した。調査により事実が明らかになると、当時マサチューセッツ州鉄道委員会の委員長だったチャールズ・フランシス・アダムズが米国民に対し、いかに悪辣な策略がなされていたかを説明した。クレディ・モビリエは「未発行の株式も、債券の売却代金も、国債も、鉄道の収入も、すべて自分のものにしていました。要するに、金目のものを一切合切、自分の懐に入れていたのです」と。

株主には月に40%という途方もない利益が支払われていた。その株主の中には、ワシントンやニューヨークやシカゴの有力者も含まれた。「ワシントンの人間が補助金に票を投じ、ニューヨークの人間がそれを受け取り、グレートプレーンズの人間がそれを使い、クレディ・モビリエがそれを分配したのです」。クレディ・モビリエのビジネスに関与していた議員の数は30人以上にのぼり、オークス・エイムズは議会で譴責処分を受けた。しかし最大の実害は、評判に傷がついたことだった。ユニオン・パシフィックはもはや米国産業界の寵児ではなくなった。[31]

「泥棒男爵」による競合企業の排除

クレディ・モビリエ汚職事件はユニオン・パシフィックと重役に深い痛手を与えたが、結局は尻すぼみに終わった。関係者は軽い叱責を受けるだけですみ、投獄された者はひとりもいなかった。しかしそれとはまた違った問題が、会社と国にもっとはるかに大きな影響を及ぼすことになった。

独占は古くからある問題だった。アダム・スミスも、東インド会社などによる「抑圧的な独占」を批判している。そして今、鉄道会社が独占企業になりやすい最右翼の候補であることが明らかになった。鉄道会社の固定費は高いが（線路の敷設には莫大な費用がかかる）、運営費は安かった（いったん線路が完成すれば、その維持には比較的費用がかからなかった）。この参入障壁の高さは、競合企業がほとんどいないことを意味した。これは実際問題としては、地元の鉄道会社がどんな料金を設定しても、消費者は黙ってそれを受け入れざるを得ないこと、さもなくば鉄道をまったく利用できなくなることを意味した。

19世紀の裕福な資本家たちはこれが高利益の方程式であることをよく知っていた。アンドルー・カーネギー、コーネリアス・バンダービルト、J・P・モルガンといった実業界の大物たちはみんな、鉄道産業に群がって、術策を弄することで、大金を掴んでいる。これらのいわゆる「泥棒男爵」（あくどい手段で莫大な私財を蓄えた19世紀の実業家に対する蔑称）たちはいずれも鉄道に関わりのある者たちだった。

そのような泥棒男爵の中で最も性悪な人物としていつも真っ先に名前が挙がるのは、1860年代末のいわゆるエリー戦争〔エリー鉄道会社の支配権を巡る争い〕で悪名を馳せたジェイ・グールドという人物だ。グールドはエリー戦争の際、ダニエル・ドゥルーという仲間とともに、コーネリアス・バンダービルトをだまして、エリー鉄道の「水増し」されたほとんど無価値の株を大量に買わせた。バンダービルトは自分がはめられたことに気づくと、判事を説得して、グールドとドゥルーの逮捕状を発布させた。ふたりは船でマンハッタンを脱出して、ジャージーシティへと逃れ、ホテルに閉じこもるとともに、襲撃を防ぐため、川沿いに大砲を並べた。このエリー戦争は、結局、グールドとドゥルーの勝利に終わった。袖の下がものをいい、ニューヨークの議会がふたりの行為の正当性を認めたからだ。数年後、グールドはゴードン゠ゴードン卿を誘拐した罪で逮捕された。皮肉にもゴードン゠ゴードン卿はグールドから金をだまし取った人物だった。グールドはときに「青白い顔をした小さな悪党」と呼ばれた。ディケンズの『デイビット・コパフィールド』に出てくる悪党ユライア・ヒープのようなタイプ──無口で、頭が切れ、ずる賢い──だったからだ。[32]

だから、1874年、グールドがユニオン・パシフィックの株を買っているといううわさが流れ始めると、鉄道業界は震撼した。重役も、株主も、一般の人々も、グールドの意図をいぶかった。ニューヨーク州バッファローのある銀行家は、グールドの一味は同社の「使える資金をすべて奪って、流動負債を増やすつもりだ」といった。ユニオン・パシフィックの元社長オリバー・エイムズはもっと楽観的な見方をしていた。「全般的な印象としては、グールドは100株から12万5000株を自分の管理下に置いているようだ。だがその力を使って、鉄道の利益を損ねるようなことはしないだろう」と。しかしグールドの真の狙いが明らかになったのは、それからしばらくしてからだった。[33]

数年後、ワールド誌の記者にユニオン・パシフィックに興味を持った理由を尋ねられたとき、グールドは煙に巻くような返事をした。「妙な理由は何もありませんよ。子どもの頃、ユニオン・パシフィックはわたしの大好きな鉄道だったんです。そのときの思いが、今またぶり返しただけなんです」。これはうそではなかったかもしれない。しかし、株式の取得にはそれほどロマンティックではない理由もあった。発端は、コーネリアス・バンダービルトの娘婿で鉄道会社の重役でもあるホレス・F・クラークが、1873年5月、ユニオン・パシフィックを見学し、強い感銘を受けたことにあった。クラークはその話をグールドにした。それを聞いたグールドは、儲かりそうだと踏み、35ドル以下で売りに出されたユニオン・パシフィックの株式をすべて買い取る注文を出した。その後、まもなく、クラークは死に、クラークが持っていたかなりの数のユニオン・パシフィック株が市場にどっと放り出された。その結果、継続中だったグールドの注文により、当初想定していたよりもはるかに多くの株式が彼のもとに舞い込んできた。

1874年2月21日の時点で、グールドの持ち株数は13万2000株に達し、ユニオン・パシフィックの最大の株主になっていた。グールドはすぐに支配を固めるための行動を開始し、友人であり、ときに仕事のパートナーでもあったシドニー・ディロンと会って、ユニオン・パシフィックの社長への就任を打診し、了承を得た。自身は取締役となり、裏へ回った。とはいえ、ディロンが傀儡《かいらい》であることは誰の目にも明らかだった。チャールズ・フランシス・アダムズがふたりの取り決めについて述べているように、「ディロン氏はグールド氏以外の誰とも相談しなかった。グールド氏は決まって、ディロン氏の考えを聞くことなく、指示を出した」。グールドは努めてグレンビル・ドッジの支持を取りつけようとした。ドッジは主席技術者の地位からは退いていたが、有力な取締役として社に残っていた。グールドはドッジに、会社のためになることをするつもりであり、「会社を大きくすること」が自分の目標なのだといって、どうにか相手の不安を払拭しようとした。[34]

確かにグールドはユニオン・パシフィックを「大きくすること」をめざしていた。しかし、その意味はドッジが考えていたのとはおそらく違った。グールドの最大の目標は、どんな手段を使ってでも、ユニオン・パシフィックの競合企業を排除することにあった。最初に狙いをつけたのは、太平洋郵船会社というニューヨークの会社だった。この会社はパナマルートを使って、船で荷物を運ぶ事業を専門に手がけていた。ユニオン・パシフィックにとって太平洋郵船はじゃまな存在だった。荷物の送り手に鉄道以外の選択肢を与えることで、ユニオン・パシフィックの値上げの余地を著しく制限していたからだ。「こんなに低料金でカリフォルニアの事業を営まなくてはならないのは、どう考えてもおかしい」と、グールドはユニオン・パシフィックの貨物運賃を見て憤った。そこで1874年末、事態を打開するための行動に打って出た。まずは、太平洋郵船が詐欺と賄賂に手を染めて、議会の調査を受け、社長が辞任に追い込まれたといううわさを流した（うわさの中には幾分かの事実も含まれていた）。このうわさで太平洋郵船の株価が過去最安値まで下落すると、すかさず、株を買い占めて、太平洋郵船の支配権を手に入れた。そのあとはユニオン・パシフィックのときと同じ要領で、ディロンを社長に据え、自分は取締役に就いた。こうして競合企業を排除したユニオン・パシフィックは、運賃を値上げした。この値上げはグールドにいわせると、「株価をきっと10％押し上げ、経営の安定化に役立つ」ものだった。[35]

海路にライバルがいなくなると、グールドは次に陸路のライバルに目を向けた。ほかの鉄道会社だ。

大陸横断鉄道は1社しかなく、大陸の端から端への輸送では、直接の競合企業はなかったが、各地域には競合する小規模の鉄道会社が数多くあった。それらの鉄道会社は大口の顧客に対して、密かに有利な価格を提示することで、他社の線路を使わせないようにしていることが多かった。グールドの考えでは、その結果生まれる価格競争は、産業全体の長期的な収益性を損ねるものだった。そこでグールドは競合企業を排除しようとした。最初に、カンザス・パシフィック鉄道を標的にした。同鉄道の線路はカンザス州内を東西に、北にあるユニオン・パシフィックの線路とおおむね平行に走っていた。1875年、グールドは仲間とともに、カンザス・パシフィック鉄道の株式の過半数を取得した。1875年11月、グールドがオリバー・エイムズにいったように、「われわれの持ち株を合わせれば、過半数に達する。これでほかの誰にも相談せず、容易に経営方針を決められるようになった」。このようにして数年のあいだに、ワバシュ鉄道、セントラル・ブランチ・ユニオン・パシフィック、テキサス・アンド・パシフィック鉄道、ミズーリ・パシフィックをはじめ、次々と各地の鉄道会社の支配権を獲得していった。そして最後の総仕上げとして、はげしい交渉の末、カンザス・パシフィック、デンバー・パシフィック、ユニオン・パシフィックの合併を実現させ、世界最大の鉄道網を誕生させた。

1880年1月14日の夜、ユニオン・パシフィックの取締役たちがグールドの私邸に集まって、条件について話し合った。グールドはそのときにはすでにユニオン・パシフィックの株式の大部分を売却していたが、ほかの2社の株式を保有していて、以前の同僚に対して好条件を求めて譲らなかった。各社のそれぞれの株価を巡って議論が平行線をたどり、話し合いは深夜にまで及んだが、最後には合意に達した。ここに、合計で3700キロもの線路を持つ、かつてよりもはるかに大きくなった新しいユニオン・パシフィック鉄道会社が生まれた。ある鉄道会社の重役の試算では、グールドは「この取引を通じて、1000万ドル以上の大金を手にした」[36]。

鉄道会社への非難と連邦政府による規制

グールドはユニオン・パシフィックの舵を握っていたあいだ、一貫して、利益以外にはまったく関心を払わなかった。先住民とのリトルビッグホーンでの戦いで、米陸軍のジョージ・カスターの部隊が200人以上虐殺されたという知らせを受けたときも、次のように平然と答えた。「最終的には、この戦いでインディアンが根絶やしにされて、ビッグホーンとブラックヒルズで開発や移住が進むことになるだろう。そうなればわが社にもたいへん都合がいい」。ユニオン・パシフィックが連邦政府への借金の利子の支払いを拒んだのに対し、連邦政府が貨物運賃の支払いを停止したときには、連邦政府を相手取って訴訟を起こした。恨みに駆られたこの無謀な訴訟は、長引くばかりで、なんの解決ももたらさなかった[37]。

グールドのあまりに強引な手法はしだいに人々に、ユニオン・パシフィックは社会を犠牲にして利益を上げているのではないかという疑念を抱かせ始めた。グールドが新しい路線を作るときには、地方の自治体はグールドから提示される条件をそのまま呑まざるを得ないとあきらめていた。たとえ法外な運賃であってもだ。さもないと自分たちの地域が路線から外されてしまう恐れがあったからだ。ジャーナリストのヘンリー・ジョージが1883年に次のように書いている。「町に話を持ちかけてくる鉄道会社は追い剥ぎそっくりだ。『条件を受け入れないのなら、線路はあなたがたの町から4、5キロ離れたところを通ることになる』という彼らの脅し文句には、追い剥ぎがピストルの撃鉄を起こしていう『有り金を残らず置いていけ』と同じぐらいの効果がある。鉄道会社の脅しに従わなければ、単に鉄道によってもたらされる恩恵にあずかれないだけではなく、線路が敷かれないことよりもはるかに悪い状況に陥るからだ[38]」

鉄道をとりわけ強く非難したのは、農民たちだった。農民たちは鉄道の開通で市場に産物を早く、安く届けられるようになると信じて、土地を買い、作物や家畜を育ててきた。ところが何社もあった鉄道会社が次々と合併して、数社の巨大企業だけになると、運賃はとめどなく上昇し始めた。農民たちにそれを押し止める手だてはなかった。

この憤りから、グレンジャー運動と呼ばれる強力な農民運動が起こった。運動の主体となったのは、とうもろこしや、綿花や、小麦の農家たちによって構成されるゆるやかな農民の組織「グレンジ」だった。その会員数は1875年には86万人――全米の農民の10人にひとり――にのぼった。グレンジは鉄道会社と闘う姿勢を鮮明にし、しばしば自由競争の論理を引き合いに出した。例えば、1873年のイリノイ農民集会の決議文には、次のように書かれている。「鉄道が政府のきびしい規制と監督下に置かれている国を除き、世界のどこにおいても、鉄道会社は恣意的に運賃を決め、暴利をむさぼり、中世の封建領主並みに自由主義制度や自由な通商を妨げている」

1870年代には、アイオワ州、ウィスコンシン州、イリノイ州など、複数の州でグレンジに支持された議員が議会を支配し、旅客や貨物の運賃に上限を定める法律が可決された。1875年、ネブラスカ州では鉄道を規制する条項が盛り込まれた新しい州の憲法が採択された。グールドは国民のあいだで強まるこのような鉄道会社への反発に危機感を抱き、「阻止しなくてはならない」と仲間に呼びかけた。しかしグールドの努力も虚しく、州憲法はそのまま施行された。[39]

だが、州がユニオン・パシフィックの行動を制限するのには限度があった。米憲法のいわゆる眠れる通商条項により、州は自州の企業を州外の影響から守ることで、州間の通商を差別することができなかった。したがって、思うように鉄道会社の振る舞いを規制できなかった。鉄道会社があまり急激に成長してしまったせいで、社会にそれを管理する手段がないという状態だった。鉄道改革に取り組んだチャールズ・フランシス・アダムズは次のように述べている。「州によって築かれた企業によって、州境が事実上ないものにされた。統治機構のもとで生まれた文明の装置が統治機構そのものを凌駕し、その結果、資産の管理や処分を規制する数多くの基本法が、今や無力になっている」

19世紀末になると、連邦政府が反撃に出た。１８８７年、鉄道の包括的な規制を目的とする州際通商法が議会で可決された。この法律により、鉄道会社の行動を監視する委員会が設置され、プーリング（競合企業間で利益を共有する仕組み。鉄道会社どうしが競争を避けるために用いる主な方法のひとつ）や、価格差別（同じサービスでも、相手によって料金を変える行為。農民や小企業が不利益をこうむりやすい）といった悪質な特権の濫用が禁じられた。[40]

暴利をむさぼる鉄道会社の行為は、当時生まれつつあった独占の問題に対する関心も高め、１８９0年、国の議会で最初の独占禁止法が可決された。この反トラスト法の導入を提唱した上院議員ジョン・シャーマンは、独占による「王のような特権」を「社会全体にとって有害なもの」と批判し、「それに携わる者たちは犯罪者として罰されるべきだ」と論じた。ただし、非難されるべきは独占であって、企業そのものではないこともつけ加えた。「企業が現代文明の最も有益な利器であることは、これまでの経験から明らかでしょう。個人が企業というものによってひとつにまとまることで、昔であれば、強力な政府にしかできなかった大事業にも取り組めるようになりました」。しかし、独占という危険な事業形態が不埒《ふらち》な企業によって生み出され、企業の本来の精神が損なわれた。「そのような組み合わせは、これまでに発明されたどんなものよりもはるかに危険です。[…]われわれが王政を受け入れないというのであれば、生産や、輸送や、生活必需品の販売にも、王のような存在を認めるべきではありません。皇帝に服従しないのであれば、商業の独裁者にも服従するべきではありません」。シャーマン法とも呼ばれるシャーマンが提出した反トラスト法は現在も、米国の独占禁止法の中心をなしている[41]。

しかし、これらの法律が可決されたときには、グールドはユニオン・パシフィックを去って久しかった。本人は既に一財産をなし、社を去ったあとだった。グールドの投資は、ここでもやはり、莫大な利益を上げていた。1878年の時点で、同社の47万5000株のうち、20万株を直接的、間接的に保有していたグールドは、1879年、17万3000株を売って、1株当たり47ドルの利益を上げるとともに、1株当たり20ドルの配当を得て、合計1050万ドルを手に入れた。他社との合併を成し遂げたあとは、ほどなく、合併会社の株式も売却した[42]。

問題だらけのユニオン・パシフィック

1884年、議会はユニオン・パシフィックのずる賢いやり口に業を煮やし、同社を罰する法案こそ可決しなかったが、その代わり、チャールズ・フランシス・アダムズを新社長に任命するよう同社に求めた。アダムズが選ばれたのは、当然の成り行きだった。アダムズは長年、ユニオン・パシフィックを批判してきただけでなく、同社の設立時に、同社が世界で最も腐敗した企業になるだろうと正しく予言してもいた。また、鉄道の取締官を務めたこともあった。アダムズはユニオン・パシフィックの浄化を託すのに打ってつけの人物だった。アダムズが社に加わると、ディロンは社長を退任し、グールド（株式を大量に購入し、取締役に選ばれたばかりだった）は、取締役を辞した。アダムズの社長就任は、ユニオン・パシフィックの歴史に新しい時代をもたらすものと期待された。

しかしアダムズが引き継いだ会社は、問題だらけだった。負債が山のようにあるうえ、深刻な労働問題を抱え、従業員が賃金カットに反対するストライキを起こしていた。さらに各地で政治家からも一般の人々からも猜疑の目を向けられていた。アダムズは状況を逆転させようとあたう限りのことをしたが、いずれの取り組みも、結果的には不十分で、遅すぎた。労働問題の改善策としては、退職者の年金を創設すること、従業員の子どもたちの学校教育に資金援助をすることを提案した。「今後は、教育のある者たちが出世するようになるでしょう」とアダムズは述べた。「そうして、しだいに従業員の士気が高まるでしょう。鉄道会社でも士気の高さは重要です。その点では陸軍や海軍となんら変わりありません」

アダムズはまた、「従業員の声も経営に反映させるべき」だと主張した。「従業員に発言権を与えるという問題が解決しない限り、わが社の業務の士気を最大限に高め、確固たる信念を浸透させることは不可能でしょう。その解決策はひとつしかありません。代表制度です」。しかし投票で選ばれた従業員で構成される、従業員の代表委員会を設けるというアダムズの提案は、ほかの重役たちにあざ笑われ、退けられた。「もし職務怠慢などのように解雇に値することをしても、自分の部署の上司には自分を解雇する権限がないことがわかったら、従業員はかえってまじめに働かなくなる」というのがほかの重役たちのいい分だった。

従業員間の争いも絶えなかった。1885年には、ロックスプリングスの鉱山で、白人労働者と中国人労働者の対立が暴力沙汰に発展し、中国人労働者が白人労働者にこん棒や、シャベルや、つるはしや、銃で襲われ、28人が殺された。残りの中国人労働者は全員山中に逃げ込んだ。ようやく鉱山の作業が再開されたのは、米軍に守られて中国人労働者が戻ってきてからだった[43]。

アダムズは実業家というより知識人という意識が強く、ユニオン・パシフィックの社長職を「このひたすら風と潮に逆らって船をこぎ続ける仕事」と呼ぶのがつねだった。彼の心は、法律家で奴隷廃止論者だったリチャード・ヘンリー・デイナの2巻本の伝記の執筆という別の計画に向けられていた（その本は1890年にぶじに書き上げられた）。いずれにせよ、アダムズはユニオン・パシフィックの苦境を打開できなかった。1893年の時点で、ユニオン・パシフィックは1150万ドルの信託担保証券付証書と、520万ドルの満期を迎える減債基金付社債を抱えていた。これらの2種類の債券は当時、鉄道会社のあいだで広く利用されていたもので、前者は、ほかの債券ないし証券で償還が保証された債権、後者は、事業の利益の一定額を償還に充てるために積み立てることが義務づけられた債券だった。ユニオン・パシフィックにはそのような莫大な負債を返済できる見込みはまずなかった。

そこへとどめを刺す1893年恐慌が、5月に発生した。銀行の取りつけ騒ぎの連鎖とコモディティの暴落で商業活動が激減し、鉄道会社は長年にわたって続けてきた過剰な建設と拡大のつけを突きつけられた。「西行きの大陸横断輸送事業は壊滅的な打撃を受けた」と、ユニオン・パシフィックの新社長サイラス・クラークは書いている。1893年の上半期の純収益は前年比で80万ドル減り、収益の減少はその後、さらに勢いを増した。7月と8月には、200万ドル減った。結局、同年の総収益は前年比で800万ドルの減少、率にすれば約17%の減少となった。会社が既に倒産の瀬戸際に立たされていたところに、景気の悪化が追い打ちをかけた。

1893年10月、ユニオン・パシフィックはついに破産管財人の管理下に置かれた。これはユニオン・パシフィックだけではなかった。全米で鉄道会社の倒産が相次いでいた。このときの不況で倒産した鉄道会社の数は合計で153社にのぼった。これは国内の鉄道路線の総延長の3分の1以上にも相当した。ここから鉄道時代の終焉が始まり、ほどなく、全米で新しい交通手段の大ブームが沸き起こることになる。それは利用者に鉄道よりもさらに大きな自由をもたらすものだった。[44]

ユニオン・パシフィックは企業の歴史にまったく新しい地平を切り開いた会社だった。南北戦争という動乱のさなかに誕生し、当初は、分断された国家をひとつにまとめる役割を期待された。最初の10年で成し遂げた、砂漠や平原や山に何千キロにも及ぶ線路を敷設するという偉業は、国民の胸を高鳴らせた。大陸横断鉄道の完成は、企業にいかに計り知れない創造的な力が備わっているかを、雄大な形で示すものだった。しかしその偉業のうちに既に、衰亡の種はまかれていた。泥棒男爵たちが独占によって市民や、農民や、商人からできるかぎり高い運賃を徴収し、暴利をむさぼろうとした結果、鉄道会社は国民的な英雄から国民的な嫌われ者へと転落した。それからの数十年にわたり、米国は国を損ねかねないそのような危険なトラストへの対策に取り組んで、最終的には、政府に独占を防ぐ権限を与える反トラスト法の制定へと至った。しかし独占の危険は、いったん表面化したあとは、資本主義の世界から消えることは二度となかった。

当たり前になっている独占がある状況

世論に反し、独占は違法ではない。どれだけわたしたちが理屈で独占を批判しても、現実には、わたしたちの周りにいくらでも独占は見られる。アマゾンも、フェイスブックも、グーグルも、市場を独占している（3社ともそのような指摘には強く反論するだろう。しかし、ネット検索にBingを使っている人がどれだけいるだろうか）。独占がよくないものなら、なぜ単純にそれを禁止しないのか。

シャーマン反トラスト法の条文を読めば、本来は禁止されていたのだとわかる。現在も効力を失っていない同法の第2条に、次のように書かれている。「各州間における、あるいは他国とのあいだにおける、取引や商活動の一部分でも、独占する者、あるいは独占を企図する者、あるいは、独占の企図を持ってひとりまたは複数の者と合同または共謀する者は、全員、重罪を犯した者として処断される」。この条文にははっきりと、商活動を独占する者は全員、重罪に問われるということが書かれている。ここからは、独占はすべて違法であるという結論が導き出されてもおかしくない。実際、20世紀初頭の20年間には、米政府が何十件も反トラスト訴訟を起こしている。その中で、1911年、最高裁が世界最大の石油会社スタンダード・オイルに解散を命じる歴史的な判決も生まれた。

しかしその後、20世紀のあいだに、反トラストの法律や慣行が完全に独占を禁止するという建前がしだいに撤回されるようになった。そのような流れを生んだきっかけは、皮肉にも、スタンダード・オイルと国が争った裁判での判決にあった。最高裁はその裁判で、適用範囲のかなり限られた法律としてシャーマン反トラスト法を受け取ることを認め、同法で禁じられているのは、すべての独占や取引制限ではなく、いわゆる合理の原則のもとで、不当な独占や取引制限と見なされる行為だけであるという見解を示したのだ。以降、さまざまな取引制限が次々と正当と見なされるようになった。

今日の反トラストは、金ぴか時代〔南北戦争終結後の19世紀後半〕のもとの反トラストとはほとんど別物になっている。例えば、2003年のベライゾン対トリンコの裁判で、最高裁判事アントニン・スカリアは独占について次のように説明した。「[シャーマン法に]違反していると見なされるためには、当該の市場において独占力を持っていることに加え、強引な買収や独占力の維持が、優れた商品や、商才や、歴史的な巡り合わせによってもたらされた成長や発展と区別できなくてはならない。単に独占力を持っているだけなら、またそれに伴って独占価格を設定しているだけなら、違法とはいえない。むしろ、それは自由市場にとって重要な要素である」。かつてとはだいぶ調子が違っていることがわかるだろう。独占は違法ではないばかりでなく、今や、資本主義の制度にとって重要な要素にもなっている。懸念すべきは、不当な独占であって、独占そのものではない、とされる。

現代の反トラスト法のもとでは、基本的なルールを守り、略奪的価格設定など、いくつかの明らかに許されないことをしないかぎり、独占企業になったからといって、誰からも咎められはしない。その結果、現在では、独占がある状況が当たり前になっている。市場支配力を高めれば、それだけ見返りがあることに気づいて以来、企業はより大きく、より速く成長する方法を追求してきた。20世紀初頭、「大きいこと」に歴史的な変革をもたらしたのは、デトロイトの無名の自動車会社だった。

第5章

フォード・モーター・カンパニーが可能にした大量生産

全従業員の賃金を2倍以上に

1914年1月5日、ヘンリー・フォードが電撃的な発表を行うため、特別に選んだデトロイトのジャーナリスト3人を工場に招いた。当時の新しもの好きのジャーナリストであれば、この招待には誰もがきっと飛びついていたに違いない。フォード・モーター・カンパニーの設立はわずかその10年前の出来事だったが、同社はすでに米国を代表する企業に成長していた。ハイランドパーク工場では大衆車、T型フォードが信じられないほどのペースで量産され、ほとんどこのT型の普及だけで、米国は自家用車の国に変わりつつあった。

フォード自身も思いがけず全国に知られる有名人になっていた。インタビューで好んで口にする素朴な警句の数々と、未来の職場についての壮大な理論とが相まって、お茶の間でも、会社の会議室でも、人気を博した。冷え込みのきびしかった1月のその日、幸運な記者3人――ひとりはフリープレス誌、ひとりはジャーナル誌、ひとりはニューズ誌の記者――は、寒さをものともせず、ウッドワード通りにあるフォードの本社へ向かった。壁と屋根に巨大なガラス窓がはめ込まれている本社の建物には、クリスタル・パレスというあだ名があった。3人は玄関に到着すると、フォードの側近の部屋に案内された。そこでフォードが3人を待っていた。窓辺に黙ったまま立っているフォードの姿は、「落ち着かなさそうで、心ここにあらずといったようすだった」。側近が記者たちに2ページのタイプされた声明書を渡し、読み上げ始めた。

発表は驚愕すべきものだった。今後、フォード・モーター・カンパニーは全従業員に1日5ドルの賃金を支払うという。これはそれまでと比べ2倍以上の額だった。加えて、就業時間についても、自動車産業で一般的な9～10時間から8時間へと短縮するという。さらに雇用の計画も示された。近日中に、数千人の労働者を新たに雇い入れる予定だという。声明書の読み上げが終わると、フォードは記者に次のように語った。「2万人に豊かになってもらい、満足してもらうほうが、人使いの荒い数人の幹部を億万長者にしようとするより、よっぽどいいと思うのです」

この前代未聞の賃上げの対象になるのは具体的には誰なのかと、記者から問われると、フォードはこともなげにいった。「床掃除をするごくふつうの作業員に、1日5ドル支払うということです」

「ですが、フォードさん」と、記者のひとりが驚いていった。「そんなことをしたら、あしたの朝、外の通りは5000人の箒を持った者たちで埋め尽くされますよ！」

フォードは動じずに答えた。「大丈夫です。そんなことにはなりません」[2]

実際、翌日、本社の前に詰めかけたのは、５０００人ではなかった。1万人だった。新しい賃金体系がスタートする次の月曜日には、さらに1万２０００人がやってきた。求職者たちは前夜10時から本社の雇用窓口の前に並び始め、摂氏0度に近い凍てつくような寒さの中で、一夜を過ごしていた。フォードの工場の仕事を得たいという一心だった。群衆が膨らんで、フォードの従業員用の入り口をふさぐほどにまでなると、警察が人々を追い散らそうと放水を浴びせ、一時、通りに暴動のようなことまで起こった。フォードの郵便受けには1週間で、全国から1万４０００通もの求職の手紙が届いた。まるで米国人の誰もがフォードで働きたがっているかのようだった。

一部からはフォードの計画に懐疑的な目も向けられた。フォードのように高い賃金を払えず、倒産に追い込まれる零細企業が出るのではないかという声もあった。フォードの今の売上がいつまでも続くはずがないのだから、それが鈍化したとき、フォードは破綻するのではないかと懸念する者もいた。自動車の値上がりにつながって、結局、消費者が割りを食うのではないかともいわれた。さらには、労働者に金と暇を与えるのは、悪徳と放蕩を助長するだけではないかと心配する者もいた。ニューヨーク・タイムズ紙はフォードの計画について、「いくらか夢物語的」と評し、「自動車産業の労働市場に深刻な混乱を招くことは避けられないだろう」と警告した。「フォード・カンパニーは希望者を全員雇えるわけではない。他社の工場には怨嗟や不満が生まれるだろう。ストライキが起こるのは必至だ。なんらかの形で均衡が取り戻されるまでは、不安定な状態が続くに違いない[3]」

しかしフォードの計画が画期的であることは、ほとんど誰もが認めた。フォードの決定は従来のあらゆる経済理論に異を唱えるものに見えた。賃金は労働市場の競争で決まるというのが定説であり、その競争は、労働者への支払いをできるだけ少なくしたいという企業の要望にもとづくものだと考えられていた。好調な企業が優秀な労働者を集めようとして、他社より若干高めの給与を提示することはあっても、賃金をいっきに2倍以上に引き上げることはあり得なかった。フォード自身はこの計画を「労働者への報酬に関して、これほど大胆な改革は産業界の歴史に例がない」と自賛した。[4]

ヘンリー・フォードがこのような決定を下した動機は、複雑だった。ひとつには、ハイランドパーク工場の状況が理由になっていた。自動車を作る組み立てラインのスピードが大幅に向上し、機械のペースに合わせるためには多くの作業員が必要だった。また労働者の士気も理由になっていた。工場の労働者の離職率がきわめて高く、なんらかの方法で会社への忠誠心を高めたいという思いがフォードにはあった。自動車産業の競争環境も関係していた。米国には数多くの自動車会社がある一方、市場ではT型フォードが圧倒的な人気を誇った。したがって今なら、作れば作るだけ売れそうだとフォードは踏んだ。しかし1日5ドルの最も大きな理由は、おそらく、社会における会社の役割についてのヘンリー・フォードの考え方にあった。フォードは次のように書いている。「実業界のとても多くの者たちの難点といえるのは、金儲けにいちばん熱心であるということだ。そういう姿勢は根本的に間違っている。自分のためだけでなく、社会全体のため、従業員のためという姿勢で事業に取り組めば、おのずと成功はついてくるものだ[5]」

フォードの狙いはずばりと当たった。1913年のT型フォードの年間生産台数は、17万2211台だった。1914年にはそれが20万2667台に増え、1915年にはさらに30万8162台へと増えた。1916年には、ついに50万台を突破した。1920年、米国の路上を走っている自動車のおよそ2台に1台はT型フォードだった。フォード・モーター・カンパニーは米国で最も大きな成功を収めた企業として一躍有名になり、フォードの工場には成功の秘訣を学ぼうと、世界じゅうから実業家やビジネスリーダーが見学に訪れた。[6]

しかしフォードのこの1日5ドルには、暗い面もあった。この賃金は条件つきだったのだ。高い賃金をもらうためには、会社が定めた基準に則って、高潔な生活を送っていることを証明しなくてはならなかった。公に発表されていたように、新しい賃金を受け取るためには、「酒を飲んでいないこと、貯蓄していること、節制していること、勤勉であることを示すとともに、乱れた生活で無駄遣いしないことを工場長に誓い、了承を得る」必要があった。規則を遵守させるため、労働者の生活態度を監視する「社会研究部」なる部門も設置して、調査員を各家庭に派遣し、ひそかに生活のようすを探るとか、妻子や隣人に聞き取りを行うとかいったことまでした。また工場では、労働者たちに超人的な生産性の高さを求めた。そのような要求のせいで、工場内の環境は劣悪になり、労働者の体も著しく痛めつけられた。大量生産は、消費者文化を一変させると同時に、労働の現場にも大きな変化をもたらすことになった。[7]

しかしどのような批判を浴びたとしても、フォードとフォード・モーター・カンパニーは仕事や自動車よりもっと大切なものを米国に与えた。それは夢だった。1931年の著書で「アメリカンドリーム」という言葉を初めて使ったとされるジェームズ・トラスロー・アダムズは、米国的な理想について、次のようにいい表している。「単に自動車を買いたいとか、高い給料をもらいたいとかいう夢ではない。

すべての男女が本来の自分の力を最大限に発揮でき、生まれや地位といった運に関係なく、ひとりの人間として認められる社会秩序を実現したいという夢だ」。1月の寒い朝のフォードの発表に込められた思いは、とてもはっきりしていた。それは頑張って努力すれば、誰もが成功を掴めるということだった。[8]

効率の良さには代償が伴う

効率というのは意外に厄介なものだ。どんなことも、ふつうは効率のよさが求められている。生活も、市場も、日常業務も、空港の手荷物検査も、カフェのバリスタもそうだ。しかし一度立ち止まって、効率とは何かと深く考え始めると、とたんに美的価値や道徳上のむずかしい問題に突き当たることになる。バリスタの例で考えてみよう。わたしたちはたいていバリスタが朝のカプチーノをてきぱきと作ってくれることを望んでいる。しかしもしバリスタから、ミルクを泡立てなければ、もっと早く作れますよといわれたら、どうか。おそらく、それを効率がいいと思う人はいないだろう。そもそもそれではカプチーノにならない。では、前の晩にカプチーノを大量に作っておき、客から注文を受けるとすぐ、ぬるいカプチーノを出してくれるバリスタがいたらどうか。やはりそれも効率がいいとは思わないだろう。わたしたちが飲みたいのは、作りたてのカプチーノなのだから。では、バリスタが器用な子どもを数人雇い、児童労働によっておいしいカプチーノをすばやく作ってくれるとしたら、どうか。きっとそれも効率がいいとは思わないだろう。法を犯したら、効率云々以前の問題になる。バリスタが客との楽しい会話を拒んだり、やけどの危険を顧みずに急いだり、あるいは体を痛めるほどむりをしたりして、数秒、客を待たせる時間を短縮したらどうか。これらは効率のいいカプチーノの提供の仕方といえるだろうか。いえると思う人もいるだろうし、いえないと思う人もいるだろう。要するに、効率がいいか悪いかは、価値観しだいであるということだ。効率は道徳と切っても切り離せない。場合によっては道徳と衝突することもある。

独占力を含め、現在の企業の力を正当化するときにいちばんよくいわれるのは、企業には効率を高める機能があるということだ。古代ローマで、ソキエタスは誰よりも確実に税を徴収できた。ルネサンス期のフィレンツェで、メディチ家は融資や財務管理に誰にもまねができない優れた手腕を発揮した。エリザベス朝の英国で、東インド会社はほかの誰も持っていないほどの莫大な資金と、世界の未踏の地との交易を手がける技能を持ち合わせた。これらのどの企業も効率性の高さを誇っていた。ほかの誰よりも、じょうずに、早く、確実に物事を行うことができた。

企業がほかの事業形態や政府と比べ、効率がいいと見なせる理由はいくつもある。ひとつには、企業は有限責任を認められているので、一般の人々からより少ないコストでより多くの資金を調達できる。また永続的な事業体であることから、長期的な観点から考えることもできる。経営の専門家が経営を担うので、最も優秀な人材を経営に当たらせられるということもある。しかしこれらはどれも抽象的だ。いささかわかりにくい。

もっと具体的に、企業自身が効率についてどのように考えているかを問うてみるべきだろう。企業は何を大切にしているのか。企業は何を無視しているのか、あるいは何を無用と考えているのか。効率には必ず代償が伴う。したがって、企業の効率の向上ということを考えるときには、企業が効率のよさをどのように定義し、それをどのように達成しようとしているかに着目するのがいい。

こういう問題を考えるうえで、出発点として最適なのは、あとにも先にも例がないほど生産性が飛躍的に上昇した、大量生産時代の黎明期だ。大量生産の実現までには、工業生産のスピードアップをめざした数々の小さな改善の積み重ねがあったのは確かだが、その一方で、小さなステップが大ジャンプに変わり、すべてが一変した瞬間があった。

ヘンリー・フォードの発明

フォード・モーター・カンパニーの歴史は、ひとりの人物の歴史であるという点で、ここまでに取り上げたほかの企業と大きく趣を異にしている。フォード・モーター・カンパニーは、フォードが設立し、フォードが舵を取り、フォードが重要な決定を下した会社だった。フォード・モーター・カンパニーにおけるフォードは、ローマにおけるロムルスとレムスのようなもので、伝説の創業者であり、偶像であり、いついかなるときも先頭に立つ指導者だった。フォード自身がそのような自分のイメージを作り上げていた。後年、息子と議論で意見が対立したとき、次のように息子にいったという。「わたしが現代の世界を創造したのだ」と。これはあながち誇張でもなかった。まぎれもない成功者であることと、生来の寸言好きとが相まって、フォードは産業界の知恵者と目されるようになった。ソ連がトラックの工場を建設するに当たり、フォードにアドバイザーを派遣して欲しいと依頼してきたこともあった。アドルフ・ヒトラーはフォードの手法をフォルクスワーゲンのお手本にした。英語の語彙には、大量生産や標準化や大量消費に重点を置いた企業戦略を意味する「フォーディズム」という新しい単語が加わった。

オルダス・ハクスリーは大西洋を渡る船中でフォードの伝記を読んで、衝撃を受け、フォーディズムの理想が実現した世界を想像した小説を書いた。1932年、『すばらしい新世界』というタイトルで出版されたその小説には、神格化されたフォードへの崇拝によって文明が激変したさまが描かれていた。暦にフォード紀元が導入され、「フォードの日」が祝日になり、クリスチャン・サイエンス・モニター紙もフォーディアン・サイエンス・モニター紙に改称された。その結果生まれた世界は、ディストピアそのものだった。市民は階級社会に組み込まれ、間違った幸福感を抱かされ、書物や自然への嫌悪を吹き込まれた。「自然への愛は工場を滞らせる」と役人は説明した。[9]

しかし昔はフォードも、ミシガン州ディアボーンの家族の農場に暮らす、農場の生活があまり好きではない、ごくふつうの少年だった。生まれたのは、南北戦争のさなかの1863年7月30日だ。同じ月の初めに、北軍が勝利を収めたゲティスバーグの戦いがあった。ミシガン州は当時、辺境の州で（合衆国に加入してまだ26年だった）、州民の大半が農業で生計を立てていた。しかしフォードは農業に向いていなかった。小さいときに何度か落馬して以来、馬が苦手だった。また重労働の農作業もおもしろいと思えなかった。「何マイルもへとへとになって畑を耕したことがある。だからいかにそれが骨の折れる作業であるかは身をもって知っている」と、自伝『わが人生と仕事』（My Life and Work）には書かれている。畑仕事や家畜の世話よりも心を引かれたのは、機械や工業技術だった。ひまな時間にはよく修理と称して、時計を分解し、中の部品をいじっていた。1882年、近所の農家が脱穀や木材の切断に使える持ち運び式の蒸気エンジンを購入した。フォードはその機械に魅了された。独学でその仕組みについて徹底的に勉強し、ほどなく、農家に機械の操作を手伝って欲しいといわれ、雇われた。専門家顔負けの知識を身につけたフォードは、蒸気エンジンの製造会社にも雇われて、州内の各地で実演販売を任されるまでになった。[10]

フォードが人やものを乗せて自動で走れる「馬なし馬車」の開発に取り組み始めたのはこの頃だった。以前、ドイツ人技術者ニコラウス・オットーが発明した「オットーエンジン」という内燃機関を見たことがあり、それと同じものを自分でも作ろうと、農場で実験を始めた。しかし、なかなか思うようにいかず、失敗を繰り返すばかりだった。電気についての基本的な知識が足りないせいだと感じたフォードは、一念発起し、1891年、デトロイトに移り住んで、エジソン照明会社に技術者として就職した。

エジソン照明会社は、米国を代表する発明家トーマス・エジソンによって設立された会社だ。エジソンは当時、米国で随一の名声を博する人物だった。「メンロパークの魔術師」とも呼ばれ（エジソンの研究所はニュージャージー州メンロパークにあった）、自動電信から蓄音機や白熱電球まで、世界を変える技術を驚くほど数多く発明していた。彼の新しい取り組みはすべて新聞で大々的に報じられた。フォードはエジソンに憧れた。フォードにとって、エジソンの最大の功績とは、企業や事業が共通善を促進する大きな力になりうることを示したことだった。フォードはエジソンについて次のように述べている。「彼は何百万という新しい雇用を生み出しただけでなく、すべての仕事の報酬を――無条件で――引き上げた。過去のどんな改革者や政治家よりも、エジソンは貧困の撲滅に大きな貢献をした」。フォードはエジソンの会社で熱心に働き、どんどん昇進し、入社からわずか2年で主任技術者の地位に就いた。[11]

しかし同時に、バグリー通りの自宅の裏庭の小屋で「馬なし馬車」の開発も続け、いっときもたゆむことなく、試行錯誤を繰り返した。そして5年後、1896年6月4日、ついに実用レベルの試作機が完成した。最後の48時間はほとんどぶっ続けで作業に没頭し、最後の部品を取りつけ終えたのは、朝4時だった。フォードはそれに「四輪車」なる名も与えた。この「四輪車」は、少なくとも現代の水準に照らしたら、特に目を見張るような代物ではなかった。人が乗る部分は軽装馬車の座席をそのまま借用したものだったし、車輪には自転車の車輪が使われていた。ガソリンエンジンのパワーはわずか4馬力で、トランスミッションは「遅い」と「速い」の2速だった。「遅い」は時速約10マイル（約16キロ）、「速い」は時速約20マイル（約32キロ）を意味した。ハンドルと呼べるようなものはなく、左右に動かせるバーがついているだけだった。小屋から外に「四輪車」を出そうとして初めて、車幅が広すぎ、戸口を通り抜けられないことに気づくと、フォードは迷わず、おのを持ってきて、じゃまになっているレンガの壁を叩き壊した。それから公道へ出て、「四輪車」を走らせた。開発を手伝ってくれた友人のジェームズ・ビショップが自転車で前を走って、歩行者に注意を促してくれた。初ドライブは成功だった。「四輪車」は、1回エンストしかかっただけで、ぶじにグランドリバー通りまで行って帰ってくることができた。それから数週にわたり、フォードはたびたび街中で「四輪車」を走らせて回った。「四輪車」はたちまちデトロイトじゅうで話題になった。フォードによれば、この最初の自動車は「市民からはじゃまっけなものと見なされた。騒音がひどいうえ、馬を怖がらせたからだ。交通の妨げにもなった。というのも、どこであろうとわたしが車を停めると、人だかりができてしまったからだ。ほんの1分でも、わたしが車を離れれば、必ず、好奇心の強い人間がやってきて、車を走らせようともした」。フォードは車にチェーンを積んでおき、車を離れるときには、街灯の柱に車をチェーンでつないでおかなくてはならなかった[12]。

この車の開発はフォードを一躍、街の有名人にし、1896年、大きな転機をもたらした。その年の夏、まだエジソン照明会社に一社員として勤めているときだったが、ニューヨーク市マンハッタンビーチのオリエンタルホテルで毎年開催されているエジソン大会に招待されたのだ。大会最終日の夜、フォードはトーマス・エジソンと同じテーブルに座った。やがて話題が電気自動車のことに及ぶと、フォードの上司アレクサンダー・ダウがフォードを指差して、いった。「ここにガソリン車を作っている若者がいますよ」。耳が遠かったエジソンはフォードに、近くに来て、話を聞かせて欲しいといい、点火装置からピストンの動きまで、フォードの車についてありとあらゆる質問を浴びせた。フォードは口でいうより絵で見せたほうが早いと考え、メニューの紙にすべてをスケッチし始めた。フォードの説明が終わる頃には、エジソンはすっかり感心し切っていた。こぶしでテーブルをどすんと叩いて、大声でいった。「そう、そのとおりだ。君は正しい。がんばるんだぞ！　電気自動車は充電所から遠く離れられない。バッテリーもとんでもなく重い。蒸気自動車もやはりだめだ。ボイラーと火を持ち運ばなくてはならない。君の車は、自力で走れる。車自体に動力装置が備わっておる。火も、ボイラーも、煙も、蒸気もない。君は正しい。がんばるんだぞ！」。憧れのエジソンからこのような言葉をかけられ、フォードの心は打ち震えた。「あのテーブルを叩いた音だけで、胸がいっぱいになった」と、フォードは後年述懐している。「それまで誰かに励ましてもらったことは一度もなかった。自分では正しい方向に進んでいると思っていた。ときにはそう確信することもあり、ときにはそうであって欲しいと願うだけのこともあった。それがこのとき、突然、まさに青天の霹靂《へきれき》のように、世界一の天才発明家から、お墨つきをもらえた」。フォードは開発への決意を新たにした[13]。

エジソンの言葉にも示唆されているとおり、自動で走る乗り物を米国で最初に発明したのはフォードではなかった。その栄誉に浴するのはチャールズ・ドゥリエという人物だった。ドゥリエはガソリンで走る「モーターワゴン」を開発し、1893年にその最初の試験走行を行っている。そのほかにも一輪の手押し車や、自転車や、幌馬車のような形をした自動車が登場していた。形はどうであれ、どの自動車にも必ず動力源が必要であり、それには3種類あった。ひとつは、蒸気。蒸気自動車は、加速性能の面では申し分なかった。ただエンジンがかかるまでに、恐ろしく時間がかかった。蒸気を発生させるのに時間を要したからだ。もうひとつは、電気。電気自動車は、簡単にエンジンをかけられたが、走行速度が遅く、走れる距離も限られた。そしてもうひとつが、ガソリン。ガソリン車は音がうるさく、きわめて不安定だった。当初、最も人気が高かったのは蒸気自動車で、しばらくは蒸気が本命と見られていた。しかしやがて、エンジンの改良が進んで、ガソリン車が主流の座に就いた[14]。これにはフォードも安堵しただろう。

会社の設立と株主との対立

1899年には、「四輪車」の改良が大幅に進み、フォードはその生産を手がける会社の設立を考えるようになっていた。会社の設立に当たって、フォードが頼ったのは、木材業と不動産業で財を成したデトロイトのウィリアム・マーフィーだった。マーフィーはしばらく前から「馬なし馬車」に興味を持ち、開発の進展を見守っていた。彼はフォードに次のように約束した。もし自分を車に乗せて、パトナム通りとウッドワード通りの交差点にある自宅から、グランドリバー通りを通って、ファーミントンとオーチャードドレイクまで行き、また家まで帰ってこられたら（約130キロの道のり）、会社を支援しよう、と。そこで1899年7月のある土曜日の午後、フォードはマーフィーの自宅を訪ねて、いった。「お迎えにあがりましたよ。さあ、出かけましょう」。ドライブは滞りなく終わり、約束どおり、マーフィーは出資に応じた。ほかにも数人のデトロイトの資産家から出資が得られ、1899年8月5日、デトロイト・オートモービル・カンパニーが発足した。[15]

デトロイト・オートモービル・カンパニーは、見事な失敗に終わった。原因の一端は、社内の組織構造に起因する対立にあった。フォードはこの新会社で、事業の立案者でありながら、「機械責任者」という低い地位に追いやられていた。会社の上層部を占めたのは、裕福な出資者たちだった。社長にはデトロイト市の助役を務めるクラレンス・ブラックが就き、出資者たちが取締役会を支配した。対立はすぐにあらわになった。経営陣はフォードにできるだけ早く自動車を作らせたかった。フォードはどんなに時間がかかっても、納得のいく自動車ができるまでは発売したくなかった。フォードの完璧主義により生産の開始は遅れ続けた。1900年の秋、会社の設立から1年以上経っても、まだ自動車は1台も生産されていなかった。出資者たちが何度フォードに生産を始めるよう迫っても、そのつど拒まれた。フォードは車ができあがっては、どこかに欠点を見つけ、「仕方ない、諸君、これは解体するしかない」といい、また一からやり直すということを繰り返していた。1900年11月、取締役会は業を煮やし、フォードに説明を求める会合を開いた。しかしフォードはその会合をすっぽかしたうえ、友人に頼んで、旅行中で出席できないという言い訳を取締役会に伝えさせた。この振る舞いで、とうとう取締役会の堪忍袋の緒が切れた。取締役会はただちに営業を停止して、従業員を解雇し、１９０１年1月、会社を解散した。[16]

フォードはそれでもめげず、１９０１年11月30日、新しい会社を立ち上げた。その名はヘンリー・フォード・カンパニーといった。しかしここでも、フォードの細部への執拗なこだわりが災いした。ふたたび、株主たちはフォードがいつまでも自動車の生産を始めないことにやきもきし、不安を募らせた。ただし、このときには、新会社にも出資していたマーフィーが、ヘンリー・リーランドという地元のエンジン技術者を雇って、フォードの作業をチェックさせることにした。しかしフォードはこの侮辱に激怒して、会社を辞めてしまった。リーランドが製造に習熟していたことから、マーフィーはフォードの離脱後も、会社を存続させることに決めた。数年後、この会社はキャデラック・オートモービル・カンパニーと改称され、のちにフォードの長年のライバルになった。

これらの最初の失敗の経験から、フォードは資本家や株主への不信感を植えつけられた。その不信感は終生変わらなかった。「金持ち連中に指図されるつもりはない」とフォードはことあるごとにいい、それらの人間はほんとうに先見の明がある者たちのじゃましかしないと確信していた。自伝でも、株主たちを欲深い愚かな人間だと断じている。「もっといい車を作って、大衆に売りたいというわたしの考えは、社内ではまったく支持されなかった。彼らの頭にあるのは、注文に応じて車を作ることと、できるだけ高い値段で売ることだけだった。金を稼ぐことが彼らのいちばん大事なことだった。こんな金儲け主義の会社――たいして儲かってもいなかったが――で、技術者としての権限しかないわたしが自分の考えを実現するのは、とうてい不可能だとわかった」[17]

とはいえこの最初のつまずきには、いいこともひとつあった。それはそのあいだにいろいろと試しながら学べたことだ。消費者が車に求めているのは単純なことだと、フォードは確信した。それは安いこと、安心して乗れること、そして長く使えることだった。1903年、フォードとその技術者のチームはこれらの要望を踏まえ、新しい試作車を完成させた。A型と名づけられたこの車は、ふたり乗りで、後部に着脱式の座席（バケットシート）を2個つけ加えることができた。馬力は8馬力、変速機は2速。重量は562キロあり、当時の車としてはやや重かったが、価格はわずか750ドルだった。こうして試作車が完成したことで、ついに次の段階へと進めた。生産だ。

1903年6月16日、フォードはフォード・モーター・カンパニーを立ち上げた。今回は、過去の失敗を繰り返さないよう、自分の持ち株の比率を高め、自分が日々の会社の意思決定を取り仕切れるようにした。この新会社では、全1000株のうち、4分の1強に当たる255株を持つフォードが最大の株主だった。そのほかには、A型のエンジンを製造する工場の所有者であるジョンとホレスのドッジ兄弟がそれぞれ50株ずつ保有し、事業部長を務めるジェームズ・カズンズが25株を保有した。フォードは社長ではなかったが（名目上の社長には、デトロイトの著名な銀行家で製菓業者のジョン・グレイが就任した）、副社長として事実上、会社の指揮を執った。

そこからのフォードの行動はすばやかった。新会社はすぐにマック通りに組み立て工場を建設し、日給1・5ドルで工員を12人雇った。エンジンと部品の供給はドッジ兄弟に依頼した。車にロゴが必要になると、ハロルド・ウィルズという若い工具製作者が10代のときに名刺を作るのに使っていた印刷機を引っ張り出してきて、筆記体で「Ｆｏｒｄ」と書き、それを楕円で囲った。これが現在も使われている有名なフォードのロゴになった。

Ａ型はシンプルで、頑丈で、何よりも安い車として設計された。７５０ドルという発売時の値段は破格の安さだった。当時、ほかの車はもっと高く、例えば、パッカード社のＦ型は２０００ドル以上した。１９０３年７月15日、会社の発足から１カ月もせず、Ａ型の最初の１台が売れた。フォード時代の幕開けだった。

それから数カ月のあいだに、売上は急速に増えた。十数人の工員で１日に作れる車の数は15台前後だった。したがって、すぐに需要に追いつくのがむずかしくなった。１９０４年春には、需要が工場の生産能力をはるかに上回り、フォードはもっと広い工場の用地を購入した。売上とともに利益ももたらされ、フォード・モーター・カンパニーは最初からかなりの利益を上げることができた。最初の３カ月で得た利益は、３万７０００ドル、現在の価値にして７２０万ドルにのぼった。株主には１９０３年10月に２％、11月21日に10％、翌年１月に20％、同６月16日に68％の配当金が支払われた。設立１年めで支払われた配当金は合計で10万ドルに達した。15カ月めまでには、最初の出資総額に対して１００％以上の配当金が支払われた。１９０４年秋の時点で、１カ月の平均売上は６万ドルを記録した。１９０５年春には、３００人の労働者を使って、１日に約25台の車を生産していた。フォードが書いているように、「ほとんど魔法を使ったように順調な滑り出しだった」。成長の勢いは留まるところを知らなかった[18]。

安い車をできるだけ多く、できるだけ早く生産するというのが、フォードの事業の方針で、それが大成功を収めていた。需要のことは気にしていなかった。フォードは次のように述べている。

市場のことは心配しなくていい。どのみち売れるものは売れる。車を大量に生産できれば、車の値段を安くでき、車の値段を安くできれば、お金を持っているより多くの人に車を買ってもらえる。市場に任せておけば、おのずとそうなる。[…]自動車を作るというのは、ある1台と別の1台を同じに作るということ、すべての自動車を同じに作るということ、すべての自動車が同じように工場から出てくるようにするということにほかならない。それは針の工場で作られる針の1本1本がすべて同じであり、マッチの工場で作られるマッチの1本1本がすべて同じであるのと同様だ。

その後、フォードは新モデルの投入でさらに成功を積み重ねた。1906年、新たに発売されたN型の年間販売台数は、過去最高となる8423台を記録した。しかしフォードはこれで満足しなかった。[19]

「万人の車」の実現

フォードには昔から抱いている大きな夢があった。それは大衆向けの車を作るという夢だった。安心して乗れるが値段は安く、作りはシンプルだが耐久性がある、すべての米国人のための車だ。彼はそれを「万人の車（ユニバーサル・カー）」と呼んだ。しかし、そのような車を作るには、まだ克服しなくてはならない課題があった。A型は、シンプルな作りをしていたが、思ったよりも故障が多く、米国のでこぼこの道路には耐えられなかった。もっと頑丈で、軽く、長持ちする素材を見つける必要があった。

1905年、偶然、耐久性の問題の解決につながる発見がもたらされた。フォードがフロリダ州のパームビーチで開かれた自動車レースを観戦していたときだった。そのレースで、はげしいクラッシュが発生した。フォードはなんとはなしにその衝突事故で大破したフランスの車を見に行き、変わった形の金属の部品に目を留めた。よく見てみると、それは弁棒だった。ところがそれは驚くほど軽くて頑丈で、フォードの知らない素材でできていた。周りにいた人間にも見てもらったが、その素材が何であるのかは誰にもわからなかった。結局、フォードは部下にその部品を預けて、いった。「これを調べて欲しい。こういう素材がわが社の車に必要なんだ」。部下の調査の結果、その弁棒はフランス製のバナジウム合金でできていることが判明した。フォードが思ったとおり、それはきわめて軽く、頑丈で、耐久性に富んでいた。バナジウム合金を使えば、車を抜本的に変えられると確信したフォードは、それを供給できる国内の業者を探し始めた。米国にはバナジウム合金を生産できる鉄鋼メーカーがないことがわかると、フォード・モーター・カンパニーは英国人の冶金学者を雇って、その商業生産の方法を考えさせた。バナジウム合金の製造には、通常の鋼鉄よりも高温の溶鉱炉が必要だったことから、特殊な鋼鉄を手がけるオハイオ州カントンの鉄鋼メーカーと協力して、合金の試験と生産は行われた。こうしてバナジウム合金が、フォードの言葉を借りれば、「わが社の主たる鋼鉄」となった。[20]

1908年、ついにフォードの「万人の車」が実現した。T型フォードは、長年にわたるフォードの改良と設計と試験の集大成だった。20馬力のエンジンを搭載し、時速72キロで走ることができた。重量は544キロ。設計はそれまでの車とは一線を画していた。T型は右ハンドル（道路脇の排水溝を見やすい）ではなく、左ハンドル（対向車を見やすい）を採用した初の自動車だった。値段はわずか850ドルで、翌年にはそれがさらに引き下げられた。

T型にはフォードが求めるものがすべて備わっていた。T型の発売に先立って、フォードは次のように宣言した。「わたしは大衆のための自動車を作ります。その車は家族で乗れるぐらいには十分大きく、なおかつ、ひとりで乗り、手入れできるぐらいにコンパクトな車になるでしょう。最高の素材を用い、最高の作業員を雇って、現代技術の粋を注ぎ込んだシンプルな設計にもとづいて、それは作られます。ですが、値段は高くありません。まっとうな給与をもらっている人で買えない人はいないでしょう。神から与えられたこの広々とした世界を心ゆくまで家族とともに楽しんでいただきたいと思います[21]」

米国の大衆は、フォードの予言どおり、T型に飛びついた。1908年10月から1909年9月までの1年間で、フォード・モーター・カンパニーは、ほぼT型ばかり、1万台以上の車を生産し、それが1台残らず売れた。T型には生産が追いつかないほどの需要があった。

「科学的管理法」と組み立てラインというアイデア

生産スピードを上げると同時に生産コストを下げようと取り組む中で、フォードは最大の発見をした。それは現代の資本主義で最も重要なイノベーションといっても過言ではなかった。大量生産と、それに不可欠な組み立てラインというアイデアがそうだ。ものを早く大量に生産したいという願いは新しいものではなかったが、従来はマンパワーに頼るという手法が取られていた。金の採掘量を増やすためには、鉱夫を多く雇い、織物の生産量を増やすためには、織工を多く雇い、線路の敷設のピッチを上げるためには、地ならしの作業員を多く雇うといった具合だ。効率を高める努力はなされても、せいぜい経験と勘や先人の知恵にもとづいてわずかな改良を施すぐらいのことしかできず、限界があった。

しかし19世紀末、ビジネスリーダーや技術者が生産方法の科学的な研究を始め、実験とデータによって客観的に生産の過程が評価されたり、テストされたりするようになった。この新しい「科学的管理法」を推進する運動の先頭に立ったのは、工学の原理を産業に応用しようと取り組んだ機械技術者フレデリック・ウィンズロー・テイラーだった。テイラーの考えでは、近代産業の効率がはなはだしく悪い原因は、システムの改良に合理的で検証可能な手法を使わず、勘や経験則ばかりに頼っていることにあった。そこでテイラーが始めたのが、工場の操業上の小さな変化によって、どの程度、生産速度が向上したかを調べる「時間分析」だった。この研究では、労働者が作業に要する時間が道具や方法の違いによってどれぐらい変わるかが、ストップウォッチで計測された。次にテイラーはその研究結果にもとづいて、作業の速さや効率を向上させられる手順を突き止めた。労働は科学であるというのが彼の主張だった。手順をテストして、効率のいい手順とそうでない手順を明確にし、最善の手順を標準にするのが、作業のスピードアップのためには肝心であるとされた。

ヘンリー・フォードは早々とこの科学的管理法を取り入れた。1910年、フォード・モーター・カンパニーの生産拠点が伝説のハイランドパーク工場に移されたとき、その工場を設計するに当たって、フォードの念頭にあったのは科学的管理法だった。ハイランドパークでは、組み立ての工程ごとに別の建物で作業を行うのでなく、巨大なひとつの建物の中ですべての作業が行われた。工場内の明るさを最適にするため、壁には大きなガラス窓が張り巡らされ、屋根にもガラスが使われた。そのような外観から、工場にはクリスタル・パレスなる呼び名がついた。また合理的に作業が進むよう、機械は自動車の組み立ての工程順に並べられた。労働者のそばには必要な部品がすべて入った箱が置かれていて、労働者が部品を取り出しては、取りつけるという作業をその場ですばやく繰り返せるようになってもいた。

組み立てラインが台頭する土台は、このハイランドパーク工場で築かれた。フォードはそのアイデアがどのように発展したかについて次のように書いている。「人間が作業の場所へ行くのでなく、作業を人間のもとへ持ってくることにしたのが、そもそもの始まりだった。[…] そのような手法を取り入れた結果、労働者が自分で判断しなくてはならないことが減り、労働者が移動する距離も最小限にまで減らせた」

フォードはすでに1906年には、初歩的な組み立てラインを導入していた。生産部長のウォルター・フランダースから、各労働者にN型の組み立ての特定の作業を受け持たせたうえで、台車に載せたシャーシを各労働者の持ち場から持ち場へ押して移動するというアイデアが出されたときだ。しかし、真の飛躍が生まれたのは、1912年だった。フォード・モーター・カンパニーの現場監督ウィリアム・クランがシカゴにあるスウィフト社の食肉加工場を見学したときのことだ。クランはそこで、動く滑車に吊るされた豚が作業員たちの手でみるみる解体されていくようすを目の当たりにした。

1913年、フォードはT型の生産工程の一部——点火装置を構成するフライホイールマグネトーという部品の組み立て——に動く組み立てラインを導入した。それまでは担当の労働者がそれぞれひとりで、そばに積まれた部品を使って、マグネトーを作っていた。熟練した労働者であれば、だいたい20分に1個のペースで、マグネトーを組み立てられた。しかしクランはその組み立ての作業を29の段階に分けて、それぞれひとりに受け持たせた。各作業を割り当てられた29人の労働者は、ベルトコンベヤーの前に工程の順に並んだ。小さな工夫だったが、効果は絶大だった。それだけで、マグネトー1個を組み立てるのに13分しかかからなくなったのだ。労働者がベルトで運ばれてくる部品を手に取るときに、いちいちかがまなくてはならないせいで、作業が遅くなっていることがわかると、ベルトの位置を高くすることで、組み立てにかかる時間を7分、さらには5分へと短縮した。組み立ての工程をいくつもの単純な作業に分割するという小さな工夫で、生産量は4倍に増えていた。その後、動く組み立てラインは工場内のすべての工程に導入された。1914年には、T型の生産に要する時間が大幅に短縮された。それまでシャーシを組み立てるのに12時間28分かかっていたのが、1914年の夏には、わずか1時間33分しかかからなくなった[22]。

クリスタル・パレスは世界史上最も効率のよい生産システムを実現していた。1913年、つまり組み立てライン導入の前年、T型の生産台数は6万8733台だった。1914年、その数がいっきに17万2211台へと増えた。たえざる実験を通じて、生産方法が改良されるにつれ、生産スピードはますます速まった。1915年、T型の生産台数は20万台を超え、それがさらに30万台、50万台へと伸びた。1918年には年間70万台を突破した。今や、米国の全自動車の半分がフォード・モーター・カンパニーの工場で生産されていた[23]。

労働者の置かれたきびしい環境と賃金の引き上げ

クリスタル・パレスは外からは、資本主義の輝かしい要塞のように見えたかもしれない。しかし内部のようすをじかに見た者の目には、おぞましいほど、ひどい場所に映った。１９１４年にハイランドパーク工場を見学して、その光景に衝撃を受けた作家ジュリアン・ストリートは、著書『国内の外国』（Abroad at home）で、その工場のことに「自動車のマエケナス」と題する1章を割いている。「工場内はだだっ広い一部屋になっていて、ガラスの屋根でおおわれたその部屋の広さは約12万１０００平方メートルもある。その規模や、騒音や、恐怖を覚えるほどのすさまじい活気は、まさに想像を絶する」。工場に秩序があることは頭ではわかっているが、それが容易には信じられない。というのも「飛ぶように運ばれていくシャフトとホイール、林立する柱とばたばたと羽ばたくように動き続ける革のベルト、機械の轟音、キーキーという音、ドスンという音、ガタガタという音、油の匂い、もやのように立ち込める煙、野蛮な顔つきの外国人」に囲まれているからだ。「目の前の光景をいいあらわす言葉は、ひとつしか思いつかなかった。それは狂乱という言葉だった」。そこはせわしなく、騒がしく、混沌としていた。

車輪や、ベルトや、奇妙な形の金属——それに人と、機械と、装置——のジャングルを想像して欲しい。そこにさらに、想像しうるあらゆる音を加えて欲しい。１００万匹のリスが鳴き、１００

万匹の猿がわめき、100万頭のライオンが吠え、100万匹の豚が断末魔の声をあげ、100万頭の象が鉄板の木立を踏み倒し、100万人の少年が口笛を吹き、100万人が百日咳で咳をし、100万人の罪人が地獄へ引っ立てられてうめき声をあげる。しかもそれがすべてナイアガラの滝の前で起こっていて、たえず後ろから滝の轟音が聞こえる。それだけ想像すれば、工場のようすがおぼろげながら、わかってもらえるかもしれない。[24]

実際には、フォードの工場は、機械が人間に優るというよりも、人間が機械に変えられているという状態だった。これは生産量の観点からは好ましかったが、人間にとってはとうてい好ましいことではなかった。その結果、フォードが思っていたより、効率には士気が大きく影響することが明らかになった。フレデリック・ウィンズロー・テイラーの予測では、組み立てラインの導入で生産量はほぼ2倍になるといわれていたが、現実には、そこまでの効果は見られなかった。T型が年間を通じて生産された最初の年で、組み立てラインの導入前だった1909年、1548人の労働者によって、月平均1059台、ひとり当たり0・68台の車が生産された。それが組み立てライン導入後の1913年には、1万3667人の労働者によって、月平均1万5284台、ひとり当たり1・12台の車が生産された。これはいい換えると、生産性が65％上昇したということで、悪くない数字だったが、フォードの期待には遠く及ばなかった。

フォードは工場の生産性に関する調査を実施し、生産性が期待ほど上がっていない原因を探った。その結果、大きな要因として浮かび上がってきたのは、欠勤の多さと離職率の高さだった。これらはどちらも労働者の不満と結びついていた。1913年、ハイランドパーク工場の欠勤率は10％だった。これはつまり、毎日、全1万4000人の労働者のうち、1400人が工場に来ていないことを意味した。欠勤の理由はたいていは病気だった。同じく、離職率もひどく、370％を記録していた。これは工場の各仕事にそれぞれ年間3・7人雇わなくてはならないことを意味した。欠勤や離職はコストの増大につながった。そのつど、新しい労働者に訓練を施したり、ほかの労働者に新しい場所を受け持たせたりしなくてはならなかったからだ。それは効率も損ねた。フォードは工場の問題を解決するには、労働問題の解決が必要であるという結論に達した。[25]

そこで、1914年1月1日、フォードは全重役を集めて、会議を開いた。会議の冒頭でフォードが話したのは、息子といっしょに工場内を見て回ったときのことだった。ふたりは工場内を歩いていて、労働者ふたりがけんかをしているところに遭遇した。フォードは息子にそんなものを見させるのが、しのびなかった。労働者たちが「野蛮人」のように振る舞うのは、人間以下の生活を強いられているからであり、人間以下の生活を強いられているのは、十分な賃金をもらっていないからだと、フォードはいった。重役が会社の利益の恩恵に浴しているなら、また顧客もそうであるなら、労働者たちも同じようにその恩恵にあずかるべきではないのか。そこでフォードは黒板にその年の予算を書き出し始め、賃金のところへ来ると、これでは利益に比べて、少なすぎると指摘し、平均賃金を1日3ドルにした。さらに計算し直し、それを3・5ドルに変えた。重役のひとりが反発すると、無視して、4ドル、4・5ドルとさらに引き上げていった。苦々しい表情を浮かべていた最側近のカズンズは、嫌味をいわずにいられなかった。「次は4・75ドルですか。いっそ、5ドルにしたらどうです」。それを聞いたフォードは、そのとおりにした。1月5日、取締役会が開かれて、この賃金の引き上げが承認された。フォードはその日のうちに、この決定を世界に発表した。[26]

株主と社会の対立

労働者に高い賃金を払って、安価な自動車を大量に生産するというフォードの新しいビジネスモデルは、莫大な利益をもたらす一方で、会社の風景を永久に変えることになる一連の予期せぬ事態も生んだ。その影響は、会社に関係する全員――株主、従業員、消費者――に及んだ。フォード・モーター・カンパニーは毎年、とてつもない利益を上げており、1916年には、その額は6000万ドルに達した。今日の価値に直せば、およそ15億ドルだ。それだけ会社が儲かっていたのだから、株主は大いに満足していたのだろうと思うかもしれない。しかし株主の中には、不当な扱いを受けていると感じる者もいた。

1916年、フォードが過去5年間、毎年支払ってきた特別配当を支払わないと宣言した。新しい工場を建設するために現金が必要になり、配当への支払いで現金をむだにしたくないというのがフォードの説明だった。しかし、このフォードの心変わりに納得できなかった株主がふたりいた。1903年の創業以来、フォード・モーター・カンパニーの株式の10%を保有していたジョンとホレスのドッジ兄弟だ。ふたりはそれまでにこの株式からかなりの利益を得ていた。最初に出資したのが1万ドルだったの対し、配当金として受け取った額は合計で550万ドルにのぼった。しかし、ドッジ兄弟は1914年にフォード・モーター・カンパニーと競合するドッジ・ブラザーズ・モーター・カンパニーという自動車会社を設立していて、その運営資金を必要としていた。だから1916年、フォードがリバールージュに工場を新設しようとして、配当を減らすと、ふたりは色をなして怒った[27]。

1916年9月28日、ジョンとホレスはフォードに手紙を書いて、新しい配当の方針に抗議した。取締役会を開いて、「蓄積された余剰現金の大部分を、その本来の持ち主である株主に、配当として分配するべきである」というのがふたりのフォードへの要求だった。フォードがこの手紙を無視すると、1916年11月2日、ドッジ兄弟はミシガン州で訴訟を起こした。ふたりは裁判所に、フォードに事業の拡大計画を撤回させることと、余剰現金の75%を配当として株主に分配させることを求めた。しかもつらあてに、自分たちも参列していたフォードの息子、エドセルの結婚式の翌日にあえてその訴訟を起こした。フォードは当然、これに激怒した。どちらの側も譲歩せず、結局、裁判で決着が図られることになった。耳目を集めたこの裁判は、国じゅうで新聞の一面を飾った。とりわけフォードが証言台に立つときには注目された。ドッジ兄弟の弁護士、エリオット・スティーブンスンはフォードに、会社をどう経営するべきだと考えているかと、質問した。「ではいわせてもらいましょう」とフォードは切り出した。「わたしたちが自動車で法外な利益を得るようなことがあってはならないとわたしは考えています。ある程度の利益を上げるのは、いいでしょう。ですが、度を越してはなりません。ですから、わたしは生産に応じて、できるだけ速やかに車の値段を安くし、利用者と労働者に利益を還元することを方針にしてきました。その結果として、わたしたち自身にも、信じられないほどの多大な利益がもたらされたのです」

スティーブンスン――では、あなたは法外な利益を上げ続けることでは満足しなかったのですね？

フォード――わたしたちには利益を低く抑えることができないようです。

スティーブンスン――利益を低く抑えることはできないとおっしゃる。低く抑える努力をされているのでしょうか？　フォード・モーター・カンパニーは利益以外に何を目的としているのですか。お聞かせ願えるでしょうか、フォードさん。

フォード――関係するすべての人のために、できる限りよいことをすることです。

スティーブンスン――人のためによいことをするということについて、自動車の製造に関連して、あるいはほかの製造業に関連して、法律ではどのように論じられているのでしょうか？

フォード――法律のことはわたしにはよくわかりません。

このフォードの発言――「関係するすべての人のために、できる限りよいことをする」のが会社の目的である――が、結局、裁判で不利に働いた。ドッジの弁護士が指摘したように、フォードは「株主の犠牲のうえに、偉業を成し遂げよう」としていた。ドッジ兄弟がフォードに求めたのは、「利益を最大限に高める」ために会社を経営することだった。「利益を目的とせず、事業の拡大のためだけに事業を営むのは、法に反する」とドッジ兄弟は主張した。[28]

判事は、投資家を蔑視するフォードの態度に明らかに当惑し、ドッジ兄弟に有利な判決を下した。のちにミシガン州最高裁判所が意見書でこの判決を支持し、その意見書は以来、会社法に大きな影響を及ぼすことになった。最高裁はその意見書で、資本家の利益を最優先にする、株主重視の立場を明確にしている。

営利企業は、第一に株主の利益のために、組織され、運営される。取締役に与えられた権限は、そのために行使されなくてはならない。取締役の裁量は、あくまでその目的を実現するための手段の選択に限定されるべきであり、目的そのものを変える、利益を抑制する、利益を株主に分配せずにほかのことに振り向けるといったことに拡大されてはならない。［…］株主以外のものの利益を第一の目的に据え、株主には付随的な利益しかもたらされない事業を計画ないし実行することは、法律で認められた取締役会の権限ではない。被告となった取締役が、当人の主張のとおり、株主の利益を犠牲にすることをめざしていたのなら、裁判所が介入することに、誰も異議を唱えないだろう。

ここには赤裸々に株主と社会の対立が描き出されている。しかも裁判所が介入し、両者が争った場合に勝つのは株主のほうだといっているのだ。[29]

フォードは昔から株主や資本家を信用していなかったが、今や「寄生虫」とまで罵り、がまんの限界に達していた。ミシガン州最高裁判所の判断が示されてからちょうど1カ月後の1919年3月6日、フォード・モーター・カンパニーを退社して、新しい自動車会社を立ち上げると宣言した。つねに配当を要求し、そのうえ、今では彼の経営判断に異を唱え、訴訟まで起こしかねない少数株主に、嫌気が差していた。この宣言は大きなばくちだったが、見事にうまくいった。株主たちはビジョナリーリーダーが会社からいなくなることに恐れをなし、次々と株を売却し始めた。フォードはそれを匿名で片っ端から買い取っていった。総額で1億ドル以上の費用がかかったが、本人にとっては、それだけの価値があった。こうして株主はいなくなり、会社はすべて彼のものになった。

非人間的な生産方式

ヘンリー・フォードは労働者ともはげしく敵対した。1日5ドルの背後には、ファウスト的な契約があったからだ。従業員は確かにそれまでより高い給与をもらえ、労働時間も短くなったが、それは無条件ではなかった。組み立てライン方式への移行に伴って、スピードが過度に重視されるようになり、労働者は激務と速さを求められた。ハイランドパーク工場のある労働者によれば、「現場監督は全員、『急げ』という指示だけは、英語でも、ドイツ語でも、ポーランド語でも、イタリア語でもいえた」。組み立てラインの導入直後に工場で働き始めたチャールズ・マディソンという人物は、精神的な重圧について書いている。「いらいらしたようすの現場監督がいうには、毎日、所定の数の完成部品が生産されるよう、生産効率の専門家によって、わたしの作業の所要時間は決められているのだという。わたしは実際に作業にどれぐらいかかるか、自分で計ってみた。すると、割り当てられたノルマをこなすためには、すべてが順調に進んでも、8時間休みなく働き続けなくてはならないことがわかった」。生産ノルマのもとでは、休憩を取れないのはもちろん、昼飯を食べたり、トイレに行ったりする余裕すらなかった。そこでマディソンは「サンドイッチを頬張りながら、どうにか機械を動かし続けた」。それでも初日はノルマを果たせず、現場監督から叱責を受けた。翌日、作業を始めると、ストップウォッチを手にした

「効率計測員」がやってきて、1時間にわたり、ときどきメモを取りながら、作業をきびしくチェックした。計測員はチェックを終えると、現場監督に結果を報告した。それはマディソンの作業は遅く、速くしようという努力も見られないという報告だった。マディソンは1日5ドルという賃金のために、この非人間的な労働環境に耐えた。だから初めて給与を受け取ったときには愕然とした。もらえたのはわずか時給25セントの給与だったのだ。現場監督に尋ねると、「1日5ドルという賃金が支払われるのは、6カ月勤務し、ノルマを維持する能力が証明されてからだと告げられた」[30]。

組み立てラインの仕事は著しく心身を消耗させた。労働者たちはしばしば、何時間も無理な姿勢のまま、同じ動作を迅速に繰り返さなくてはならなかった。これでは体のどこかを痛めないほうがおかしかった。アンソニー・ハーフという労働者は、工場の仕事を友人のアーティストに斡旋したときのことを述懐している。「初日の夜、彼を車で家まで送り届けてやった。彼はへとへとだといっていた」。組み立てラインでその友人が任されたのは、車のフェンダーの下にもぐって、「中腰の姿勢」で行われる作業だった。1日の仕事が終わったときには、なかなか腰を伸ばすことができなくなっていた。「彼は夜、帰宅すると、どさりと椅子に座った。夕食を取ろうという気すら起こらなかった。とにかく、しばらく腰を伸ばして座りたかった。ただただ疲れ切っていた。体の節々が痛んで、そこから動こうという気すら起こらなかった」。4日めの朝、彼はもう工場に行こうとしなかった。ジョン・スタインベックは、自動車が重要な役割を果たしている小説『怒りの葡萄』の中で、次のように書いている。「ヘンリー・フォードのものには手も触れたくもねえ。おれは奴が嫌いだ。昔から嫌いだ。だちが奴の工場で働いてたことがあってな。そいつの話を聞いてみなってんだ」[31]

また、フォード・モーター・カンパニーの業界随一の高賃金は、「道徳的な立派さ」という条件とワンセットにもなっていた。フォードは1日5ドルという賃金の導入に当たって、従業員にその条件を守らせるため、「社会研究部」という部門を新たに設置した。その新部門は200人もの調査員を擁し、従業員の私的な習慣や、家族や、住居や、隣人についての情報を集めることで、従業員の素行を監視する部門だった。調査員たちは、従業員の住所が記された長い名簿を持って、車でデトロイトじゅうを回り、各家に立ち寄っては、住人や隣人のことを質問した。そのやり取りは次のような具合だった。


「こちらがジョー・ポランスキーさんのお住まいで間違いないでしょうか?」と調査員が尋ねる。

「ええ、間違いありません。ここに住んでいます」

「ポランスキーさんはどういう人でしょう? 好人物でしょうか?」

「もちろん、いい人ですよ」

「夜は何をしていますか?」

「夜はどこにも出かけず、早く寝ます」

「お酒は?」

「飲みません。一滴も飲みません」

「お金は何に使いますか? 貯蓄はしていますか?」

「もちろん、貯蓄しています。一部は実家の両親に仕送りし、一部は銀行に預けています」

「では、もし給与が上がったら、ポランスキーさんは何にそれを使うと思いますか?」

「貯蓄して、家を買うと思います」

この調査は形式的なものではなかった。調査員にうそをついていたことが発覚すれば、解雇されたし、贅沢をしているとか、お酒を飲みすぎているとか判断されれば、給料を減らされた。[32]

ただ、このすべてを監視下に置こうとするフォードの家父長的な雇用には利点もあった。特に家族にとってはそうだった。当時、働いている女性はほとんどおらず、妻や子どもは夫や父親に生活費を頼っていた。社会研究部のある従業員が述べているように、「離婚後、元夫が養育費を払わないとき、妻は元夫にかけ合う必要がなく、社会研究部に届け出るだけでよかった。そうすれば元夫の給与から直接、お金を受け取れた。［…］そうやって多くの子どもたちが養われていた」。またフォード・モーター・カンパニーは従業員の長期的な健康や福利のための取り組みでも、時代の先を行っていた。従業員を支援する革新的な制度がいくつもあった。従業員の資産形成を助けるため、貯蓄貸付組合が築かれたのは、1913年だった。法務部は無料で、住宅の購入や、市民権の出願や、債務救済の相談を受けつけた。医療部には1920年の時点で、ベッドが20床あり、医師が10人、歯科医が2人、薬剤師が2人、麻酔医が1人いた。フォードの労働者には移民が多かったので、英語を教える語学教室も設けられた。フォーディズムは醜聞を暴くジャーナリストとして有名なイーダ・ターベルからすらも支持された。ターベルはフォードの計画を「きわめて有意義で、とても人間的な手法」と称え、次のように論じた。「フォードの社会研究部が人を大事にするのは、営業部が注文を大事にするのと変わらないようだ[33]」

労働者との対立

フォードは自分のことを庶民の救世主だと信じて疑わず、ときに労働者から不満の声が上がっても、なかなかその声に共感できなかった。自分が生み出した生産方式が非人間的な性格を帯びていることも、理解していなかったようだ。そもそもフォードというのは、「労働のうちに、正気も、自尊心も、救いもある。労働は呪いなどではなく、最高の恵みだ」と述べている人物なのだ。１９３０年代、労働組合への関心が全国的に高まったときには、自社の従業員たちに、どんなことがあっても近づかないほうが賢明だと呼びかけた。インタビューでは次のように答えている。「労働者の団体に加わったら、自分で自分のことが決められなくなり、結局は、損するんです。労働者の正当な賃金は産業内の競争によって保証されるものなのに、労働組合はその競争を壊してしまいます」。フォードにとって、労働組合運動は、労働者たちの正当な不満の表れではなく、裕福な資本家の陰謀だった。そこにはフォードの反ユダヤ主義も影響していた。「労働組合の背後には、産業を支配し、競争をなくしたがっている国際的な金融業者がいます。ストライキを引き起こしているのは、すべて彼らです」。経営陣と労働者のあいだに対立が生じうるということがフォードにはわからなかった。「近頃は、『労働者』がまるでほかのものとは区別される、ひとつの社会階級であるかのようにいわれています。『労働者』と『実業家』とが対立し合う２つの社会階級であるかのように。この国のほとんどの実業家は、労働者出身です。そもそも、ほかにどんな出身がありうるでしょうか。わたしは『労働者』です。これまでわたしがしてきたのはすべて『労働』なのですから」

フォードは経営者に自由に賃金や労働環境を決めさせることで、労働者の利益をいちばん増大させられるのだと、昔から信じていた。市場の見えざる手が働いて、雇用の条件が公正なものになるからだ。「みなさんが思っているよりもはるかに、誠実な経営者はそういうことに本気で頭を悩ませています。なぜなら社会の発展に貢献するという点では、公正な雇用には自社の製品以上に大きな意味があると信じているからです。[…]もし労働者に正当な賃金を支払わなければ、その報いを受けることになります。真っ先に受ける報いは、労働者がまじめに仕事をしなくなり、製品が粗悪になり、事業が傾くというものです」。労働運動に対するフォードのそのような態度は、時間とともに強まる一方だった。1937年には、「労働組合は、地球上にこれまでに現れたものの中で、最悪のものだ」とまでいっている[34]。

決定的な衝突が起こるのは時間の問題だった。フォードは1915年にすでに、議会の労使関係委員会に呼ばれ、労働者の待遇について問いただされていた。委員会がフォードに尋ねたのは、フォード・モーター・カンパニーはなぜ、「工場の労働環境だけでなく、従業員の社会的・道徳的環境にまで多大な責任を負う」と考えるのか、また、「従業員の生活をそこまで会社の管理下に置くことは望ましい」といえるのか、ということだった。フォードは質問に正面から答えず、自分は単に「従業員の生活を経済的、道徳的によりよいものにしたいだけ」なのだと述べた。しかし大恐慌の発生で、対立は危機的なまでに深刻化した。フォードの工場の労働環境は、大恐慌のあいだに悪化の一途をたどった。雇用は減り、残った従業員は、組み立てラインの「高速化」のせいで、以前にも増して激務を課された。組み立てラインでは、誰かに作業を交代してもらえない限り、トイレに行くことすら許されなかった。昼休みは15分に短縮された。ある労働者はその過酷な労働環境について、次のように語っている。「ベルの最初のチリンで、すぐ、片手で機械のスイッチを切りながら、もう片方の手で弁当箱を取り出し、脚から力が抜けたように、どさりと座り込む。座るのは、たいてい床の上だ。弁当箱のふたが、まるでひとりでに開いたかのように開けられる。そこから目にも留まらぬ速さで、サンドイッチが掴まれ、口へ運ばれる。[…] それでものんびり噛んでいるひまはない。口に入れたものをすべて腹に入れたければ、ほとんど噛まずに飲み込むしかない」

やり切れなくなった労働者の中には、労働組合への加入を口にする者も現れ始めた。1930年代、米国では全国の工場で全米自動車労働組合（UAW）によるストライキが相次いでいた。フォードはうわさを聞きつけると、「サービス部」を設置した。これは表向きには警備を担う部門だったが、実際には、ごろつきの集まりで、労働者を脅すのを仕事としていた。サービス部の人間は従業員の周辺を嗅ぎ回ったり、昼休みの従業員どうしの会話を盗み聞きしたりした。ゼネラルモーターズの工場でストライキが発生したときには、ストライキに加担した従業員を即刻工場から追い出して、「そのような従業員の始末を担う」サービス部に引き渡すための緊急対策チームを結成するよう、工場の現場監督たちに指令が下された。あるフォードの労働者によれば、サービス部の人間は「つぶれた耳と曲がった鼻」で容易に見分けがついたという[35]。

労働者と経営者の暴力的な衝突も、1930年代に2度起こっている。1度めは、1932年3月7日。2500人の労働者の集団が、労働環境の改善と解雇者の再雇用を求めて、ミシガン州ディアボーンのリバールージュ工場へ向かってデモ行進した。工場の入り口に到着したデモ隊は、警察と会社の警備隊と向き合うことになった。警察が催涙ガスを放てば、デモ隊も投石でそれに応じた。さらにそこに消防隊が投入され、デモ隊に向けて、放水を始めた。デモ隊が投げた石に当たって、警備隊の隊長が意識を失うと、警察が散弾銃と拳銃で発砲を始め、デモ隊は棍棒と鉄パイプで応戦した。この「ディアボーンの殺戮」では、最終的に労働者が5人死に、おおぜいが負傷した。

2度めの衝突が起こったのは、その5年後だった。1937年5月26日、UAWの指導部が記者やカメラマンの一団を引き連れて、リバールージュ工場へ向けてデモ行進した。フォードの労働者たちに労働組合への加入を呼びかけるビラを配る計画だった。その計画に気づいたフォードのサービス部は、工場前の歩道橋でのビラ配りを阻止しようと、警備隊を送り込んできた。警備隊は敷地内から出るよう警告を発しただけでなく、労働運動の指導者たちを容赦なく殴りつけた。ある労働組合のメンバーによれば、「殴り倒しては、立ち上がらせ、また殴り倒した」という。労働組合の会長は殴り倒されて、コンクリートの階段を転がり落ちた。暴力の場面を写真に収めようとしていたカメラマンたちは、カメラを奪われたうえ、それを叩き壊された。あるカメラマンは車で逃げたが、それでもサービス部に執拗に追われ、警察署に逃げ込まなくてはならなかった。この出来事はのちに「歩道橋の戦い」と呼ばれることになる。[36]

労働者と企業の対立に収まる気配はなく、ついには連邦政府の介入を招き、1933年、ときの大統領フランクリン・D・ローズベルトの署名により、賃金と雇用を増やすための全国産業復興法（NIRA）が制定された。この法律で、労働組合を結成する労働者の権利が確立されたほか、主な産業に対して、賃金や労働時間などの労働環境を定めた「競争のルール」を作成することが命じられた。自動車産業でも、フォードは当然のように署名を拒んだが、全米自動車商工会議所によって競争のルールが作成された。しかし、全国産業復興法は芳しい効果を上げられなかった。そこで１９３５年、議会は対策を強化するべく、ワグナー法を可決した。これはあらためて労働者の団体交渉権を保障すると同時に、同法の執行機関として全米労働関係委員会（ＮＬＲＢ）を設置する法律だった。のちにこのＮＬＲＢの調査によって、フォード・モーター・カンパニーのワグナー法違反が発覚することになる。労働組合結成の賛否を問う投票がようやく実現したのは、１９４１年のことだった。結果は賛成派の圧勝で、労働者の97％が賛成に票を投じ、反対票はわずか３％に留まった。

消費主義時代のはじまり

フォード・モーター・カンパニーとフォーディズムの影響は産業内に留まらず、消費文化の台頭のうちにも感じられた。フォードはつねに買い手の欲求やニーズに目を向けていた。Ｔ型が開発されたのは、大衆が車を求めていることを見抜いたからだったし、５００ドル以下の車を追求し、１９１４年についにそれを実現させたのも、消費者がいくらまでなら払うかを見抜いたからだった。しかし１９１０年代にフォードが考案した大量生産という革命的なシステムを維持するには、消費者の文化にも革命的な変化が起こらなくてはならなかった。大量生産には大量消費が不可欠だった。今や毎年、何十万台も生産される自社の車が売れ残らないようにするためには、それに飛びついてくれるおおぜいの買い手が必要だった。したがって、フォードはしだいに、単に消費者の要求を満たす以上のことをしなくてはならないと考えるようになった。新しいニーズを生み出す必要があった。

1926年、フォードは週休2日制を導入するに当たって、労働者に自由な時間を与えて、欲求を育んでもらう必要から、その導入を決めたと説明した。余暇には欲望を掻き立てる絶大な力があるというのがフォードの考えだった。「この国は週休2日制を始めるべき段階にあります。さもないと、商品が売れ残ってしまい、繁栄を維持できないでしょう」とフォードは指摘した。フォードにいわせると、自由な時間と購買行動とのあいだには密接なつながりがあった。「商売とは商品を売る営みです。商品を売るためには、消費者のニーズを満たす必要があります。ですがそのニーズを満たすためには、まずはじめに消費者自身がそのニーズを感じていなくてはなりません。消費者がニーズを感じるのは、たいていは余暇の時間にです。1日に15時間とか、16時間とか働いていたら、寝るためのベッドと手軽な食べ物ぐらいしか欲しくないでしょう」。しかしフォードが理解していたのは、消費と生活スタイルの結びつきだけではなかった。フォードは消費そのものに価値があると信じ、次のように書いている。「誰もが自分の欲するものをすべて手に入れられる世界ほど、すばらしいものはない[37]」

フォードは自社の車の需要を喚起しようと、印象的な写真や絵を用いた広告キャンペーンを全国で繰り広げ、米国人の欲望や信念を巧みに刺激した。1924年のある広告では、女性が牧場で真っ赤な秋の落ち葉を拾い集めている写真が使われ、「フォードを所有する女性の自由」が謳われた。写真に添えられた宣伝文句には、「フォードを所有するとは、未知の場所へ出かける自由を手にすることだ」とあった。別の広告では、若い女性が男性にドアを開けてもらい、車から降りようとしている場面が使われ、「魅力的な女性とのカリフォルニア州でのすてきなひとこま」という説明が付されていた。「彼は旅行にも、日々の移動にも、狩りにも、山を登るのにも、砂漠を越えるのにもこの車を使う。多くのことを要求するほど、この車の性能に驚かされる」と宣伝文句にはある。潜在的な買い手の多くが車の購入をためらっているのは、単に経済的な余裕がないせいであることがわかると、フォードは「フォード週賦払い購入プラン」と名づけた割賦販売を始めた。その背後にはフォードの次のような考えがあった。「購入できるものがある限り、購入は購入を呼びます。消費者が使うお金に限度はありません。収入に限度がある者として消費者を捉えるのは、古い考え方です。商品が売れる量には限度があると考えられていた古い時代の考え方です[38]」

フォードはかなりはっきりと自分がしていることを理解していた。あるインタビューで次のように答えている。「そうですね、いってみれば、われわれは人々の中に新しい欲求を作り出しているのです。われわれがある社会層のそのような欲求を満たすと、すぐにまた別の社会層が現れて、それぞれのニーズや需要をもたらします。欲求はどこまでも増え続けます。欲求が多いほど、商売も繁盛する、そう思いませんか」。おそらくフォードの戦略を誰よりも理解していたのは、10年以上にわたって、販売マーケティング部門のトップを務めていたノーバル・ホーキンズだろう。ホーキンズは販売理論を説いた著書『販売のプロセス』(The Selling Process) の中で、セールスマンは人々の頭ではなく、心に訴えるべきだと論じている。「欲望を支配しているのは、思考ではなく、感情である。[…] 理屈で説得されて、購入に至った人はひとりもいなかった。[…] 欲望とは、欲するということであり、人は心でものを欲するのである。なんらかの不足に気づくとき、心の中に、その不足を埋めたいという欲が生まれる。

［…］これが事実であることは、誰もが知っている。しかし、販売活動や欲望の創出にこれらの原則を役立てている者がどれだけいるだろうか」。この原則を役立てて、多大な成果を上げたのがホーキンズだった。広告で心理作戦を仕かけるというホーキンズの手法は、業界じゅうに広まり、彼のモットーは現代の広告理論でも繰り返し引き合いに出されている[39]。

フォーディズムは消費者を中心とする世界を作り出した。それは人々が四六時中、心をそそられるその新しい商品を手に入れさえすれば、あなたは幸せになれるというメッセージにさらされ続ける世界だった。ここに消費主義時代が始まろうとしていた。20世紀最大の経済学者、ジョン・メイナード・ケインズは、1936年の時点で、真剣に次のように書いている。「消費が――わかり切ったことを繰り返していうなら――あらゆる経済活動の唯一の目的である[40]」

語り継がれることになったフォードの伝説

フォード・モーター・カンパニーは、これまで見てきたほかの会社と違って、一度も倒産したことがない。しかし変化はしている。1903年の発足から1945年までのあいだは、ヘンリー・フォードというひとりの人物が采配を振っていた。しかししだいに、ライバル企業が追い上げてきた。1930年代には、ゼネラルモーターズとクライスラーが利益と販売台数でフォード・モーター・カンパニーを抜いた（1933年の3社の販売台数は、ゼネラルモーターズが65万台、クライスラーが40万台、フォードが32万5000台だった）。このような逆転が起こった理由のひとつは、ゼネラルモーターズとクライスラーのそれぞれの改良の努力に求めることができる。両社がフォードの組み立てラインをまねたことで、フォードの競争優位性は徐々に失われた。それだけでなくフォード・モーター・カンパニー自身のリーダーシップの機能不全も一因だ。創業者兼CEOへのカルト的な崇拝のせいで、フォード・モーター・カンパニーはフォードという一人物の先入観や手抜かりを正せなかった。フォードはときどき、聞く耳を持たなくなり、自社の車より性能のいい車が他社から発売され始めても、新モデルの開発や設計の変更を頑なに拒むことがあった。経営陣からの新しい提案は無視された。息子エドセルの提案であっても例外ではなかった。エドセルは会社を近代化しようとしたが、その試みは徒労に終わった。[41]

1945年、フォードがついに82歳で退任した。これにより会社の指揮権がフォードから幹部陣へと移され、フォード・モーター・カンパニーは以前よりも近代的な会社となって、再出発した。ハーバード大学の経済学者、ジョン・ケネス・ガルブレイスの言葉を借りれば、「フォードは官僚主義の会社になった。個性というものは組織全体からあまねく排除され、指揮権はオーナーから経営陣へと移された[42]」。

しかしフォードの伝説はその後、何十年にもわたって、米国文化のあちこちで語り継がれることになった。ジャック・ケルアックはビートニク小説『オン・ザ・ロード』で、主人公に1937年のフォード車を運転させ、ジェームズ・ディーンは映画『理由なき反抗』で、1949年のフォード車、マーキュリーの改造車に乗った。映画『グリース』に登場する車「グリース・ライトニング」は、1948年のフォード車、デラックスだ。ジョン・D・ロックフェラーがフォード・モーター・カンパニーを「当代の産業の驚異」と称えたのは、誇張ではなかった。[43]

大量生産という奇跡の光と影

組み立てラインは、企業がいかに効率性を高められるかを具体的に示す好例だった。生産方法を標準化し、労働者の作業を単純化することで、組み立てラインは会社の生産力を劇的に向上させた。また、それと同じぐらい注目に値するのは、その土台となった洞察——生産工程をいくつもの段階に分割して、それらの各段階をひとつの物理的なライン上で行うことで、生産工程全体のスピードを速められ、生産量を増やせる——が、けっして直感的なものではなかったという点だ。作業を分けたほうがいいか、それともひとつにまとめたほうがいいかを議論したら、きっとどちらの側からも、それなりに説得力のある主張がなされるだろう。ここでは理屈はあまりに役に立たないのだ。必要なのは、実際にやってみることだった。企業は実際にやってみて、試してみて、正しい答えを見出した。

現在、大量生産とその影響は至るところで見られる。自動車から携帯電話やコンピュータ、家電まで、消費者商品が過去に類を見ないほど、世の中に大量にあふれ、安価で売られている。最新のガジェットが組み立てラインで目を見張る速さで、ひっきりなしに生産され、店の棚（やアマゾンの倉庫）に次々と積み上げられている。新品を買ったほうが修理するより安いことがめずらしくないのは、ひとりの職人の手作業よりも、大量生産のほうがはるかに効率が高いからにほかならない。企業と未来志向の経営者によって牽引されている効率性の向上のおかげで、世界じゅうの何十億人もの生活水準がかつてないほど高まった。大量生産は、企業が起こした奇跡だといっても過言ではない。

しかし、奇跡もときに悪しきものとなる。より少ない労力で、より多くのものを生産するのだから、誰にとっても好都合のように思える。フォードもそう思っていた。しかし大量生産は、企業の内と外の両方で、新しい問題を生み出した。社内では、極度に心身を消耗する労働環境が生まれた。それはしばしば非人間的で残酷とすらいえるものだった。社外では、消費そのものを目的とする新しい欲望が生まれた。また、おそらくそれよりも悪いことに、社会的な規模でそのような欲望を生み出したいという思いを企業が抱くようになった。大量生産は、結果的には、物質主義や、廃棄物や、環境破壊の原因になる危険なものだった。社会がこの問題に正面から取り組むようになるのは、しばらく経ってからのことだ。そしていまだに社会はその影響に対処し続けている。

組み立てラインは、企業の生産力を飛躍的に高めると同時にそれに見合った消費者の需要を生み出した。その結果、数十年で、商業は劇的な成長を遂げた。しかし企業の地平をさらに広げたのは、企業形態に起こった新たな革命だった。多国籍企業の登場により、世界は単一のグローバル市場としてひとつに結びつけられることになる。

第6章

国家を超越した石油会社エクソン

1973年の石油危機

1973年10月17日、シリア軍とエジプト軍がイスラエルに奇襲攻撃を仕かけた日からわずか11日後、中東諸国の石油相がクウェート市で会合を開き、危険を伴う新しい軍事戦術を検討した。アラブの国々ではかなり前から、各国にある莫大な量の石油を地政学的な目的のために利用することが検討されていたが、ついに石油という武器を投入するときが来たのだった。話し合いは8時間にも及んだ。会議後、サウジアラビア、イラク、イラン、クウェート、カタール、アブダビからなる産油国のグループが、石油の生産量を減らすとともに、イスラエルの最も親密な同盟国である米国への石油の輸出を禁止することを発表した。自分たちの要求——イスラエルが1967年の六日戦争以来占領している地域から撤退することと、米国がイスラエルへの軍事支援をやめること――が受け入れられなければ、さらに思い切った減産に踏み切るとも宣言した。

イランのパーレビ国王は次のように述べた。「米国はこれまで安い石油に支えられて、桁外れな発展を遂げ、それ以上に桁外れな収入と富を得てきたが、そのような時代は終わったことに、気づかねばならない。[…] やがて、米国人は生活を切り詰めなくてはならなくなる。やがて、いつでも好きなだけ食べることができ、自分の車を持ち、ほとんどテロリストまがいのことをしてあちこちで爆弾を投げ込んでいるその裕福な家庭のすべての子どもたちが、先進工業国のそのような側面を考え直さなくてはならなくなるだろう」[1]

この石油の禁輸措置は、米国に難題を突きつけた。それまでの数十年間、米国でも、世界全体でも、石油の需要は急速な拡大を続けていた。1世紀近くにわたり、石炭が先進国の主要なエネルギー源となってきたが、第二次世界大戦後、それが石油に取って代わられた。石油には石炭にない長所がいくつもあった。ひとつは液体であることから、輸送がしやすかったことだ。エネルギーの密度も勝り、同じ量でより多くのエネルギーを供給できた。さまざまな用途のために精製するのも容易だった。さらに、燃焼による大気汚染も石炭よりは抑えられた。少なくとも前世紀のロンドンのように、大都市が「死の霧」で包まれるようなことはなかった。

石油ブームは、世界じゅうで経済を成長させ、人々の暮らしを豊かにし、都市や家庭や交通を変えた。米国の石油の生産量では、増え続ける需要に追いつけなかった。逆に、米国で消費される外国産の石油の量は、増加の一途をたどった。1972年、米国の1日当たりの石油の消費量は1700万バレルで、そのうちの640万バレル、およそ38%が輸入された石油だった。西ヨーロッパの国々は、石油のほぼ90%をアラブ諸国からの輸入に頼っていた。したがって、中東の主な産油国が石油の生産量を減らし、米国への輸出を禁止すると発表したことは、由々しい事態だった。石油がなければ、経済は回らなくなる。[2]

ときの大統領リチャード・ニクソンはそのような脅威について、何度も警告を受けていた。アラビアン・アメリカン・オイル・カンパニー（通称アラムコ）が何カ月も前から、ニクソン政権にたびたび緊急メッセージを送って、一触即発の中東情勢への注意を促していたからだ。アラムコは米国の石油大手4社（エクソン、モービル、テキサコ、スタンダード・オイル）からなる企業連合で、サウジアラビアでの石油生産のために結成された団体だった。その重役は大統領に中東情勢についての助言をする慣例になっていた。エクソンは国務省に担当者を常駐させ、中東の新しい動きを逐一伝えられるようにもしていた。

1973年10月12日、アラムコの会長たちがニクソンに手紙を送って、イスラエルへの軍事支援を強化しなければ、中東諸国による報復のエスカレートで「深刻な石油の供給危機が発生する」と伝えた。「同地域の商業的な権益よりもはるかに大きなものが、危険にさらされている」と手紙には書かれていた。「中東における米国の地位が全面的に損なわれようとしている。同地の米国のプレゼンスは日本、ヨーロッパ、そしておそらくはロシアの勢力によって大きく取って代わられる。そうなれば米国は経済と安全保障の両面で大きな打撃を受ける」[3]

しかしこの警告は遅きに失した。行動を起こす間もなく、5日後にクウェート会議が開かれて、石油の禁輸措置が発動された。その後の数カ月で、石油価格は1バレル3ドルだったものが12ドルへと、4倍にも跳ね上がった。1973年11月7日、ニクソンは国民向けのテレビ演説で、国が「第二次世界大戦以来、最も深刻なエネルギー不足」に直面していると告げ、より大きな善のために犠牲を払って欲しいと呼びかけた。サーモスタットの設定温度を下げる、相乗りの車で通勤する、車の走行速度を時速80キロ以下に抑えるといった具体的な方法も示された。2カ月後の1974年1月、ニクソンは国民向けのラジオ演説で、エネルギーの利用を減らそうとする国民の多大な努力にもかかわらず、石油の供給量が大きく不足しようとしていると述べ、あらためて協力を求めた。事態の深刻さを信じようとしない者たちに対しては、ウィンストン・チャーチルの話を引き合いに出して、説得しようとした。

みなさんに省エネや、縮小や不便や、ときには不快をも強いている、打ち続く懸念は、けっして作り話ではありません。事実です。第二次世界大戦中、ある人がウィンストン・チャーチルに、英国は何のためにヒトラーと戦っているのかと尋ねたことがありました。チャーチルはこう答えました。「戦うのをやめれば、すぐにわかる」と。もしわたしたちがエネルギー危機と闘う努力を不要と見なしてしまったら、もし、努力を放棄して、エネルギーの浪費に逆戻りしてしまったら、米国は壊滅的なエネルギー危機に見舞われるでしょう。そのときにはもう、危機が現実かどうかなどと、議論していられなくなります。[4]

石油会社が危機の緩和に果たした役割

当時、一般の人々とニクソンの両方からきびしい批判を浴びたのは、石油会社だった。ニクソンは石油危機の深刻さを訴えたのと同じ演説で、次のように誓った。「持てる力をすべて使って、大手の石油会社やエネルギー生産者がこの危機で不当な利益を上げるのを阻止します。〔…〕一般の人々を犠牲にして、法外な利益をむさぼることは、自由の国では許されません」

むずかしい立場に立たされたのは、アラムコだった。アラムコはサウジアラビアから禁輸措置の実施を託されていた。１９７３年10月21日、サウジアラビアのアハメド・ザキ・ヤマニ石油鉱物資源相がアラムコのフランク・ユンガーズ社長と会って、新しい輸出のルールの詳細を検討した。ユンガーズが報告したように、「サウジアラビアとその複雑さについて話し合い、今回の計画がきわめてむずかしいものであることは十分認識しているが、アラムコはサウジアラビアからその取り締まりを任され」ていた。エクソンをはじめ、石油大手各社が１９７３年に好業績を記録したのも、助けにはならなかった。エクソンの収益が過去1年間で59%上昇したというニュースは、エネルギー危機下では歓迎されなかった。[5]

しかし石油会社が石油危機を生み出すだけでなく、緩和するうえでも、じつは重要な役割を果たしていることには、ニクソンは触れなかった。ニクソン自身の石油危機を解決しようとする努力は、おおむね空振りに終わっていた。そもそも中東諸国との交渉の先頭に立つ国務長官ヘンリー・キッシンジャーが、石油市場のことをほぼ何も知らなかった。みずから側近に次のようにいっている。「石油のバレルの話はしないでくれ。コカ・コーラのボトルと混同するほどだ。さっぱりわからない」。国内にある石油を消費者のもとに届けようとする政府の取り組みも、うまくいかなかった。禁輸措置の発動前、米国は全国にガソリンを均等に供給する目的で、割当制度を導入していた。しかし、その制度は融通が利かず、需要にもとづいて、ある地域の石油を別の地域に振り向けるということをしづらくした。ドライバーたちはガソリンの売り切れを心配し、かえって、燃料タンクいっぱいにガソリンを入れるようになった。ガソリンスタンドには長蛇の列ができ、給油の順番が回ってくるまでに1時間以上かかった。一部の州では、ナンバープレートが奇数の車と偶数の車とで、給油できる日を交互にする、ガソリンの供給制限が導入された。政治家たちがいうこともそれぞれ違っていたので、市民のとまどいや不満は募る一方だった。[6]

政府がそのような麻痺状態に陥る中、米国最大の石油会社エクソンが行動を起こした。1970年、エクソンの石油と天然ガスの生産量は、世界の1日の総需要4000万バレルの約15%を占めた。世界じゅうに権益を持ち、その中には中東での数多くの事業も含まれた。リビアに子会社があるほか、サウジアラビアのアラムコの株式を30%、イランのコンソーシアムの株式を7%、イラク石油会社の株式を12%保有し、さらに、カタール、アブダビ、レバノンにも子会社があった。それらをすべて合わせると、中東での生産量が、世界全体での1日の生産量6200万バレルの半分近くに達した。したがって、石油危機のまさに震源に位置するのが、エクソンだった。

エクソンは当初から、そのような自社の地位を生かして、禁輸措置が世界市場へ与える影響をできるだけ小さくしようと取り組んだ。1973年10月8日、十月戦争（第四次中東戦争）の勃発からわずか2日後、減産の発表の前に、エクソンの中東担当の重役がウィーンに行って、石油輸出国機構の代表者と会い、石油価格の値下げの交渉をした。この交渉が失敗に終わると、西側の経済が禁輸措置を乗り切るには、民間の石油会社の一致協力した行動が必要になると、エクソンは判断した。そこで、それから数週間にわたって、ほかのセブン・シスターズ（石油メジャー7社）と石油の出荷調整を行うための交渉を重ねた。

　最終的には、「平等の苦しみ」（ロイヤル・ダッチ・シェルにいわせると「平等の不幸」）と名づけられた複雑な仕組みによって、各国のあいだで禁輸措置の影響がならされるようにすることで、話し合いがまとまった。この「平等の苦しみ」の仕組みは、簡単にいえば、石油危機以前の各国の石油の消費量にもとづいて、各国に石油供給量を割り当てるよう、石油会社に求めるものだった。これにより、どの国でも同じ割合だけ石油の輸入量が減るようにでき、ある国では激減し、別の国ではまったく減らないといった事態を防ぐことができた。こうしてセブン・シスターズの目標が決まると、各社は地理や、時期や、禁輸措置の規定にもとづいて、供給の調整を始めた。アラブ諸国の石油は、禁輸措置を科されていない国に送られ、非アラブ国の石油は、禁輸措置を科されている国に送られた。エクソンは、柔軟に輸出できるイラン、ナイジェリア、ベネズエラ、インドネシア産の石油の、米国への輸出量を増やす一方、輸出が制限されている石油をヨーロッパに送った。日本では、インドネシアとアラブ諸国からの輸入が増え、イランからの輸入が減った。[7]

　エクソンがこのように複雑な国際協定を実現させられたのは、ひとえに世界じゅうで事業を営んでいたからだった。エクソンはグローバル経済を主戦場にしてきた長い歴史を持ち、世界各地の市場に石油の生産から精製、輸送、販売まで、高度につながり合ったシステムを築いていた。このシステムの中枢が置かれているのは、ニューヨーク市マンハッタン地区の6番街と49丁目の交差点にそびえるエクソン本社の25階だった。そこで、テレビ画面がずらりと並べられて、65の国々のあいだを行き来する500隻のタンカーの運航が記録された。またエクソン本社と、ヒューストンから東京まで、世界各地の支店とは、「ロジックス」と呼ばれる独創的なコンピュータシステムでつながれていた。このシステムの機能はじつに見事だった。禁輸措置下で石油メジャーが販売した石油の量は、米国で17%、ヨーロッパで18・6%、日本で16%それぞれ減った。もし石油会社が供給源の調整をしていなければ、米国への石油の供給量は29%減っていただろうと推定された。連邦エネルギー局は禁輸措置の報告書で次のように結論づけている。「米国企業が世界的に石油の供給を調整することで、供給が均等に割り当てられた結果、アラブ諸国の石油という武器の威力が弱められた。[…]政府のいかなる割り当て計画であっても、供給不足の中で、これほどまでに平等な供給の割り当てを実現することは、むずかしかっただろう」[8]

しかし石油の禁輸措置は、石油会社が国力に欠かせないものになっていることも明らかにした。石油会社は政治的な圧力にさらされながら、同時に企業としての務めも果たさなくてはならないというむずかしい立場に立たされることになった。禁輸措置が続いているあいだ、エクソンは政府から再三、自国や、あるいはそれより頻度は低かったが、同盟国の利益を優先するよう、強い要請を受けた。連邦エネルギー局の局長ジョン・ソーヒルが石油会社に「できる限り多く、米国に回す」ことを求めもすれば、のちにオランダが禁輸措置を科されたときには、ヘンリー・キッシンジャーが石油会社に「オランダへの配慮」を求めもした。日本の通商産業大臣は、インドネシア産の石油を米国へ振り向けようとする石油会社の計画を知ると、石油会社を呼び出して、日本への供給をわずかでも減らさないよう釘を差した。英国では、首相のエドワード・ヒースがブリティッシュ・ペトロリアムとシェルの会長を首相の公式別荘チェッカーズに招待して、英国への石油の供給量を禁輸措置以前と同水準に保つよう求めた。この一件で「営利の活動ではなく、政治的な活動であることが明白になった」と、エクソンのある重役は述べている。エクソンの別の幹部は、ジャーナリスト、アンソニー・サンプソンから、エクソンが世界を支配しているように感じたのではないかと尋ねられ、次のように答えた。「それは逆で、世界がわれわれを支配していたのです[9]」

　中東の石油に依存している白社や米国の消費者のもろさが浮き彫りになったことから、エクソンはなんらかの対策を講じることを決めた。それは中東以外のどこかで油田を見つけることを意味した。そこでエクソンは、それまで遠さや、接近のむずかしさや、気候のせいで、作業が不可能と考えられていた場所で、10年にわたって、積極的に油田の探査や開発を進めた。その結果、アラスカ、オーストラリア、マレーシア、北海で大油田が開発された。これらの発見はやがて、多大な利益を生み出すと同時に、世界の石油供給量の大幅な増加につながった。

　しかし新しい油田が稼働するまで、１９７３年の5カ月間、世界の経済活動を支えたのは、エクソンだった。

グローバル化の原動力となった多国籍企業

わたしのおじがあるとき、ミシシッピ州のある池でワニの子どもを見つけた。おじはそのワニをテキサス州オースティンの自宅に持ち帰り、裏庭のプールでペットとして育て始めた。最初、ワニは小さくて、かわいらしかった。しかし当然ながら、すぐに成長して、どこからどう見ても、かわいらしくはない、猛獣へと変貌した。うかつにもそうなることを予期していなかったおじは、怖がり、つねに安全な距離を保つようになった。ある日、おじが帰宅すると、ワニは庭から逃げて、消え去っていた。おじもわたしも、以来、二度とそのワニを目にしていないが、数年前、オースティンのタウン湖で小さなワニを見かけた。わたしはそれをあのワニの遠い親戚だと思うようにしている。

野生動物を育てれば、やがて飼い主の手に負えなくなるのがふつうだ。そのことは企業にも当てはまる。企業は国民国家の産物であり、もともとは国家によって生み出され、国家から権利や特権を授けられたものだった。しかし20世紀になると、特に第二次世界大戦後、企業が国民国家を凌駕し始めた。企業は昔から、商取引の障壁となるもの――戦争に明け暮れる中世末期の王国から、大航海時代の大海原まで――をあるいは壊し、あるいは克服しようと努めてきた。しかしいつの時代も、国際的な商売は、多大なコストとリスクを伴う、きわめて不安定なものだった。それが第二次世界大戦後、各国が貿易の障壁を取り払い、国際的な経済協定を締結し始めたことで、しだいに世界各地で多国籍企業が誕生するのに必要な条件が整った。貿易の自由化や、輸送コストの低下や、情報通信技術の進歩といったことが、企業を真にグローバルなものにし、世界じゅうに子会社や支部のネットワークを張り巡らせる企業帝国へと発展させるのを可能にした。企業は今や、ある国で原料を調達し、別の国で製品を生産し、また別の国でそれを販売することができ、しかもそういうことをすべて、同一の企業体の管理下で手がけられるようになった。そのような多国籍企業が利用したのは、比較優位という経済の基本的な原則だった。すなわち、ふたりの個人、あるいはふたつの国が、互いに異なる能力を持っている場合、相互の交流により、双方が利益を得られるという原則だ。多国籍企業はこの比較優位の原則を世界的な規模で使い、各国の経済に利用できるものがあればなんでも利用した。

この多国籍企業の活動がグローバル化という新しい現象の原動力になった。戦後、サプライチェーンがグローバル化し、人とアイデアの国境を越えた往来が活発化するにつれ、各国の経済は相互依存を深めていった。国際的な企業は、国境を越えた商取引の経済的な利点を利用するというだけでなく、世界から最高の人材を集めて、新しい世界での成功に必要な訓練を施すということを通じても、グローバル化の進展に貢献した。こうして新しい国際的な資本主義が形成され始めた。

しかし多国籍企業は世界という舞台でどのような役割を果たすことになるのか。国民国家の軛《くびき》から解放されたことで、地域社会を餌食にする獰猛《どうもう》な肉食獣と化すのか。それとも国際的な経済システムを豊かにしながら、地域社会にうまく溶け込むのか。あるいは、もっと具体的な問題として、多国籍企業が国内の厄介な規制を避けるため、いつでも国外に拠点を移せるとしたら、政府はどのようにその活動を規制できるのか。多国籍企業の台頭は、国民国家間に底辺への競争を招くのか。各国が企業を誘致しようとして、企業の責任や義務が免除されるという事態を引き起こすのか。多国籍企業は過去になかったタイプの企業であり、その隆盛は資本主義と民主主義の関係に根源的な問いを投げかけた。最も強大な多国籍企業であるとともに、その先駆けでもあるエクソンの歴史には、グローバルな企業にはどういう可能性と危険性があるのかが示されている。

嫌われ者の石油会社エクソンの歴史

2006年、著名なジャーナリスト、トーマス・フリードマンがフォーリン・ポリシー誌に「石油地政学の第一法則」と題する論考を発表した。「石油の富は民主主義を損ねる」というのがその論旨だった。フリードマンの考えでは、石油と抑圧のあいだには紛れもない結びつきがあり、石油の価格が上がるほど、政治的・経済的な自由は減った。そのような反比例の背後にあるメカニズムは単純だった。産油国では、支配層に莫大な石油収入が転がり込むと、それが自国の経済や教育に使われず、賄賂や、社会運動の弾圧に使われてしまうというのだ。したがって、石油の確認埋蔵量が多い国々のリストと、世界で最も抑圧的な国々のリストとが似通ったものになるのは、偶然ではなかった。「石油価格と自由度とは、つねに反対方向へと進む」とフリードマンは書いている。このフリードマンの論考は政界に大きな影響を及ぼし、もともと不人気だったあるグループへの批判を再燃させた。あるグループとはいうまでもなく、石油会社だ。[10]

大手石油会社ほどひどく嫌われている企業群もめずらしい。多くの人にとって、「石油会社」は強欲や、汚職や、環境破壊と同義語だ。石油会社といえば、必ず、アラスカ沖で起こったエクソン・バルデイーズ号の原油流出事故や、メキシコ湾で起こった石油掘削施設ディープウォーター・ホライズンの原油流出事故、さらには地球温暖化が思い起こされる。油田の優先利用と引き換えに、世界じゅうの独裁者や悪徳政治家を支えているとも責められている。それでいて、数々の問題を抱えていながら、世界で最も儲かっている企業でもあるのが、石油会社なのだ。世の中から悪くいわれるのも当然かもしれない。

しかし、おそらく、そういう批判――石油会社は悪いことをして儲けている――がもっともなものであるがゆえに、そもそもなぜ石油会社がそれだけの力と富を手に入れられる地位へとのぼり詰めたのかは、見過ごされやすい。簡単にいうなら、石油会社が勢力を伸ばしたのは、ニーズを満たしたからだった。社会がエネルギーを必要とし、石油会社はそれを提供した。石油はふんだんにあり、輸送が可能で、エネルギーに富んでいた。石油のおかげで、明かりをつけっぱなしにすることも、車を好きなだけ走らせることも、景気を維持することも可能になった。石油がなければ、経済は停滞し、ひいては人々が苦しむ。石油があれば、社会は繁栄する。石油会社は早くからこのチャンスに目をつけ、その実現に必要となる巨大な組織を築き上げた。地下に隠れている油田を探すため、世界じゅうで地質調査を行いもすれば、掘削や輸送や精製の新しい手法も開発し、さらに何十もの国々で販売とマーケティングの事業も立ち上げた。これらはすべて世界で最も価値のある資源を滞りなく供給して、いつまでも尽きそうにない需要を満たし続けるためだった。

石油とエネルギーと多国籍企業が今の世界の形成にどれほど幅広く影響を及ぼしたかを理解するには、どこよりもエクソンから始めるのがいい。エクソンは長年にわたって、世界で最高峰の収益を上げている石油会社だ。その収入は国の収入をも上回る。保有する石油の確認埋蔵量は何十億バレルにものぼり、世界じゅうに何百もの傘下の組織を持つ。ただし、エクソンモービル・コーポレーションの歴史をたどるのは、容易ではない。その歴史はナイル川のように入り組んでいるからだ。数々の支流やら、分流やら、小川やらがあり、ときに枝分かれし、ときに合流してきた。名称もさまざまに変わった。スタンダード・オイル・オブ・ニュージャージーになり、ソコニーになり、バキュームになり、ハンブルになり、エッソになり、エクソン・コーポレーションになり、現在はエクソンモービルになっている。本書では、便宜上、特に区別が必要な場合を除いて、すべてエクソンと呼ぶことにしたい。

エクソンはスタンダード・オイルとして産声を上げた。1870年、ジョン・D・ロックフェラーというオハイオ州クリーブランドの30歳の実業家が、同市で成長著しかった石油の精製業に参入しようと、スタンダード・オイルを設立した。1860年代に、灯油が安価で信頼できるランプの燃料として登場し、それまで使われていた、高価で音もパチパチとうるさい鯨油に取って代わっていた。灯油の原料は、1859年にペンシルベニア州タイタスビルの地表からわずか21メートルの場所で見つかったのち、全米各地で次々と見つかった石油だった。ロックフェラーは灯油に大きな将来性を感じた。文字どおり、灯油は国を明るく照らすことになるものだった。当時、ほとんどの米国人は、高価な鯨油を気軽には買えず、好きなだけ明かりを灯すというわけにはいかなかった。たいていの人は日没後はすぐに寝ていた。それが安価な灯油ランプのおかげで、突然、夜も食べたり、飲んだり、読んだり、遊んだりできるようになった。[11]

ロックフェラーが抱く事業の展望は、当初から壮大だった。「やがてすべての石油がスタンダード・オイルによって精製され、出荷される日が来るだろう」と語ったこともある。この予言は、おおむねそのとおりになったが、そのために用いられた手段はほめられたものではなかった。ロックフェラーは競争相手を脅したり、丸め込んだり、威圧したりして、会社を売却させるか、廃業させるかした。「破滅をもたらす競争相手」を排除するためには手段を選ばなかった。そのやり方はまるで独占企業の築き方のお手本を示しているようだった。鉄道会社と交渉して、特別運賃で石油を運ばせたり、他社が石油の輸送に鉄道を利用するときには、そのつど鉄道会社が彼にお金を払うという取り決めを結んだりした。市場価格より安い値段で石油を売って、自社より規模の小さい競争相手を倒産に追い込み、競争相手が倒産すると、すぐにまた値段を引き上げた。ほかの事業で上げた利益を隠匿するため、ペーパーカンパニーも使った。他社にスパイを送り込んで、経営や料金に関する情報を盗みもした。

スタンダード・オイルはほどなく、「オクトパス（たこ）」とあだ名されるようになった。たこのようにどんなものにも触手を伸ばして、掴みかかったからだ。1879年、スタンダード・オイルは米国の精製能力の90％を占めた。1891年には、米国の原油の総生産量に占めるスタンダード・オイルの原油の生産量の割合が、4分の1にまでなった。「これからは組織の時代になる。個人の時代は終わった。もう二度とそのような時代はやってこないだろう」と、ロックフェラーは高々と宣言した。[12]

しかし当時の鉄道会社同様、スタンダード・オイルも傲慢さが災いした。卑劣で強引なやり口はすぐに国民の怒りを買った。その何年も前から、議員と市民がその不公正な行為を批判してきたが、スタンダード・オイルは意に介さなかった。1888年、スタンダード・オイルの重役はロックフェラーに次のようにいっている。「最近の反トラストの騒ぎは、きっと一過性のものにすぎません。こういうことには毅然とした態度で臨むべきです。どんな質問をされても、もっともらしい返答でやり過ごして、肝心な事実は伏せておきましょう」
しかし1902年、強敵が現れた。マクルーア誌の記者で、「醜聞をあさる」調査報道で知られるジャーナリスト、イーダ・ターベルだ。ターベルは、米国で最初の石油ブームが起こったタイタスビルの出身だった。父親の石油会社がかつてスタンダード・オイルのせいで倒産していたことから、ロックフェラーに対しては個人的な恨みもあった。数カ月かけて、スタンダード・オイルの実態を調査したターベルは、1902年、マクルーア誌に連載で記事を書き始めた。記事はのちに書籍化されて、スタンダード・オイルの悪事――詐欺的な手法や、反競争的な協定や、法案の操作――をすべて暴き出した。
あるエピソードでは、ターベルがスタンダード・オイルの重役に、法案を操作しようとしたことがあるかと、単刀直入に尋ねている。重役はターベルの問いに次のように答える。「ええ、それはもちろん、ぬかりないですよ！　彼らがここへ来て、選挙運動のために寄付をして欲しいといいます。そこで、わたしたちは寄付をします。個人としてです。[…]　それなりにまとまった金額を選挙運動のために気前よく寄付します。その後、わたしたちの利益に反する法案が現れたときには、その秘書のところへ行って、いうわけです。『これこれの法案が提出されようとしているが、わたしたちに都合の悪いものになっている。わたしたちの利益に配慮して欲しい』とね。どこでもやっていることです」。ターベルが記事の中で次のように辛辣に断じても、ロックフェラーにはもはや反論の余地がなかった。「ロックフェラー氏は一貫していかさまを働いてきた。1872年以来、氏が誰かと競争して、フェアであったことは一度としてなかったと思われる」[13]
1901年の大統領選で独占企業対策を公約に掲げて当選していたセオドア・ローズベルト大統領

は、米国の画期的な反トラスト法であるシャーマン反トラスト法の適用を決意した。スタンダード・オイルに対しては、溜め込んでいる悪感情があった。1908年のある大きな演説で、名指しして、次のように批判している。「過去6年間に可決された、商取引の誠実さのための法案のすべてにおいて、これらの者たちはその可決にも、運用にも抵抗してきました。ありとあらゆる卑劣な手を使って、無尽蔵な資金力にものをいわせてです」。ローズベルトがスタンダード・オイルの調査を命じ、1906年、同社は組織的な反トラスト法違反のかどで連邦政府によって起訴された。ターベルの調査が発表されたあとでは、スタンダード・オイルに勝ち目はなかった。1911年、スタンダード・オイルは連邦最高裁から解体を命じられた。[14]

しかしスタンダード・オイルの解体は、新しい歴史の始まりでもあった。1911年の時点で、スタンダード・オイルはとてつもなく大きな会社になっていた。解体されたとはいえ、一般的な基準では巨大といえる会社がいくつもできた。最高裁はスタンダード・オイルに対し、34の独立企業への分割を命じたが、各社の規模を均等にすることにまでは注意を払わなかった。分割でできた会社でいちばん大きかったのは、スタンダード・オイル・オブ・ニュージャージーで、スタンダード・オイルの純資産のおよそ半分を引き継いだ。この会社がのちにエクソンになる。ただしそのほかの会社もけっして小さくなかった。2番めに大きかったスタンダード・オイル・オブ・ニューヨークはスタンダード・オイルの純資産の9%を引き継ぎ、のちにモービルになる。スタンダード・オイル・オブ・カリフォルニアはのちにシェブロンになった。スタンダード・オイル・オブ・オハイオはブリティッシュ・ペトロリアムの米国支社になり、コンチネンタル・オイルはコノコになる。これらの会社はいずれも新しい石油メジャーの世界で主要なプレーヤーになった。

エクソンが主導した第一次世界大戦下の石油供給

石油会社にとってはあつらえ向きの時代だった。20世紀に入る頃には、照明以外にもさまざまな用途に石油が使えることが明らかになっていた。蒸気船や、鉄道や、自動車をはじめ、ほかの産業でも、石油が主要なエネルギー源として使われ始めていた。なんといっても大きかったのは、１９０３年にヘンリー・フォードが自動車会社を設立し、１９０８年にT型フォードが発売されたことだ。その後の10年で、自動車を所有する人の数は飛躍的に増えた。１９１４年から20年のあいだに、米国の登録自動車台数が１８０万台から９２０万台へと増え、１９３０年代にはそれが２３１０万台に達した。自動車ブームは石油ブームをもたらした。１９１０年、ガソリンの売上高が史上初めて、灯油の売上高を上回り、以後、その傾向は加速する一方だった。米国最大の石油会社だったエクソンは、このエネルギー源の劇的な変化というチャンスに乗じるのに絶好の位置にいた。[15]

しかし、エクソンもまずは世界大戦を生き延びなくてはならなかった。第一次世界大戦前の数年で、米英の海軍が船の燃料を石炭から石油へ切り替え始めていた。石油で動く戦艦には、石炭で動く戦艦より優れている点がいくつかあった。まず、最高速度と加速性能で勝っていた。水兵が煙やすすを浴びずにもすんだ。石炭を動力源にする船の場合、石炭庫からシャベルで石炭をすくい取って、火室へ投入するという作業に多くの人員を必要としたが、その必要がなかった。そもそも石油は液体だった。

1912年、当時英国の海軍大臣ウィンストン・チャーチルは、英海軍では以後、石油の船しか造らないと発表した。[16]

しかし1914年に戦争が勃発すると、問題が生じた。英国は石油に切り替えていたが、国内ではまったく石油を生産していなかった。石油はすべて同盟国、特に米国からの輸入、とりわけエクソンに頼っている状態だった。1914年、米国は世界の産油量の約65%に当たる、年間2億6600万バレルの石油を生産し、戦時下の同盟国で消費される石油のおよそ80%を供給していた。エクソンの石油だけで、同盟国の石油の4分の1を占めた。しかしそれでも完全に足りているわけではなかった。戦争の後期になると、連合国を支えているのが米国の石油であることに気づいたドイツが、大西洋を航行するエクソンのタンカーを標的にし始めた。1917年の5月から9月までのあいだだけで、6隻のエクソンのタンカーがドイツの潜水艦に撃沈された。英海軍では燃料が不足し始めた。在英米国大使は1917年7月に次のように書いている。「ドイツが戦果を上げている。燃料油を運ぶ船が多数、ドイツによって撃沈された。このままでは英国はすぐに危機的な状況に陥るだろう。海軍の主力艦隊までもが燃料不足に見舞われる恐れがある。［…］事態はきわめて深刻だ」。英国の植民地大臣ウォルター・ロングは何度も警告を発し、1917年10月には次のようにいった。「今いちばん必要なのは、石油です。今日では、石油がわれわれの最大の動力になっているのですから」[17]兵力や、武器や、資金があっても、石油がなければ、どんなものも役に立たなくなってしまいます。

しかし、米国政府にはそのような同盟国の緊急の訴えに応じたくても、応じる能力がなかった。国内の石油の生産に関して、確かな情報を持たず、輸送のシステムについてはほとんど何も知らなかったからだ。代わりに、同盟国の燃料不足を救う努力の先頭に立ったのは、石油会社だった。エクソンの社長アルフレッド・ベッドフォードが、新設された国家戦時石油委員会の委員長として、最も必要とされる場所に石油が供給されるようにするための調整の指揮を執った。1918年2月、連合国はさらに対策を進めるため、連合国石油会議を立ち上げ、連合国間で石油の供給や輸送を融通し合う取り組みも始めた。主導したのは、ここでもエクソンだった。エクソンがライバル会社ロイヤル・ダッチ・シェルとともに会議を取り仕切った。このような組織の取り組みと、石油タンカーの護衛の強化とが組み合わさることで、石油の問題は解決に向かい、連合国に勝利の道が開かれた。

世界各地での採掘権の獲得と多国籍企業化

ベルサイユ条約の締結で第一次世界大戦が終わると、エクソンは次の大物を探し始め、やがてそれを外国で次々と見つけた。戦間期は石油の需要が爆発的に増大した時代だった。しかしエクソンは十分に石油を生産できないという悩みにたえずつきまとわれていた。米国政府も同じ悩みを抱え、そもそも米国の地下に、国内の需要を満たせるだけの石油がないことを懸念していた。1911年から18年にかけ、米国の石油の消費量は90%上昇した。一方で国内の石油の生産量はわずか50%しか伸びていなかった。エクソンの石油の生産はまったく追いついていなかった。将来の見通しは暗澹たるものだった。1919年、米鉱山局の局長が次のような予想を口にしている。「今後2~5年で、わが国の産油量はピークに達し、その後は、減少の一途をたどるだろう」[18]

この難局に挑んだのが、エクソンの豪腕社長ウォルター・ティーグルだった。ティーグルは1917年に39歳でエクソンのトップに就任すると、ロックフェラー時代以降では前例のない独裁体制を瞬く間に固めた。身長190センチ、体重140キロという大男で、ただ立っているだけで威圧感があった。ずけずけとものをいい、押しが強く、どんな衝突にもたじろがなかった。部下からは「ボス」と呼ばれたが、まさにその呼称がぴったりだった。手強い交渉相手としても恐れられた。ある同僚によれば、「なんでも値切った」という。「一にも二にも交渉だった。会社の金を使うときは、5セントの葉巻ですら高すぎるといい、それを4セントで買おうとした」。しかし、ティーグルは石油産業に関する深い専門知識も持ち合わせていた。もともとコーネル大学の機械工学部の優秀な学生で、大学から教授陣に加わるよう誘いを受けたほどだった（卒論のテーマは「原油の脱硫」）。その誘いを断って、石油業界に入ったのだ[19]。

エクソンの社長に就任したときには、課題をはっきりと自覚していた。以前から、石油の確認埋蔵量の不足がエクソンの弱点であるというのが、持論だった。ティーグルは、国内だけでなく、世界じゅうで積極的に油田を探す必要があると考えた。当時、これは当然の決定とは見なされなかった。ほかの取締役たちはそのような油田探しには難色を示した。リスクが大きすぎるというのが理由だ。ある取締役は次のようにいった。「世界じゅうで乾いた穴を掘るようなまねは、やめましょう。われわれは販売の会社です」。実際、原油の生産量は石油製品の生産量のわずか16％にすぎなかった。しかし最後には、頑固なティーグルが取締役たちを説き伏せて、外国で油田の獲得に乗り出すことへの支持を取りつけた。

1920年、スタンダード・オイル・カンパニーの創業50周年の式典で、ティーグルはエクソンの新方針を発表し、次のように述べた。「スタンダード・オイル・カンパニーの現在の方針では、どの国にあるかに関係なく、世界のすべての油田に関心が向けられています」[20]

米国政府も外国で油田を見つけようとするエクソンの取り組みを積極的に支援した。第一次世界大戦での経験を通じて、議会とホワイトハウスは石油が米国の安全保障にとって、死活的に重要であることを学んでいた。米国地質調査所の所長ジョージ・オーティス・スミスは政府に対し、「米国の企業が世界各地で石油生産の活動範囲を拡大しようとするあらゆる取り組みを、道義的に支える」よう求め、国務省は各国の領事に、「現在及び将来の米国で必要とされる鉱油の供給を確保することの死活的な重要性」について、通達を出し始めた。米国の石油会社を締め出そうとする産油国があれば、米国の企業を受け入れるか、さもなくば米国市場から締め出されるかだといって、米政府が圧力をかけた。1920年にはそのような方針が、鉱物貸与法として法制化されもした。それは米国企業を差別する国の企業には、米国の鉱物に関する権利をいっさい認めないことを定めた法律だった。[21]

ティーグルの国際的な事業展開により、エクソンの勢力範囲は大きく広がった。始まりは、南米のベネズエラからだった。エクソンは1919年、ベネズエラに地質学者を派遣した。地質学者たちは浮かない表情で帰国した。マラカイボ盆地に行き、投資に反対する助言をした地質学者のひとりは、次のように報告している。「当地に数週間滞在すれば、必ず、マラリアに感染するか、慢性化の恐れがある肝臓や腸の病気にかかるだろう」と。しかし、ライバル企業であるロイヤル・ダッチがベネズエラに莫大な投資をしていたことから、ティーグルは地質学者の助言に従わず、投資に踏み切った。当初、これは判断を誤ったように見えた。ほかの企業はベネズエラで石油を掘り当てたが、エクソンは辺鄙な場所にある狭い鉱区の採掘権を得るのがやっとだった[22]。

エクソンが採掘権を得た最大の鉱区は、広さが約17平方キロで、マラカイボ湖の湖底にあった。幹部の口から、もし石油が見つからなくても、少なくとも漁業には進出できるなどという冗談も出た。そこはティーグルの地質学者が警告していたとおりの危険な場所だった。開発のために派遣された技術者たちは、ほとんど道なき道を分け入っていかなくてはならなかった。自動車は通れず、使えるのは牛車ぐらいだった。地図は当てにならず、地図で川とされている場所に行くとジャングルが広がっていたり、ジャングルとされている場所に行くと川に出くわしたりすることがたびたびあった。病気も蔓延し、先住民族にもたびたび襲撃された。作業員が社員食堂のベランダで座っていて、弓矢で殺される事件が起こってからは、木立から狙われないよう、キャンプ地の周囲の木々を伐採する措置が取られた。それでも1928年、エクソンは石油を掘り当てた。水中掘削の技術を改良し、マラカイボに莫大な埋蔵量があることも突き止めていた。ティーグルの賭けは大きな見返りをもたらした。その後すぐ、メキシコとボリビアでも子会社が設立された[23]。

次は中東だった。エクソンは1925年に、アングロ・ペルシャン・オイル・カンパニーとロイヤル・ダッチとの合同調査でイラクに地質学者を派遣し、当地の将来性を確信する報告を受けていた。特に有望だったのは、クルド人地区のキルクーク近郊にあるババ・グルグル油田だった。そこでは昔から、天然ガスの巨大な火柱が地面から立ちのぼっていた。古代ギリシャの哲学者プルタルコスの著作『英雄伝』にも、住民が石油で道に火をともして、アレクサンダー大王の来訪を歓迎したという記述がある。

1927年に掘削が始まると、湧き出た石油が地上から15メートルの高さにまで噴き上がった。この噴出を抑えるのに8日を要したほどだった。

翌1928年、エクソンはほかの大手石油会社と、トルコ、シリア、イラク、カタール、サウジアラビア、イエメン、オマーンからなる地域の石油権益を巡って、「赤線協定」を結んだ（「赤線」と呼ばれたのは、戦前のオスマン帝国の国境を赤線で示した地図にもとづいた協定だったからだ）。この協定は長年にわたって論争を呼ぶことになるが、大きな利益ももたらした。[24]

ティーグルはソ連とドイツでも事業を立ち上げた。1920年にエクソンはロシアの石油会社を、ロシア革命で国外へ逃れていた富裕なノーベル家から買い取っていた。この投資は結果的には失敗だった。ウラジーミル・レーニンは1921年に新経済政策を発表したときには、西側の企業に対して融和的な姿勢を示し、「われわれは独力では疲弊した国内の経済を立て直せない。外国から設備や技術の支援を受ける必要がある」と述べていた。ソ連は「帝国主義国の最も有力な企業連合」とのビジネスを歓迎するはずだった。ところが、レーニンの一連の約束は、守るより破ることを名誉とするものであったことがすぐに明らかになった。ソ連はもとから外国企業の採掘権を尊重するつもりなどなく、当然のようにその石油を取り上げて、自分たちで売った。ティーグルはこの屈辱的な仕打ちに激怒し、以後、ソ連との関わりをいっさい断った。「こんなふうに気分を害するのがいかにも古風なのは自分でもわかっているが、他人の家に盗みに入るとか、他人の財産を盗むとかいうことをするような人間と仲良くするのは、人とのまっとうなつき合い方だとは、わたしにはとうてい思えない」。レーニンの後継者、ヨシフ・スターリンは、逆にもっとはっきりと西側の石油会社に敵対的な態度を取った。自分の最初の仕事は、国民に「石油産業の企業家たちに対するけっして消えない不信感」を植えつけることだったと述べている。[25]

ドイツでは、もっとティーグルの思いどおりにことが進んだ。ティーグルは1926年にドイツの総合化学会社ＩＧファルベンの工場を訪ねて、深い感銘を受けていた。「本物の研究とはどういうものなのかを見せつけられた。そこで見たものと比べたら、自分たちがやっているのはお遊びでしかなかった」。ファルベンとの提携に損はないと確信したティーグルは、ファルベンと協定を結んで、石炭から合成石油を作るファルベンの特許技術の使用権を得た。一方、エクソンからファルベンに対しては、エクソン株の2％が譲渡された。それから20年にわたり、2社は研究を共有し、特許を交換し合った。のちにティーグルは、ファルベンがナチスに加担していたのを知りながら、そのことには目をつぶっていたと非難されることになる。ファルベンの取締役も、アウシュビッツ強制収容所の隣に工場を建設して、収容者に奴隷労働をさせていたことなどが戦争犯罪と見なされ、戦後開かれたニュルンベルク国際軍事裁判で、有罪の判決をいい渡された。[26]

第二次世界大戦が始まる頃には、エクソンはティーグルのもとで大きく変貌を遂げていた。もう「販売」の会社ではなかった。経営の混乱もなく、外国に持つ権益もわずかではなかった。今やれっきとした多国籍企業であり、盤石な経営体制と一流の研究部門を持ち、世界じゅうに100を超える傘下組織のネットワークを張り巡らせていた。これはひとつには、自分のビジョンにもとづいて会社を変えようとしたティーグルの固い決意の賜物だった。しかしそれだけでなく、石油の重要性がまぎれもなく高まったことも背景にあった。内務長官ハロルド・イケスは1935年に次のように書いている。「わたしたちが全面的に石油に依存していることは、間違いありません。石器時代に始まって、青銅器時代、鉄器時代、工業時代を経て、今、わたしたちは石油の時代を迎えています。石油がなければ、今のような米国の文明は成り立たないでしょう[27]」

石油に支えられた第二次世界大戦の勝利

第二次世界大戦が勃発すると、エクソンはふたたび米国の戦争遂行で中心的な役割を果たすことになった。軍を動かすためには、石油の供給をどうしても途絶えさせるわけにはいかない枢軸国は、油田を確保する必要から、戦局を左右することになる重大な決断を下した。1941年に日本がパール・ハーバーを攻撃したのも、東インドの油田を獲得しようとするうえで、パール・ハーバーの米艦隊が脅威になると考えたからだった。日本海軍の提督は次のようにいっている。「石油がなければ、いかなる戦艦もかかしと変わらない」。ドイツがロシアに侵攻したのも、少なくともひとつには、コーカサス地方の油田を獲得したいという思いからだった。ドイツの軍需大臣アルベルト・シュペーアが「石油が主な動機だったことは確かだ」と述べている。米国の東海岸付近の大西洋では、英国に向かう石油タンカーが、ドイツの潜水艦隊の標的にされた。ドイツのエルビン・ロンメル将軍は次のように論じた。「どれだけ勇敢な兵士であっても、銃がなければ戦えない。銃があっても、弾が十分になければ、戦えない。機動戦で乗り物を動かす石油が不足すれば、銃も弾も役に立たなくなる[28]」

本国の米国では、エクソンは戦争遂行を支えるため、できる限り多くの石油を生産し、輸送することに全力を注いだ。前回の戦争同様、今回も、連合軍には米国の石油が欠かせなかった。1941年、フランクリン・D・ローズベルト大統領が武器貸与法を発表して、連合国に莫大な量の石油の供給を約束するとともに、国防石油調整局を新設して、ハロルド・イケスを長官に任命し、その取り組みの監督に当たらせた。同年7月、イクスは部下から英国の石油の供給が「衝撃的なほど、きびしい状態にある」と報告を受けた。海軍の燃料があと2カ月分、自動車用のガソリンがあと5週間分しか残っていないという。そこでイケスはエクソンをはじめとする大手石油会社に協力を求めた。それは連合国へ送れる石油の量を増やすため、ガソリンスタンドへの供給を減らして欲しいという要請だった。イケスの主導で、独占禁止法の免除措置が講じられ、石油会社どうしが話し合って、互いの供給量を調整することも可能になった。石油会社に油田の探査や生産の拡大を推し進めさせるため、掘削にかかる費用が税額から控除されるようにもした[29]。

これらの努力が実り、戦時中に米国の産油量は大幅に増えた。1940年に日産370万バレルだったのが、1945年には日産470万バレルに達した。石油が戦時中の米国の輸出量（重量）の半分以上を占めた。連合国で使われる石油はほぼすべて、米国の石油会社によって生産されたものでまかなわれた。1941年12月から45年8月までのあいだに、連合国では70億バレルの石油が消費され、そのうちのじつに60億バレルが米国産の石油だった。一方で、エクソンは高性能の航空機に用いられる100オクタンガソリンの生産設備の拡張にも資金を投じた。1940年の英国本土での空中戦（ブリテンの戦い）では、その燃料を使った英国の戦闘機スピットファイアが、87オクタンガソリンを使うドイツ空軍の戦闘機メッサーシュミットを圧倒した。連合軍の勝利は石油に支えられたものだった。戦時中のパーティーで、スターリンはウィンストン・チャーチルと乾杯したとき、次のようにいって盃《さかずき》を掲げた。「これはエンジンとオクタンの戦争ですな。米国の自動車産業と石油産業に乾杯」[30]

石油需要の急増と新たな採掘技術の開発

米国とエクソンはこの戦争を契機に大きく躍進した。戦後の20年間の米国経済の発展ぶりはめざましかった。国内総生産（ＧＤＰ）と生活水準がともに歴史的な勢いで急上昇した。１９４５年から70年までのあいだに、米国のＧＤＰは２２８０億ドルから１・１兆ドルへと増え、この戦後の好景気で、全米の中産階級に前代未聞の富がもたらされた。中産階級はその富で、大きな家を買い、次々と自動車を買い、新しい電化製品を購入した。これによりさらに石油の需要が増えた。１９４５年から50年までだけで、ガソリンの売上は42％伸びた。この急増はエクソンの業績にも反映した。１９５０年のエクソンの収入は4億８０００万ドルだった。それが１９５７年には8億５０００万ドルになった。今や世界の１４０カ国に２５０以上の子会社や傘下の組織があった。世界の主な産油国や消費国の中で、エクソンが進出していない国はひとつもなかった。[31]

このように世界じゅうに広がった企業帝国を運営するため、エクソンは社内で必要な人材を育てる仕組みを築いた。その「エクソン・システム」では、最も卓越した人材のみを雇うことが重視され、新規に採用されるのは、基本的には、化学工学や石油工学、土木工学といった技術系の学位を持つ、大学や大学院の新卒者だった。入社してからは、年2回、多数の項目からなる査定を受けて、能力を評価され、ランクをつけられた。エクソンの全体を理解できるよう、重役は頻繁に転勤になった。ある部長はインタビューで、すでに16回転勤したと答えている。特に際立って優秀な人間は、ルイジアナ州のバトンルージュ石油精製工場に配属されることが多かった。そこは将来の幹部の養成所と目され、社内で「アカデミー」と呼ばれていた。エクソン・システムで何より重んじられたのは、忠誠心だった。社員が献身的な態度を示しさえすれば、エクソンはその社員に昇給と長期の雇用で報いた。広報担当の社員はエクソンの流儀を次のように表現している。「叫ぶのがモービル流で、囁くのがエクソン流なのだと、入社したときに教えられた[32]」

エクソンが1973年の石油の禁輸措置によってもたらされた難題に立ち向かえたのは、まさにこのような人材と世界展開のおかげだった。多国籍企業でなければ、世界じゅうから石油を見つけてきて、それを必要なところへ届けるなどということはできない。とはいえエクソンにとっても、この難題に対処するのは容易ではなかった。エクソンの1975年の年次報告書にあるように、「エクソンは新たなエネルギー源が見つかる可能性が高い別の地域に力を振り向けて」いた。しかし、「潜在埋蔵量の多くは、大陸棚の外側の深い海底や、北極の奥地など、技術的に採掘がむずかしい場所」にあった。重役のひとりがのちに語っているように、エクソンが1970年代にアラスカや北海、マレーシア、オーストラリアのバス海峡といった場所で推し進めた開発には、開発チームの超人的な努力を要した。「机で眠る日々が続き、現場は戦場のようだった」という[33]。

例えば、プルドー湾の開発はどのようなものだったか。プルドー湾があるアラスカ州最北部ノーススロープ郡は、オーロラとトナカイの群れが見られる、ツンドラと白夜の土地だ。プルドー湾はその北岸にあり、北極圏の境界線から内側に約400キロ入った場所に位置する。凍てつくほど寒く、たえず強風が吹いている。そこに、エクソンが１９６７年12月26日に発見した北米最大の油田がある。油田が発見された日の気温は、摂氏マイナス34度だった。しかしこれは世紀の大発見となった。プルドー湾油田には１００億バレルの石油があると推定されたからだ。この量は１９７７年の米国の総石油埋蔵量の30％に相当した。

当初、アラスカの氷に閉ざされた場所では、油井を掘るのも、石油を運び出すのも技術的に不可能だと思われた。しかし１９７３年の石油禁輸措置で、中東以外の場所で石油を見つけることが急務になると、無理とはいっていられなくなった。エクソンの研究チームは、掘削や採掘の作業を支える氷の島と砂利の土手など、氷で覆われた環境に対処するための新しい技術を開発した。１９７７年には、プルドー湾とアラスカの南岸を結ぶ全長約１３００キロのパイプラインが完成した。１９８６年の時点で、プルドー湾油田の産油量はエクソンの油田の中で最大になった。

一方、北海では、まったく違う問題に対処しなくてはならなかった。「癇癪を起こしたときの北海ほど、手に負えないものはない」と、ある船長は報告している。わずか数分のあいだに嵐が巻き起こり、そして消え去った。船は30メートルもの高さの波に翻弄された。海上に吹き荒れる風はすさまじかった。北海の生活は、危険に満ち、不安定だった。その北海で１９７０年代初頭、膨大な量の石油が見つかり始めた。ブレント油田だけで、数十億バレルの埋蔵量があると推定された。問題となったのは、ここでもやはり、いかにそのような過酷な環境で石油を掘り出すかだった。天候の変化があまりに急で、予測できなかったので、嵐の前に避難することができず、作業員たちは洋上に浮かぶ石油プラットフォームで嵐をやり過ごさなくてはならなかった。そのプラットフォームも波と風にさらされ続け、溶接部が幾度も破損した。１９６５年には、英国のプラットフォームが倒壊して、13人の犠牲者が出ていた。エクソンは作業員の安全を守れる、新しい技術や方法を開発する必要があった。[34]

海洋油田の掘削で大きな問題になるのは、波と風によるプラットフォームの揺れにどう対処するかだった。プラットフォームが波と同じ周期で揺れると、揺れが増幅して、鋼鉄の構造物をも壊す負荷が生じる恐れがあった。そこでエクソンの研究チームは、新しいタイプのプラットフォームの開発に取り組んだ。その結果生まれたのが、鋼鉄のケーブルでプラットフォームを海底に固定する「コンプライアント・タワー」と呼ばれる方式だった。メキシコ湾でこのプラットフォームの試験が行われたときのもようを、エクソンのある社員は次のように伝えている。

> すばらしい日だった。メキシコ湾はまるでテーブルの表面のように、どこまでも平らだった。そこにはあらゆる機器や設備が揃っていた。曳船《ひきふね》も、タワーを運ぶ艀《はしけ》も、本部が置かれる艀も、ヘリコプターもあった。定刻の合図とともに、ボタンが押され、ボルトが爆破される予定だった。ボルトが外れて、タワーが艀から滑り落ち、海面に浮かんだら、それをさかさまにして、設置場所まで曳航する。長くて細いタワーは、少しでも傾けば、ぐにゃりと曲がって、使いものにならなくなってしまう。

設置は滞りなく終了した。このような新しい技術の開発により、北海での採掘が可能になり、ひいては世界的な石油生産の大幅な拡大への道が開かれた。[35]

国家を凌駕する存在

戦後期は、エクソンが未曾有の繁栄を謳歌した時代だった。フォーチュン誌の米国企業ランキングでは50年連続、4位以内に入り、しばしば1位にも輝いた。しかしエクソンの繁栄は、企業の自己理解に新しい危険な変化が起こっていることを示すものでもあった。エクソンは世界じゅうで事業を展開する多国籍企業の先駆けだった。利益が見込める場所なら、どこへでも進出した。エクソンのオフィスには、あちこちに地球儀や世界地図があって、新たに進出した場所に印がつけられていた。エクソンの収入はその国の歳入を凌ぐこともめずらしくなかった。しかし国家を凌駕する存在になるにつれ、エクソンはしだいに国家への恩義を感じないようになった。エクソンはもはや米国企業でもなかった。グローバル企業だった。ではグローバル企業になったエクソンの忠誠心は、どこへ向けられたのか。

エクソンの事業に欠かせない油田は、民主的な統治が根づいていない場所で見つかった。これは偶然の巡り合わせだったが、エクソンに対しては、戦後、ソ連や中東諸国の独裁者を相手に商売していることへの批判がたえなかった。サウジアラビアでの経緯は象徴的だった。1946年にエクソンのある社員がサウジアラビアに行き、「目を輝かせて」報告していた。それは「『大物を狙え』、それ以外は無視していい」というもので、「実際、それはとてつもない大物」だった。サウジアラビアで権益を取得するべきだと確信したエクソンの取締役会は、イブン・サウード国王とじかに会って話をするため、取締役のひとり、ジョン・スマンを送り込んだ。会談は大成功だった。ある幹部の報告によると、ふたりは「まるで年配のインド人夫婦のように仲良くなり、15分もすると、冗談をいい合って、互いの脚を叩いていた。彼［スマン］の許可を得て、われわれはその午後、アラムコ株の購入選択権を行使するために電報を送った」。

こうして1947年、エクソンはアラビアン・アメリカン・オイル・カンパニー、通称アラムコに加わり、サウジアラビアから石油の輸出を始めた。しかしこの合弁事業から生まれた莫大な利益の大半は、サウジアラビアを支配するサウード家に流れ、西側の価値観とは相容れない社会や宗教の制度が維持されるのに使われた。そのせいでイスラム世界に過激な原理主義が広まったと、エクソンはそれから数十年にわたって、批判され続けることになる。皮肉にも、アラムコの協定が調印されたのと同じ1947年3月12日には、ハリー・S・トルーマンがトルーマン・ドクトリンを発表し、米国は「武装した少数派や外部の圧力と戦い、隷従化に抵抗している自由な諸国民の支援」に力を尽くすと宣言していた[36]。

一部の評論家からは、エクソンは悪しき政権と商取引しているだけでなく、悪しき政権が生まれるのにも加担しているといわれた。それはより広くは、資源の呪いとして知られるようになる現象だった。石油資源が豊かな国々は、そのほかの面、つまり経済成長や、公民権や、平等などの面では、遅れがちになるという現象だ。石油産業は、トーマス・フリードマンにいわせると、民主主義を損ねるものだった。

例えば、イランでは、1951年、ポピュリストのモハンマド・モサッデクが首相に就任して、英国との合弁会社アングロ・イラニアン石油会社を国有化すると、モサッデクの共産主義のレトリックに危機感を募らせた米国の中央情報局（ＣＩＡ）と英国の秘密情報部（ＭＩ６）がその2年後、クーデターを主導して、モサッデクを追い落とし、強権的なパーレビ国王（モハンマド・レザー・パフラビー）に実権を取り戻させた。その後、誰がイランの石油産業を継続させるのかという問題が浮上した。米国務省が懸念したように、石油の生産が再開されなければ、イラン経済が破綻して、イランがソ連の勢力圏に取り込まれる恐れがあった。しかしアングロ・イラニアン石油会社は国民から嫌われていた。そこで米国の会社に白羽の矢が立ち、国務長官ジョン・フォスター・ダレスがハーバート・フーバー・ジュニアを特別代表に任命し、米国の石油会社との交渉に当たらせた。その結果、エクソンが事業を率いることが決まった。エクソンの副社長オービル・ハーデンはダレスへの手紙で、その決定について次のように説明している。「純粋に商業的な観点からは、このようなグループに加わることに特別な関心はありません。ですが、大きな国家安全保障上の利益が絡むことは強く認識しています。ですので、相応の努力は惜しまないつもりです」。こうしてエクソンも、ブリティッシュ・ペトロリアム、ロイヤル・ダッチ・シェル、シェブロンなど、ほかの大手石油会社6社とともに、イラニアン・オイル・パーティシパンツと呼ばれる合弁会社に加わった。イランの人々の怒りの矛先は、以後20年にわたり、このイラニアン・オイル・パーティシパンツに向けられることになった。それは１９７９年のイラン革命で、同社が国有化されるまで続いた[37]。

エクソンはもはや国家に従属する一有力企業ではなかった。国家を凌駕する存在だった。存続の年数でも、財力でも、行動の速さでも、決断力でも国家に勝った。米国のような大国ですら、エクソンに助力を請わねばならなかった。「いくつもの政権の交代を見てきました」と、好戦的なことで知られたリー・レイモンドは、エクソンのCEO在任中のインタビューで述べている。「われわれは世界の数多くの国で事業を営んでいます。その中には、みなさんの民主主義の定義には当てはまらない国もあります。それがこの産業の性格です」

一方、識者からは、エクソンの事業の性格のせいで世界じゅうで米国の国益が損なわれているという指摘が相次いだ。エクソンはどの国にも忠誠を尽くす義務を感じないほど、大きくなり、国際的になっていた。レイモンドはときにそのことをあからさまに口にした。例えば、ワシントンDCで開かれたあるエネルギー産業の会合で、ほかの出席者から、米国の天然ガスの供給不足を防ぐため、外国よりも国内で精製所を増やすつもりはないかと尋ねられると、「なぜそんなことをするんです?」と逆に問い返した。「米国のエネルギー安全保障に必要だからです」といわれると、「うちは米国の会社ではありません。米国のためになるかどうかで、判断はしません」といい切った[38]。

まるでフランケンシュタインの怪物のように、多国籍企業がその創造者の手を離れ、自由になっていた。多国籍企業は今や何ものにも縛られず、利益が得られるところなら、世界のどこにでもわがもの顔で現れた。しだいに政策立案者や、学者や、規制当局者のあいだで、多国籍企業が社会に一連の厄介な問題をもたらすことを懸念する声が高まり始めた。社会は多国籍企業に依存するばかりで、その行動を制限できなかったからだ。ハーバード大学の法学者デトレブ・バッツは次のように指摘した。多国籍企業は「倫理や法律の制約を免れていて[…]金銭的な目標でも、技術的な目標でも、その達成のためなら、手段を選ばない。『エル・プルポ(たこ)』のように世界じゅうに触手を広げて、ほかの国々、特に発展の遅れている国をがっしりと掴み、無理な要求を突きつける[39]」。

石油による環境への悪影響

しかし問題はそのような組織としての姿勢に関わるものだけではなかった。そこで扱われている物質に関わる問題もあった。黒くて、ねばねばしたあの物質——石油だ。エクソンは石油会社だった。石油を売るという商売を営み、その商売に並外れて長けていた。エクソンほど、多くの石油を、多くの人に、長い期間にわたって売った者は過去にいなかった。しかしそれだけの石油を掘り出して、燃やすことが世界や環境にどういう影響を及ぼすかは、誰にもはっきりとわからなかった。少なくとも、はじめはわからなかった。むしろ、20世紀には長いあいだ、石油が環境問題を解決すると信じられていた。石油はもともと石炭に代わるものとして登場したからだ。石炭は汚い燃料として知られ、酸性雨から黒い霧まで、あらゆる汚染の原因になっていた。当初は、石炭から脱却できれば、環境問題に勝利できると思われた。しかしやがて、環境に及ぼす石油の悪影響があらわになり始めた。

最初に浮上したのは、石油の流出の問題だった。掘削の際に、ある程度の量の石油が漏れることは以前から知られていた。地下にある高圧の油層にドリルが達すると、石油が穴から地上に噴き出すことが多い。その高さはときに何十メートルにもなる。例えば、テキサス州のスピンドルトップ油田の掘削では、1日に10万バレルもの石油が噴出した。それを止めるのには9日かかった。エクソンが1927年にババ・グルグルで油田を掘り当てたときにも、1日9万5000バレルの石油が流れ出た。石油が漏れ出るのは地上だけではなかった。地上で漏れ出た石油はそこから外に広がることはなかったが、海上で流出した場合には、話は違った。

1989年、石油タンカー、エクソン・バルディーズ号がアラスカ州南岸のプリンス・ウィリアム湾で座礁した。バルディーズ号には、プルドー湾からアラスカ州南岸のバルディーズ石油ターミナルまでパイプラインで送られた石油が大量に積まれていた。この事故で、およそ1100万ガロンの石油が流出し、瞬く間に海に広がった。周囲の海岸では何百キロにもわたって、原油が流れ着いた。テレビで報じられた真っ黒な油にまみれた海鳥やラッコの姿は、被害の甚大さを物語り、世界じゅうで石油の危険性に対する関心が高まるきっかけとなった。

その後、それを上回る規模の流出事故が起こった。2010年のメキシコ湾原油流出事故だ。この事故では、BPの石油掘削施設ディープウォーター・ホライズンからおよそ2億ガロンの石油が海に流れ出た。2004年に同じくメキシコ湾で発生した、テイラー・エナジー社の石油掘削施設の原油流出事故では、流出を止めることができなかった。その流出は、ある推定では、100年にわたって続くといわれている。[40]

地球温暖化はさらに由々しき問題だった。石油の消費量が急増した1960年代から、科学者たちが大気中の二酸化炭素量の増加を観測するようになった。しかしその原因は謎で、世界への影響もすぐにはわからなかった。1962年にはまだ、エクソンの子会社ハンブル石油の広告では、氷河の大きな写真に「毎日、ハンブルは氷河700万トンを融かせるほどのエネルギーを供給しています」という謳い文句が付されていた。しかしデータが蓄積されるにつれ、化石燃料の燃焼が二酸化炭素量の増加の原因であることと、大気中の二酸化炭素量の変化は世界に気候変動をもたらすことが明らかになった。

1979年、米国科学アカデミーがこの問題に関する初の本格的な研究結果を発表し、二酸化炭素の排出量が増え続ければ、深刻な気候変動を招くことになると結論づけた。しかし同時に、気候変動のほんとうの影響が感じられるようになるまでには、しばらく時間がかかるという警告もつけ加えた。「地球の気候システムにそなわっている弾み車の働きにより、観測可能な気候変動の進行は遅くなる。[…]したがって、しばらくようすを見るという方針では、手遅れになるだろう」

1981年には、米宇宙航空局（NASA）の科学者ジェームズ・ハンセンがサイエンス誌に、気候変動と石油消費とを結びつける論文を発表した。ハンセンの研究では、世界の気温が過去100年間上昇し続けていること、上昇の原因が大気中の二酸化炭素濃度の増大にあること、そのような大気の変化は主に人為的な化石燃料の燃焼によって生じており、自然に生じたものではないことが明らかになった。化石燃料の消費が増え続ければ、世界じゅうで環境が激変するだろうと、ハンセンは警告した。その激変には飢饉も、氷山の融解も、海面の上昇も含まれた。1980年代末には、地球温暖化が世界の大きな懸念事項になっていて、1988年には、その現象を研究し、対策を提案する機関として、気候変動に関する政府間パネル（IPCC）が設立された。[41]

気候変動対策の規制を阻もうとするエクソンの取り組み

エクソンは強い関心を持って、この科学的な研究の進展を見守った。エクソンのビジネスモデルは、人々に石油を買ってもらい、燃やしてもらうことで成り立っていたのだから、当然だろう。1963

地球気候科学の情報キットを作って、気候科学の『社会通念』を崩すこと」だった。[44]

気候変動は世界に新しいタイプの問題をもたらした。それまでの企業の悪といえば、ふつう、局所的な原因によって局所的な被害が生じるものだった（例えば、ユニオン・パシフィック鉄道が牛をはねた場合、牛の持ち主が補償を受けるためには、誰を訴え、誰に働きかければいいかは明白だった）。しかし、気候変動という現象は国境を越えていた。中国の工場から排出されたガスは、テキサス州の気候に影響を及ぼし、その逆もまた然りだった。ある国で排出ガスが削減されても、ほかの国で排出ガスが増えれば、その削減は相殺されてしまう。政府はこのような問題に対処する能力を欠いていた。現代の世界では実現がむずかしいタイプの国際的協調行動を必要とする問題だったからだ。そこへさらに、気候変動対策の規制を阻止しようとするエクソンの動きが加わったことで、解決はいっそう困難になった。現在ですら、包括的な解決の目処は立っていない。

多国籍企業の功罪

エクソンの歴史は、20世紀とともに歩んだ歴史ともいえる。エクソンはスタンダード・オイルの灰の中から立ち上がり、世界で最初の真の多国籍企業に成長した。20世紀半ばには、地質学者、エンジニア、物理学者からなる精鋭チームを世界各地に送り込んで、世界の経済成長に必要とされる石油を見つけ、掘り出していた。豊富な石油は米国をはじめ、各国の経済成長を加速させ、株主に莫大な富をもたらした。この時期、エクソンはエネルギーの技術革新の先頭を走り、北海やアラスカなど、地球上で最も過酷な環境での採掘を可能にする新しい技術を開発した。しかしエクソンによって新しい問題も生み出された。それは社会にとって過去に例のないほど厄介な問題だった。エクソンの取引相手には専制君主や独裁者が含まれた。事業の国際的な性格ゆえに、単一の国家とのつながりも弱められた。さらに、扱っている商品自体が環境を破壊するものであることも、やがて明らかになった。大きな石油会社は、社会にとって大きな悩みの種でもあった。

多国籍企業の登場は、資本主義の性質に重大な変化が起きたことを示すものだった。長いあいだ、各地の政府による産物だった企業というものが、生みの親である国の支配から解放された。企業はもはや単一の国に拠点を置いて、その国内市場で主要な事業を営むばかりではなかった。法域や国境、通貨や言語に関係なく、合理的な理由がある限り、どこへでも、いつでも、進出した。今では、このような劇的な変化の結果が世界じゅうで見られる。米国の最大手クラスの企業は、いずれも多国籍企業と呼ぶのがふさわしい。ウォルマートも、アマゾンも、アップルも、エクソンも、フェイスブックも、紛れもないグローバル企業だ。

企業構造という観点から見ると、多国籍企業の台頭が意味するのは、企業がますます外国の傘下企業や子会社の複雑なネットワークで構成されるようになり、それらのいくつもの傘下企業や子会社が１つの事業の中で、それぞれの機能や役割を担うようになったということだ。今や需要に応じて、世界各地に従業員を配置できた。資本も、知的財産も、設備も、商品も、利益の最大化のため、国境を越えて移動するようになった。これらの構造の変化は、重役たちの考え方にも微妙な変化を引き起こした。しだいに、国ではなく、世界という視点でものを考えるようになったのだ。これには本人の国籍が会社の国籍と異なっていることが関係していることもあれば、外国での勤務が長いことが関係していることもあった。あるいは単に、世界じゅうで事業を手がける企業で出世するには、文化的な差異を克服しなくてはならないことが関係していることもあった。

多国籍企業は自由貿易とグローバル化のメリットを教えてくれる。国際経済から長いあいだ締め出されていた国々に、雇用や、商品や、技能や、収入をもたらしたのも、商品の生産コストを格段に下げ、消費者がそれまでは高価すぎて買えなかったものを存分に買えるようにしたのも、多国籍企業だった。石油会社の例では、多国籍企業には、国際経済の繁栄を支えられるだけのエネルギーを供給できるという長所があった。このように多国籍企業はいろいろな形で、企業にはありとあらゆるものを世界に提供できる能力があることを示してみせた。人類が協力と起業の精神のもとに団結するとき、想像を超える大きなことが成し遂げられた。

しかしここでも、新しい形態の企業が不誠実な者や、向こう見ずな者、あるいは近視眼的な者に利用されることで、危険な存在になった。第二次世界大戦後に多国籍企業が台頭した時期と、現代の世界で最も差し迫った国際的な問題である気候変動の問題が生じた時期とが重なっているのは、偶然ではない。多国籍企業には、つねに世界の中で自社の商売に最も適した法域、株主により多くの利益が約束される法域を見つけようとする傾向がある。これは新しい資源や市場を探すことを意味する場合もあるが、たいていはより好ましい規制の国を見つけ出すことを意味する。つまり、法人税率が低く、雇用条件の制約が少なく、環境の法律がきびしくない国だ。企業から規制の変更を求められた国は、突然、二者択一を迫られることになった。環境保護を強化して、規制のゆるい国に企業を奪われるリスクを冒すか、あるいは環境基準を緩和して、企業を引き留め、雇用を維持するかの二者択一だ。政府は往々にして、屈服するほうを選んだ。その結果、環境規制だけでなく、法人税や雇用法など、ほかの分野でも、国際関係学者たちが「底辺への競争」と呼ぶものが起こった。国家間の規制緩和競争は各国の法律を骨抜きにし、最終的には一般の人々に不利益をもたらした。

企業が国家と互角かそれ以上の力を持つようになると、資本主義を観察してきた識者たちの心にはある問いが浮かんだ。企業の歴史はこれで終わりなのか。企業は行き着くところまで行き、これが最も強力な最終形態なのか。それともまだ別の形態があるのか。

第7章 コールバーグ・クロビス・ロバーツと「乗っ取り屋」の時代

企業の所有と支配の分離という問題

1976年、企業についての通説を根底から覆す論文がふたりの経済学者によって発表された。「企業論」と題されたその論文で、ロチェスター大学の教授マイケル・ジェンセンとウィリアム・メックリングが論じたのは、企業の構造は腐敗しているということだった。経済学者のあいだでは長いあいだ、企業は利益の最大化をめざす事業体であり、考え抜かれた合理的な方法で自己の利益を追求しているといわれてきた。しかしジェンセンとメックリングにいわせると、それは大きな間違いだった。企業の機能を理解するためにはその内部を見る必要があり、「ブラックボックス」を開けて、そこで働く人々の動機に目を向けなくてはならなかった。

ジェンセンとメックリングが指摘したように、その動機はばらばらで互いに対立し合っていて、問題があることを物語っていた。ふたりはその対立を「エージェンシーコスト」と呼んだ。株主は企業を所有していたが、プロの経営陣にその意思決定を委ねていた。経営者たちにはそれぞれに利害があり、その利害は自分たちを選んだ株主の利害と完全には一致していなかったし、ましてや自分たちのもとで働いている労働者の利害とはなおさら一致していなかった。経営者は労働者の賃金を引き上げて、生産性を高めるために現金を使わず、自分たちのボーナスに現金を使うことができた。株主に配当を支払わずに、社用ジェット機やゴルフ会員権を買うことができた。株主はいつでも投票で取締役を解任できたが、ほとんどの株主には、経営者の出費項目をひとつひとつ精査するような時間も意欲もなかったし、たとえそういうことをしたとしても、無駄遣いを隠す方法はいくらでもあり、それらをすべて見抜くのは不可能だった。ジェンセンとメックリングの考えでは、問題の根源は、古代ローマの時代以来、企業の所有と支配が分離していることにあった。

この企業の核心部分にある矛盾を指摘したのは、ジェンセンとメックリングが初めてではなかった。アダム・スミスも『国富論』の中でふたりの主張ととてもよく似た結論に至っている。スミスの考えでは、株主たちは自分たちが所有している株式会社（ジョイント・ストック・カンパニー）の事業のことをほぼ何も知らず、ただ年末に配当を受け取れるだけで満足していた。取締役たちも自社の事業にあまり関心を持っていなかった。「自分の金ではなく、他人の金で事業を営む経営者」だったからだ。利益と損失などという些細なことに注意を払うのは、自分たちよりももっと下の人間がすることだとも考えていた。舵を取る人間がいなければ、会社の破綻は時間の問題だった。「したがって、そのような会社の経営は、多かれ少なかれ、放漫なものにならざるを得なかった」[1]

ジェンセンとメックリングは、この企業の欠点に関するスミスの洞察を理解するための語彙を考案した。ふたりの論文は会社法の歴史の転換点をなし、以後、学者たちのあいだでしばしば引用されることになる。さらに影響は学術界に留まらなかった。この論文は、ふだんはそのようなものを読まない層にも広く読まれた。ＣＥＯの報酬の高騰が始まると、「企業論」は人々の共感を呼んだ。多くの一般の人々にとって、企業はもはや国の味方ではなく、敵に感じられるようになっていた。新聞で報じられるのは、企業の重役たちの豪邸とか、南国でのバカンスとか、何百万ドルという報酬とかの話ばかりだった。資本主義は道を見失っていた。現代の企業はもはや勤勉さや効率のよさの手本ではなく、強欲と不品行の象徴だった。ジェンセンとメックリングの論文では、そうなってしまった理由が説明されていた。

ただし論文の終わり近くには、一縷《いちる》の望みも示されていた。ごく簡単に触れた程度だったが、ふたりは別のタイプの企業がありうるのではないか、絶望的なまでに欠陥を抱えた現代の企業よりもっと強く、もっと回復力があり、もっとよく設計された企業がありうるのではないかと論じた。「なぜ個人によって所有されている大企業、つまり、起業家が資本のごく一部だけを負担し、残りはすべて融資でまかなわれている大企業がないのか」と、ふたりは問いかけた。これが大多数の人には愚問と感じられることは、承知のうえだった。企業は資金を調達しなくてはならず、そのためには一般の人々に広く株式を売るのが、最良の方法であることは、誰もが知っていることではないのか。それは300年以上も前に、東インド会社から学んだ教訓ではなかったのか。そうではないと、ジェンセンとメックリングはいう。「実際には、この問いへの明快な答えは、金融学や経済学の文献にはいっさい見当たらない」。そのうえ、会社の所有者がみずからその経営を担えば、それだけ会社を合理的なものにできると考えられる強力な理由もあった。所有者には自分がその会社で何をやりたいのかがわかっているというだけでも、そう考えられる理由になった。「完全所有の企業を経営するのがその所有者であったら、企業を最大限に有効に活用するための意思決定がなされるはずである」と、ジェンセンとメックリングは結んでいる。[2]

ここにディケンズの小説で描かれるような運命のいたずらが生じた。ジェンセンとメックリングがその論文を書いたのと同じ年、威勢のいい元投資銀行家たちによって、ふたりが考えた改革案をほぼそっくりそのまま取り入れたかのような、新しい会社が立ち上げられたのだ。その名は、コールバーグ・クラビス・ロバーツ（ＫＫＲ）といった。ＫＫＲは、国内の数多くの大企業に対し、その経営の誤りや無駄を指摘して、痛烈な批判を浴びせた。ＫＫＲによる企業の乗っ取りは華々しいまでの成功を収め、やがて、模倣者を次々と生み出し、ひとつの産業を形成するまでになった。企業の乗っ取りの時代の始まりだった。

プライベート・エクイティ投資会社に対するふたつの相反する見方

わたしは大学の授業でよく、プライベート・エクイティ（未公開株）はふたりのゴードンの話だといっている。

ひとりめのゴードンは、ゴードン・ゲッコー。こちらの観点では、プライベート・エクイティ投資会社とその重役は、オリバー・ストーンの映画『ウォール街』に登場する背徳的な銀行家ゴードン・ゲッコーを地で行く者たちになる。彼らは「私欲は善」であり、愛とビジネスにおいてはすべてがフェアであり、自由市場では強欲さが競争上の強みになると信じている。ゴードン・ゲッコー版のプライベート・エクイティにもとづけば、何も生み出さずしてすべて奪い取る者たちの訓話が紡ぎ出される。

もうひとりのゴードンは、フラッシュ・ゴードン。この視点からは、プライベート・エクイティの世界は、『ウォール街』のような不道徳な世界ではなく、漫画『フラッシュ・ゴードン』のような自己犠牲の精神に貫かれた高潔な世界に見える。そこにいるのは、イェール大学出身の一流ポロ選手から、世界を救うスーパーヒーローへと転身するフラッシュ・ゴードンのような者たちだ。こちらの話では、プライベート・エクイティ投資会社の重役は、わたしたちの経済に新たなエネルギーと活気を注入してくれる現実のヒーローといえる。

これらのどちらの見方をするかで、プライベート・エクイティ投資会社がいかなるもので、いかなる働きをするものなのかの説明は大きく違ってくる。ゴードン・ゲッコー派によれば、搾取がその第一の特徴とされる。プライベート・エクイティ投資会社は年金基金に法外な手数料を課し、経営難に陥った企業の弱みにつけこみ、労働者を解雇し、酷使し、税の抜け穴を利用し、だまされやすい一般の人々に不当に高い値段で会社を売却する。フラッシュ・ゴードン派では、それとはかなり異なる理解がされている。プライベート・エクイティ投資会社は関わるすべての人を幸せにする。年金基金の運用益が増え、経営難に陥った会社が世界クラスの専門知識と財務の助言を得られ、雇用が創出され、国の収入が増大し、地域社会が豊かになる。いいことずくめというわけだ。

どちらのいい分が正しいかは、数字を見ればすぐにわかると思うかもしれない。プライベート・エクィティ投資会社による買収で、雇用は増えたか、それとも減ったか。年金基金の運用益は増えたか。国の税収は増えたか。株式上場後、株価はどうなったか。これらはどれも簡単に答えられる、至って単純な問いのように見える。しかし、それがそうではない。ひとつには、プライベート・エクイティに関する包括的なデータを入手するのが困難であるということがある。プライベート・エクイティ業界は秘密主義に徹しているので、それぞれが所有しているデータを手に入れることはむずかしい。もうひとつには、何を基準にするかで意見が割れるという問題がある。例えば、どの時点の雇用数を集計するのか。プライベート・エクイティによってもたらされた利益を算出するのに、何を指標にするのか。学者たちのあいだで長年、この問題について議論が続けられているが、いまだに意見は一致していない。

とはいえ、誰もが認める事実がひとつある。それはプライベート・エクイティ投資会社の登場で米国の企業界の景色が様変わりしたということだ。病院や不動産や玩具店といった幅広い分野で、数多くの大企業がプライベート・エクイティ投資会社に所有されている。プライベート・エクイティ投資会社の重役は、毎年、目が飛び出るほどの高給を稼ぎ、世界の最富裕層に名を連ねる。加えて、政治へのその影響力も絶大なものになっている。したがって、現代の企業について理解するためには、乗っ取り屋の時代が幕を開けた１９７６年から出発するのがいい。

「ブートストラップ」と呼ばれる企業の買収手法

ジェローム・コールバーグが手に入れていないものは何もなかった。ベア・スターンズの企業金融グループのトップとして、投資銀行家の頂点にのぼり詰めたのは、１９７０年代半ば、40代のときだ。人一倍思慮深くて、道義心に富み、それ以前にもすでに輝かしい経歴を歩んでいた。出身大学はクエーカー教徒によって設立された名門校スワースモア大学で、自分のことを好んで「ユダヤ系クエーカー教徒」と称するほど、クエーカーの精神に心酔した。その後、ハーバード大学でＭＢＡを取得し、さらにコロンビア大学で法律の学位を取った。法律事務所で短期間働いたのち、ベア・スターンズに入社。同社での勤続年数は、20年に及んだ。コールバーグと会った人はほぼ誰もがある同じことに感銘を受けた。それは倫理観が強いことと、仕事が速いことと、クライアントの利益を優先することだった。コールバーグは自社との契約を検討している相手と話をするときには、決まって相手と自分たちとは「テーブルの同じ側にいる」といった。「ジェリー［ジェロームの愛称］は細かいことに口出ししない、立派な政治家タイプの人間だった」と、仕事をともにしたことがある人物はコールバーグを評している。「彼はいつも誠実さを心がけていた」という。コールバーグがベア・スターンズの企業金融グループに加わったのは、企業の成長を助ける仕事がしたい、単なる金づるとしてではなく、信頼できるアドバイザーとして企業の手助けがしたいと思ったからだった。「長期的に考えるのが好きだった」とコールバーグは説明している。「経営陣といっしょに仕事をし、単なる金融の手練手管を提供する以上のことをしたかった」。私生活での楽しみは、子どもと、トランペットと、テニス（息子ジェームズはプロのテニス選手になっている）だった。[3]

ベア・スターンズはコールバーグのような人物に似合わない職場だった。熱気にあふれたウォール街の中にあってすら、ベア・スターンズの猛烈さは際立っていた。長年執行パートナーを務めるサリム・

〝サイ〟・ルイスは、元プロサッカー選手にして靴の販売員という異色の経歴の持ち主で、激しやすさと情け容赦のなさで知られる人物だった。部下を罵るのは日常茶飯事で、業務のことから服装のことまで、何かにつけ、部下に暴言を浴びせた。一方で誰かから悪くいわれると、いつまでもそのことを根に持ち続けた。採用の面接では志願者に「金についての考えを聞かせて欲しい」とだけ、ぶっきらぼうに尋ねることが多かった。とはいえ、ほぼ誰もが口を揃えていうように、コールバーグはベア・スターンズの殺伐とした社風に染まらず、超然としていた。[4]

そうできたのは、ひとつには、利益と倫理は両立できるという信念のもとに、自分のニッチを築いたからだった。そのニッチはコールバーグが考え出した斬新な企業の買収手法――「ブートストラップ」と呼ばれた――にもとづいていた。１９６０年代初頭、第二次世界大戦の特需景気のときに生まれた企業の創業者たちが続々と引退し始めた。彼らには成功した自分の会社から利益を得たいという思いと同時に、引退後も自分の会社を存続させたい、自分の生きた証しを残したいという思いもあった。ただ、子どもたちはたいてい親の会社を引き継ぎたいと思っていなかった。ましてや長年の商売敵に自分の会社を売るなどということは、死んでもしたくないことだった。

とてもむずかしい相談だったが、コールバーグはこの難題に解決策を見出した。同族会社の高齢の所有者たちに会社の売却益を得させ、なおかつ会社の経営権を少しだけ長く持ち続けさせるというのが、コールバーグのアイデアだった。コールバーグはまず創業者から会社を買い取るため、出資者を募ってお金を集め、そのうえで創業者と交渉して、創業者が数年、株式の一部を保有して、ＣＥＯとして留まり、事業の継承を指揮する契約を交わした。これは関係者全員を満足させられる友好的な取引だった。

創業者は信頼できるコールバーグに最終的に会社を譲渡する前に、会社からかなりの利益を得ることができ、コールバーグはその会社を合理化したうえで、購入価格の何倍もの値段で売却することができた。

コールバーグが１９６５年に手がけた歯科医療機器メーカー、スターン・メタルズ社の案件は、その手法が用いられた好例だった。その年、コールバーグは、72歳になる同社の創業者H・J・スターンが、子どもたちへの遺産相続のため、現金化を検討していることを知った。スターンは子どもたちに経営の才があるとは思えず、経営権を譲り渡すのは賢明ではないと考えていた。「会社は油井とは違います。油井なら、バケツを手に持って、石油をすくうだけですむでしょう。会社はバイオリンのようなものです。息子たちにバイオリンを弾きこなせるだけの能力が備わっているようには、わたしには思えないんです」とスターンは話した。コールバーグはスターンと何度も交渉を重ねて、計画をまとめた。それはコールバーグが投資家たちから出資を募り、その投資家のグループによって所有された会社を立ち上げたうえで、その会社を通じて、スターン・メタルズ社を９５０万ドルで買収するという計画だった。１５０万ドルは投資家から資金を集めたファンドを使い、残りの８００万ドルは銀行と保険会社からの融資でまかなった。スターンは自社株をある程度保有して、会社の経営を続けた。

8カ月後、コールバーグはもともと1株１・25ドルで購入していた持ち株の一部を1株8ドルで売却して、現金を手にすると、その現金を使って別の会社をいくつか買収して、スターン・メタルズの市場を拡大させた。2年後、新会社の株式が上場され、投資家たちは最初の出資額の8倍ものリターンを手に入れた。スターン本人も大いに喜び、計画の成功を祝う食事の席で、コールバーグとベア・スターンズを称えて盃《さかずき》を差し上げ、「われわれは互いの生命と財産、そして名誉にかけて誓いを立てる」（米国独立宣言の一節」と厳かに宣言までした。[5]

しかし、コールバーグのこのレバレッジド・バイアウト（ＬＢＯ）による買収は、複雑な取引を伴うものだったので、取引の構築に手助けを必要とした。そこでコールバーグは仲間をふたり引き入れた。ジョージ・ロバーツとヘンリー・クラビスのふたりだ。最初に加わったのは、ロバーツだった。脱税で投獄されたこともあるヒューストンの石油業者を父に持つロバーツは、たえず心の内で勝算の有無を計算しているかのようで、人を寄せつけない雰囲気を漂わせていた。そのような冷たい物腰を身につけたのは、インディアナ州のカルバー・ミリタリー・アカデミーで過ごした高校時代だったかもしれない。そこでは朝4時に起きて雪かきをするのが日課だったという。クレアモントでの大学時代には、ヘルメスのタイプライターを使って、フォーチュン５００社のＣＥＯにせっせと手紙を書き、若干の手数料で企業買収を請け負うと申し出た。その申し出を受けたＣＥＯはひとりもいなかった。大学卒業後は、カリフォルニア大学ヘイスティングス・ロー・スクールへの進学を経て、ベア・スターンズに入社し、そこでコールバーグと出会った。ふたりはすぐにいっしょに仕事をするようになった。ニューヨークからサンフランシスコへの異動が決まったときには、コールバーグを説き伏せて、ニューヨークの自分の後釜に自分のいとこのヘンリー・クラビスを据えさせた。

履歴書では、クラビスはロバーツととてもよく似ていた。父親が石油業者だったのも、寄宿制の高校からクレアモントの大学に進んだのも、早い時期から金融に興味があったのも、卒論のテーマが転換社債だったのも、ロバーツと同じだった。大学卒業後は、コロンビア大学経営大学院への進学を経て、ベア・スターンズに加わった。しかし似ているのはここまでだった。ロバーツが無口で、思索的だったのに対し、クラビスは派手好きで、でしゃばりな性格だった。華やかな催しに出席もすれば、みずからパーティーを開きもし、ニューヨークの社交の場には必ずクラビスの姿があった。イタリア製のズボンにグッチのローファーというのがお気に入りのファッションだった。30歳の誕生日には、ホンダのバイクをプレゼントされ、それをパークアベニューの自宅マンションの中で乗り回した。

コールバーグ、クラビス、ロバーツの3人は互いに性格は違っていたが、もっぱら金銭的な成功を追求するという姿勢では共通していた。1971年、コールバーグが買収していた靴メーカー、コブラーズ・インダストリーズの創業者が、昼休みに自社の工場の屋上に上がり、自殺した。コールバーグはそれを知ると、激怒した。「ジェリーが電話をかけてきて、いったんです。『あのばか、屋上から飛び降りやがった！』って。ものすごい剣幕でした」と、その取引に関わっていたある投資家は述懐している。コブラーズは結局倒産し、投資はすべて水泡に帰した。冷静だったのは、ロバーツだ。「妻と子ども以外、誰のことも惚れすぎてはいけないということだ」とロバーツはいった。[6]

1970年代半ばには、3人とベア・スターンズのほかの者たちとの関係は悪くなっていた。コールバーグのブートストラップ方式の企業買収で得られる利益が大きく減少していたことから、サイ・ルイスはそのような儲からない手法には見切りをつけて、ベア・スターンズの本来の中核事業である企業金融に力を入れるべきだと考えた。これにコールバーグは異議を唱えた。ブートストラップ方式を信じているコールバーグにいわせると、利益が減少したのはあくまでいくつかの不運が重なった結果であり、手法そのものは正しかった。

そこで1976年、コールバーグはふたりの若い仲間に、ベア・スターンズを辞めて、自分たちの会社を立ち上げる話を持ちかけた。クラビスとロバーツは、かねてから名をあげたいと思っていたので、この話に飛びついた。ロバーツがサイ・ルイスに辞意を伝えると、慰留され、次のようにいわれた。「考え直したほうがいい。とんでもない間違いを犯そうとしているぞ。今までこの会社を辞めて成功した人間はひとりもいない」。しかし、コールバーグと、クラビスと、ロバーツは3人とも、自分たちの新会社がその最初の例外になるのだと固く信じていた。[7]

資金調達と最初の投資

1976年5月1日、コールバーグ・クラビス・ロバーツ（KKR）が発足した。その門出は、あまり華々しいものではなかった。運営資金が乏しく、あらゆる面でコストを節約しなくてはならなかった。コールバーグが自分の懐から10万ドル出す一方、クラビスとロバーツはそれぞれ1万ドルずつ出資していた。オフィスを置いたのは、マンハッタン区ミッドタウンの5番街にあるニューヨーク相互保険会社のビルの一室で、その建物の外観はまるでホリデイ・インのようだった。3人は前の入居者に頼んで、垢抜けない調度品――金属製の机や、灰色の絨毯や、安っぽい絵画――をそのまま残してもらいさえした。ベア・スターンズのきらびやかな世界はもうそこにはなかった。

3人は契約を取りつけるため、国じゅうを回ったが、苦労ばかり多くてなかなか報われなかった。最初の社員となったボブ・マクドネルがその冬、サウスダコタ州の穀物荷役機械メーカーを訪ね、オーナーに300万ドル前後での買収案を切り出すと、氷点下26度の外に連れ出されて、こういわれた。「ちょっとぶっ放してみるか？」。マクドネルにはその意味がわからなかったが、とまどっているうちに、オーナーが32口径のリボルバーを取り出して、キャンベルスープの缶を撃ち始めた。「おまえさんが何発命中させられるか見てやろう！」とオーナーはどなりつけるようにいった。そのときマクドネルが何発当てられたのかは記録に残っていないが、きっと多くはなかったのだろう。オーナーは結局、売却に応じなかった。[8]

投資家から資金を集めるのも、同じように難航した。２５００万ドルを機関投資家から調達することが当初の目標で、３人は銀行や保険会社とのつながりを精力的に築いていった。しかし、2カ月経っても、機関投資家からの出資の申込みはなかった。単純にＫＫＲの実績が少なすぎ、リスクが大きいせいだった。そんなある日、ヘンリー・ヒルマンというピッツバーグの裕福なベンチャーキャピタリストから電話がかかってきた。ヒルマンとはクラビスが1週間前に会っていた。そのときの話では、２週間以内に返事をするということだった。しかしヒルマンのアソシエイトが6日後に電話をかけてきて、いった。「われわれのことはお気に召しませんでしたか？」。クラビスはどきりとして、何の話かと問い返した。「先日、あなたが部屋を出ていかれたあと、すぐに話がまとまったんですよ。ファンドの半分を出資したいと思っています」とアソシエイトはいった。ヒルマンは１２５０万ドルの出資を約束してくれていた。

この一件をきっかけに、機関投資家より個人投資家のほうがファンドのいい資金源になると3人は確信した。そこでさっそく１９７６年の夏、ＫＫＲは昔から人脈に恵まれた実業家たちの富の源泉となってきたものに狙いを切り替えた。親族と友人だ。この取り組みはすぐに実を結んだ。それから数カ月で、7人の出資者を見つけることができた。その中には、会社の経費のために毎年5万ドル出資することを申し出たクラビスの父親も含まれた。出資者たちはその見返りとして、KKRのすべての買収に参加する権利とその利益にあずかる権利を得た。これは一歩前進ではあったが、3人の望みをすべて満たすものではなかった。個人投資家たちはいくら裕福でも、無尽蔵にお金を出せるわけではなかった。次の年、12カ月という短期間に4回、出資を求められた投資家のひとりがクラビスに苦情の電話をかけてきた。「ヘンリー、これではこっちが破産してしまうよ」[9]

それでも企業の買収を始められるだけの資金は集まっていた。最初の投資は、数も少なければ、額もさほど大きくなかったが、のちに莫大な利益をもたらした。1977年にKKRが買収したのは、ロサンゼルスの航空機給油会社、AJインダストリーズ、ピッツバーグの掘削装置メーカー、LBフォスター、オレゴンの石炭機械メーカー、USナチュラル・リソーシズの3社だけだった。それでも2600万ドルで買収したAJインダストリーズからは、8年後の売却で、出資額の44倍の、1億60万ドルで買収したLBフォスターからは、12年後の売却で、出資額の6倍の、2200万ドルで買収したUSナチュラル・リソーシズからは、7年後の売却で、出資額の20倍のリターンが得られた。

複雑を極めた企業の買収手続き

これらの数件の買収を通じ、コールバーグ、クラビス、ロバーツは大きな鉱脈を掘り当てたことに気がついた。さらに、このように小さな企業でうまくいくのなら、大企業に対しても、自分たちの手法はうまくいくのではないか、3人はそう考えた。しかし大物を狙うためには、それだけ多額の投資が必要だった。こうして1978年、3人はあらためて買収のための資金調達に取り組んだ。このときにはいくらか実績を積んでいたので、最初の資金集めでは相手にしてもらえなかった機関投資家にも興味を持ってもらえるはずだった。実際、今回は順調に進んだ。同年の末までに、300億ドルの買収資金を集めることができた。出資者の中には、オールステート（保険会社）や、シティコープ（銀行）、ティーチャーズ・インシュランス（年金基金）といった大手機関投資家も名を連ねた。

潤沢な資金を獲得したKKRは、市場の隅から隅までアンテナを張り、買収の頃合いと思われる大企業を探した。大きな転機が訪れたのは、1978年の夏だった。コールバーグがニューヨーク・タイムズ紙の経済欄の片隅に、ウダイユ・インダストリーズという会社についての小さな記事を見つけた。ウダイユは1970年代に米国の産業界を席巻した典型的なコングロマリット（複合企業）だった。その事業分野は多方面にわたった。もとはニューヨーク州バッファローで油圧式ショックアブソーバーのメーカーとして設立されたが、のちに建築、砂利採取、工作機械、工業用ポンプをはじめ、数々の分野に進出した。経営は保守的で、現金残高が多く、負債は少なかった。またその記事では、同社のCEOジェラルド・サルタレッリが67歳になり、「ふつうの退職年齢」をかなり超えていることも指摘された。記事の執筆者はこれらのことから、「ウダイユ・インダストリーズは、買収候補になるのではなかろうか？」という問いを発していた。

この記事を読んだコールバーグには、ウダイユがブートストラップ型買収の理想的な対象であることがすぐにわかった。ただし、問題がひとつだけあった。ウダイユほどの規模のコングロマリットを

ＬＢＯで買えると思う者はひとりもいなかったということだ。ウダイユに出資するゴールドマン・サックスの投資銀行家ですらそんなことができるとは思っていなかった。金融機関からそのような額の融資を受けるなど、考えられないことだった。しかしＫＫＲの金融の達人三人衆の考えは違った。[10]

　１９７８年８月、コールバーグとクラビスがフロリダ州フォートローダーデールに飛んで、ウダイユの新本社でサルタレッリと会い、自分たちの提案を伝えた。ふたりは誇張気味にその魅力を説いた。「物腰のとても柔らかい売り込みだった」とサルタレッリはのちに述べている。コールバーグが自社の歴史と事業手法をひととおり紹介したのち、クラビスが買収後に予想される財務状況について説明した（それは多額の負債を抱えることを示唆するものだった）。「御社のこれまでの経営のされ方からすれば、当然、これには不安を覚えるでしょう」とクラビスは切り出しながら、見積り財務諸表が入った書類のひと束を手渡した。「最初はきっと、これではうまくいかないとお考えになるでしょう。お任せください。うまくいきます」。みずからは近いうちに引退し、執行副社長のフィル・オライリーと財務部長のドン・ボイスに経営を引き継がせたいというのがサルタレッリの希望だった。コールバーグとクラビスはその希望を尊重すると約束した。

　次のステップは、後継者に指名されたオライリーとボイスを取締役に就かせることだった。その任務を果たすため、コールバーグはバージン諸島にある自分の別荘にふたりを招待した。ふたりがやってくると、抗いがたいオファーを提示した。それはオライリーの給与を年20万ドル、ボイスの給与を年10万ドルに引き上げる新しい雇用契約だった。どちらもそれまでの給与と比べ50％以上多かった。サルタレッリ本人は、持ち株の売却で５２０万ドルを得ることができた。いずれも断れないぐらい魅力的な金額だった。最初にいくらかの逡巡《しゅんじゅん》があったのち、ウダイユはＫＫＲの提案を受け入れた。[11]

買収の取引形態を築く作業は、人間関係を築く作業と同じぐらい重要だった。とりわけ税制面の考慮は欠かせなかった。クラビスがウダイユの財務状況を分析した結果、負債を増やすことで、税負担をおよそ半分にできることがわかった。しかしクラビスは、もっと税を減らせるのではないか、場合によってはゼロにできるのではないかと考えた。そのためには、「減価償却のステップアップ」と呼ばれる手法を用いる必要があった。企業が持っている資産の価値を引き上げることで、控除される減価償却費を増やすというのがその基本的な考え方だ。ウダイユの古い資産の中には、工場や設備など、昔からかなり低い価格で帳簿に記載されているものが数多くあった。大手会計事務所デロイトの会計士による試算の結果、それらの資産の価値は約1億ドル引き上げることができ、控除される減価償却費は１５００万ドル増えることがわかった。[12]

ただし、そうするためには、複雑な企業構造が必要で、ＫＫＲはウォール街屈指の有力法律事務所スキャデンに書類の作成を依頼した。スキャデンは、ディケンズの小説並みに複雑な業務のやり取りを作り上げた。例えば、１９７8年3月5日には、ＫＫＲのオフィスで「ＨＨホールディングス」の「会議」が開かれ、同社の唯一の取締役であるクラビスひとりが「会議」に出席した。その「会議」では、クラビスが18件の決議案を提出し、それらがすべて賛成1票、反対0票で可決された。数日後には、同じことが「ＨＨアクイジション・コーポレーション」で行われた。その後、ウダイユ・アソシエイツと「ＨＨホールディングス」の合意書に誤りが見つかると、ウダイユ・アソシエイツのゼネラルパートナーとしてのクラビスが、「ＨＨホールディングス」の社長としてのクラビスに、合意書の修正への承諾を求める手紙を送った。幸いにもクラビス社長は機嫌がよく、すぐに承諾の旨を伝える返事を書いた。このような取引構造に困惑した証券取引委員会（ＳＥＣ）は、ＫＫＲに対し、各事業体が互いにどのような関係にあるのかを示した組織図を作成するよう求めた。できあがった組織図は、蜘蛛の巣のように入り組んでいた。作成を担当したＫＫＲの社員は、その組織図を横幅が90センチもある大きな紙にプリントアウトして、自分のオフィスの壁に張った。来客があると、「スリーマイル島原子力発電所の司令室並みでしょう」と得意げにいった。[13]

ＫＫＲが３億５５００万ドルのＬＢＯでウダイユを買収したことを発表すると、米国の産業界に衝撃が走った。ウダイユ級の大企業がＫＫＲのような小さな企業に買収されることがあろうとは、それまで誰も考えていなかった。企業の合併・買収（Ｍ＆Ａ）にそれほどの大金を投じられるのは、ゼネラルモーターズやエクソンやフォードといった一握りの超巨大企業だけだというのが、全米の役員室での常識だった。「ウダイユの一件をきっかけに、誰もが注目するようになった」と、ＫＫＲの初期の取引に関わったシンプソン・サッチャー＆バートレットの弁護士リチャード・ビーティーはいう。「それまでは『ＬＢＯ』などという言葉は、聞いたことがある人のほうが少なかった。それが突然、この小さな会社の３人の男たち、コールバーグとクラビスとロバーツが上場の手助けを始めた。誰もが、いったいＬＢＯとは何なんだという興味を掻き立てられた」[14]

ウダイユへの投資は歴史的な案件となった。単にＫＫＲがしようとしていることへの注目が高まったというだけでなく、ほかの者たちがそれを見て、自分たちもやってみようという気を起こしたからだ。

ＫＫＲの初期の崇拝者のひとりに、当時リーマン・ブラザーズの31歳の投資銀行家だったスティーブン・シュワルツマンがいた。シュワルツマンはその買収案件を耳にすると、その概要が記された債券目論見書を取り寄せて、仕組みを知ろうとした。「目論見書を読んで、資本構成を見て、どれぐらいの利益を上げうるものであるのかがわかった」とシュワルツマンは述べている。「思わず胸の内で『これは金鉱だ』とつぶやいていた。その目論見書はまるでLBOのやり方が記されたロゼッタ・ストーン〔古代エジプトの石碑〕のようだった」。6年後、シュワルツマンはみずからプライベート・エクイティ投資会社、ブラックストーンを設立した。ブラックストーンはやがて世界最大のプライベート・エクイティ投資会社へと成長することになる。[15]

ウダイユの買収が世界に知らしめたプライベート・エクイティ投資という新しいタイプの事業は、議論を呼びながらも、あっという間に企業界の風景の中心になった。それは風変わりな事業モデルだった。ものを売ったり、買ったりするのではなく、プライベート・エクイティ投資会社は企業を売ったり、買ったりした。高度に金融化されたこの手法によって、企業もまたひとつの商品と化した。それは銀行家の考えに従って取引され、交換される商品だった。しかし一部の識者たちは、プライベート・エクイティ投資会社がほんとうに企業を発展させるのかどうかに疑問を持ち、経済の健全さに及ぼす悪影響も懸念した。

莫大な利益をもたらしたKKRのプライベート・エクイティ投資

KKRのプライベート・エクイティ投資は目覚ましい成果を上げた。20世紀を通じ、S&P500

株の利回りは約10％だった。それに対し、ＫＫＲは年40％の利回りを目標にし、たいていはその目標を達成した。１９８３年には、平均の利益率が62・7％に達したと発表した。これは聞いたことのない数字だった。あまりに高すぎ、その利益を受け取っている投資家たちですら、目を疑った。いったいどこからそんなお金が生まれるのか。[16]

ＫＫＲの基本戦略は、ＬＢＯにもとづいていた。これはときにマネジメント・バイアウトと呼ばれることもあった。やっていることは単純だった。まず、裕福な投資家（主に大手機関投資家）から資金を集めて、ファンドを立ち上げる。次に、ファンドと多額の借入金を使って、企業を買収する。そして、その企業を数年運営したうえで、売却し、利益を得る。これだけだ。そこに魔法のような要素はひとつもない。「安く買って、高く売れ」は東インド会社の時代から、営利企業の合言葉だった。それがコールバーグ、クラビス、ロバーツという３人の金融の達人の手にかかると、驚異的な力を持つものに変わった。

３人は何よりもまず、資金調達に長けていた。初めて立ち上げた１９７６年のファンドこそ、目標額の２５００万ドルにかすりもしなかった。しかし１９７８年には、３０００万ドルを集めた。そして１９８０年には、３億５７００万ドルを調達した。１９８７年の時点では、５つのファンドを設立し、計24億ドルを集めていた。それらのお金はどこから来たのか。最初のファンドの出資者には保険会社と銀行が含まれていたが、その後、出資者の中核をなしたのは、年金基金だった。１９７０年代、全国の何百万人という教師や消防士や公務員の退職後の蓄えが預けられた年金基金は、年々拡大し、中には米国の実業界で最大規模の機関投資家に成長している基金もあった。それらの大規模な基金は、カリフォルニア州職員退職年金基金（カルパース）やテキサス州教職員退職年金基金といった州の公的機関によって運営されていた。退職者に約束した年金を支払うため、投資による資産運用を手がけている機関だ。しかしほとんどの場合、年金基金を運営しているのは、役所から給料をもらって働いている公務員だった。ＫＫＲにとって、そのような年金基金は理想的な出資者といえた。莫大な資金を管理していながら、特に自分で運用したいとは思っておらず、ウォール街の超一流の、広い人脈を持った者たちと組めるとなれば、喜んで話に乗ってきたからだ。売り込みには主にロバーツが当たった。コールバーグにいわせると、ロバーツは「力とは金であると心得ていて［…］金に近づき、金から離れない」のを得意としていた[17]。

初期の出資者のひとつに、オレゴン州の年金基金を運営するオレゴン・インベストメント・カウンシルがあった。会長のロジャー・マイヤーはロバーツから強い勧誘を受け、最終的には、ＫＫＲによるフレッド・メイヤー（オレゴン州を拠点にする小売りチェーン）の買収に1億７８００万ドルを投資した。重役会議のあとにはよく、ロバーツにビバリーヒルズホテルでのテニスに誘われて、ホテルの専属プロといっしょにダブルスを楽しんだ。そのプロというのが、ウィンブルドンで優勝したこともある往年の名選手アレックス・オルメドだった。「得がたい経験だった」とマイヤーはそのときのことを語っている。「片やオレゴンのポートランドから出てきた田舎者、片や飛ぶ鳥を落とす勢いの超エリート。すっかり感激した」

フレッド・メイヤーの案件で投資した額は、オレゴン・インベストメント・カウンシルにとってそれまでで最高額となり、資産の約８％にも相当した。これはかなりリスクの高い賭けだった。しかし見返りはそれだけ大きく、フレッド・メイヤーが売却されたときには、年53%の利回りを得ていた。その後、オレゴン・インベストメント・カウンシルは、ＫＫＲの安定した大きな資金源となり、マイヤーはロバーツの親しい友人になった。ほかの州もこの成功を見て、追随した。１９８２年、ワシントン州とミシガン州の年金基金、それにハーバード大学の大規模な基金がＫＫＲのプライベート・エクイティ・ファンドに出資した。アイオワ州は一時、運用資産総額40億ドルのほぼ1割に当たる３億４７００万ドルをＫＫＲの２つのファンドに注ぎ込んだ。ワシントン州の年金基金のトップは１９８９年のインタビューで次のように述べている。「20世紀後半の米国で、資本主義に最も大きな影響を及ぼした人物を5人選ぶとしたら、そこにはあの3人が入るでしょう[18]」

ＫＫＲはお金をあずかることとの対価として、十分な報酬を受け取れるよう、年金基金との契約関係を取り決めた。投資に関するパートナーシップ契約には、年金基金がＫＫＲに支払わなくてはならない数々の手数料が記されていた。特に重要だったのは、管理報酬とキャリードインタレストのふたつだ。それぞれ給与とボーナス（成功報酬）のようなものだと考えるとわかりやすい。

管理報酬は給与と同じように、毎年、成果に関係なく、ＫＫＲに支払われ、キャリードインタレストはボーナスと同じように、成果に応じて支払われた。管理報酬は、ＫＫＲの案件ではふつう、ファンドの総額の１・５～２%に設定されていた。具体的にどれぐらいの金額かというと、１９８２年のファンドの管理報酬は年４５０万ドル、１９８６年のファンドの管理報酬は年２７００万ドルだった。この手数料はファンドの数だけ増えた。つまりＫＫＲは各ファンドごとに管理報酬を受け取ったので、単に投資家からお金をあずかるだけで、毎年、何千万ドルもの手数料を稼ぐことができた。

一方、キャリードインタレストは、会社の買収と売却から得た利益の一定の割合を受け取るものだった。ふつう、利益のうち、基準額（「ハードル」）を超えた部分の20％がＫＫＲの手数料となった。したがって、この手数料を受け取るためには、事実上、市場を上回る利益を上げなくてはならなかった。しかし手数料はほかにもまだまだあった。投資銀行業務に対する手数料や、取引業務に対する手数料のほか、投資先企業にＫＫＲのアソシエイツを取締役として送り込むことに対する手数料もあった。１９８０年代末、取引手数料だけで、およそ1億ドルの収入になった。それらの手数料によって、毎年毎年、莫大な収益がＫＫＲにもたらされた。「儲けるためには手段を選ばないマキャベリズムそのものだ」と、ある投資銀行家はこの料金体系を評している。「ＫＫＲのリミテッド・パートナーシップは、まるで『ＫＫＲがほぼノーリスクで大儲けするにはどうすればいいか？』という観点から設立されているようだ」。投資家の中には不満を感じる者もいたが、得られるリターンが大きい限り、やはり支払わざるを得なかった。[19]

ＫＫＲの戦略を支えていたものはもうひとつあった。それはプライベート・エクイティ投資の要をなすＬＢＯそのものだった。借入金を使って、少額の現金から多額の現金を生み出すというのが、ＬＢＯの基本的なアイデアだ。住宅購入者が住宅ローンを組むことで、自分の貯蓄では買えない高い家が買えるのと同じように、ＫＫＲはＬＢＯを用いることで、手持ちの資金では買えない大きな会社を買うことができた。ＬＢＯは得られる利益も大きくした。例えば、ある会社を1億ドルで買うとしよう。1年後、賢明な経営によって会社の価値が高まり、その会社を1億１０００万ドルで売却できたとする。もしＫＫＲが自分のお金だけでその会社を買っていたら、売却で得られる利益は10％になる。1億ドルで買って、1億1000万ドルで売り、1000万ドルを手に入れるということだ。10%という利回りは十分喜べるものだし、株式の平均利回りにおおむね匹敵する。しかし買収費用の一部を借入金でまかなったら、どうなるか。KKRはたいていの場合、買収費用の70〜95%を借入金でまかなっていた。したがって、例えば、この会社を買収するのに、自己資金を1000万ドル使い、残りの9000万ドルを借りていたとしよう。同じように、1年後に1億1000万ドルで売却できたとする。すると、9000万ドルの借金を返したあとに、2000万ドルの現金が残る。つまり最初の1000万ドルの現金から2000万ドルの現金が生まれるのだ。利回りは、100%だ。まさに借入金マジックだった。もちろん、借入金はただではない。借りたお金には、利息を払わなくてはならなかった。利率が高ければ、それだけ利益は上げにくくなった。そこでKKRが目をつけたのが、マイケル・ミルケンという投資銀行家が発展させたまったく新しいタイプの債券市場だった。[20]

マイケル・ミルケンのジャンク債事業

1980年代に、投資銀行ドレクセル・バーナム・ランバートの社員だったマイケル・ミルケンは、それまで活気のなかった債券の世界を賑やかな利益マシンへと変えていた。ビバリーヒルズのオフィスを拠点にするミルケンが考えついたのは、債務に苦しんだり、経営難に陥ったりしている企業が発行した高リスクの債券、いわゆるジャンク債の市場を創出することだった。ジャンク債は主流の投資家のあいだでは長年、忌避されてきた。リスクが大きすぎて、割りに合わないと考えられていたのだ。しかしミルケンは、複数のジャンク債をひとまとめにして、ポートフォリオを組めば、もっと保守的で安定した企業の債券よりも利益が得られると、確信した。また――こちらのほうがさらに重要だが――買い手にもそう確信させた。ミルケンのジャンク債事業はすぐに、毎年何十億ドルもの社債の発行を助けるようになった。１９８３年だけで、ドレクセルが販売したジャンク債は47億ドルにのぼった。しかしジャンク債を何より強力に後押ししたのは、ＬＢＯの台頭だった。ＫＫＲは、企業買収資金の調達にもジャンク債を使うことができ、ジャンク債を使えば、より安く、より速く、借入金を増やせることに気がついた。１９８４年、ＫＫＲはコール・ナショナル（眼鏡と玩具のメーカー）の買収資金として、ミルケンから3億３０００万ドル借り入れた。そのときクラビスが目を見張ったのは、ミルケンが高リスクの債券の購入者を易々と見つけたことだった。「あんなに驚くべきものを見たのは初めてだった」とクラビスは述べている。

その後、１９８０年代を通じて、ＫＫＲとドレクセルは親密な関係を築いた。１９８４年から89年までのあいだに、ＫＫＲは13の案件でドレクセルを使い、ドレクセルの最大の融資先になった。ドレクセルのある銀行家はＫＫＲとドレクセルの関係について、次のように述べている。「その共生関係はほかに類例がないぐらいだった。互いに恩恵を与え合っていた」。ドレクセルとミルケンはこの関係から多大な利益を得た。いちばんよかった年（１９８７年）には、ミルケンがドレクセルから受け取った報酬は、5億５０００万ドルにのぼった。[21]

投資先企業の業績改善とコスト削減

プライベート・エクイティ投資において、資金調達やＬＢＯと並んで、もうひとつ大事なのは、買収先の事業運営だった。プライベート・エクイティ投資の目的が、買収した会社の価値を高めて、より高い値段で売却し、利益を上げることにあるのなら、買収先の事業に精通した人物を送り込んで、采配を取らせるのが当然に思えるかもしれない。しかし、実際には、ＫＫＲは意外にも不干渉主義に徹し、口を出さなかった。むしろ買収先企業の経営者から経営の助言を求められるのをいやがった。１９８５年にＫＫＲがモーテル６を買収したとき、クラビスとロバーツがモーテル６のＣＥＯから、幹線道路沿いにどういう看板を立てるべきかについて、助言を求められたことがあった。会議後、クラビスは脇にロバーツを連れ出して、いった。「これは問題だぞ。おれたちみたいな素人が看板のデザインを決めてどうする？　そんなのは危険すぎる」。６カ月後、ＫＫＲはこのＣＥＯをもっと自立心が強い重役と交替させた[22]。

ＫＫＲは買収先企業の経営には口を出さず、信頼したその会社自身の重役に意思決定を委ね、業績を向上させるためのインセンティブを設けた。会社の利益と本人の金銭的利益とが結びついていれば、重役たちはおのずと会社をよりよくするための方法を見つけるというのが、ＫＫＲの考えだった。ほとんどの買収において、ＫＫＲは経営陣にかなりの自社株を持たせた（たいてい10～15％）。「自分の金が投じられていて、それが自分の会社だと感じられれば、経営者は毎朝、少し早く出勤するようになるものだ。出費にもきびしい目を向けるようになり、高級車やジェット機が必要なのかどうか、考えるようになる」とクラビスは説明した。ロバーツも同意見だった。「所有者が経営者でもある地方の優良スーパーマーケットチェーンは、不特定多数の人々に所有されている全国チェーンよりも、きっと優れた経営をしているはずだ。2つのチェーンを同じ資源で立ち上げた場合、一方が経営者に所有され、一方が上場企業に所有されていたら、必ず前者が圧勝を収める」。KKRが重役たちに与えたインセンティブは、会社の業績しだいで、重役たち自身が超のつく大金持ちになれることを意味した。KKRの投資先企業のひとつ、ベアトリスのCEOドン・ケリーが取得した500万ドル分の株式の価値は、のちに1億6600万ドルまで上がった。[23]

KKRの投資先企業で最優先されたのは、コスト削減だった。それはときに情け容赦がなかった。クラビスにいわせると、肥大化と官僚制のせいで衰退する企業があまりに多かった。「企業が脂肪でぶくぶくに太っている」とクラビスは表現した。その脂肪を削ぎ落とし、企業を「官僚制でがんじがらめの状態」から解放できるのが、プライベート・エクイティ投資会社だった。実際にそれがどのように行われたか、ふたつの例で見てみよう。1987年2月、KKRはオーウェンズ・イリノイというガラス瓶メーカーの買収を発表した。1カ月後の3月、同社のトレド本社では従業員500人が解雇された。同時に、ビジネスジェット（ガルフストリームG1）2機も売却された。1986年には3240万ドルだった社全体の支出が、1990年には1300万ドルまで減った。買収から1年後、「もうアシスタントにアシスタントをつけることはできなくなりましたよ」と、オーウェンズ・イリノイの会長は話している。「それどころか、アシスタントがいなくなりました」[24]

ＫＫＲは１９８６年に買収した食料雑貨店チェーン、セーフウェイでも、同様の手法を使っている。やはりここでも、買収直後に人員が削減された。４年間で、解雇や不採算店舗の売却によって削減された人員数は、６３００人にのぼった。買収前のセーフウェイのモットーは、「セーフウェイは安心安全を提供する」だった。それが買収後、ロビーに掲げられた企業ステートメントで「当期投資での収益目標」が謳われるようになった。このように社内の文化を変えようとすれば、反発も招いたはずだが、ＫＫＲにとってそれは必要な是正措置だった。「完全に取り除かなくてはならない従業員の層があった」とクラビスはセーフウェイについて述べている。ロバーツもそれと同じ意味のことを次のようにいった。「わたしたちはセーフウェイの経営陣にすべきことをする勇気と規律を持たせた。藪をきれいに刈れば、残った木は大きく育つ」。確かに、利益は増えた。13年後、ＫＫＲは残っていたセーフウェイの株式を売却することで、最初の投資額の50倍以上を取り戻した。[25]

並外れた成功の物語

これらの要素をすべて兼ね備えたＫＫＲは、資本主義の歴史に前例のない力を振るった。プライベート・エクイティ投資の利益率は圧倒的だった。ＫＫＲの最初の５つのファンドの平均年間利益率は最も低くて25％、最も高いものでは40％になった。投資家たちがこぞって出資し、ＫＫＲは成長を続けた。１９８７年には、資金調達額が56億ドルという記録的な額に達した。やがて、ほかのプライベート・エクイティ投資会社も設立され始めた。初期のライバルとなったのは、１９７８年に立ち上げられ、27億ドルを調達したフォーストマン・リトルだった。1985年には、KKRのウダイユ買収に感銘を受けた若き投資銀行家スティーブン・シュワルツマンが、ブラックストーンを創業した。モルガン・スタンレーやメリルリンチといった伝統的な投資銀行ですら、LBOを手がけ始めていた。LBOは米国の企業界に広く浸透し、1980年代を通じて増加の一途をたどった。その取引総額は、1980年に31億ドルだったものが、87年には356億ドルにまで膨らんだ。かつては小さな池の中にいる大きな魚だったKKRも、今では大海の中にいた。[26]

これは並外れた成功の物語だった。1976年、友人3人組が自分たちの貯蓄から12万ドルを出して、会社を立ち上げた。それが1980年代末までに、合計で600億ドル近い取引を成立させ、セーフウェイ、デュラセル、モーテル6、エイビス、トロピカーナといった大企業を買収していた。その結果、3人は莫大な富を手に入れた。1986年、フォーブス誌が発表した米国の富豪ランキングで、コールバーグ、クラビス、ロバーツの純資産はそれぞれ1億8000万ドルと推定された。2年後の1988年にはそれが3人とも倍近い3億3000万ドルに増えた。

ただしこの成功から受けた影響は、ひとりひとり違った。コールバーグとロバーツは比較的地味な暮らしを続け、富をひけらかすようなことはしなかった。コールバーグの友人は次のようにいっている。「ジェリーをカクテルパーティーに連れ出すのでさえ、一苦労だった」。一方、クラビスはふたりとは正反対だった。パークアベニューに550万ドルの住居を買い、ルノワールの絵やフランスのアンティークでその室内を飾った。ダイニングルームには、ジョン・シンガー・サージェントが描いた第6代ロンドンデリー侯爵の高さ3メートルの肖像画が置かれた。1985年には、元モデルで、ファッションデザイナーのキャロライン・ロームと結婚した。ふたりはニューヨークの社交界切っての有名人となった。メトロポリタン美術館で、著名なバイオリニスト、五嶋みどりのリサイタルあり、うさぎ肉のパイのディナーあり、ドガ展の独占鑑賞会ありの豪華なプライベートパーティーを開いたこともある。ロームの言葉を借りれば「ディケンズの作品からインスピレーションを受けた」クリスマスパーティーも催した。エスクァイア誌のインタビューで、ロームは自分たちの社会生活について次のように語っている。「みなさん勢揃いでしたよ。どちらを見ても、美しい女性ばかり。それも成功した夫をお持ちのかたばかり。すばらしい楽団の演奏を聴いたり、［パーティーのホストが］専門家といっしょにしつらえたというすてきな装飾を愛でたりしていると、『自分たちはなんて幸運なのかしら』と思わずにはいられませんでした[27]」

高まるプライベート・エクイティ投資への批判

圧倒的な成功を収めたＫＫＲモデルの資本主義が企業界を津波のように呑み込み、次から次へと企業が乗っ取り屋の軍門に降った。しかしプライベート・エクイティ投資が全米を席巻するにつれ、批判の声も高まった。批判者たちはプライベート・エクイティ革命に異を唱え、企業や、労働者や、社会に及ぼすその影響を危惧した。きびしい批判の声は、プライベート・エクイティ投資業界の内部からも上がった。

最初に不満を訴えたのは、労働者たちだった。ＫＫＲに買収された企業の従業員はしばしばすぐに解雇された。運よく、解雇されなくても、急に仕事がきつくなることが多かった。たいていの場合、通告は突然で、過酷なものだった。ピューリッツァー賞を受賞したウォール・ストリート・ジャーナル紙の調査では、セーフウェイの買収がどういう人的な犠牲の上に成り立っていたのかをスーザン・ファルディ記者が明らかにした。その記事では、セーフウェイで30年間トラック運転手を務めてきたジェームズ・ホワイトという人物のことが紹介されている。ホワイトは買収後、解雇され、そのちょうど1年後にみずから命を絶った。

また28年間、セーフウェイのオークランドオフィスに勤務してきたロバート・マーケルという人物のことも紹介されている。マーケルもやはり買収後に解雇された。ある月曜日の朝、出勤すると、上司から事前通告なしに「ＫＫＲの買収により、もうセーフウェイの従業員ではなくなった」が、週末までは給料を支払うと告げられた。会社に残れた者の多くも、それまでとは仕事が変わり、もはや人間として扱われず、交換可能な使い捨ての部品として扱われるようになったと感じた。

ＫＫＲによるオーウェンズ・イリノイの買収後、ある労働者は地元のトレド・ブレイド紙に、従業員の士気が過去最低にまで下がっていると話した。「もうオーウェンズ・イリノイを愛せません。自分の職場を誇りに思えなくなりました」。識者たちは、賃金と雇用を削って、労働者をこのように扱うのは、経営の方法として賢明ではないのではないかと懸念した。数年はうまくいったとしても、こういう形態の資本主義は持続不可能なのではないか、と[28]。

次に不満を訴えたのは、政府だった。まず税金の問題があった。多くの識者が指摘したように、プライベート・エクイティ投資会社が莫大な利益を上げているのは、ひとえに納税額が少ないおかげであるように見えた。税金の支払いをいかに少なくするかは、つねにKKRの戦略の要をなしていたし、実際、LBOは米国の税制の中心に据えられている大規模な優遇措置の恩恵を受けていた。すなわち、税控除の対象にならない株主への配当の支払いと違って、利息の支払いは税控除の対象になるという措置だ。株式と負債のこの扱いの違いは昔から税制の研究者のあいだで評判が悪かった。企業が新株発行より、借金の積み増しを選ぶ強い理由になっていたからだ。

しかしKKRは、ほかの時代遅れになっている税法の条項と合わせて、この税制の歪みを最大限に活用した。ウダイユの案件では、単に負債を増やすだけで、ウダイユの課税額を半分に減らせると、クラビスは算盤をはじいた。それどころか、大手会計事務所デロイトから提案された減価償却のステップアップという手法を使えば、課税額をゼロにすることもできそうだった。セーフウェイは買収の前年、1億2200万ドルの税金を支払っていた。それが買収後には、逆に1100万ドルの税金の還付を受けた。同じくRJRナビスコも、KKRに買収される前の年には、8億9300万ドルの税金を支払っていたのに、買収された年には、わずか6000万ドルしか支払わなかった。税負担が少ないことは、KKRと投資家にとっては好ましいことだったが、税収が枯渇する中で、政府はそれを望ましくない行為と見なすようになった。[29]

もうひとつの批判は、KKRが企業に負わせる新たな債務のせいで、経済が不安定化するというものだった。企業が莫大な負債を抱えて、つねに倒産の瀬戸際に立たされ、借金の返済に追われることになったからだ。企業がつぶれれば、その影響は労働者から株主、地方自治体まで、社会全体に及ぶ。

KKRが1980年に買収した新興の工作機械メーカー、イートン・レナードは1986年に倒産した。同じくＫＫＲの傘下に置かれていたＥＦＢトラッキングは、１９８５年に解散に追い込まれた。ＫＫＲが１９８７年に２億９０００万ドルで買収したシーマン・ファニチャーは、１９９２年に破産を申請した。ボーレン・クレイやアメリカン・フォレスト・プロダクツといった企業は負債の返済に苦労し、最後には債務の再編をせざるを得なかった。ＫＫＲが１９８７年に買収した住宅建設会社、ウォルター・インダストリーズは２年後、アスベストの被害者に訴訟を起こされて、破産を申請した。

クラビスは自分の決定についてＫＫＲの同僚に説明するのに、かなり強引な理屈を立てた。「『プラトーン』という映画は観たか？　その映画の終盤に、大尉の部隊が敵に包囲される場面がある。もはや突破することも逃げることもできない。絶体絶命だ。そこで大尉は司令部に自分たちがいる場所を空爆するよう要請する。そうすれば、敵の進軍を止めることができ、なおかつ少なくとも何人かは生き残れると考えたからだ。わたしたちがしているのはまさにそういうことだ。きびしい状況ではきびしい決断が求められる」。政府の見方はそれとは違った。１９８４年、証券取引委員会の委員長ジョン・シャドがきっぱりといった。「レバレッジをかけて買収すればするほど、将来、倒産が増えるということです」[30]

プライベート・エクイティ投資への不満を訴えたのは政府と労働者だけではなかった。大手プライベート・エクイティ投資会社自身からも、自分たちの業界の行き過ぎを批判する声が次々と上がり始めた。この新しいタイプの金融工学が生み出す莫大な利益によって、資本主義が歪められてしまうのではないかと懸念したからだ。米国の最高の知性の持ち主たちのあまりに多くが、創造するとか、発明するとか、築き上げるとかいうことのいっさいない仕事に打ち込んでいた。それは単に再編成するだけの仕事だった。1988年、プライベート・エクイティ投資会社フォーストマン・リトルのトップ、テッド・フォーストマンがウォール・ストリート・ジャーナル紙に寄稿し、自分の業界を大胆に批判した。寄稿のタイトルは、「企業金融——レバレッジの限界」だった。

今の金融業界は暴走状態にある。受け入れているリスクの大きさは、もはや見込まれる利益に見合わない。無謀さに拍車がかかるばかりで、毎週、何十億ドルもの米国の資産が事実上返済の見込みのない負債を新たに抱えている。すべてはウォール街の投資銀行家や、弁護士や、LBOファンドや、ジャンク債業者の目先の利益のためだ。そのせいで金融業界以外の一般の労働者や、地域社会や、企業や、投資家たちの長期的な利益が犠牲にされている。

フォーストマンはプライベート・エクイティ業界の買収王たちを、大晦日の夜に酒場から千鳥足で出てきて、それぞれ自分の車に乗り込む酔っぱらいの集団にたとえた。「いつ衝突事故が起こってもおかしくない。危険極まりない」。クラビスはこのような批判に対し、それらはすべて的外れだといい返した。「LBO後、利息を払うために、研究開発費が削られるとか、工場が閉鎖されるとか、大量に従業員が解雇されるとか、子会社を売却したら、とっとと去ってしまうとか、いわれていますが。どれもほんとうではありません。[…] われわれは企業の活力を奪ってしまうようなことはしません。生産に携わっている人たちは会社に残ります。[…] 確かに、悪しきLBOというのもあります。ですが、それはビジネスのしゃっくりのようなものであり、あくまで例外です。KKRはそうはなりたくないと思っています」。1989年にフォーチュン誌のインタビューでクラビスはそう語っている。[31]

敵対的買収とKKRの社内で生じ始めた亀裂

このような批判の嵐が吹き荒れた頃、KKRの社内ではそのしばらく前から亀裂が生じ始めていた。コールバーグがブートストラップ方式を考案したのは、もともとは「友好的」ないし協力的な買収の方法としてだった。コールバーグはウィンウィンの関係を想定していた。成功した企業の創業者が退職金を得られるようにするのと同時に、投資銀行がそれを提供した対価として十分な利益を得られるようにするための仕組みだった。しかし1980年代半ばには、KKR内部で変化が起こり始めていた。クラビスとロバーツはたえずより大きな案件を追い求め、1984年には初めて、10億ドルを超えるLBOを成立させた。会社もそれとともに大きくなり、1976年には3人だったディールメーカーが、83年には8人、88年には15人に増えた。会社の規模としてはそれでもまだ小さかったが、もう友人だけの会社ではなかった。今や会社には、変化のはげしい80年代半ばの企業買収の世界で、コールバーグのように「友好的」な買収にこだわるのは時代遅れだと感じる、野心的な若いディールメーカーが数多くいた。彼らにいわせると、コールバーグはプライベート・エクイティ投資の世界に起こっている変化を理解していなかった。KKRが生き残るためには、敵対的な買収を手がける必要があるというのが彼らの考えだった。

敵対的な買収では、対象企業のCEOや取締役といった経営陣の意向に反して、買収が仕かけられる。買い手は対象企業のトップと交渉して、合意を得るということをせず、直接、株主に話を持ちかける。このような買収は騒動になりやすい。互いの評判や人格への攻撃に発展することが多いからだ。買い手が企業のリーダーを怠慢だとか、生産性が低いとか批判すれば、企業のリーダーは実績を訴えると同時に、買い手を貶めようとする。買い手は勝つためには、はげしい舌戦を繰り広げて、株主に現経営陣側の反論よりも買い手側の提案を受け入れさせなくてはならない。経営陣は、買収が成立すれば、たいていはただちに解雇される。敵対的買収は長いあいだ、名のある企業の体面を汚す恥ずべき行為と見なされてきたが、1980年代に入ると、プライベート・エクイティ投資会社が積極的に敵対的買収を仕かけるようになった。

クラビスとロバーツは、コールバーグが敵対的買収をためらっていることが会社の足かせになっているという若手たちの意見に賛同した。1984年にはコールバーグが肺血栓で死にかけ、その後も頭痛や倦怠感など、後遺症に苦しむようになった。「ジェリーは年を取り、もうかつてのようにばりばり働こうとはしなくなっていました」と、クラビスはのちにインタビューで語っている。「ジェリーがあんなに後ろ向きだったのは、現状を知ろうとも、理解しようともしなくなっていたからです」。しだいにクラビスとロバーツはコールバーグの意見を聞かずに重要な決定を下すようになった。ふたりがコールバーグに、フォーチュン500で36位のベアトリスに対する敵対的な公開買付の計画を話すと、コールバーグは反対して、KKRは友好的な買収に徹するべきだと主張した。それでもクラビスとロバーツはその意見を無視して、公開買付に踏み切った[32]。

仕事上の対立は、ふたりとコールバーグの個人的な関係もぎくしゃくさせずにおかなかった。コールバーグは昔から慎ましく暮らしていて、休日は自宅で過ごし、テニスをしたり、小説や伝記を読んだりするのが好きだった。一方、クラビスは上流社会へ出入りし、催しやパーティーに出席した。コールバーグにはそういうクラビスの派手なライフスタイルが軽薄なものに感じられた。「ついにはジェリーがパークアベニューのヘンリーの家には行かないといい出すまでになりました。裕福さを見せびらかしているような家で、いやだったんでしょう」と、コールバーグの友人はインタビューで話している。そこからふたりの関係は急速に悪化していった。ＫＫＲのある若手パートナーがふたりのごたごたについて、次のように語っている。「ジェリーが『この会社を創業したのは、わたしだ。君らはわたしがいなければ、ここにいなかったんだぞ』とまくしたてることが一度ならずあって、そのたびに職場が険悪な雰囲気に包まれました」。コールバーグが我慢の限界に達したのは、１９８６年、ＫＫＲのアソシエイトだったコールバーグの息子ジムの年末のボーナスの支給額が、ほかのアソシエイトと同じ１００万ドルではなく、50万ドルにされたのを知ったときだった。コールバーグは激怒し、粛々と退職交渉を始め、１９８７年、ＫＫＲを去ることを発表した。[33]

過去最高額の買収劇と吹き荒れる批判の嵐

コールバーグの離脱はＫＫＲのひとつの時代の終わりを告げるものだった。ＫＫＲに年配の立派な紳士はもういなかった。今やＫＫＲは、もっと若く、もっと貪欲で、もっと積極果敢にリスクを取ろうとするクラビスとロバーツのふたりの手中にあった。ふたりは2年後には社運を賭して、ＫＫＲ史上最も大それた、過去最高額の超大型買収に着手していた。
KKRによるRJRナビスコの買収は、さまざまな面で、プライベート・エクイティ投資が企業界にどういう貢献ができるかを示す絶好の機会になるはずだった。巨大コングロマリットであるRJRナビスコは、互いに矛盾し合うようなふたつの事業を手がけていた。ひとつは、キャメルなどの商品で知られるたばこメーカー、レイノルズ社。もうひとつは、フィグニュートン〔ペースト状のいちじくが中に入ったクッキー〕やリッツクラッカーを開発した、健康志向のビスケットメーカー、ナビスコ社だ。ある評論家はこの組み合わせをいみじくも「アップルパイを焼く母親と、どくろ印の海賊旗との出会い」と表現している。またRJRナビスコの社内には、派手好みで、乱費を厭わない文化が浸透していた。RJRナビスコのCEOロス・ジョンソンは会社の金を贅沢のために湯水のごとく使った。ビジネスジェットを10機所有していたほか、会社の金で自分のメイドをふたり雇い、オフィスには3万ドルする18世紀の中国の陶磁器を飾っていた。重役陣にグッチの1500ドルの腕時計を贈ったり、ダイナ・ショアLPGAゴルフツアーで著名人を集めた豪華なイベントを主催したりもした。重役たちは無料で好きなだけカントリークラブの施設や社有車を使えた。本社では1日に2回、お菓子のカートが巡回し、マネジャーたちにボンボンが配られた。ジョンソン自身の言葉を借りるなら、「刻々と、数百万ドルが失われている」状態だった。RJRナビスコは、米国の企業界が怠慢で非生産的になったというKKRの主張のまさに典型例のように見えた。[34]
しかし、どういうわけか、ことはまったくあらぬ方向に進んだ。数カ月にわたって、KKRとRJRナビスコのあいだで、熾烈な交渉が続けられ、最終的にはKKRが250億ドルでRJRナビスコを買収することで妥結したが、この買収を通じて明らかになったのは、インセンティブがもたらす規律効果ではなく、プライベート・エクイティ投資に携わる人間がいかに威圧的で、強欲であるかということだった。

取引の詳細がリークされ、新聞は目の飛び出るような数字を報じて、ここぞとばかり騒ぎ立てた。RJRナビスコの最高幹部陣には、単に会社を去るという理由だけで、莫大な退職金が支払われた。1989年2月に契約が締結されると、ジョンソンは5300万ドルという多額の退職金を得て、辞職した。たばこ部門のトップ、エドワード・ホリガンは、4570万ドルを受け取った。取引の顧問や参加者にもやはり巨額の手数料が支払われた。KKRに雇われた投資銀行は少なくとも4億ドルの手数料を得た。これは取引に関わった銀行家ひとり当たりの時給に換算すると、およそ4万8000ドルになるという。

KKR自身も取引手数料として7500万ドルを、通常の管理報酬やキャリードインタレストとは別に受け取った。KKRがピエールホテルのグランドボールルームで開催した買収祝賀会には、400人の投資銀行家や、弁護士や、同業者が招かれ、ロブスターや、仔牛肉や、ナビスコ製品で飾った高さ約1メートルのケーキや、ドンペリニョンが振る舞われた[35]。

中でも最も印象を悪くしたのは、タイム誌に掲載されたジョンソンのロングインタビューの記事だ。その記事はさながらCEOがいってはならないことの長いリストのようだった。タイム誌の記者が重役に支払われるゴールデン・パラシュート〔買収に伴って支払われる多額の退職金〕についての意見を尋ねると、ジョンソンは「わたしの仕事は社員のために最高の契約を結ぶことです」といってから、7、8

年で1億ドル受け取る可能性があることを認めた。どういう人間なら、そんな大金をもらう資格があるのかと問われると、次のようにいった。「オーナーであれば、あるでしょう。なかなか手きびしい質問ですな。とはいえ、これはあのゲームのモノポリーのお金のようなものです。［…］ 1億ドルもらうことがわたしのモチベーションになったことは、一度たりともありませんよ」。今回の買収で従業員は苦しい思いをするのではないかという問いには次のように答えた。「過渡期を乗り越えなくちゃならんということでは、おっしゃるとおりです。ＲＪＲナビスコには12万人おりますから、ある程度の混乱は避けられないでしょう。ですが、わが社の社員は、特にアトランタの社員は、会計士であったり、弁護士であったり、秘書であったりと、手に職を持っていますから、どこでもすぐに働けます。それに食べるのには困りません。申し分のない解雇手当が用意されているわけですから」。予想どおり、買収が成立すると、職を失う者が出始めた。ＲＪＲナビスコ本社の従業員数は４００人から１５０人に減った。さらにたばこ部門では、そのほかに１５２５人が解雇された。[36]

この買収劇を目にした者はほとんど誰もが、そのあまりの節度のなさに唖然とした。ビジネス・ウィーク誌はカバーストーリーで取り上げ、「借金中毒——企業買収は行き過ぎではないか?」というタイトルをつけた。地元のアトランタ・コンスティチューション紙は特集を組んで詳しく報じたほか、風刺画を掲載した。それはナビスコのシリアル「シュレッド・ウィート（細切りにした小麦）」ならぬ「シュレッド・ワーカーズ（細切りにした労働者）」の箱と、その箱の上に置かれたシリアルボウルの中で、恐怖に打ち震える人々を描いた風刺画だった。その絵には「定価２５０億ドル」というキャプションがついていた。テキサス州の農務局長ジム・ハイタワーはニューヨーク・タイムズ紙のオプエド欄に寄稿し、ＫＫＲはたばこやクッキーのことをほとんど何ひとつ知らずに、たばことクッキーの会社に２５０億ドルを費やしたと指摘し、クラビスとロバーツを次のように揶揄した。ふたりは「誰かに生地をこねてもらっても、クッキーを焼くことができない」。これはあながち誇張ではなかった。クラビス自身がナビスコの全製品を把握してはいないと認めてもいた[37]。

ＲＪＲナビスコの買収でＫＫＲの名は一躍世の中に知れ渡った。１９８９年にＫＫＲが手がけた案件はこれ1件のみだったが、それだけでその年に全米で行われたＬＢＯ全３７１件の総額の5分の2を占めた。ＲＪＲナビスコが傘下に加わったことで、ＫＫＲは５９０億ドルの企業資産を管理下に置き、35カ国に傘下の企業を持つまでになった。6人のゼネラルパートナーと11人のアソシエイトを含め、わずか47人しか社員がいなかったときにだ。資産額でＫＫＲを上回る企業は、ゼネラルモーターズ、フォード、エクソン、ＩＢＭだけで、いずれも何万人という従業員を擁する巨大企業だった。

そして長年、プライベート・エクイティ業界を巡って飛び交っていた批判の数々がすべて、この買収によって明確化されることにもなった。過剰な報酬や、労働者と地域社会がこうむる悪影響や、過剰な債務がはらむ危険性だ。学者や政策立案者たちはこの買収を受け、ＬＢＯの弊害を撲滅するための新しい規制の導入を求め始めた。ハーバード大学ケネディスクールのロバート・ライシュ教授が発表した論文では、米国社会がＬＢＯのせいで法外な犠牲を払っていることが論じられた。「投資銀行家たちにはもはや、取引先の企業のために働くという意識がない。近年は、投資銀行家のために企業が存在しているように見える」とライシュは書いた。四半世紀前には、米国産業界の大物といえば、大企業の最高経営責任者たちだった。今や投資銀行家とプライベート・エクイティ投資会社のパートナーがその地位にあった。ＲＪＲナビスコの買収で銀行家と弁護士に支払われた手数料は、全米でエイズの治療法研究に費やされている資金の総額より多かった。「これほど少数の人間が、これほど少ない労力で、これほどの大金を稼いだ例はほかにほとんどない。アメリカ人のパイの分配にこれほど少数の人間がこれほど絶大な影響を及ぼした例は、ほかにまったくない」と、ライシュは論文を結んだ。[38]

批判の嵐の結果、プライベート・エクイティ投資を改革することへの関心が一気に高まった。連邦議会もＬＢＯを手がける会社の重役を呼んで、一連の公聴会を開き、実態を調査した。ジャンク債の利子に対する税控除の廃止から、配当の支払いに対する税控除の導入まで、さまざまな改革案が出された。しかしどれも実現には至らなかった。唯一、プライベート・エクイティ投資の加速に効果的なブレーキをかけられたのは、世紀の変わり目に起こったふたつの出来事だった。ひとつは、金利の上昇だ。金利の上昇は、借入金のコストを押し上げるので、結果的に、ＫＫＲのようなプライベート・エクイティ投資会社がポートフォリオ企業に債券を注ぎ込むのをむずかしくした。もうひとつは、ジャンク債の帝王マイケル・ミルケンが証券業務に関する共謀と詐欺の罪で起訴されたことだった。ミルケンの投資会社ドレクセル・バーナム・ランバートは郵便詐欺及び証券詐欺の罪を認め、倒産した。ただ、ミルケンは結局、わずか22カ月しか刑務所にいなかった。ときの大統領ドナルド・トランプによって２０２０年に恩赦されたおかげだ。それでも、ドレクセル・バーナム・ランバートの消滅でジャンク債市場に一頓挫が生じたことで、少なくともしばらくは、プライベート・エクイティ投資会社による買収が鈍化した。

しかし、現在ではまたプライベート・エクイティ投資が猛威を振るっている。ブラックストーンのように、ＫＫＲを超える規模にまで成長したプライベート・エクイティ投資会社もある。そのひとつ、ベインキャピタルは、同社の元役員ミット・ロムニーが２０１２年の大統領選で共和党の大統領候補になったことで、ある程度の名声も博した。ＫＫＲに最大の変化が起こったのは、２０１０年、それまで30年にわたって、落ち目の公開会社を乗っ取ってきたＫＫＲがニューヨーク証券取引所への上場を果たしたときだ。これはいかにも皮肉なことだった。株式会社は肥大化し過ぎ、機能不全に陥っているという考えにもとづいて設立された会社が、今やみずから株式会社になったのだから。しかしクラビスとロバートをはじめ、ＫＫＲのディールメーカーたちにとって、これは完全に理にかなったことだった。彼らはそれまで鋭い洞察力によっていつも先を読んできた。その洞察力が株式を公開せよと告げていた。その時点で、ＫＫＲのポートフォリオは５５０億ドルに成長しており、１９７６年に3人で12万ドルを投じたときとはまさに天と地ほどの差があった。クラビスとロバートが保有する自社株の価値は、16億５０００万ドルあると推定された。上場に伴って開示されたＫＫＲの情報には、プライベート・エクイティ投資事業がいかに利益ではなく手数料に依存したものであるかがはっきりと示されていた。２００９年、クラビスとロバーツはそれぞれ２２００万ドルの報酬を会社から受け取った。そのうちキャリードインタレスト、つまり、実際に投資先企業を運営し、利益を上げることで得た報酬は、わずか50万ドルにすぎなかった。当時、ＫＫＲが所有する企業の中で最も大きかった2社は、玩具小売りチェーン、トイザらスと、テキサス州の電力会社ＴＸＵエナジーだった。両社は２０１７年までにどちらも破綻した。それでも現在、クラビスの純資産は67億ドル、ロバーツの純資産は69億ドルとフォーブス誌で推定されている[39]。

コールバーグのショッキングなスピーチ

コールバーグが退職する１９８７年5月、ＫＫＲの投資家向け年次会合が開催された。その会合のようすは、ビジネスミーティングというより、豪華な会場で、全米から裕福な客人を招いて開かれる賑やかな祝宴のようだった。ＫＫＲの大口投資家たちが１００人以上、ニューヨーク市のマディソン街にあるきらびやかなヘルムズリー・パレス・ホテルに集まった。出席者たちは大理石の広々とした階段をのぼって、有名な「ベルサイユの間」へ入ると、金と銀の装飾や、巨大な鏡や、頭上から吊るされた水晶のシャンデリアに感嘆の声を発した。

その晩の後半には、コールバーグが立派な政治家のような雰囲気をただよわせて、颯爽と演台に上がり、仲間に向けてスピーチをした。複雑な心境だっただろう。10年前にみずから設立した会社をこれから去ることになるのだから。彼はこの機会を使って、会社が彼にとって、また世界にとってどういう意味を持つのかを伝えようとした。

20年前、わたしにはささやかな夢がありました。それは過小評価されている企業を買えるようになりたい、そういう企業に投資できるようになりたいということでした。そうして、資金援助者として、お金と時間と労力、それにマネジメントをその会社に注ぎ込む。自分たちの投資と先方の投資がどちらも実を結ぶよう、できるかぎりのことをする。そこでは両者がともに、資本の面でも、評判の面でも、大きなリスクを取るはずでした。

今夜そんな話をしたのは、今、わたしたちの周りでは、企業でも、政府でも、そういう価値観が崩れてしまっているからです。単にインサイダー取引と合法的な裁定取引との違いだけではありません。［…］単に現金が詰まったスーツケースを受け取らないとか、度外れた欲深さが蔓延しているとかいうだけのことではありません。問題は、倫理や価値観のために犠牲を払うことをわたしたちが欲しなくなったということです。犠牲が伴わなければ、倫理は倫理たり得ず、価値観は価値観たり得ません。何かをあきらめる、何かを受け取らない、何かを増やさない、それが犠牲を払うということです。わたしたちはその犠牲と引き換えに、社会のためになるもっと大きな利益、いい換えれば、お金や権力や地位よりもっと価値があるものを手に入れます。じつは、こういう考え方には大きなパラドックスがあります。それはそのほうが結局は、ほかのどんな考え方をするより、得をするということです。

コールバーグはこのスピーチを次のように結んだ。「これらの価値観をぜひとも蘇らせてください。そうしなければ、幸運や、勤勉や、知性や、良識といった、これまでのわたしたちの投資の成功を支えてきたものが衰え、失われてしまうからです。倫理的な行動を貫かなければなりません。さもなくば、金の卵を産むガチョウを殺すことになるでしょう[40]」

そういうと、コールバーグは演台を降りた。

ショッキングなスピーチだった。コールバーグから何を話すのかについて事前に知らされていなかったクラビスとロバーツは慌てた。クラビスとロバーツに対する、ひいてはＫＫＲに対する辛辣な批判であることは明白だった。見方によってはこれは礼儀に反していた。クラビスとロバーツはコールバーグとのあいだに深い亀裂が生じていることをそれまで必死に隠してきたが、コールバーグがそれをみんなの前で明かしてしまった。全員の心にこのスピーチは強い印象を残した。

ただし、コールバーグの退職手当のことにはこのスピーチで触れられていなかった。コールバーグは退職するに当たり、クラビスとロバーツとその条件を巡ってはげしい交渉をしていた。合意に達したのは、２カ月前だった。その合意により、ＫＫＲの現在の投資先企業の株式を保有する権利と、向こう９年間、新しいＫＫＲの案件に投資する権利がコールバーグに与えられた。加えて、ＫＫＲが全額負担する「特典」も用意された。その特典には、個人秘書やドライバーの費用も含まれた。さらにＫＫＲはコールバーグに毎年、リンカーン・タウンカーの新車を贈ることにも同意していた。[41]

巨利と破壊をもたらした乗っ取り屋の時代

プライベート・エクイティ投資会社の台頭は、企業の歴史に新たな時代をもたらした。１９７０年代には、多くの人が企業は最終的な形態に達したと考えていた。証券取引所に株式を上場し、プロの経営陣を擁し、大量生産の商品とサービスを休みなく提供し続ける、巨大な多国籍企業というのがそうだ。株式会社は向かうところ敵なしのようだった。しかしコールバーグ、クラビス、ロバーツの見方は違った。３人には、米国の産業界は、給料ばかり高くて無能なＣＥＯによって運営されている肥大化した企業であふれかえっているように見えた。そこでその解決策として考案されたのが、敵対的買収だった。経営状態の悪い企業を買収して、立て直し、そのうえで数年後に売却すれば、利益を上げることができると彼らは考えた。

ＫＫＲとその同業者たちは、それから20年のあいだに、次々と企業を買収していった。企業の乗っ取り屋たちはその強引な戦術によりウォール街の災いの種となったが、同時に、大企業に対して、株主の権利拡大という新しい世界への適応を強いた。とりわけＫＫＲが米国企業界の雄ＲＪＲナビスコの買収に成功してからはそうだった。ＬＢＯは想像を絶するほどの巨利を生んだ。高度な金融工学を原動力とするハイパー資本主義により、株式市場の性質は変化し、現代のＭ＆Ａ業界が誕生した。

しかし乗っ取り屋の時代は、不安も生み出した。プライベート・エクイティ投資会社の「焼畑農業」式の戦略では、短期的な利益を得るために、長期的な破壊という代償が支払われることもあったからだ。買収の結果、倒産や、解雇や、従業員の反発が相次ぐケースがあとをたたず、不安は強まるいっぽうだった。プライベート・エクイティ投資会社の重役の中にも、そういう状況を懸念する者がいた。プライベート・エクイティの乗っ取り屋たちは長年、米国の企業界の扉をたたき続けてきた。そしてついに王国の鍵を手にしたものの、それをどう使えばいいのかがわからなかった。

乗っ取り屋の時代の中心は、金融界だった。そして次の企業の革命はシリコンバレーで起こった。そこは資本や利子収入よりもコンピュータとコードがものをいう世界だった。

第8章 スタートアップ企業フェイスブックによる創造と破壊

千年紀で随一の支配的企業

世界の78億人のうち、33億人がフェイスブックを利用している。世界史上、フェイスブック（現在の社名でいえば、メタ）ほどの規模や範囲を実現した企業はない。スタンダード・オイルや、東インド会社や、メディチ銀行ですら、はるかに及ばない。まさに空前のスケールだ。企業の進化の中で、フェイスブックは頂点捕食者として君臨している。ライバルとなる企業はいない。ユーザーの1日の平均利用時間は、50分という。これを日常生活のほかの活動と比べてみよう。米国人が運動に費やす時間は1日19分。読書は16分。「くつろいだり、考えごとをしたりする」時間は19分だ。いかにフェイスブックの利用時間が長いかがわかるだろう。唯一、フェイスブックより費やす時間が長いのは、レジャー活動では、テレビだけだ（平均的な米国人は、1日2時間49分をテレビの前で過ごしている）[1]。

何世紀にもわたって続けられてきた創造的破壊の最高到達点となる企業にしては、フェイスブックの雰囲気は驚くほどフレンドリーだ。多くの従業員の1日は、サンフランシスコとメンローパーク本社を行き来する無料の高級送迎車か、サンフランシスコ湾を横断する自社のフェリーに乗って出勤することから始まる。会社に着けば、そこにはおとな向けのディズニーランドとしか形容できない世界が待っている（これは偶然ではなく、ディズニーのコンサルタントが設計に携わっている）。サンフランシスコ湾を望む23万平方メートルのその敷地は、隅々まで手入れが行き届いていて、従業員のあいだでは大学の構内と同じように「キャンパス」と呼ばれる。どちらを見ても、きれいに刈られた芝生や、青々と茂った木々や、曲がりくねった歩道が目に入る。キャンパスの至るところに、誰でも自由に使える自転車が用意されてもいる。遊び心にあふれ、『オズの魔法使い』をまねた黄色いレンガの歩道もある。その歩道沿いには、ドロシーの家が立ち、東の魔女と、家に押しつぶされたルビーのスリッパも再現されている。中央広場では、パラソルがついたアウトドアのテーブルで高級レストランの食事が楽しめる。メニューは基本的にはどれも無料だ。アジア料理が食べたいときは、ヌードルの店でも食事ができる。バーベキュー場もある。スイーツ好きには、マフィンや、ケーキや、クッキーや、アイスクリームが山のように積まれたパティスリーがある。頭上を見上げれば、そこには目を見張るほどの巨大スクリーンや、われわれは「ハッカー会社」であるという看板が掲げられている。運動がしたくなったら、ジムはもちろん、フィットネス教室も、バスケットコートも、ボルダリングのレッスンも用意されている。ゲームセンターも、音楽室も、美容院もある。心を整えたいときは、広場の中央にあるセコイアの小さな森に行くことも、3万6000平方メートルの屋上公園を散歩することもできる。建物の中へ入っても、豪華さは変わらない。明るい色と楽しいテーマにあふれ、トリックアートのような凝った模様の壁もある。オフィスチェアやコンピュータは横の壁に固定されている。作業ができるオープンスペースには、高価なアーロンチェアとデスクがずらりとならぶ。大きなモニターの前に座って仕事をする従業員たちは、会社から支給されたノイズキャンセリング式のヘッドホンをつけている。

フェイスブックの本社を見ると、過去20年のあいだに、テクノロジー産業によって、とりわけシリコンバレーによって、世の中が大きく変えられたことがいやでもわかる。ハーバード大学の学生寮でコンピュータ好きの若者たちが始めたウェブサイトが、ほぼ一夜にして、8000億ドルの企業へと変貌し、創設に関わった者たちはたちまち億万長者になった。マーク・ザッカーバーグの資産は現在760億ドルと推定されている。スタートアップ文化の黄金時代は、このフェイスブックとともに始まった。

千年紀で随一の支配的企業であるこの会社は、ふしぎなことに、自社で最も価値がある商品を無料で提供している。

フェイスブックの成功物語は類例のないものだが、同時にきわめて象徴的なものでもある。フェイスブックはもはや企業界でユニークな存在ではない。最近は、その基本的な形をまねようとする企業が続々現れている。今、わたしたちは企業形態の激変期に立ち会っていて、それがどこに落ち着くかは誰にも予想できない。

「スタートアップ」とは何か

このスタートアップは、変わったタイプの企業だ。親しみやすさといい、社名のおもしろさといい、社風の奇抜さといい、今までの企業とは異なっている。おそらく探せば、本社にはテーブルサッカーもあるだろう。いってみれば、愛くるしくて好きにならずにいられない資本主義、楽しそうで、話題にしやすくて、そして何より、かっこいい資本主義だ。

もちろん、スタートアップは、企業がこの世に誕生したときからある。どんな企業も、必ずなんらかの形でスタートしなくてはいけない。さもなければ、この世に存在しない。そういう意味では、第二次ポエニ戦争でスキピオ軍に物資を供給したローマの企業が世界初のスタートアップといえるだろう。この企業はとても幸先のいいスタートを切った。

しかし、たいていの人が「スタートアップ」という語を使うときには、単に設立されたばかりの企業のことを意味するわけではない。そうではなく、ある特定の種類の企業のことを指す。すべての企業がその条件を満たすわけではない。スタートアップの特徴をなすのは、「一般の」企業とは違って、テクノロジーに関わる企業であること、成長が著しいこと、インターネット、携帯電話、プラットフォーム、「シェアリング」に関わっていることだ。また、スタートアップにはシリコンバレーに拠点を置いている企業が圧倒的に多い。

2000年のドットコムバブル崩壊後に生まれた代表的なスタートアップをいくつか見てみよう。

フェイスブック、エアビーアンドビー、インスタグラム、スナップチャット、ツイッター、ウーバー。これらの企業のビジネスモデルには共通点がある。いずれもインターネットを使い、なんらかの独自の技術を組み込み、部屋貸しにせよ、写真の共有にせよ、会話にせよ、相乗りにせよ、ユーザーに主導権を持たせている。いずれもプラットフォームである。いずれも低価格でユーザーを増やすことと、便利でかっこいい人気アプリという評判を確立することにより、急成長と市場支配をめざしている。いずれも従業員は若くて、コンピュータに詳しく、おそらく人づき合いはあまり得意ではない。いずれもベンチャーキャピタル1、2社から支援を受けている。

以上は大まかな捉え方だが、全体的なイメージはおわかりいただけるだろう。スタートアップと企業との関係は、ミーアキャットとアフリカの野生動物との関係に似ている。いくらか小ぶりで、いくらか楽しげで、どこからどう見ても恐ろしくはないということだ。少なくとも、けっしてライオンのような猛獣ではない。[2]

ただしひとつだけ問題なのは、どんなミーアキャットも、心の奥底には、ライオンになりたいという思いを隠し持っているということだ。

スタートアップはこれまでいつも同じひとつのことを約束してきた。それはテクノロジーには人々の暮らしをよりよいものにする大きな可能性が秘められており、その実現のためにはそれに挑戦しようとする勇気や創造性、あるいはうぬぼれの強さを持った人物を見つけるだけでいいということだ。ホテルの宿泊代が高すぎる？　ならば、個人の部屋を貸し出すためのサイトを作ろう。人間が孤独になった？ならば、ソーシャルネットワークを作ろう。スタートアップはわたしたちにテクノロジーという贈り物を提供してくれる。

ただし、当然だが、スタートアップも利他にばかり励んでいるわけではない。世界に革命的な変化をもたらすことの目的は、利益を得ることにある。ベンチャーキャピタル会社が気づいたように、スタートアップは成功すれば、莫大な利益を生み出す。どのスタートアップもたいていは、不動産であれ、輸送であれ、メディアであれ、それぞれの分野の支配的なプラットフォームになることをめざしている。スタートアップの価値は、ネットワーク（友人や、同業者や、家主や、ドライバーのネットワーク）を築く能力にあり、そのネットワークにはみずから拡大する傾向が見られる。もしあなたの友人が全員、ある同じソーシャルメディアサイトを使っていたら、あなたもそれを使うだろう。もしすべてのドライバーが使っている配車サイトがあれば、あなたもそのサイトを使うだろう。拡大は拡大を生む。そして拡大はやがては、利益につながる。少なくとも、理論上はそういえる。

スタートアップの時代が本格的に始まったのは、2000年代初頭、ドットコムバブル崩壊後の時期だった。スタートアップはエキサイティングな新しい企業として登場し、社会に貢献する企業であることを約束した。しかし問題は、そこで支払われるコストだった。急激な成長を遂げるのに、どういうコストが支払われたのか。支配的なプラットフォームになるのに、どういうコストが支払われたのか。世界の何十億人ものユーザーがつながれるようにするのに、どういうコストが支払われたのか。ベンチャーキャピタリストが一か八かの新しい会社に資本を提供するのに、どういうコストが支払われたのか。ミーアキャットはライオンにもなれるといわれたとき、ライオンになるのか、それともミーアキャットのままでいるのか。

成功を手にした若者たち

最近は19歳の大学生がビリオンダラー企業を築いたという話を聞いても、誰もさほど驚かないだろう。わたしたちはシリコンバレーのスタートアップがビリオンダラーのユニコーンへと成長するのをすでに何度も見ている。スタートアップの精神は、若者やギークと相性がいい。優れたアイデアとコンピュータの才能を併せ持つ若者の手で、世界を変える革新的なものが生み出されるというのは、今や、多くの人にとって、当たり前のことになっている。しかし企業の長い歴史の中で見ると、これは新奇な現象だ。メディチ家のジョバンニ・ディ・ビッチがメディチ銀行を設立したときの年齢は、37歳だった。フォード・モーター・カンパニーを創業したときのヘンリー・フォードは、40歳。ジェローム・コールバーグは50歳でKKRを立ち上げた。コールバーグの童顔のパートナー、ヘンリー・クラビスとジョージ・ロバーツも、32歳の立派なおとなだった。これらの人物は全員、会社を興す前に、それぞれの業界で長い経験を積んでいた。一方、マーク・ザッカーバーグはハーバード大学の2年生で、まだ心理学と古代ローマ美術の授業を受け、アディダスのサンダルでキャンパスを歩き、週末には学生の社交クラブに参加する、どこにでもいるふつうの学生だった。しかし、20歳になったときには、フェイスブックのユーザー数は100万人を超えていた。若さの特権をどのように見るかしだいで、これは胸の躍る話にも、恐ろしい話にも感じられるだろう。

ただテクノロジー産業の参入障壁が低かったのも確かだ。特に2000年代初頭はそうだった。パソコンがあって、インターネットに接続さえできれば、誰でもウェブサイトを始められた。ユーザーはウェブサイトの運営者が相応の年齢の人物であるかどうかなど気にかけなかった。それどころか、当時はまだ、誰が何のためにインターネットを使うのかもはっきりしていなかった。インターネットを「ワールド・ワイド・ウェブ」と呼ぶ人もまだ多かった。情報を保管する場所になるのか。コミュニケーションの手段になるのか。商売の道具になるのか。海賊版の音楽の売買に使われるのか。１９９０年代末には、インターネットの未来に賭けて、おびただしい数の企業が業績を伸ばしていたが、２０００年のドットコムバブル崩壊で、そのほとんどは消滅してしまった。したがって、２０００年代初頭の時点では、インターネットがどういう方向に進むかはまだまったく定まっていなかった。

大学生のザッカーバーグが開発したアプリ

ハーバード大学の学生寮カークランドハウスに住む大学2年生、マーク・ザッカーバーグには、インターネットのアプリで肝心なのは楽しさだという確信があった。ザッカーバーグは子どもの頃からパソコン漬けの生活を送っていた。初めてパソコンを買ってもらったのは、小学校6年生のときだ。使い始めるとすぐにビデオゲームにはまった。特に夢中になったのは、世界征服をめざす「シヴィライゼーション」というゲームだった。このゲームは、おとなになってからもやっていた。しかし、ゲームで遊ぶだけでは飽き足らなくなった。自分でも自分の頭の中にあるイメージに従って、ゲームを作ったり、カスタマイズしたりしてみたくなった。「ものを作るのが好きだったんです」と、ザッカーバーグはあるインタビューで答えている。「それでわかったのは、プログラムを覚えれば、もっといろいろなことができるということでした」。高校時代には、プログラミングの入門書を自分で買い、毎日、学校から帰るとせっせとコードを書いた。高校1年のときに、「リスク」という世界征服のボードゲームを土台にして、古代ローマ帝国を舞台とするビデオゲームを自作した。プレーヤーが戦う相手は、ユリウス・カエサルだった。ザッカーバーグによれば、「このカエサルはほんとうに強くて、僕は一度も勝てなかった」という。ザッカーバーグはこの経験から、人間の知性がいかに間違いを犯しやすく、人工的な知性がいかに強力であるかということを学んだようだ。そのゲームは自分自身で作ったものでありながら、自分の理解を超えていて、勝つことができず、謎に包まれていた[3]。

高校を卒業する頃には、プログラマーとしての才能を開花させていた。10代後半の向上心の旺盛な若者がみんなそうであるように、ザッカーバーグも多方面に関心があった。2年生から通い始めた私立の名門校フィリップス・エクセター高校では、古典に興味を持ち、ラテン語や古代ギリシャ語を学んだ。それでも自由な時間の大半は、ノートパソコンの前で過ごした。3年生のときの卒業研究では、友人とともに、コンピュータで再生された曲を記録することで、ユーザーの好みに合わせたプレイリストを作成できる、「シナプス」というアプリを作った。このアプリは2002年9月に公開されると、ネットの世界で評判になり、当時カルト的な人気を誇っていた初期のテクノロジー情報サイト「スラッシュドット」でも取り上げられた。「スラッシュドット」で紹介されたことで、ザッカーバーグのもとには、ウィンアンプやマイクロソフトをはじめ、大手企業数社から電話がかかってきた。その中には、200万ドルで買いたいといってきた企業もあったという。しかしザッカーバーグはどのオファーも断った。「僕たちは大学に行きたかったから、全部、ノーといったよ」と、ハーバード大学の学生新聞、ハーバード・クリムゾン紙にザッカーバーグは話している。これも大企業に自分のプログラムを売ることに対する彼の嫌悪感を示すエピソードのひとつだ。企業に売ったら、利益を得るために自分の創作物が利用されてしまう。そんなつもりでアプリを開発したわけではなかった。「みんながソフトウェアを自由に使えることが、僕たちにとっては大事なことなんだ。ソフトウェアはみんなのものだから」というのがザッカーバーグの持論だった。[4]

２００２年の秋、フィリップス・エクセター高校を卒業したザッカーバーグは、ハーバード大学に進学した。アイビー・リーグの大学で学ぶことは昔からの憧れだったが、長くは続かなかった。大学に在籍したのはわずか2年だけで、誰からも人づきあいの苦手な人間と思われ、授業もさぼってばかりいた。初期のインタビューやザッカーバーグの記事を読んでいると、あるひとつの特徴に繰り返し出くわす。その頻度の高さは滑稽に感じられるほどだ。ザッカーバーグは質問されると、インタビュアーをじっと見返したまま、数分間も黙っていることがあるのだ。ジャーナリストのスティーブン・レビはこれを「トランス状態のような沈黙」と表現している。また別の記者は、その目つきについて「精神に異常をきたしかかっているかのような強烈な凝視」と書いた。「冥王の目」と名づけた者もいる。「ゆったりと座って、じいっと相手を見つめるんだ」と、初期の同僚のひとりはいっている。しかしそのような振る舞いのぎこちなさにもかかわらず、大学2年のときには、キャンパスの有名人になっていた。学内向けに公開した一連のアプリが評判になるとともに、議論を呼んでいたからだ。その一連のアプリにはひとつの共通点があった。それは初めて親元を離れて暮らすことになった18歳の学生たちの多くが新しい体験と感じていること、すなわち高速インターネットに接続できることと、自分の好きなことの探求に使える時間がたっぷりあることを活用したものだったという点だ。やがてわかったのは、学生たちは友人（と、こちらのほうが大切だったが、恋心を抱く相手）の近況を知ることに、そのような時間を喜んで費やそうとするということだった。[5]

　ザッカーバーグが最初に開発したアプリは、コースマッチ（CourseMatch）と名づけられた。友人たちがどの授業を取っているかを知りたかったザッカーバーグは、学生たちがそれぞれ自分の受講登録科目を書き込んで、記録しておけるウェブサイトを立ち上げた。アカウントを作成した学生は誰でも、自分の登録科目を記録するだけでなく、ほかの学生がどの科目に登録しているかも見ることができた。このウェブサイトは好評だった。「始めてみて、すぐに驚かされたのは、学生たちがこんなサイトを何時間も閲覧していることだった。『そっか、みんな、こういう授業を受けているのか』とか、『あいつ、こんなことに興味があったのか』とか、つぶやきながらね。単なるテキストだけのサイトなのにだよ。すごくおもしろいといえるようなものは、そこには何もなかった。でも、それで僕は気づいたんだ。みんな、周りの人間が何をしているかを知りたくてたまらないんだって」とザッカーバーグはこのときのことを語っている。このサイトは大人気を博し、ついにはサイトのホストコンピュータとして使っていた自分のノートパソコンが壊れてしまうほどだった。[6]

　ザッカーバーグの次の取り組みは、前作以上に人気を呼んだが、大きなトラブルを招きもした。ノートパソコンを一台だめにするぐらいではすまなかった。新アプリは「フェイスマシュ（FaceMash）」といい、何枚もの人物の写真（主に女性）の中から、いちばん魅力的だと思う人物を選んで、投票する

「ホット・オア・ノット（Hot or Not）」という既存のサイトを臆面もなくまねたものだった。ザッカーバーグはそのアイデアに目をつけると、それをハーバード大学のキャンパスに持ち込み、当然ながら、物議を醸すことになった。しかもアプリを作成していたときに、ブログを書いて、そのときどきの心の内をさらけ出していたことも、本人には災いした。

2003年10月28日の夜、大学2年の秋学期の真っ最中に、ザッカーバーグは次のようにブログに綴り始めた。「――は性悪な女だ。あの女を頭から追い払うために、何か別のことを考える必要がある。没頭できることが必要だ。むずかしいことじゃない、何か考えることがあればいいんだ」。午後8時13分、彼は考えることを見つけた。「僕は今、ちょっと興奮してる。うそじゃない。午後10時前だって、火曜日だって関係ない。それどころじゃない。僕のデスクトップの画面には、この学生寮のフェイスブックが表示されていて、その中にはめちゃくちゃぞっとする写真を載せている奴がいる」。ここでフェイスブックといわれているのは、ハーバード大学で学生たちに配布されていた学生名簿のことで、その中には同級生たちの写真も掲載されていた。「僕はこの顔写真のいくつかを家畜の写真と並べて掲載して、見た人にどちらが魅力的と思うかを投票してもらいたくなってきた。名案というわけじゃないし、たぶん、笑えないアイデアかもしれない。でも、ビリー〔同じ寮に住む友人〕がフェイスブックのふたりの顔写真を比べるということをやっていて、そこにときどき、家畜も加えている。よし、これで行こう、オルソン君〔ビリーの姓〕！　君はいいところに気づいたよ」

1時間半後、ザッカーバーグはそのサイトの作成に取りかかった。サイトができあがると、ハーバード大学のほかの寮のサイトに侵入して、学生たちの写真をダウンロードした。そして、フェイスマシュにその写真を2枚ずつ並べて掲載し、閲覧者が魅力的だと思うほうに投票できるようにした。これが法的にも、倫理的にも問題であることはザッカーバーグにもわかっていたが、かまわずに続けた。「きっと大学は法的な理由ですぐにやめさせようとするだろうよ。ベンチャーとしてのその価値に気づくことなくね。ほかの学校（もっと容姿に恵まれた学生が多い学校とか）にも広まる可能性があるのに。とはいえ、ひとつだけ確かなことがある。それはこんなサイトを作る僕は愚か者だということ。まあ、いい。僕がやらなくても、誰かがいつかはやるだろうから」。こうして、明け方にFacemash.comは立ち上げられた。サイトの訪問者がまず目にするのは、次のメッセージだった。「この大学に入学できたのは、見た目のおかげか？　ノー。これからは見た目で判断されるのか？　イエス」。ザッカーバーグは数人の友人にサイトのアドレスを送って、ベッドに入った。

ザッカーバーグが目を覚ましたときには、フェイスマシュはすでにブレークしていた。コースマッチのとき以上の盛り上がりだった。たった1日で、４５０人の訪問者があり、投票総数は2万２０００票に達した。これはつまり、訪問者ひとりにつき、だいたい50組の同級生の容姿比べに投票したということだ。これによりザッカーバーグが住む学生寮カークランドハウスのインターネットの通信量が急増し、ハーバード大学のＩＴ管理部が原因の解明に乗り出す事態となった。結局、ＩＴ管理部は学生寮全体の通信を遮断する措置を講じた。一方で、このサイトの不埒《ふらち》さに対して、学内の学生団体からは非難の声が上がった。ラテン系の学生団体の代表を務める女子学生フエルサ・ラティーナはメンバーにメールを一斉送信して、このサイトのことを知らせた。「友人から聞いてこのサイトのことを知り、怒り心頭に発しています。みなさんにも知ってもらおうと思い、メールしたしだいです」。ハーバード黒人女性協会も抗議した。[7]

ザッカーバーグは袋だたきにされ、開設から1日でサイトを閉鎖した。それでもハーバード大学の当局は調査を実施して、ザッカーバーグをセキュリティに関する違反で告発した。学生寮のサイトに不正侵入したことや、著作権とプライバシーを侵害したことが違反と見なされた。ザッカーバーグは退学になる恐れもあったが、学生管理委員会で弁明し、保護観察処分をいい渡された。のちに自分の行いについて、学生新聞クリムゾン紙に次のように説明している。「まだ荒削りな部分が残っていることはわかっていた。もっと時間をかけて、学内で公開するのが適切かどうかを考えればよかった」。じっくりと考えた結果、たどり着いたのは、適切ではないという結論だった。「プライバシーの侵害という問題は軽々しく扱っていいはずがない。僕は誰かを傷つけるリスクを冒したくない」。しかし、このフェイスマシュの経験でザッカーバーグが学んだことがひとつあった。それは自分が思っていたより人はのぞき見が好きだということだ。[8]

この発見が実地で試されたのが、ザッカーバーグの次の取り組みであるフェイスブックだった。

フェイスブック誕生の裏側

フェイスブックが2004年初頭に立ち上げられたときにはすでに、人々がオンライン上で友人と会ったり、つながったり、情報を共有したりする「ソーシャルネットワーク」というアイデアは、文化的にはめずらしいものではなかった。ソーシャルメディアサイトはほかにもあったし、広く使われてもいた。フレンドスターが開設されたのは、1年近く前の2003年3月だ。フレンドスターの利用者は300万人を超え、そのサイトには、のちにフェイスブックに取り入れられることになる無料アカウントや、興味の紹介や、交友関係の一覧や、友人の招待といった特徴や機能がすべて備わっていた。マイスペースも幅広いユーザーを獲得している人気のソーシャルサイトだった。特にアーティストやミュージシャンには、カスタマイズ機能が充実したマイスペースを使っている者が多かった。フェイスブックの開設から1週間後、ザッカーバーグはクリムゾン紙にフレンドスターを手本にしたと語っている。

フェイスブックの着想はハーバード大学からももたらされた。前に述べたとおり、ハーバード大学では昔から、全学生の写真が掲載された冊子「フェイスブック」が毎年、学生に配布されていた。その写真の多くはオンラインでも見られたが、ザッカーバーグがフェイスマシュのためにそのサイトにアクセスしようとしたときに知ったように、それらはたいていパスワードで保護された各学生寮のサイト内にあった。クリムゾン紙は論説に次のように書いて、もっと学生たちが利用しやすいものにするべきだと主張した。「学内全体を対象にした包括的なフェイスブックをオンラインで提供することには、多大なメリットがあるはずだ。はっきりと思い出せない同級生を探すときであれ、友人の入学初日の写真が見たいときであれ（そういう写真で大いに盛り上がれることは誰もが知っているだろう）、学内全体のフェイスブックがあれば、学生の名前と基本情報によって学生たちの交流を活発にできる。なおかつ外部の人間に知られる心配もない」。数年後、ザッカーバーグはこの論説がフェイスブックの生みの親なのだと述べている。「僕はその記事を読んで、そこに書かれているとおりにプライバシーが守られたサイトを立ち上げたまでなんだ。それがフェイスブックだったんだ」[9]

しかし、フェイスブックの誕生にはもっと暗い側面もあった。２００３年11月、フェイスブックの開設のわずか3カ月前、ザッカーバーグはハーバード大学のボート部の学生ふたりと会って、あるビジネスの話をした。ふたごのウィンクルボス兄弟、キャメロンとタイラーのふたりだ。ふたりはハーバード大学の社会的な序列で最上層にいる人物だった。ふたりとも同じ1メートル95センチという長身で、それだけでも貫禄十分だったが、「ファイナル・クラブ」と総称されるハーバード大学のエリート社交クラブの中でも最上位のポーセリアン・クラブに属していた。ふたりは屈強な一流選手が揃ったハーバード大学の強豪ボートチームの中にあっても、一頭地を抜いていて、「ザ・ゴッド・スカッド」とあだ名されるほどだった。名だたる大会はすべて制していた。のちには、ロンドンのテムズ川で毎年開催されるオックスフォード大学とケンブリッジ大学の対抗戦にも、オックスフォード大学の選手として参加した。

このふたりは大学3年のときに、ハーバード大学の男子学生向けに、交流サイトと出会い系サイトを合わせたような「ハーバード・コネクション」という名のサイトを作ろうとし始めていた。しかしそれを実現するために必要なプログラミングの知識は持っていなかった。そこで２００３年の秋、ザッカーバーグに力を借りようと声をかけたのだった。11月の会合で何が話し合われたのかは明らかにされていない。しかしその頃の電子メールのやりとりには、両者のあいだで、ザッカーバーグがサイトのコードを修正するのを手助けするという口約束が交わされたことが示されている。どちらの側にも、その約束を正式な書面の契約にしようという考えはなかった。

その後、ウィンクルボス兄弟はいらだちを募らせることになった。何週間経っても、ザッカーバーグがいっこうにハーバード・コネクションのプログラミングを完成させなかったからだ。ザッカーバーグは作業の遅れについて、宿題に追われているとか、試験前で忙しいとか、ノートパソコンの充電器をなくしたとか、さまざまないいわけをした。しかし、もっと重要な理由があることは口にしていなかった。それはすでに自分もフェイスブックのサイトを作り始めていたということだ。

２００３年12月、ウィンクルボス兄弟と会ってからわずか1週間後、ザッカーバーグは大学の友人エドゥアルド・サベリンにテキストメッセージを送って、ハーバード・コネクションのことを伝えている。そこにはハーバード・コネクションのアドレスとともに「このサイトをチェックしてみて」と書かれていた。「ある人物がもうすでにデートサイトを作ろうとしていたんだよ。でも、ミスをしてる（ほっ）。その人物たちは僕にそのサイトを作って欲しいと頼んできた。だから、それはなるべく遅らせるつもりだ。フェイスブックが開設される前に向こうのサイトが完成しないようにね」

ザッカーバーグがフェイスブックを公開したとき、ウィンクルボス兄弟は激怒した。ふたりは最初、ハーバード大学の学長ラリー・サマーズに報告し、学生倫理規定違反だと訴えた。ザッカーバーグはサマーズに弁明の手紙を送った。「正直に申し上げて、自分が無報酬で協力したことで、彼らからこんな脅しを受けることになろうとは、夢にも思いませんでした。わたしはこの一件をささいな迷惑として不問に付そうと思います。私が成功するたび、あらゆる資本家がそのおこぼれにあずかろうとするのです」。サマーズはこの争いには関与しないという態度を示した。そこでウィンクルボス兄弟は次に、マサチューセッツ区地方連邦裁判所に、契約違反などの罪でザッカーバーグを告訴した。最終的には、兄弟側が６５００万ドルを受け取ることで合意に達した。その支払いの一部はフェイスブック株の譲渡という形を取った。[10]

とはいえ、フェイスブックの起源の説明としては、次のような単純なものが最も説得力がある。すなわち、数多くのアイデアやヒントや野心がザッカーバーグの中で息吹を与えられ、それらすべてがフェイスブックの誕生に貢献したという説明だ。ザッカーバーグは根っこの部分ではもの作りの人で、彼にとってはサイトを作るのも楽しみのひとつだった。そのようなザッカーバーグの性格は、フェイスブックの開設から数カ月後に行われたクリムゾン紙のロングインタビューからもうかがえる。「僕は子どもっぽいんだよ」とザッカーバーグは記者に語っている。「飽きっぽくて、それでいて、コンピュータには夢中。このふたつが僕の原動力になっている。[…]作るのが好きで、うまく作れたらうれしいし、自分が作ったものがすごく成功したらうれしい。でも、たぶん、自分でもよくわからないけど、それが目標というわけでもない」

起業家の中ではめずらしく、フェイスブックを作る気になったとき、お金はザッカーバーグの眼中にほとんどなかった。ザッカーバーグはそのことをインタビュアーに次のように率直に話している。「[フェイスブックの売却には]あまり興味がないんだ。もちろん、売ったら、莫大なお金を手に入れられる。でもそれは僕の目標じゃない。[…]ハーバードの出身者なら、誰だっていい仕事に就けて、いい収入が得られる。ソーシャルネットワークを立ち上げるのは、そうじゃない。ハーバードを出れば誰にでもできるというものじゃない。僕はお金よりそういうほうに価値を置く人間なんだ」[11]

何から着想を得たかはともかく、実際に問題になるのは、どう実行するかだった。オンラインのソーシャルネットワークを構想していた者は少なくなかった。ザッカーバーグはそのひとりだった。しかしザッカーバーグの行動の速さは図抜けていた。２００４年1月11日にthefacebook.comというドメイン名を取得すると、同じ月のうちにコーディングを開始し、1週間足らずでプログラムを完成させた。２００４年2月4日には、早くもサイトが開設された。それはちょうどハーバード大学の春学期が始まる日だった。

サイトはシンプルで、明るく、実用的で、楽しかった。訪問者がページにアクセスすると、まず目を留めるのは、画面上部を埋める青い帯状の部分だった。その左端には匿名の男性のデジタル化された顔がバイナリーコードに半ば埋もれるように描かれ、右半分には［thefacebook］という文字が記されていた。最初、その顔のモデルは若い頃のアル・パチーノではないかとうわささされたが、やがて物好きな者たちがネット上で調べた結果、J・ガイルズ・バンドのボーカル、ピーター・ウルフであることがわかった。ザッカーバーグがメインの色に青を選んだのは、自身が色覚障害で、赤と緑の区別がつかなかったからだった。「青は僕にとっていちばん豊かな色なんだ。僕にはありとあらゆる種類の青が見える」とインタビューで語っている。

青い帯の下には、次のようなあいさつの言葉が記されていた。「ようこそ、Thefacebookへ。Thefacebookは、学内の学生どうしの交流を支援するオンライン人名録です。Thefacebookがハーバード大学で大いに活用されることを願っています」。このあいさつからもわかるように、ザッカーバーグはハーバード大学の学生しかアクセスできないサイトとして、フェイスブックを設計していた。これはサイトにエリート意識を刺激する要素をつけ加えたほか、学生たちに個人的なことをどんどん書いても外部の人間に見られる心配はないという安心感を与えた。

このサイトはいわば閉鎖生態系だった。投稿されたものを見られるのは、投稿者と似た者たちに限られていた。ホームページの下部には、「製作マーク・ザッカーバーグ」というクレジット表示があった。「このサイトについて」を見ると、ザッカーバーグが「創設者、主人、指揮官、国家の敵」、友人のエドゥアルド・サベリンが「社員、職員、ブラジル問題担当」と紹介されていた。どこまでもおもしろおかしくしようとしているところは、プログラムに向かうときのザッカーバーグの基本的な姿勢と同じだった。とにもかくにも楽しさに徹したサイトだった[12]。

至ってシンプルな作りのサイトだったが、オンラインの交流手段を欲していたハーバード大学の学生たちはたちまちフェイスブックに飛びついた。4日間で、650人以上の学生がサイトに登録した。2週間後にその数は4000人に達していた。ザッカーバーグは当初、harvard.eduというメールアドレスを持つ学生だけが登録できるサイトとしてフェイスブックを設計していたが、ほかの大学でも同じような成功が十分期待できると考え、ほかの大学でも登録を受けつけ始めた。こうしてフェイスブックは2月末にコロンビア大学、続いてスタンフォード大学、さらにイェール大学で開設された。3月末には、11の大学でサービスを提供し、3万人のユーザーを獲得していた。ユーザー数は増える一方だった。

この頃、ザッカーバーグは自分が立ち上げたサイトの性質について、ある重要なことに気がついた。フェイスブックはソーシャルネットワークだった。そしてすべてのネットワークがそうであるように、参加者が多いほどその価値は高まりやすかった。例えば、電話という昔からあるネットワークのことを考えてみよう。もし町に電話を持っている人がひとりしかいなかったら、その人は電話を便利だとは感じないだろう。置いてあるだけでおしゃれかもしれないし、驚異的なテクノロジーですらあるかもしれないが、ほとんど何の役にも立たない。電話をかける相手がいないのだから。しかし町のほかの人たちが電話を持ち始めると、急に便利なものに変わる。電話を使って、友人と連絡を取ることもできるし、レストランの予約もできるし、隣人や同僚から連絡を受けることもできる。かつてはめずらしいものだったのが、今や必要不可欠なものに変わる。すべてのネットワークに共通していえるのは、いかにして「ひとり」を「おおぜい」にするかが重要な課題になるということだ。クリムゾン紙のインタビューで、ザッカーバーグは、フェイスブックの利用者が急速に増えることがなぜ重要だったかを語っている。「自分の友人が登録すれば、それだけその人のユーザー体験が向上するというのが、このサイトの性質なんだ」。成長は善だった。

ベンチャーキャピタルからの資金調達

フェイスブックが大成功を収めたことから、ザッカーバーグは春学期の終わりには、テクノロジー業界の中心地であるシリコンバレーに移り住んで、しばらく事業に専念する決意を固めた。以前から手伝ってくれていたハーバードの友人ふたりと、新たに見習いとして雇った1年生ふたりとともに、米国大陸の反対の端へと飛び、ラ・ジェニファー・ウェイという袋小路にある5ベッドルームの古びた一軒家を、クレイグスリストで見つけて借り、そこを拠点にした。その夏、5人はサイトの機能を維持するため、休まずに働いた。たいていの日は、お昼から翌日の朝5時までぶっ通しでプログラミングを続けた。多忙を極めたが、雰囲気は寮生活のときと変わらなかった。ザッカーバーグはしょっちゅう、映画『ウエディング・クラッシャーズ』の好きなセリフを口ずさみながら、パジャマ姿で家の中をうろつき回っていた。その夏の暮れ、ショーン・パーカーが近所に住んでいることがわかった。音楽著作権の侵害で悪名を馳せたサイト、ナップスターの創設者だ。ザッカーバーグは早速パーカーに声をかけ、家に来るよう誘った。こうしてパーカーも移り住み、仲間に加わることになった。

しかし、フェイスブックの成長に伴って（２００４年6月には全米の30の大学で、合計20万人のユーザーを獲得していた）、自分たちがやっているのは真剣なベンチャー事業であるという意識が、ザッカーバーグにも、ほかのメンバーにも、芽生え始めた。その結果、友達どうしの集まりだったものが、しだいに正式なものへと変わっていった。最初の大きな転機となったのは、ザッカーバーグがハーバード大学の第3学年に復学しないことを決めたときだった。これだけフェイスブックの人気が高まり、その将来が有望である状況では、それを捨てて、大学に戻るということは考えられなかった。フェイスブックは今やザッカーバーグの本業だった。

さらにもうひとつの大きな転機が訪れたのは、ザッカーバーグがベンチャーキャピタルから資金を調達することに決めたときだ。１９７０年代にクライナー・パーキンスとセコイア・キャピタルの２大ベンチャーキャピタルがアーリーステージのテクノロジー企業への投資を始めて以来、ベンチャーキャピタルは大半のスタートアップ企業にとって、なくてはならない存在になっていた。ベンチャーキャピタリストはスタートアップに必要な現金を提供し、その見返りに、その企業の株式を大量に取得した。一方、スタートアップはその現金を使って事業を営み、短期的な損益のことを心配せずに、会社を軌道に乗せることに専念できた。会社が成功すれば、ベンチャーキャピタリストは莫大な利益を得られた。

両者はウィンウィンの関係にあった。１９９０年代から２０００年代初頭にかけては、ベンチャーキャピタル会社がシリコンバレーのテクノロジー業界を支配し、多額の資本のプールを管理していた。セコイアやクライナー・パーキンスといった老舗ベンチャーキャピタルから出資を受けることは、シリコンバレーでは名誉なこととされ、「ビッグアイデア」を持っていることの証しとなった。２００４年の夏、ザッカーバーグはフェイスブックの急成長により、自分たちが使っているサーバーが課税対象になり、サイトの運営を滞らせないためには現金が必要であることに気がついた。そこで8月、シリコンバレーで指折りのベンチャーキャピタリストであるピーター・ティールと会って、相談した。ティールは最終的に、株式の７％と引き換えに、50万ドル出資することを請け合った。こうして会社の未来にベンチャーキャピタルが大きく関わることになった。

法人化にあたって生じた諍い

同じ夏、ザッカーバーグはデラウェア州でフェイスブックをTheFacebook, Inc.として法人登記することも決めた。これによりフェイスブックは正式な法人としての企業になった。このフェイスブックの法人化はいささか厄介な争いを招きもした。その年の初め、ザッカーバーグは友人でパートナーのエドゥアルド・サベリンに、フロリダ州でフェイスブック合同会社（TheFacebook, LLC）を設立することを依頼していた。フェイスブック合同会社の所有割合は、ザッカーバーグが65%、サベリンが30%、ダスティン・モスコビッツ（サイトのコードを書くのを手伝った、ザッカーバーグのルームメイト）が5

%だった。しかしサベリンはそれだけ多くの割合を所有していながら、ほかの社員といっしょにカリフォルニアへ行かなかった。夏のあいだに、創業者たちのあいだでは、会社がどういう方向へ進むべきかや、何を必要としているかを巡って、対立が深まる一方だった。ザッカーバーグはこのままサベリンを大株主の座に留めておくのは無理だとしだいに考えるようになった。そこで、デラウェアで新たに会社を設立するに当たっては、サベリンの持ち分を大幅に減らした書類を用意するよう弁護士に指示した。のちに報道機関にリークされた、そのときの弁護士宛のメールには、相手を欺こうとする意図が明らかにあったことを示す次のような文章が記されていた。「彼の持ち分が10％に減らされることが、本人にははっきりとわからないような形で書類を作成することはできませんか」。弁護士はこれに対し、そんなことをすれば信認義務違反でサベリンに訴えられる恐れがあると警告したが、ザッカーバーグは警告を無視し、自分の指示どおりに準備を進めさせた。案の定、サベリンはことのしだいを知ると、すぐに訴訟を起こした。熾烈な法廷闘争が長々と続いた末、サベリンに相当数のフェイスブック株が与えられることで決着がつき、のちに株式が公開されたときには、サベリンも一夜にしてビリオネアになった。[13]

プライバシーへの懸念

もうひとつ、初期に懸念されたのは、プライバシーだった。フェイスマシュの騒動で示されたように、個人的な情報が誰に見られ、何に使われるかを人々はとても気にした。したがって投稿のプライバシーに関して、利用者を不安にさせてはならないことはザッカーバーグにもわかっていた。クリムゾン紙のインタビューで、ザッカーバーグはフェイスブックに「きめ細かいプライバシー設定」があることを力説している。「誰が自分の情報を見られるかは、自分で制限できるんだ。現役の学生たちだけが見られるようにしたければそうできるし、同じ学年だけとか、同じ寮だけとか、同じクラスだけとかに制限することもできる。検索についても、友達か、友達の友達までしか、自分を検索できないようにすることができる」。つまり、ザッカーバーグのいい分では、「誰が情報を見られるかは、自分で厳重に管理できる」ようになっていた[14]。

しかし現実は、そこまで安心できるものではなかった。フェイスブックのサイトでは、全米の大学のかなりの割合の学生の情報が管理されていた。その膨大な量の情報がどのように扱われているかは、少なくとも多くのユーザーには、不明だった。フェイスブックの開設から間もない頃にザッカーバーグ（ザック）が送ったテキストメッセージには、ことの深刻さが表れていた。

ザック——そうだね、だから、ハーバードの学生の情報が知りたければ、誰のことでも

ザック——尋ねてよ。

ザック——僕のところには、4000件以上の電子メール、写真、アドレス、SNSがある

友　人——ほんとに？　どうやって手に入れたんだ？

ザック——本人から送られてきたんだよ。

ザック——理由はわからない。

ザック——「僕を信頼してる」んだ

ザック——脳天気なものさ。[15]

開設から数カ月のあいだに数々の物議を醸しながらも、フェイスブックは拡大を続けた。２００４年12月までに利用者数は１００万人を突破した。２００５年３月には、パロアルトのエマーソン通りに最初の本物の本社を構えた。資金調達の額も増え、ベンチャーキャピタル、アクセル・パートナーズからは、企業価値を１億９８００万ドルと見積もられ、１２９０万ドルを調達した。２００５年、社名も「ザ・フェイスブック」から「フェイスブック」に変えた。

利益よりも成長を目指せ

フェイスブックの1年めを特徴づけたのは、飽くなき拡大の追求だった。ただしそれはふつうの拡大とはかなり毛色が違っていた。20〜30年前だったら考えられないような拡大だった。フェイスブックは香辛料とか、自動車とか、鉄道の乗車券とかを売る会社ではなかったから、拡大を図るといっても、大きな工場を建設するとか、線路を延ばすとか、組み立ての所要時間を短くするとかいったことをしたわけではなかった。そうではなく、無料でサイトを利用してくれる登録者を増やそうとしただけだった。めざしたのは、1日のアクティブユーザー数を急増させることであり、そのためには金に糸目をつけなかった。

このように無軌道な成長を重視するのは、２０００年代のテクノロジー主導型の資本主義に固有の特徴だった。ふたつの要素がこれを促進していた。ひとつは、規模の経済という概念だ。生産数が増えれば単価は安くなるというのは、昔から経済の基本原理とされてきた。いったん工場を建てて、優秀な労働者を雇ってしまえば、車の生産台数を1日1台から1日2台へ増やすのは簡単だ。車1台の生産費は、車の生産台数の増加とともに低下する。ヘンリー・フォードは100年前にこのことに気づいていた。しかしコンピュータとインターネットの登場で、この概念にまったく新しい意味がつけ加わった。いったんウェブサイトを作ってしまえば、サイトの訪問者がどれだけ増えても、もうお金はいっさいかからない。フェイスブックはまったく追加の費用をかけずに、世界じゅうのありとあらゆる人々にサービスを提供できた。必要なのは、サイトで時間を費やしたいと人々に思わせることだけだった。

サンフランシスコの数々の有望なスタートアップに資金を提供していたベンチャーキャピタル各社も、企業がユーザー数の増加を最優先にするのを促した。ベンチャーキャピタルのあいだでは、いつしか、度外れたリターンをもたらす（と考えられる）あるひとつの戦略ばかりが取られるようになっていた。急成長によって、新市場で独占的な地位を確立しようとする戦略だ。当然ながら、この戦略は必ずしもうまくいくわけではなかった。収益のほとんどない状態で湯水のごとくお金を費やすことにはリスクがあった。とはいえ、あるベンチャーキャピタリストがよくいったように、「失敗は問題ではない。失うのは、資本金の1倍まで」だった。一方で、このリスクの大きい賭けは、ときに莫大な利益をもたらすことがあった。たとえ大半の投資がみじめな結果に終わっても、数年に1度か2度、成功すれば、損失はすべて埋め合わせられる。近年、ベンチャーキャピタルがいわゆるユニコーン、つまり10億ドル以上の価値があると評価される、魔法のようなビジネスモデルを持った希有なスタートアップを見つけることに重点を置いているのは、まさにこの理論にもとづくものだ。[16]

したがって、シリコンバレーの文化とベンチャーキャピタルの資金にどっぷり浸かったフェイスブックが、利益を後回しにして、何よりも成長を重視したのは、驚くに当たらなかった。ザッカーバーグは新しい社員が加わると、新しいユーザーを獲得する手段を見つけることが最優先課題であると念を押した。「どんな機能であっても、そのために役に立たなければ、興味がないと彼はいっていた」と、ある初期の社員は話している。「それが唯一の優先事項だった」。ザッカーバーグはのちにこの方針について、ユーザーの利益を第一に考えた結果だと弁明している。「シニカルに見たら、僕たちがしていたのは、成長のための成長だったということになると思う。でも、世の人たちがソーシャルサイトを使うのは、ほかの人と交流するためなんだ。僕たちがそういう人たちのためにできる最善のことは、できるだけその人たちの大切な人もサービスを利用しているようにすることだった」。自分の友人にもサイトを利用してもらいたいというのがユーザーの希望であり、ザッカーバーグはその希望をかなえようとしたというわけだ。ネットワークがネットワークとして機能するためには、自分だけでなく、ほかの人にも利用される必要があった。[17]

ユーザーを増やす方法のひとつは、単純に新しいユーザーをサイトに招くことだった。当初、フェイスブックの門戸はハーバード大学の学生にしか開かれていなかった。それがのちにスタンフォード大学とアイビーリーグに開かれた。ほどなくほかの大学も続々と加わった。２００５年11月には、全米の２０００以上の大学でサービスが提供されていた。全大学生に占める登録者の割合は、85％を超えた。新規に開拓できる大学がなくなると、次は高校生を受け入れ始めた。さらに２００６年末には、とうとう行き着くべきところに行き着いた。すなわち、誰でも入れることにしたのだ。「思っていたよりもうまくいった」と、ザッカーバーグはあるインタビューでこの「登録のオープン化」への移行について話している。「始めてから1週間で、1日の登録者数が1万人弱からいっきに6〜7万人に増え、その後も急速に増え続けた」という。[18]

ただし、ユーザー間の交流の仕方に重要な変更も加えられた。以前は、他校の学生のプロフィールは閲覧できなかった。ハーバードの学生はハーバードの学生とはつながることができ、イェールの学生はイェールの学生とはつながることができた。しかしハーバードの学生がイェールの学生とつながることはできなかった。2005年、高校生を受け入れ始めたときに、この方針が変更され、初めて、他校の学生ともつながれるようになった。これにより個人的な情報が外部に流出するのではないかという新たな懸念——親が子どもの投稿をこっそり見られるようになるのではないかとか、就職活動をしている学生の過去の恥ずかしい写真が採用担当者の目に触れることになるのではないかとか——が生まれたが、フェイスブックはかまわずに突き進んだ。ザッカーバーグはそれよりもサイトの利用者を増やすことで頭がいっぱいのようだった。当時の彼のノートの走り書きを見ると、登録のオープン化によって、サイトに対するユーザーの印象がどう変わるかを気にしていたことがわかる。「どうすれば安心してもらえるか？　実際にどうであるかはともかく[19]」

「迅速に動き、破壊せよ」

ユーザーを増やすために必要だったのは、開かれた生態系だけではなかった。サイトをよりよいものにすることも必要だった。これは基本的には、新しいよりよい機能をつけ加えることを意味した。2005年のアクセルの出資により、フェイスブックにはエンジニアとプログラマーを増強する資金があった。新たに採用された社員の大半は、少なくとも最初のうちは、大学の新卒者か、大学を卒業後1年間大手企業に勤めていた者たちだった。若い新入社員たちは正確さよりも速さを優先するフェイスブックの企業文化にすぐに溶け込んだ。当時、たいていのテクノロジー企業では、新しいプログラムが完成するまでには何カ月も時間がかかった。プログラミングそのものにも、入念なチェック作業にも多大な時間がかけられた。フェイスブックは1日にいくつも新しいプログラムを作成していた。これは尋常ではない速さで、不具合の多さにもつながった。エンジニアがあまりにしばしばウェブサイトを壊すので、ウェブサイトが壊されるたび、エンジニアを祝福するという習慣まで生まれた。会社からエンジニアチームの全員に次のようなメールが送られた。「おめでとう！　またウェブサイトをダウンさせましたね。これは迅速な作業の証しです！」。一にも二にも前進という姿勢からは、のちにシリコンバレーの合言葉にもなったスローガンも誕生した。「迅速に動き、破壊せよ」だ。2009年10月のビジネスインサイダー誌のインタビューで、ザッカーバーグは開発陣に奮起を促すのに、いつもそのような言葉をかけているのだといい、次のように説明した。「何かを破壊しないようなら、まだ速さが足りないということです」。その後、「迅速に動き、破壊せよ」はポスターにされて、社内のあちこちに張られた。社員たちは毎日、それを見るたび、いやでも速さが肝心であることを思い出した。[20]

スピードの重視は、サイトのめまぐるしい変更につながった。中には表面的な変更もあった。例えば、2005年、ピーター・ウルフのポートレートが、プライベート・エクイティ投資会社カーライル・グループのウェブサイトのものをまねた青い帯に切り替えられた。しかしユーザー体験に関わる、根本的な変更が施されることも少なくなかった。2005年10月には、初めて、プロフィールの写真以外にも、ユーザーが写真をアップロードできるようになった。写真に写っている友達には「タグ」をつけることもでき、写真をコミュニティの「共有された記憶」にできた。

2006年9月には、ニュースフィードが取り入れられた。ニュースフィードは、長いスクロール画面に友人たちの最近の投稿（新しい写真やコメント）が表示されるようにする仕組みだ。この仕組みが導入されたのは、ユーザーどうしのつながりを強めるためだった。ニュースフィード以前は、友達のプロフィールをクリックしなければ、友達が何をしているかも、何をいっているかも知ることができなかった。「これはすごく不便でした。みんな、友人たちのプロフィールをひとつひとつクリックして回るのにかなりの時間を費やしていました」と、最高技術責任者のアダム・ディアンジェロは述べている。もちろん、ニュースフィードの導入という案が出されると、次にそれをどのように運用するかが大きな問題になった。フィードのいちばん先頭にはどの投稿を表示するべきか。単純に最新の投稿を表示するべきか。あるいは最新の写真を優先するべきか。それともしばらく投稿していなかった人の投稿を優先するべきか。あるいはユーザーがタグづけされている投稿を優先するべきか。これらはいずれも一理あり、フェイスブックのチームが主体的に判断を下す必要があった。ザッカーバーグはノートに、つねに「おもしろさ」を判断の基準にすべきと書きつけた。[21]

しかし、フェイスブックの未来をもっと大きく左右することになったのは、社内の組織そのものに加えられた変更だった。ザッカーバーグは前々からユーザー数を増やすことにこだわり、たえずユーザー数の増え方の勢いが弱いことや、サイトのアクティビティレベルが低下していることを心配し続けていた。そこで2007年、サイトの利用者を増やす方法を見つけることだけを任務とするグループを社内に設立した。そのグループはグロース・サークル（Growth Circle）と名づけられ、すぐに社内で最も強力なチームになった。フェイスブックがそれまでに発明した「どんな機能にも勝る」というのが、このチームに対するザッカーバーグの評だった。グロース・サークルは「月間アクティブ・ユーザー数」という成功指標すらも考案した。この指標では、もしあるユーザーが月に1回以上、サイトを訪れれば、そのユーザーは熱心なユーザーと見なされた。月間アクティブ・ユーザー数は社内の最重点目標になった。「何が自分の会社の北極星であるかを考えるのが大切です。つまり会社でいちばん肝心な指標は何かということです。社員全員が念頭に置いている指標は何か、製品を作るうえで基準にしている指標は何か、数値を高めようと努力している指標は何かということです。ザッカーバーグは月間アクティブ・ユーザー数という数字によって、フェイスブックが全世界にどれだけ浸透しているかを把握しようとしました」とグロース・サークルのあるメンバーは語っている。[22]

グロース・サークルは成功指標を定めると、次にその数値を向上させるための方法を探り始めた。消費者心理やインターネットの利用のされ方を調べもすれば、膨大なデータを集めてそのパターンも分析した。そのような調査からまずわかったのは、新規ユーザーの中には、アカウントを作成後すぐに自分の友人を見つけられないと、二度とサイトを訪れなくなる人が多いことだった。この問題を解決するため、フェイスブックは２００８年、新規ユーザーをほかのユーザーに通知する「知り合いかも」という機能を導入した。またフェイスブックがユーザーのアドレス帳を読み込んで、まだアカウントを持っていない人に友達リクエストのメールを送ることも可能にした。

もうひとつ、別の大きな変更をもたらしたのは、「ソーシャルネットワークサイトにおける新規ユーザーの貢献の引き出し方」と題された社の調査の結果だった。その調査で、プライバシー保護のための制約はソーシャルネットワークへのユーザーのエンゲージメントを低下させると結論づけられた。２００９年、グロース・サークルはこの結論にもとづいて、アクティビティの共有範囲の初期設定を「友達まで」から「全員」へと変更するべきだと主張した。これはサービス利用規約の改定を必要とする変更だった。プライバシー保護の責任者はこの変更に反対し、実質的な変更を加えるときには事前にユーザーの同意を得なくてはならないと定めているプライバシー保護法に違反すると指摘したが、結局、グロース・サークルの主張が通り、サービス利用規約は改定された。[23]

急速なユーザー基盤の拡大に加え、新しい機能や仕組みが矢継ぎ早に投入された結果、フェイスブックでは次から次へと思いもよらぬ事態が発生した。「知り合いかも」の機能はときにユーザーに気味の悪い思いをさせた。例えば、ある少女のもとには、別居中の父親の愛人と友達になるようリクエストが届いた。セックスワーカーが顧客と友達になるよう求められたり、同じ精神科に通う患者どうしが友達になるよう求められたりもした。

一方、ニュースフィードでは、友人の生活についてリアルタイムで知らされることには意外な弊害があることが明らかになった。ニュースフィードの導入以前であれば、あるユーザーの交際ステータスが変わっても、ほかのユーザーは、そのユーザーのページをクリックしない限り、そのことを知ることはなかった。ところが導入後は、それが全ユーザーにいっせいに伝わってしまった。ニュースフィードをスクロールするだけで、誰それが「既婚」から「独身」に変わったというような情報が目に入った。このような形で離婚のことをみんなに知られるのは、人によっては屈辱的で、耐えがたいものだろう。当事者のどちらか一方が、みんなにそのことを知られているのを知らない場合にはなおさらだ。

ある学生の一団はこのような状況に反発し、「フェイスブックのニュースフィードに反対する学生の会」というフェイスブックグループを立ち上げて、ニュースフィードの廃止を求めた。そのほかにも何千人ものユーザーが苦情を訴えた。タイム誌で記事に取り上げられもした。しかしそのような批判の声にもかかわらず、ニュースフィードの導入後、ユーザーがフェイスブックに費やす時間は増え始めた。ザッカーバーグはブログに「落ち着いてください。ご意見は届いています」というタイトルの記事を投稿した。「ストーカー行為はいただけないという点では、僕たちも同意見です。でも、友人たちの生活について知ることができるというのは、それとは違うのではないでしょうか。〔…〕プライバシー設定を使ってみてください。そうすれば、すっかり安心してサイトを使えるようになるはずです」

要するに、ザッカーバーグがいいたいのは心配無用ということで、ユーザーがもう少し時間をかけて、サイトのプライバシー機能に慣れてくれていれば、初めから誰もそんなに大騒ぎしなかっただろうということだった。フェイスブックはその後、ニュースフィードに表示される記事をユーザー自身が管理できるようにする新しいプライバシー機能をつけ加えた。その機能はあまり広く使われることはなかったが、騒ぎはほどなく収まった[24]。

とはいえ、これらの騒動も、無敵の快進撃を続けるフェイスブックにはどうということはなかった。2008年の初めに、ユーザー数は1億人に達した。7カ月後には2億人を突破。2012年にはついに10億人を超えた。フェイスブックは世界が過去に見たことがない巨大なネットワークを築き上げていた。

広告による収益化（マネタイズ）

それでもひとつだけ残る疑問があった。どうやって利益を上げるのか、だ。未曾有の人気を誇るウェブサイトに成長し、社会的にも絶大な影響力を持つようになったとはいえ、結局のところ、フェイスブックも一企業だった。利益を上げなくてはならなかった。熱心な顧客を何億人も抱える会社には、そんなことはわけのないことのようだが、フェイスブックは過去の企業と違って、無料でサービスを提供していた。ユーザーは登録し、ログインし、ゲームをし、記事を投稿し、毎日何時間でも好きなだけ友人のページを閲覧しても、フェイスブックに1セントもお金を払っていなかった。一方、フェイスブックはエンジニアやサーバーへの支払いもあったし、見返りを期待しているベンチャーキャピタルの投資家たちを満足させなくてはいけなかった。フェイスブックはどうやってこれを持続可能なビジネスモデルにしたのか。

この問いへの答えは、フェイスブックが「収益化（マネタイズ）」と呼ぶものの中にあった。ザッカーバーグにはユーザーから料金を取る考えはなかったので、広告事業が収益化の手段になるのははっきりしていた。２００６年の夏、スタンフォード大学経営大学院出身のティム・ケンダルが収益化の責任者として雇われ、広告事業の戦略開発に着手した。ケンダルの最初の大きな成果は、マイクロソフトとの契約を成立させたことだった。この契約では、マイクロソフトにフェイスブック上の広告を第三者に売る独占的な権利が与えられた。しかし２００７年の夏、ケンダルはさらに先へと進んだ。「ソーシャル広告」と名づけた、まったく新しいタイプの広告を始めたいというのが彼の考えだった。「フェイスブックでうまくいったのは、友人について知ることだった。ならば、友人のレンズを通して、商品やサービスについて知ることも、きっとうまくいくにちがいない。とりわけ広告が友人に関して、適切な情報を持っている場合には」とケンダルはいった。このケンダルの取り組みから生まれたのが、広告に新しい時代をもたらすことになる「ビーコン」と呼ばれるサービスだった。[25]

「１００年に1度、メディアは変わります」と、ザッカーバーグはビーコンの発表会で話した。「これまでの１００年は、マスメディアの時代でした。これからの１００年は違います。情報は一方的に人々に押しつけられるものではなくなります。何百万人という人と人とのつながりの中で共有されるものになるのです」。ビーコンの背後にあるアイデアは単純だった。わたしたちは友人からある商品を買うよう促されたり、薦められたりすると、買おうという気になるということだ。「人は人に影響を与えます」とザッカーバーグは続けた。「信頼できる友人の推薦ほど、人に強い影響を与えるものはありません。どんなに巧みな宣伝も、信頼できる紹介者にはかないません。信頼できる紹介者は、広告の聖杯です」
ただし、実際には、広告の聖杯は見かけほど「聖」なるものとはいえなかった。ビーコンのサービスでは、フェイスブックは監視（「ビーコン」）を請け負う第三者のウェブサイトと提携した。フェイスブックのユーザーがそのウェブサイトで買い物をすると、ビーコンの機能により、その情報がフェイスブックに送られ、ユーザーの友達のニュースフィードに自動的に表示された。考え方としては、現実の世界で起こる口コミによる購入をネットの世界で再現しようというものだった。あるホームパーティーに出席したときに、その家で最新のインスタントポット〔口コミで広まった調理器具〕を目にして、自分も買うことにしたというような類いだ。自分の友人が買ったという情報に接するほうが、ふつうの広告を見るよりも、購入に至る可能性が高いという期待がそこにはあった。しかしビーコンはすぐに物議を醸すことになった。ネットで婚約指輪を買ったら、数分後に友人から電話がかかってきて、お祝いをいわれたというような苦情が相次いだのだ。ユーザーの中には、プライバシーの侵害でフェイスブックを訴える者もいた。フェイスブックはサービスを停止し、ザッカーバーグは謝罪した。[26]

２００８年の春、この失態を挽回するべく、新しい一手が繰り出された。グーグルの幹部だったシェリル・サンドバーグを新最高執行責任者（ＣＯＯ）として迎え入れ、フェイスブックの収益化戦略を託したのだ。サンドバーグはたちまち社内の誰もが注目する存在となった。入社初日、彼女が新入社員向けの研修に出席すると、講師との立場が逆転し、彼女は教わる側ではなく、教える側となり、受講者たちに収益化について講義した。

広告とは「逆ピラミッド型」であるというのがサンドバーグの持論だった。底辺には需要の充足があった。そこでは誰かが何かを買いたいと欲し、それを探していて、広告はその人たちの需要の充足を手伝えばよかった。それは低い位置にぶらさがっている果実のようなものだった。人が何かを欲しているとき、その人にその何かを売るのはたやすい。グーグルはこの需要の充足の収益化に長けていた。しかし需要の充足のためには、企業はターゲットとする人が買いたいという気を起こすまで待つ必要があった。フェイスブックが手がけるのは、この逆ピラミッドの上層のはるかに大きな部分、前人未踏の広大な領域なのだと、サンドバーグは説明した。つまり、最初に必要になる需要の創出部分だ。のちに彼女が述べたように、「人々が自分で自分の欲しいものを知る前に、自分の興味のあるものを知る前に、こちらから需要を創出する」のは、フェイスブックに「打ってつけ」の分野だった。[27]

サンドバーグはフェイスブックを強力な需要の創出ツールに変えた。人々はインターネットのサイトを見て回るときには、たいがい特定の情報を探していた。しかしフェイスブックのサイトでは、学ぼうという姿勢だった。これは広告メッセージにも興味を抱きやすいことを意味した。サンドバーグはインタビューで次のように述べている。「人々がフェイスブックのサイトを訪れるのは、自分のことをみんなに語ったり、ほかの人が関心を持っていることに耳を傾けたりするためです。ですから、初めて小さな企業でも、それぞれの予算内で、『学習モード』にある人に働きかけることができるようになったのです」

しかし、これは小さな企業に限られたことではなかった。コカ・コーラやスターバックスといった大手の小売り業者も、フェイスブックに広告を出していた。サンドバーグはまた別のインタビューで次のように答えている。「ウェンディ・クラーク［コカ・コーラのマーケティング責任者］がおもしろいことをいっているんです。『購買時点広告』から『喉の渇き時点広告』へと移ることができた、と。［…］喉が渇くと、彼らは決まってコカ・コーラを思い出します。自分たちのニュースフィードにコカ・コーラが入っていて、コカ・コーラが生活の一部になっているからです。マーケターにとって、これがどんなに重要なことか、考えてみてください」

サンドバーグの戦略はものの見事に当たった。フェイスブックの広告収入は2009年に7億6400万ドルだったものが、2010年に19億ドル、2011年に31億ドルへと増えた。10年後の2018年4月10日、ザッカーバーグは上院の公聴会に呼ばれて、オリン・ハッチ議員から「無料でユーザーにサービスを提供するというビジネスモデルは、いかに維持されているのでしょうか？」と尋ねられると、次のように答えた。「議員、僕たちは広告事業を営んでいるのです[28]」

サンドバーグは収益化の戦略を立てただけでなく、フェイスブックの社内文化に根本的な変化をもたらしもした。サンドバーグの加入以前、フェイスブックにはまだ子どもっぽい雰囲気が残っていた。ザッカーバーグは19歳で会社を設立し、ほかの初期の社員もほぼみんな同い年だった（しかも多くは大学のクラスメートだ）。サンドバーグが加わったとき、ザッカーバーグはまだ23歳でしかなかった。38歳のサンドバーグは社内でただひとりのおとなだった。そのせいで部下から陰口を叩かれることもあった。ある社員はサンドバーグが開く会議を「シェリル最高裁」と呼んでいた。問題が起こったとき、サンドバーグが全員を強制的に集めて、床に座らせ、こんこんと説いて聞かせたこともあった。「若者ばかりで、部下の管理の仕方も知らなければ、微妙な意思の疎通を図るのに必要なスキルを持ってもいませんでした。彼女はそういうものをこの会社にもたらして、会社を成熟させてくれたんです」と、社員のひとりは述懐している。[29]

いかに広告をクリックさせるか

持続可能なビジネスモデルと、巨大なユーザー基盤、それにテクノロジー業界切っての頭脳を持ち合わせたフェイスブックは、あらゆる問題をすべて克服したように見えた。２０１２年5月17日には、総仕上げとして株式公開（ＩＰＯ）を果たし、ＩＰＯにもとづく時価総額は史上最高となる１０４０億ドルを記録した。ＮＡＳＤＡＱでベルを鳴らすに当たってスピーチをした（世界有数の大富豪の仲間入りを果たしたばかりの）ザッカーバーグは、興奮の極みにあるようすだった。「この8年間で、社員たちが世界史上最大の会社を築き上げてくれました。夢にも思わなかったような驚くべきことを成し遂げてくれました。みんなが今後、さらにどんなことをやってのけてくれるのか、楽しみでなりません」

とはいえ、社内の全員が全員、フェイスブックの変化を肯定的に受け止めていたわけではなかった。急速な成長の追求や、その後の急速な収益化の追求は、多くの人には、人類に対する壮大な実験のように見えた。世界じゅうの誰とでも瞬時につながれるソーシャルネットワークは、そのメンバーにどういう影響を及ぼすのか。それはどのように機能するのか。会社の優先事項とユーザーの優先事項とが対立したら、何が起こるのか。フェイスブックの新しい方向性に対して悲観的な見方をする者もいた。フェイスブックの広告チームのあるプロダクトマネジャーは、次のようにいった。「フェイスブックでは多くの社員が毎日、長時間働いています。周りのことを無視してです。恨めしそうに見つめる妻のことも、親の気を引こうとする子どものことも。社員たちの目は、何時間も、妻や子ではなく、安い広告に向けられています。雨滴がたまってやがて川になるごとく、積もり積もって、フェイスブックに収益の奔流をもたらす安い広告にです」。次のような不満を口にした初期の社員もいた。「わたしの世代の最高の知性の持ち主たちが、人々にいかに広告をクリックさせるかということを日夜考えているんです。情けなくなります。［…］彼らの傑出した才能が、広告のクリックなんかでなく、科学の未解明の問題に注ぎ込まれていたら、今頃、世界はどう変わっていたでしょうか」。ザッカーバーグのパロアルトの最初の家に移り住んだ、熱烈なフェイスブックの支持者であるショーン・パーカーでさえ、フェイスブックが危険な製品を生み出してしまったと考えていた。パーカーは２０１７年11月のインタビューで次のように述べている。

フェイスブックがその最たるものですが、これらのアプリを生み出した思考のプロセスとは、要するに、「どうすれば、人々の時間と注意をできる限り多く費やさせることができるか？」ということです。これはつまり、ときどき、ドーパミンが出るようにしなくてはいけないことを意味します。写真とか、投稿とか、なんでもいいのですが、ほかの人からそれに「いいね」やコメントをつけてもらうと、ドーパミンが出ます。そうすると、ユーザーはさらにコンテンツを提供してくれます。そうするとそれにまた「いいね」やコメントがつきます。いわば社会的承認のフィードバックループですよ。［…］これはわたしのようなハッカーがやっていることとまったく変わりません。ハッカーも人間の心理の弱い部分を突こうとするのですから。発明家とか、クリエーターとかいった人たちは、わたしもそうですが、マーク［・ザッカーバーグ］や、インスタグラムのケビン・サイストロムのような人たちは、みんな、このことをはっきりと理解していました。どちらにしても、わたしたちがしたのは、そういうことでした[30]。

コンテンツ・モデレーションの問題

プライバシーとソーシャルメディアとは、本来は相容れないはずの奇妙な組み合わせだった。人々がフェイスブックのようなソーシャルメディア企業を使ったのは、そもそも自分たちのプライバシーを放棄して、別のものを手に入れたいからだった。見る権利と見られる権利だ。同時に、自分が公開した情報は、自分が選んだ人たちの目にしか触れないことを望んだ。投稿も、写真も、活動も、世界全体に対しては私的なものにしながら、友人たちに対しては公のものにしたかった。これは緊張を生んだ。友人たちに自分の情報を公開するためには、同じ情報を企業にも与えなくてはならなかったからだ。企業をそんなに信用できるのか。企業が自分たちの個人的な情報を適切に取り扱ってくれると、信じられるのか。何をもって「適切」とされるのか。これはきわめてむずかしい問題だった。

この問題がいかに厄介かは、フェイスブックが「攻撃的」な投稿にどのように対処したかを見るだけでもよくわかる。コンテンツ・モデレーション〔ネット上のコンテンツを監視して、必要に応じて、削除すること〕はつねにフェイスブック本社の悩みの種だった。最初の数年間、フェイスブックにはコンテンツ・

モデレーションの担当者（コンテンツ・モデレーター）はわずかしかおらず、そのほとんどは30分程度のトレーニングしか受けていなかった。しかもコンテンツ・モデレーターたちは、あらかじめ用意された規則集に従って、問題のあるコンテンツを指摘するというのではなく、繰り返し難題にぶち当たりながら、自分たちで規則集を築いていかなくてはならなかった。そのようにして生まれた規則のひとつには、「スリーストライクで、アウト」があった。これはユーザーが不適切なコンテンツを3回投稿したら、サイトから締め出すという規則だ。あるいは「Tバック・ルール」というのもあった。これはTバックが写っている写真は、猥褻と見なし、削除するという規則だ。

しかしコンテンツ・モデレーターたちの苦情への対処の仕方には、望ましくない点が多々あった。当初、写真に関する苦情がフェイスブックに届くと、コンテンツ・モデレーターはその苦情を訴えたユーザーのアカウントに、そのユーザーのユーザー名とパスワードを使ってログインして、当該の写真を確認し、写真に問題があるかどうかを判断した。もし問題があると判断すれば、次に、写真の投稿者のアカウントに、やはり投稿者のユーザー名とパスワードを使ってログインし、写真を削除した。2005年末の時点で、フェイスブックのサポートチームの人員はわずか20人ほどしかいなかった。サポートの指針も共有されたワード文書にまとめられたものがある切りだった。今や何百万人もユーザーがいて、高校生から犯罪者やハッカーまで加入できるウェブサイトにしては、これはあまりに貧弱といえた。2007年、ニューヨーク州検事総長がフェイスブックのサイト上で、未成年の少女を装った偽のアカウントを作成するというおとり捜査を捜査官に実施させた。その結果、捜査官のもとには数日もせず、性犯罪者からメッセージが届いたという。[31]

一方、逆の側からは、コンテンツを削除しすぎるという苦情が寄せられた。２００８年、母乳育児を支持する活動家の団体がフェイスブック本社前で抗議デモを行い、授乳の写真を削除するのをやめるよう訴えた。これに対しフェイスブックは、サービス利用規約で「乳頭及び乳輪が見える」写真の投稿が禁止されていることをあげて、削除の正当性を主張した。活動家たちはこの主張に納得せず、抗議運動はその後も長く続けられ、フェイスブックは授乳の写真の掲載が規約で禁止されていることをサイトで明示することになった。その後も、線引きのむずかしい写真は増えるいっぽうで、結局、２０１２年、フィリピンに大規模なモデレーション・センターが開設された。このモデレーション・センターでは、おびただしい数のコンテンツ・モデレーターが、毎日、何億枚も新たにアップロードされる写真をチェックした。[32]

ユーザー情報へのアクセスを誰に認めるのか

しかしコンテンツ・モデレーションは氷山の一角にすぎなかった。会社はもっと大きな問題に直面していた。それは誰にユーザーの情報へのアクセスを認めるかという問題だった。この議論に重要な転機が訪れたのは、２００７年、アプリ開発者にフェイスブックのサイト上で直接サービスを提供することを認め始めたときだ。プラットフォームと名づけられたこのプロジェクトでは、外部の企業やアプリ開発者が独自にゲームやクイズや世論調査など、さまざまな形態のコンテンツを作成し、それをフェイスブック上で提供することができた。フェイスブックはソーシャルメディアだったので、おのずと共有という要素がそれらのサービスにつけ加わった。ユーザーたちはそのサービス上で競争したり、励まし合ったり、交流したりできた。

当初、ザッカーバーグはプラットフォームが市民の社会参加につながることを期待していた。特に気に入っていたのは「コージズ（意義）」というアプリで、それは気候変動や途上国の飢餓といった世の中の重要な問題の解決に取り組むコミュニティの創設を促すアプリだった。「彼らの理想は、コージズだったんだよ」と、プラットフォーム上のゲーム開発業者ジンガの創業者、マーク・ピンカスは述べている。「彼らはプラットフォームを通じて、人間の最良の部分を引き出せると思っていた」

ところが、ある程度まではコージズも注目されたが、キラーアプリとなったのは、頭を使わず、ただ時間ばかり消費するゲームだった。中でもいちばん人気を集めたのは、架空の農場を営む「ファームビル」というゲームだ。種をまいたり、家畜の世話をしたりするこのゲームでは、プレーヤーはかなり長い時間、農作物や家畜が育つのを待たなくてはならなかった。ただし、お金を払えば、その成長を速められた。人々はこれにうまうまと乗せられ、このゲームを開発したジンガは多大な利益を上げた。あまりに儲かり、創業者のピンカスが実際の収入を隠したほどだった。「顧客になってくれたのは、テレビのメロドラマを観るのをやめて、ファームビルを始めたインディアナの中年の女性たちだった」と、ピンカスはのちに話している。「月に何千ドルも注ぎ込んでくれた人もいた。だが、そのことは大っぴらにしたくなかった」。フェイスブックが上場した時点では、ピンカスの推定によると、フェイスブックの総収入の約20%がジンガによってもたらされていた。[33]

しかしゲームやそのほかのアプリは、フェイスブック上のユーザーの情報に一定程度アクセスする必要があった。ここからジレンマが生まれた。アプリにどのような情報まで提供したらいいのか。そもそもユーザーは、ほかのユーザーのかなりの情報にアクセスできた。自分の友達の情報だけでなく、友達の友達が公開している情報にもすべてアクセスできた。ならば、ユーザーがアプリを使うときには、アプリもそのような情報のすべてにアクセスできるようにしたほうがいいのか。ユーザーの友達の同意は得なくてもいいのか。ザッカーバーグは共有される情報を多くしたいという考えだった。「どのデータを共有するべきかについては、議論に議論を重ねました」と、フェイスブックの幹部は語っている。「マークがとても強くいったのは、『アプリの開発者にも、フェイスブックが作れるのと同じぐらいにいいものを作ってもらえるようにしたい』ということでした。当時のフェイスブックはまだ小さい会社でしたから、開発者にもデータを提供して、プラットフォームを望ましいものにしてもらう必要がありました」[34]

結局、これらのことはすべてユーザー自身の判断に委ねることに決まった。ユーザーがフェイスブック上でアプリにアクセスするたび、アクセス権限を付与するかどうかの確認ダイアログが表示されるようにした。そのダイアログには、具体的にどのデータにアクセスするか——氏名、友達のリスト、写真、「いいね」など——が記されていた。アプリにどの情報が提供されるかの初期設定はしだいに変化したが、当初は、アクセスの制限はおおむねユーザーに任されていたので、結果として、アプリ開発者はたいていの場合、多くの情報を得られた。その情報には氏名や、ジェンダーや、友達や、プロフィール写真といった基本情報だけでなく、居住地や、交際ステータスや、「いいね」や、投稿といったものもしばしば含まれた。友達の同意を得ずに、交際ステータスの更新や興味といった、友達についての情報が共有されることもあった。[35]

フェイスブックの社員たちはアプリ開発者がユーザーの情報を大量に吸い上げていることに懸念を抱くようになった。ＩＰＯ前のフェイスブックでプライバシー問題の解決を任されていた元社員が、ニューヨーク・タイムズ紙のオプエド欄に「フェイスブックの自己規制は信用してはならない」と題する文章を寄稿した。「私が内部で見たのは、ユーザーのデータを濫用から守ることより、データを集めることを優先する会社だった」とそこには書かれていた。フェイスブックのプラットフォームでは、第三者にユーザーの私的な情報にアクセスすることが許可されていて、いったん手に入れた情報は、第三者がほぼ好きなように利用できた。元社員はこのオプエドで、あるアプリ開発者がフェイスブックのデータを使って、子どものプロフィールを作っていた事例を紹介している。元社員がその会社に電話をかけると、フェイスブックのデータポリシーは守っているといわれたという。しかし、それがほんとうかどうかは確かめようがなかった。すでにデータはアプリ開発者の手に渡っていて、フェイスブックにはそのデータがどう使われているかを知るすべはなかった。元社員は各社でユーザーのデータがどのように使われているのかについて、もっと詳しく把握できるようにするべきだと社内で強く訴えたが、上層部にはまったく相手にしてもらえなかった。ある幹部からは次のようにいわれたという。「その結果、わたしたちが知ることになることを、きみはほんとうに知りたいと思うのか？」[36]

フェイスブックによるデータ収集

フェイスブック自身がユーザーのデータをどのように扱っているのかという問題もあった。例えば、2012年、フェイスブックの研究員によって、サイトがユーザーの気分に影響を与えるかどうかを調べる研究が行われた。この研究からは、予想どおり、影響があることがわかり、その結果は「ソーシャルネットワークによる大規模な感情の伝染に関する実験的証拠」というタイトルの論文にまとめられた。論文の冒頭は次のように書き出されていた。「フェイスブックのサイトで実施された大規模な実験（N＝689003）の結果、感情は人から人へ伝染し、人間は自分で気づかずに、他人と同じ感情を抱いていることが明らかになった」。Nとは、実験の対象にされたユーザー数を意味する。つまり68万9003人からデータを集めたということだ。しかしおそらくそれ以上に驚かされるのは、実験の方法だった。研究員たちはユーザーに無断で、ニュースフィードをいじり、意図的にポジティブな投稿を隠したり、ネガティブな投稿を隠したりしたというのだ。その結果、ユーザーの心理状態には、ポジティブまたはネガティブに変化する傾向が見られたという（ポジティブに変化したかネガティブに変化したかは、ユーザー自身の投稿内容から判断された）。

しかし、大企業が単にどうなるかを見てみたいという理由で、何十万人もの感情をもてあそんだことは、たちまちはげしい非難を浴びた。大きな騒ぎとなったことから、シェリル・サンドバーグは謝罪に追い込まれ、次のように弁明した。「これはあくまで製品テストのために実施されていた調査の一環でした。それ以上でも以下でもありません。弊社の周知が足りませんでした。周知が足りなかったことをお詫び申し上げます。弊社には、みなさまをご不快にさせる意図はまったくありませんでした」[37]

はじめのうちは、なぜこのようなデータ収集が問題になるのかは、あまりはっきりしていなかった。見知らぬ人間に自分が大学の某という同級生と友人であることを知られたからといって、あるいは子猫の写真に「いいね」をしたのを知られたからといって、所詮、取るに足りない情報ではないか。しかし2010年代に入る頃には、まったくかつてとは状況が変わったことを社会が理解し始めた。フェイスブックをはじめとするソーシャルネットワークは、わたしたちの個人のプライバシーの領域を着実に侵食していたのだ。今や企業がほぼすべての人の膨大な情報の保管場所にアクセスすることができた。そうして得た情報は商売のために利用されていた。2016年、あるグループがフェイスブック上で「黒人の命を守れ（Black Lives Matter）」への関心を示しているユーザーのデータを集めて、警察に売っていたことが報道された（のちにこのグループはフェイスブックの利用を禁じられた）。非営利の調査報道機関プロパブリカは、フェイスブックの広告には不動産のオーナーが人種や性別にもとづいて顧客を選別できるようにする機能があることを明らかにした。これは公正住宅法に違反しており、フェイスブックはのちに住宅都市開発省に告訴された。

フェイスブックはプライバシーに対しても、サイトのほかのあらゆることに対するのと同じ姿勢で臨んだ。すなわち「迅速に動き、破壊せよ」という姿勢だ。まずはすばやく始め、そのうえでうまくいくかどうかを見て、あとで問題を解決するというのが、フェイスブック流のやり方だった。ザッカーバーグは2011年に、フェイスブックのプライバシーポリシーに対する批判が高まったとき、ほとんど開き直るように、あるインタビューで次のように述べた。「僕が思うに、プライバシーに関することであれ、そうでないことであれ、これほどの規模の変化を起こすからには、必ず、それを気に入る人と気に入らない人がいることを、あらかじめ覚悟しなくてはいけない。そういう覚悟が決まったら、公開して、興味を持ってくれる人に試してみる機会を与える。そうしてしばらく、ユーザーからあらゆる声を聞いて、修正を加えることで、いわばほんとうのスタートを切れる」[38]

しかし「迅速に動き、破壊せよ」という姿勢は、小さなスタートアップにとってすら向こう見ずな戦略だったが、何億人ものユーザーのデータを管理する1000億ドル規模の企業のもとでは、まったく別の意味を持つものになっていた。

そして2016年の選挙戦までは、それがどれほど危険かは誰にもわからなかった。

選挙へのソーシャルメディアの影響

フェイスブックは選挙の結果を左右できるのか。

2010年、フェイスブックの研究チームがこの問いに真剣に取り組み始めた。ザッカーバーグが友人を見つけるためのウェブサイトを立ち上げたばかりの頃だったら、そのサイトに民主主義そのものに影響を及ぼす可能性があるなどというのは、愚にもつかぬ話に思えただろう。しかし2010年には、それがばかげていないどころか、十分にありうることに思えた。社内の誰もが、フェイスブックには今や、人々の交流にも、行動にも、さらには感情すらにも直接影響を与えられるツールがあることを理解していた。数千人から数億人へとユーザーが増え、影響が及ぶ範囲は今では恐ろしいほど広がった。

フェイスブックの研究チームは、上述の問いに答えるため、2010年の米国の中間選挙である実験を行った。「ランダム化比較試験」という手法を用いたこの実験では、(ユーザーには断らずに)6100万人のユーザーが無作為に3つのグループに分けられ、グループごとにニュースフィードに違う処理が施された。

第一のグループは、「ソーシャル・メッセージ」グループと名づけられた。このグループのユーザーのニュースフィードの先頭には、投票を呼びかけるメッセージと、投票を済ませた友達の写真が表示された。第二のグループは、「インフォメーション・メッセージ」グループと名づけられ、このグループのニュースフィードの先頭には、投票を呼びかけるメッセージは表示されたが、友達の投票に関する情報はいっさい表示されなかった。もうひとつのグループはコントロール群で、このグループのニュースフィードにはそのようなメッセージや情報は表示されなかった。

研究チームはこのような処理を施すと、あとは何が起こるかをじっと見守った。ほどなく現れ始めた結果に、研究チームは衝撃を受けた。友達がすでに投票を済ませていることを知らされた「ソーシャル・メッセージ」グループの投票率が、「インフォメーション・メッセージ」グループの投票率を0.4%上回ったのだ。コントロール群と「インフォメーション・メッセージ」グループとでは、投票率はほぼ同じだった。これはつまり、友人が投票したことを知るほうが、不特定多数へ向けた「投票に行こう」というメッセージを目にするよりも、重要であることを意味した。研究チームの推定では、「ソーシャル・メッセージ」によって投票者数は34万人増えたとされる。この研究の結果は、2012年、英科学誌ネイチャーに「社会的影響と政治動員に関する6100万人の実験」という題で発表された。[39]

これは驚くべき事実だった。研究チームは投票先までは調べていなかったが（共和党の得票数を歪めたかもしれないし、民主党の得票数を歪めたかもしれない）、総得票数において、どちらかの党を利する影響を与えたことはほぼ間違いないと確信していた（もしニュースフィードの影響を受けて投票した人の投票に偏りがなかったら、そのほうがむしろ不自然だった）。これに対し、多くの識者から非難の声が上がった。一テクノロジー企業が米国市民を対象にして、自社のアルゴリズムの影響を調べるために実験を行うのは、不適切だといわれた。これはフェイスブックがみずから自分たちは信用できない企業だといっているようなものだった。将来、フェイスブックのプラットフォームが政治家や、政府や、ハッカーや、さらには敵国すらにも悪用される恐れがあった。さらに深刻だったのは、世界の何十億という人々が一テクノロジー企業のサイトで交流し、情報を得ている状況では、そのような問題を避ける手立てはないように見えたことだ。

ドナルド・トランプ対ヒラリー・クリントンの大統領選

これらの問題がいっきに表面化したのは、2016年の大統領選のときだった。この選挙では、共和党のドナルド・トランプと民主党のヒラリー・クリントンのあいだで、近年の記憶にないほど、敵意をむき出しにした、はげしい闘いが繰り広げられた（唯一、それ以上に熾烈をきわめたのは、続く2020年のトランプとバイデンによる大統領選だけだ）。両陣営ともに、ソーシャルメディアを積極的に使い、フェイスブックやツイッターでメッセージの拡散を図った。ただしソーシャルメディアの駆使にかけては、明らかにトランプ陣営が一枚上手だった。当時、フェイスブックの広告担当副社長として、トランプ陣営とやりとりしたロブ・ゴールドマンは、次のように述べている。「あらゆる面で、彼らのフェイスブックの使い方は違っていました。成果をどう測定するかも、どういうクリエイティブを用いるかも、どのタイミングで資金を投入するかも、どのようにターゲットを設定するかもです。これ以上ないぐらい効果的にフェイスブックを使いこなしていました。クリントン陣営よりもデジタル消費者のことをよく知っていたのでしょう。その知識を最大限に生かすべく、クリントン陣営よりはるかに多くの資金をフェイスブックでの選挙活動に注ぎ込んでいました」[40]

２０１６年の選挙戦のもうひとつの悪しき特徴をなしたのは、陰謀論や極端な主張がもてはやされたことだ。人種差別や性差別をはじめ、数多くのヘイトがあらゆるところで見られ、しばしばトランプ本人によって助長された。ここでも、フェイスブックが問題を生み出すのに一役買った。２０１６年５月、フェイスブックは保守の論客たちから、「トレンド」の機能に政治的な偏向があると批判された。トレンドはユーザーに話題のトピックを紹介するフェイスブックの人気機能だった。当時、トピックの選択は人の手で行われていたことから、保守派の中には、その作業を担当するフェイスブックの社員が、意図的にか非意図的にか、リベラル寄りの話題を多く選んでいると信じる者がおおぜいいた。フェイスブックはこの批判を受けて、手作業をアルゴリズムに切り替え、コンピュータのプログラムにどの話題を表示するかを決めさせることにした。

すると、とたんに極右の話題や虚偽の情報がトレンドにあふれるようになった。のちの調査で判明したように、ソーシャルメディアではほんとうのニュースより偽のニュースのほうがはるかに速く、広く拡散するせいだった。例えば、ツイッターでは、偽のニュースのほうがリツイート率が70％も高かった。また、過激派のフェイスブックグループに名を連ねているユーザーの大多数は、フェイスブック自身のリコメンデーション機能でそれらのグループを紹介され、加入していたことも、フェイスブックの研究員による調査で明らかになった[41]。

暗躍するロシアの諜報機関

その頃、別の敵対勢力もフェイスブックに目をつけていた。ロシアの諜報機関だ。敵国が米国の選挙に介入しようとする可能性があることには、フェイスブックも無警戒なわけではなかった。実際、フェイスブックのワシントンDCのオフィスは、選挙期間中、「脅威情報」チームを設置して、スパイ行為やマルウェアの警戒に当たっていた。２０１６年、このチームが厄介なものを発見した。ロシア軍の諜報機関ＧＲＵとつながりのある複数のアカウントが、フェイスブック上で政府職員や、ジャーナリストや、クリントン陣営の民主党員を検索し始めていたのだ。フェイスブックはこの動きをＦＢＩに報告した。しかしサイバースパイ活動はなくならなかった。のちにそれらのアカウントがＤＣリークス（DCLeaks）というページを立ち上げて、ハッカーによって盗まれていた民主党全国委員会の問題のあるメールを広めもした。このページを設立したのは、名義上は「アリス・ドノバン」という人物だったが、ロバート・ミュラー特別検察官のその後の調査で、ＧＲＵのアレクセイ・アレクサンドロビッチ・ポチョムキンという将校が黒幕であることがわかった。

ロシア軍によるこれらのサイバー攻撃の目的は、特定の候補を当選させることにはないようだった。それよりも米国民のあいだにできるかぎり憎しみや、怒りや、理想的には暴力を引き起こすことを狙っているように見えた。例えば、２０１６年5月、ロシア人のハッカー集団がテキサス州ヒューストンのイスラムセンターで暴力的な衝突を引き起こそうと企てた。このハッカーたちはまず、「テキサスの心」というアカウントを作って、「銃とバーベキューと連邦脱退」を信じるテキサス州の愛国者たちの歓心を買い、２０１６年5月21日にイスラムセンター前でデモを主催すると発表した。「テキサスのイスラム化」を阻止するためのデモだという。当日は各自、銃も持ってくるよう呼びかけた。一方でこのロシア人ハッカーたちは、「米国ムスリム連合」という別のアカウントを作って、誇り高い米国人ムスリムを集めていた。このグループに対しても、同じ日に同じイスラムセンターの前で「イスラムの教えを守るため」の集会を開くと発表した。その結果、5月21日、両グループの血気盛んなメンバーがイスラムセンター前に集結し、対峙する事態となった。幸い、この日は暴力沙汰にこそ発展しなかったが、数時間にわたって、南部連合の旗を持った十数人の市民と、それよりいくらか人数の多いムスリムとその支持者たちとが、道路を挟んで、どなり合った。

ほかのマイノリティーグループをターゲットにしたアカウントも作られた。例えば、「ブラックティビスト（Blactivist）」というアカウントは、アフリカ系米国人が警察に暴力を振るわれる場面を収めた動画を投稿して、視聴者の怒りをかき立てようとした。このページの人気は「黒人の命を守れ」の公式ページをも上回った。このページは第三政党の候補者への投票も呼びかけ、「平和を選ぶなら、ジル・

スタインに投票しよう。わたしを信じて欲しい。絶対に無駄な1票にはならない」といった投稿もした。[42]

フェイスブックへの批判

長くて苛烈な選挙戦の末、トランプが衝撃的な勝利を収めた。選挙前のどの世論調査でも優勢といわれていたのは、クリントンのほうだったし、実際、総得票数ではクリントンがトランプを上回った。しかし、国レベルではなく州レベルの投票数で大統領が選ばれるというふしぎな選挙人団の仕組みのおかげで、トランプが僅差で勝利をものにした。トランプが勝ったスイング・ステート（選挙のたびに勝利政党が変わる激戦州）の中には、ペンシルベニア州、ミシガン州など、得票率の差が1％にも満たない州が複数あった。当然というべきか、選挙後、責任の追及が始まった。やり玉にあげられたのは、ソーシャルメディアだった。

ザッカーバーグ自身は当初、フェイスブックが選挙結果を損ねたという批判を一笑に付していた。選挙の2日後、サンフランシスコの南にあるハーフムンベイで開かれた会合の席で、次のように発言している。「個人的には、フェイスブック上に投稿されたほんのわずかな偽ニュースが、なんらかの形で選挙に影響したというのは、かなりばかげた主張だと思います。有権者はそれぞれの現実の経験にもとづいて、投票しています」。つまり、フェイスブックが選挙に影響したと信じる人々は、米国の現実を見ていないというのだ。「ある人がある投票をするに至った唯一の理由として、偽ニュースに触れたことを持ち出すのは、あまりに想像力が欠けていると思わざるを得ません」と、ザッカーバーグは続けた。

「もし偽ニュースを信じてしまっても、だからといって、トランプの支持者がこの選挙で広めようとした主張に感化されるとは限りません」

もちろん、フェイスブックに向けられた批判は、すべての有権者の投票を左右した唯一の要因だったということではない。フェイスブックが批判されたのは、サイトへの数々の介入（トランプ陣営による巧みな利用から、対立を煽る偽情報の拡散や、ロシア軍の諜報機関による活動まで）が候補者の支持率や投票率に影響したことだった。フェイスブック自身の研究でも、フェイスブックは実際に支持率や投票率に影響を及ぼすことができると結論づけられていた。フェイスブックが選挙の行方を変えていたのは、ありうるというだけでなく、ほぼ間違いないことのようだった。[43]

やがて、ことの重大さがすべての識者の目に明らかになった。フェイスブック社内でもそれははっきりと認識された。フェイスブックがロシアによる選挙介入を調査したところ、由々しきことが判明した。ロシアの協力者が総額わずか10万ドルで、約３０００件の広告をフェイスブック上に掲載し、約５００のアカウントやグループを作っていたのだ。その広告の「圧倒的大多数」は、選挙に直接関係のあるものではなく、「ＬＧＢＴや人種、移民、銃規制といった話題を取り上げて、米国の社会や政治の分断を深めようとしたもの」だった。数千の広告と数百のアカウントというのは、たいした数ではないように思えるかもしれない。しかしフェイスブックのような規模のソーシャルネットワークになると、それぐらいでも膨大な数の人の目に触れる。ハーバード大学バークマンセンターのある研究者の推定によると、６つのアカウントによる投稿だけで3億４０００万回シェアされていたという。

フェイスブックはのちに、1億２６００万人のフェイスブックユーザーと、２０００万人のインスタグラムユーザーがロシアの作戦にさらされていたことを発表した。ロシア人のサイトでの行為を確認したフェイスブックの幹部たちは、怒り心頭に発した。「われわれは会議室でそれをひととおり見たんです。ただただ腹が立ちましたよ」と、フェイスブックの顧問弁護士、コリン・ストレッチはインタビューで述べている。「こんな悪用をするとは、まったく言語道断でした」。特にストレッチが心を痛めたのは、何者かが群集に向けて、火炎放射器で火を放っている写真だった。群集には「ムスリム」というラベルがつけられ、横には「奴らを焼き殺せ！」という文句が添えられていた。「差別意識を持った人々を扇動しようとする許しがたい行為でした」[44]

退任する大統領バラク・オバマは、選挙後、フェイスブックなどのソーシャルメディアでの人々の交流がいかに民主主義を根底から揺るがしたかについて、次のように語った。「フェイスブックのページ上では、ノーベル賞を受賞した物理学者が気候変動を説明しても、保守派の大富豪コーク兄弟からお金をもらっている人物が気候変動を否定しても、まったく同等の議論に見えてしまうのです。フェイスブック上では、誤った情報や陰謀論をどんどん広めることもできれば、反論されることなく、対立候補を徹底的に貶めることもできます。これが有権者の二極化を加速させ、ますます対話を困難にしています」。民主主義の社会では、必ずしも相手の意見に同意する必要はないが、市民どうしのあいだで、議論の土台として客観的な情報が共有される必要がある。客観的な事実は本来、議論の余地のない事実であるはずだ。しかしフェイスブック上での虚偽や誇張の広まり方は尋常ではなく、多くの市民はもはや事実と虚構を区別できなくなっていた。[45]

ザッカーバーグの謝罪

選挙から1年半後、ザッカーバーグは前言を撤回した。企業のトップがこれほどあからさまに自分の誤りを認めるのはめずらしかった。2018年4月、ザッカーバーグは議会の公聴会に出席し、自社が作り上げたものについて謝罪した。

フェイスブックは理想主義と楽観主義の会社です。設立以来、ほぼ一貫して、人々のつながりを築くことを通じて、世の中の役に立つことをしようと努めてきました。[…]しかし、悪用を防ぐための対策が不十分だったことが明らかになりました。偽ニュースもそうですし、選挙への外国の干渉や、ヘイトスピーチもそうです。アプリ開発者や個人データの問題もありました。自分たちにどういう責任があるのかについて、十分に広い視野を持っていませんでした。それは大きな間違いでした。わたしのミスです。申し訳なく思います。フェイスブックを始めたのも、その指揮を担ってきたのもわたしです。会社で起こることの全責任はわたしにあります。[…]単に人々をつなぐだけでは不十分です。つながりを好ましいものにする必要があります。単に人々に発言の場を与えるだけでは不十分です。ほかの人を傷つけたり、誤った情報を広めたりするために使われないようにする必要があります。人々にそれぞれの情報を管理させるだけでは不十分です。開発者にその情報を得させたなら、開発者にもその情報を守らせる必要があります。わたしたちにはただツールを作るだけでなく、そのツールが、ひとつの例外もなく、よいことのために使われるようにする責任があります。

ザッカーバーグがこのように悟ったのは、国民にとってはいくらか遅すぎたが、社会における企業の役割をきわめて率直に認めた点では、注目に値した。それは古きよき時代の企業の姿勢を思い起こさせるものだった。どのような基準で見ても、フェイスブックが成功した企業であることは間違いなかった。世界でトップクラスの技術者とコンピュータ科学者を擁し、何十億人という顧客を獲得し、人気があるだけでなく、やみつきにもなる製品を持っていた。しかし、ザッカーバーグが認めたように、いちばん肝心なところで取り組みが不十分だった。はじめは成長を、次には利益を追求する中で、フェイスブックはあまりに急ぎすぎ、あまりに多くのものを破壊しすぎた。前1世紀の古代ローマの企業と同じように、自分たちの振る舞いが共通善にどう影響するかを顧みもしなければ、理解してもいなかった。フェイスブックは社会の利益より自社の利益を優先し、その結果、民主主義を著しく損ねてしまった。損なわれたわたしたちの民主主義が、今後、回復できるかどうかは、時間が経ってみなければわからない。

スタートアップの時代に隠されたわな

スタートアップの時代は緒に就いたばかりだ。まだ始まってから20年ほどしか経っていない。古代ローマ人がソキエタス・プブリカノルムの問題を解決するのには何百年もかかった。鉄道会社の独占という危機に対処するのに、議会は数十年を要した。今の段階では、スタートアップが資本主義や、社会や、民主主義にどういう長期的な影響を及ぼすかは判断できない。判断するにはまだ経験が少なすぎる。

ただしまったく手がかりがないわけではない。いくらかはわかっていることもあるし、おぼろげに見えていることもある。今後、数年のうちに、かなりのことが明らかになるだろう。

次から次へと新しいものを作り出すスタートアップの能力には、誰もが目を見張る。そのイノベーションや創造性には限界というものがないようにすら見える。スタートアップはこれまでに何度となく、疲弊し、効率の低下した産業を揺さぶり、まったく新しい産業を生み出してきた。そのおかげで、わたしたちは今や、世界のどこにいても指一本動かすだけでタクシーを呼べる。過去に録音されたすべての曲を聴ける。おもちゃでも、服でも、ガジェットでも、世界最大の店で購入でき、翌日に玄関まで届けてもらえる。スタートアップはサンフランシスコをイノベーションと才能の宝庫に変えた。スタートアップの隆盛に示されているのは、頭のよさと創造性と野心を兼ね備えた者たちの小さな集団に、必要な時間と資本を与えれば、世界を変えるようなすばらしい成果がもたらされうるということだ。

しかし企業の歴史のこの新しい時代に隠されたわなにも、わたしたちは気づき始めた。スタートアップは驚くほどの速さで成長できる。その成長のために、早道を選び、手続きを無視し、どういう結果を招くかに十分注意を払わないこともある。そもそも結果を予想するのが困難であったり、不可能であったりする場合もある。シリコンバレーの「迅速に動き、破壊せよ」という文化は、過度に危険を冒すとか、消費者を操るとか、短期主義に陥るとかいった、企業にもとからある傾向を強めてしまいがちだ。スタートアップはしばしば、自分たちのプラットフォーム上に見られる問題行動を無視したり、許容したりし、煽っていることすらある。

社会も、長いあいだまどろんでいたが、ようやく目を覚まし、これらの問題に気づき始めた。すでに動きも見られる。政府はデータやプライバシーやサイバーセキュリティに関して、またビッグ・テック（巨大IT企業）や人工知能やソーシャルメディアに関して、きびしい姿勢で臨もうとしているし、消費者や株主や従業員、さらにはCEOからすらも、変化を求める声が上がっている。フェイスブック自身は、相変わらず「迅速」に行動しようとはしているが、「破壊」の方針は取り下げた。

歴史から判断するなら、これで終わりではないはずだ。企業は今後も生き残るだろう――おそらく形を変えて、ただし、その精神においては変わらずに。企業は世界を支配し続け、自分たちの思い描く世界を築こうとするに違いない。企業が築く世界がわたしたちにとって住み心地のよい場所になるかどうかは、わたしたちしだいだ。

結論——共通善の促進のために

協力がもたらす偉業

社会で広く信じられてきた考え方を覆すようなことを書くのがひとつの流行になっている。世の中の全員がじつは間違っていたと論じられることもあれば、まったく新しい洞察が提示されることも、世界が見た目よりも複雑であることが指摘されることもある。しかし、社会で広く信じられてきた考え方は、だてに広く信じられてきたわけではない。そこには知恵が含まれている。いつも正しいとか、例外も条件もないということではない。アリストテレスが政治哲学について述べているように、「それはほとんどの部分において正しい。おおよそ、大要において正しい」ということだ。古くから知られてきた真実を捨て去るのでなく、それを取り戻すことが最善の方策である場合もある。

本書がめざしたのは、過去２０００年のあいだに人類が学んだことを明らかにすることだった。企業とは何か、企業は何のためにあるのかについて、これまでにどのような考え方があったのかを振り返り、それをなんらかの形で現代に生かそうと試みた。特に、ひとつの根本的な原則に注目した。すなわち、企業の目的は、今も昔も、共通善の促進にあるということだ。企業は２０００年以上前から存在し、環境や背景のまったく異なるさまざまな社会の中で設立されてきたが、つねに国家やその利益と密接に結びついていた。古代ローマでは、「国家の屋台骨」と見なされ、急速な拡大を続けた国の公共事業を支えた。ルネサンスのフィレンツェでは、貴族や、聖職者や、新興階級の商人たちの野心的な計画の資金源として活用された。エリザベス朝の英国では、王国の領土を拡大し、新しい市場を開拓するために創設された。米国の南北戦争時代には、北軍の救世主と目され、大陸横断鉄道の建設を通じて国民の再統合に貢献した。要するに、企業は社会に益するために存在してきたのであって、社会を害するために存在してきたのではないということだ。

しかし、企業が社会の利益を守るために作られたものだからといって、実際にもそうするとは限らない。歴史上にはそのような本来の務めを果たさなかった企業の例がいくらでもある。共和政ローマの徴税を請け負っていた企業は、最後には、領民を奴隷にし、元老院に腐敗を招いた。メディチ銀行は、ギルドから政治的な権力を奪い、メディチ家の個人的な野心のために銀行の資産を流用した。東インド会社は、インドからボストンまで、世界各地で英国を争いに巻き込んだ。南北戦争後、ユニオン・パシフィック鉄道は米政府をだまし、貧しい農民たちに法外な運賃を課した。

企業が最後には必ず利欲に目がくらみ、悪徳の道に進んでしまうというのは避けられないことなのか。

企業の歴史とは、結局のところ、大きな期待と失望の繰り返しでしかないのか。企業が世界という舞台で果たす役割について、社会はだまされるだけなのか。そんなことはない、というのがわたしの考えだ。歴史を通じて、企業は人的労力を生産的な事業へ振り向けるのに際立った力を発揮してきた。ヘンリー・フォードが自動車を開発し、それから20年もせずに、1チームで1日1万台の自動車を生産できる体制を築いたのは、まさに偉業と呼ばれるのにふさわしい。エクソンの技術者が世界じゅうで油田を探して回り、海底や北極圏の氷に閉ざされた土地から石油を取り出すことに成功したのは、畏怖の念を起こさせる。マーク・ザッカーバーグのプログラマーチームがフェイスブックを、世界の何十億人というユーザーを抱えるウェブサイトへと育てたのは、壮大すぎて気が遠くなるほどだ。そこには当然、悪事もあるが、崇高なものもある。企業は、その核心部分においては、協力の大切さ、つまり人々が同じ目標に向かって力を合わせることの大切さの証拠となるものだ。企業が経済的な奇跡を起こせるのは、人間はひとりで取り組むより、仲間といっしょに取り組むことでより大きなことを成し遂げられるからにほかならない。このことは人間の性質と資本主義の制度を賛美する理由にもなれば、その未来を楽観できる理由にもなる。

企業は政治に関与すべきではない

社会の利益のために企業が作られたのだとしたら、企業がその務めを果たしているかどうかはどのように確かめればいいのか。ここにむずかしさがある。社会の利益とは何かについて、人々の意見ははげしく対立しているからだ。移民の受け入れを制限するべきだと考える人もいれば、もっと増やすべきだと考える人もいる。富の再分配を推進するべきだと考える人もいれば、そうすべきではないと考える人もいる。教育を無料にするべきだと考える人もいれば、教育を民営化するべきだと考える人もいる。企業はこれらの議論に積極的に参加するべきなのか、それとも、利益を追求することが結果的にはいちばん社会への貢献につながると信じて、黙々と利益の追求に励むべきなのか。

企業の歴史からは、これらの問いを考えるうえでのヒントが得られる。企業が政治に関与すると、身の丈をはるかに超えた大きな役割を担うことになりがちだ。東インド会社は軍隊を創設して、ベンガル地方を征服したうえ、1世紀以上にわたって、インド亜大陸を統治して、自社の繊維貿易の利益を守ろうとした。エクソンは数十年にわたり、米国の外交政策と環境規制に影響力を行使した。現在、フェイスブックのサイトでは、わたしたちが何を見て、何を知るかはフェイスブックのアルゴリズムで決められており、市民の議論はその影響下にある。ここからいえるのは、企業が社会の価値観を醸成するときには、少なくとも、十分に慎重になるべきであるということだ。企業がすることの影響は、個人がすることの影響とは比べものにならないぐらい大きい。

わたし自身は、企業は政治にはいっさい関わらないようにするべきだと考えている。共通善とは何かに関して、企業になんらかの根本的な知恵があるわけではない。ならば企業は、民主的な政府によって設けられた基準や、あるいはその期待に沿って行動するべきだろう。これは個々の社員が政治に参加すべきではないという意味ではない。むしろ個々の社員は、それぞれひとりの市民として、積極的に政治に参加するべきだ。政府が労働者や投資家や経済の利益のことを考えるのは、望ましいことだし、不可欠なことだともいえる。創業者も、資本家も、重役も、市民のひとりだ。しかし、世論を操作したり、社会の目標を定めたりする手段として企業を使ったら、企業の性質を根底から歪め、あくまで共通善を促進するための道具だったものを、共通善とは何であるかを決めるものに変えてしまう。これは資本主義の精神に反する。プレーヤーが自分に都合のいいように勝手にルールを決められるゲームのようなものだ。そんなゲームは避けるべきだろう。

では、共通善を促進するためには、具体的にどういう政策を取るのが最もいいのか。これは難問だが、この問いを考えること自体が、正しい方向へ進む第一歩になる。ヘンリー・フォードは、どうすれば社会全体と従業員の両方を幸せにできるかとみずからに問い、安価な車と高い賃金という答えにたどり着いた。グレンビル・ドッジは、米国社会には大陸横断鉄道が必要だと確信し、鉄道そのものを犠牲にしてでも、コストを切り詰めて株主に過剰な配当を支払おうとするユニオン・パシフィック鉄道のほかの重役と闘い続けた。もうひとつ、同じぐらい重要なことがある。それは共通善については、答えるのがむずかしい問いがある一方、答えが明白な問いもあるということだ。投資家の無知につけ込んで、利益を貪《むさぼ》る企業は、間違っている。自社を倒産させておいて、経営者に大金を支払う企業は、間違っている。環境への悪影響があることを隠す企業は、間違っている。顧客のデータが盗まれたときに見て見ぬふりをする企業は、間違っている。重役たちに自分の行動や自社の行動が他者にどういう影響を及ぼすかを考えさせるのは、企業の本来の目的と合致している。重役陣がそのような観点を持つことで、企業が直面する倫理的な問題のすべてが解決するわけではないが、それでも多くの問題は解決するだろう。

ぼやけてしまった企業と共通善との結びつき

一方、利益を追求すれば、結果的に必ず社会全体の利益を増進するという盲信は、誤りでもあれば、危険でもある。誤りだといえるのは、あらゆる分野において、利益を生む戦略の中には社会を害するものがあるからだ。フェイスブックは広告主を引き寄せるために、中毒性の高いサイトを作ったが、デマや対立を煽る投稿であふれかえったサイトによって、社会は損なわれることになった。エクソンは気候変動対策の規制を阻止することで、自社の利益を改善したが、そのせいで社会は長期的な環境破壊という損害をこうむった。コールバーグ・クラビス・ロバーツ（ＫＫＲ）は次々とレバレッジド・バイアウト（ＬＢＯ）を仕かけ、莫大な富を手に入れたが、その大半は納税額を減らすための金融工学と、人件費を減らすコスト削減によってもたらされたものだった。利益の追求を金科玉条とするのは単に誤っているだけではない。危険でもある。なぜなら、重役陣や経営陣にアイデアよりも数字を重んじるいびつな考え方をさせることになるからだ。ほかのことをすべて排して、もっぱら利益ばかりを重視すれば、自分たちが社会にどういう害を与えているかに目が向きにくくなる。頭が利益のことでいっぱいになり、社会をよくするためにどういう貢献ができるかについて、広い視野から考えることができなくなる。また、独善的な態度も生む。自社が前年黒字だったことを喜ぶのと、自社が世の中のためにできる最善のことは、徹底的に利益の増大に努めることだと考えるのとは違う。利益自体を目的として追求し、もっと大きな善を実現するための手段と考えないのは、ひとことでいえば、強欲ということだ。

しかし最近は、単純化された資本主義の見方が広く浸透し、それが美徳と見なされている。このような考え方は社会にも、資本主義の営みにも実害をもたらさずにおかない。経営陣が従業員の10倍とか20倍、あるいは100倍の給料をもらっていたら、従業員の心には当然、会社は自分たちを正当に評価しているのかという疑念が生まれるだろう。労働者の意欲が削がれれば、生産性は低下する。たとえ意欲が削がれなくても、疎外や社内の分断は放置しておいていいものではない。

近年、企業の目的は何か、社会的な目標を考慮に入れることはできるか、取締役はもっぱら利益の最大化をめざすべきかといったことが延々と論じられているが、歴史的に企業を掘り下げてみると、企業のほんとうの存在理由、企業が創設されたほんとうの目的が見えてくる。それは国の共通善を促進するということだ。企業はもともと国の目標を追求するために作られた。その目標の中には、もちろん、商業の拡大も含まれたが、それがすべてではなく、探査や、植民や、布教といったことも含まれた。もし誰かが17世紀の英国の議員に、ミルトン・フリードマンが1970年に述べたように、企業の目的は「できるだけ多くのお金を稼ぐこと」だといったら、あきれられただろう。当時は誰でも、企業が国益と密接に結びついていることを知っていた。国王は理由があってジョイント・ストック・カンパニーに特許状を与えたのであり、それは単にフィルポット通りの一握りの商人を儲けさせるためではなかった。

ところが、その後、アダム・スミスから現代までのどこかで、企業と共通善との結びつきがぼやけてしまった。今日、企業が共通善を考慮しなくてはならないということは、もはや自明ではない。それどころか、大きな議論を呼ぶこととすら思われている。本書では、公的な目的を持った公的な事業体としての企業が、利益追求マシンとしての企業へと変わっていく過程をたどった。

世界が企業とともに歩んできた歴史からはもっと具体的な教訓も得られる。本書で取り上げた企業はいずれも――古代ローマのソキエタス・プブリカノルムから東インド会社やフォード・モーター・カンパニーまで――産業の形態になんらかの新機軸をもたらしている。ある企業は有限責任の先駆となり、ある企業は株式会社の先駆となり、またある企業は大量生産の先駆となった。しかしひとたびそれらのイノベーションによって支配が確立されると、必ず、腐敗と濫用が起こった。その後、社会がその濫用をいやというほど味わったところで、状況を是正するための法律や政策が練られた。古代ローマでは、皇帝アウグストゥスのもとで、ソキエタスに依存していた徴税請負制度が廃止され、代わりに中央政府が税を直接徴収する仕組みが導入された。金ぴか時代の米国では、独占企業と化した鉄道会社の横暴な振る舞いを取り締まるためシャーマン反トラスト法が制定された。ニューディール政策を掲げたフランクリン・D・ローズベルトは、労働法を施行して、非人間的な労働環境を生み出した大量生産と組み立てラインから労働者を守った。このようなイノベーション、搾取、改革という一連の経過は、企業の歴史において、何度も何度も繰り返された。企業の進化の歴史を振り返るとき、浮かび上がってくるのは、現在の企業の基盤がいかにそのような歴史上の出来事を土台にしているかということだ。

現在、企業の力は絶大だ。わたしたちが毎日をどう過ごすかから、何を気にかけ、何に価値を置くかまで、わたしたちの生活のありとあらゆる側面が企業の決定に左右される。しかし、本来の目的を見失った企業は、社会に大きな害を及ぼす可能性がある。規制の導入までには時間がかかるので、それまでのあいだに社会が多大な代償を支払わされるということも起こりうる。共通善を促進する原動力として、会社の未来像を描き直したいというのが、わたしの考えだ。

企業を修正するための8つの原則

資本主義を基礎づけた哲学者アダム・スミスは、見えざる手が市場を導くと考えた。見えざる手は利益の追求者たちをつついたり、引っ張ったり、ときには強引に押したりして、共通善へと向かわせる。企業に発明や、革新や、成長を促したり、希少性、消費者の需要、労働者の福祉といったものに敏感にさせたりもする。このような見えざる手によるインセンティブは、しばしばよい結果を生んで、企業と社会の利害を一致させる働きをする。

とはいえアダム・スミスは、現実を見ない楽天家ではなかった。見えざる手がその手を引っ込めるときがあることも理解していた。見えざる手も疲弊するし、しくじることもある。したがって、わたしたちはどういうときに見えざる手に裏切られやすいのか、危険な道へと導かれやすいのかを理解する必要がある。また、そのときにどう対処すればいいのかを知る必要がある。

本書を締めくくるにあたって、最後に、企業を修正するための原則をいくつか提案したいと思う。もちろんこうすれば絶対にうまくいくというものではない（そんなものはそもそもないだろう）。それでも指針としては役立つし、どれも実例にもとづいている。企業の重役も、政府の政策立案者も、市民も、これらの原則を頭に入れておけば、いずれ、賢明な判断を下すための便利な道具として活用できるだろう。

（1）社会を壊してはならない

たとえ大きな利益が見込めても、民主主義の土台を損ねることは避けるべきだ。最初の企業は、民主主義の中から誕生した。企業はいつの時代にも社会の産物であり、ほかの誰にも与えられることのない特権や権利を享受してきた。その代わり、社会に対して義務も負っている。企業には公共の利益のために尽くすことが期待されている。そこには、最低限のこととして、民主主義の土台を破壊しないということが含まれる。

この点については、世界で最初の企業である古代ローマのソキエタス・プブリカノルムがたどった運命が教訓になる。共和政ローマにおいて、この特殊な企業は税の徴収や、道路の敷設や、水道橋の建設を手がけていた。キケロをして「国家の誉れ」といわしめるほど、国家にとって欠かせない重要な存在だった。しかしやがて、大きな力を持ち始めると、問題が生じた。属州の民を虐げたり、外国人を奴隷にしたり、元老院議員に賄賂を贈ったりしたという咎を受けるようになったのだ。

ハーバード大学の古典学者エルンスト・バディアンが述べているように、ソキエタス・プブリカノルムは「被征服民にとって、不幸と災いの元凶だった。属州でローマ人の名が忌み嫌われたのは彼らのせいだったし、共和政ローマが没落したのも、おそらく彼らに大きな原因があった」。ソキエタス・プブリカノルムは国に領土拡大のための侵略戦争を起こすよう働きかけもすれば（新しい領土は、自分たちの収入源になった）、甘い見通しから危険な賭けに出て、資金難に陥り、国の富を吸い取ろうともした（「大きすぎてつぶせない」会社になっていて、政府に救済を要請した）。ソキエタス・プブリカノルムが支持したカエサル、ポンペイウス、クラッススの三頭政治は、共和政ローマの終焉と帝政への移行につながった。

古代ローマの企業は、事業や商売を目的とする組織を築こうとした世界で最初の試みだった。その基本的な構造は、素朴なものだったが、なんらかの形で現在まで受け継がれている。しかしこの組織は危険性も秘めていた。生みの親である国家と利害が一致しないことが多かったからだ。企業には企業の所有者の資産や富を増やす能力があったことから、企業の利益が国内のほかの利益を損ねるということがしばしば起こった。結局、これが政府の政策を歪めて、民主主義の衰退を早めることにつながった。

古代ローマの企業の失敗には、企業によって善政が妨げられるふたつのパターンが示されている。ひとつは、企業が民主主義の諸々のプロセスを損ねるパターン。企業は自分たちの行動によって民主的な意思決定を妨害しないように気をつけなくてはいけない。有権者が入手できる情報を制限したり、歪めたりしてはならないし、政府に一般の市民を害することがわかっている政策の実施を働きかけてはならない（そのために議員を買収してはならないのはいうまでもない）。わたしたちはこれまでに繰り返し、こういうことが行われるのを目にしてきた。ユニオン・パシフィック鉄道は州議会の動きにたびたび介入して、自社に都合の悪い法案を廃案に追い込んだり、そのような法案を支持する候補者を落選させたりした。エクソンは、気候変動に関する科学的なコンセンサスの醸成を妨げようとする業界団体を陰で支えた。フェイスブックは、自社のプラットフォームが選挙への不正な介入に利用されるのを見逃した。これらはどれも民主主義の根幹を揺るがすことだった。また資本主義の精神を裏切る行為でもあった。

もうひとつは、企業が過度なリスクを負うことによって、善政を妨げるというパターンだ。企業はつねにリスクを負っている。消費者に自社の商品を買ってもらえるかどうかもそうだし、研究が新商品に結びつくかどうかや、社員が期待どおりの働きをしてくれるかどうかもそうだ。予測のできない世界において、リスクは避けられない。ただし、ふつう、これらのリスクを負うのは企業自身だ。商品が売れなければ、研究が失敗すれば、社員が芳しい成果を上げられなければ、企業が損失をこうむる。場合によっては、廃業に至る。株主や、重役や、従業員にも影響は及ぶ。

しかし、企業が生み出すリスクは、その企業だけのリスクに留まらないこともある。リスクの規模が大きすぎて、一社で背負い切れなければ、ときに政府や社会をも巻き込むことになる。古代ローマの企業は、新しい属州から多大な収入を得られると見込んだが、その当てが外れると、大きな損失に見舞われ、自社だけでなく、ローマ経済全体に危機を招いた。このようなシステミック・リスク〔連鎖的に全体に影響が広がるリスク〕は、社会にとって大きな負担になる。この古代ローマの例のように、社会に壊滅的な影響が及ぶのを避けるために、社会が企業の救済を求められることもある。東インド会社は英国の民衆に株式市場をもたらし、南海泡沫事件などの経済危機を発生させることで、まったく新しい種類のシステミック・リスクの先駆けをなした。もっと最近では、KKRなどのプライベート・エクイティ投資会社が企業の負債を大きく膨らませることで、病院など、社会の維持に不可欠なサービスを提供する公益事業会社のあいだにまで、新しい倒産のリスクを生み出した。企業は、たとえ利益が見込める場合であっても、システミック・リスクにつながる危険な賭けは避けなくてはならない。

この第一の原則は、企業の重役と政府の規制当局の両方の行動原則になる。その新しいソーシャルメディアのアプリは、市民間の議論を劣化させないか。そのロビー活動は民主的な意思決定を歪めないか。その新しい金融商品は、経済に過度なリスクをもたらさないか。もしこれらの懸念があるなら、重役はきっぱりとそういうものは退けなくてはならない。たとえ見えざる手がそのような方向へ導いているように感じられても、利益は必ずしも正しい道と一致しないことを思い出すべきだ。もし重役たちがみずからを律せないときは、政府の介入が正当化される。歴史に示されているとおり、市場には過度なリスクテイクを促す傾向がある。リスクテイクはときとして莫大な利益を生むからだ。しかし、見えざる手は無謬《むびゅう》ではない。見えざる手が誤って企業を反民主主義の方向へ導こうとしているなら、政府がその手をぴしゃりと叩いてやらなくてはいけない。

(2) 長期的に考えよ

企業はもっぱら「今、ここ」を見ている。遠い将来はもちろん、近い将来にも意識を向けない。しかし、自社の発展のためには、今月の売上や今年の収益だけでなく、もっと長期的な成功を視野に入れて、行動の結果を考える必要がある。すべての利益が同じ意味を持つわけではない。今の利益の中には、将来の損失を意味するものもある。市場では、目先だけを見て、利益が得られるときもあるが、そういうときには、その代償に備えなくてはならない。

メディチ銀行の事例は、長期的な思考を欠いた企業の末路を教えてくれる。メディチ銀行は、ルネサンス時代の最も有力な金融機関であり、ローマ教皇の財務管理者を務めたほか、ミケランジェロやレオナルド・ダ・ビンチ、ドナテッロといった数々の名だたる芸術家のパトロンでもあった。1397年にジョバンニ・ディ・ビッチ・デ・メディチがメディチ銀行を設立したとき、フィレンツェ共和国はまだペストによる荒廃からの回復途上にあった。しかも競合するギルドの陰謀が渦巻き、ライバル国との戦争が絶えなかった。しかしそのような政治情勢の混乱から、チャンスも生まれた。裕福な貴族や、統治者や、聖職者は、財産を安全に保管できる場所を求め、あまり裕福ではない貴族や、統治者や、聖職者は、権力を維持するのに必要なお金を求めていた。これらのニーズに応えたのが、メディチ銀行だった。複雑な会計の仕組みや、為替手形や、両替を使うことで、メディチ銀行は領主間のもめごとや争いにじゃまされもしなければ、金貸し業を禁じた厳格な教会法も回避できる、国際的な金融システムの構築に貢献した。数十年のあいだに、メディチ家は複雑な政治情勢を巧みにくぐり抜け、銀行業ギルドの支配権を握り、バチカンを味方につけ、フィレンツェをヨーロッパの金融の一大中心地に変えた。さらに莫大な富を惜しみなく芸術と学問に注ぎ込むことで、フィレンツェにルネサンスの花を咲かせた。

しかし15世紀の末には、メディチ銀行は倒産し、メディチ家は国外に追放され、修道士サボナローラの先導で「虚栄の焼却」が行われた。この劇的な衰退にはいくつもの複雑に絡み合った原因があった。怨恨も、怠慢も、不正も、経済情勢もすべて関係している。しかし問題のいちばんの根は、長期的な思考を欠いたことにあった。これは意外に聞こえるかもしれない。フィレンツェの芸術や建築に盛大にお金を費やし、それによって都市の栄光と芸術家の百花繚乱に貢献したのが、メディチ家だった。そのような支援をしたのは、永遠に滅びないもののため、不滅の魂のためではなかったのか。

しかしメディチ銀行のビジネスは、特に15世紀の後半には、未来への配慮がないものとなっていた。まともな後継者計画がないせいで、意欲を欠いたり、傲慢だったり、あるいは単に無能だったりする息子たちが年長の息子という理由で跡を継いだ。「痛風持ち」と呼ばれたピエーロ然り、「イル・マニフィコ（偉大な人）」と呼ばれたロレンツォ然り、「不運の人」と呼ばれたピエーロ然りだ。「痛風持ち」のピエーロは債務者に対して、借金をすぐに返済するよう強要し、一時的には銀行の財政状態をよくしたが、信用できる融資業者という評判を台無しにした。ロレンツォは、明礬《みょうばん》採掘をはじめ、自分たちの専門領域にはかすりもしない分野の投機的な事業を手がけ、自分もほかの幹部ももっと差し迫った問題に注意が向かなくなるという結果を招いた。またもっと全般的には、ローマ教皇をはじめとする、メディチ家の利益の源泉であるイタリアの有力者たちから、自分たちの莫大な富が——苛烈な政略を仕かけていたせいもあり——妬みや怨みを買うということに対し、配慮が足りなかった。最後には、そのような短期的な意思決定のすべてが銀行の破綻へとつながった。

メディチ銀行の歴史は、なぜ損するとわかっていながら企業が長期的な利益より短期的な利益を優先してしまうのかについての訓話になっている。確かに、そうするほうが合理的な場合もある。未来は不確かだからだ。明日の需要がどうなるかも、経済がどちらへ進むかも、不況が目前に迫っているのかどうかも、わたしたちにはわからない。このような不確かさを前にしたときには、どうなるのかわからない将来を待つより、きょうの利益を追うほうが賢明といえることも多い。きょうの1ドルのほうが、1年後の2ドルより、ありがたいということもある。

しかし、短期的な利益が追求されるのには、もっと有害な理由もある。CEOや重役たちは、たいていの場合、いつまでもその地位に留まれるとは限らないので、退任までにできるだけ多くのボーナスやストックオプションを得るため、短期的な利益を追い求めようとする。自分たちの行動の長期的な結果が感じられるようになる頃には自分はもう会社にいないかもしれない。だからそのようなことには関心を払わない。短期的なコストの抑制のため、研究やテクノロジーへの投資を切り詰めることもあれば、今年の業績を損ねるほどには従業員の士気を低下させないと高をくくって、賃金を据え置こうとすることもある。最近は、いつでもどこでも株式市場の最新情報をチェックできるおかげで、あらゆる小さなニュースで株価が上がり下がりするのを経営者が目にすることも、この問題を悪化させている。そのせいでますます長期的な傾向よりも短期的な変動に注意が向くようになっているからだ。

これらの短期偏重を是正するためには、重役自身が重要な決定を下すたびに、長期的にどういう影響があるかを自問する必要がある。自社の理念からずれていないか。将来、自社の収益源を損ねないか。それが成功しても、ほかのもっと大事なことを犠牲にすることにならないか。もしこれらの問いへの答えがイエスなら、慎重になったほうがいい。見えざる手に従っていると、短期的に考え、長期的な見通しを度外視してしまいがちだ。これらのことをみずからに問えば、最悪の失敗は避けられるだろう。

この第二の原則は、法律の役割が重要であることも示している。すべての企業が短期的な思考の誘惑に逆らえるわけではないし、すべての重役が年末の多額のボーナスにつながる経営判断にノーといえるわけではない。この問題を解決するのには、法律が役に立つ。厳格な信認義務の規定は、会社の長期的な利益を守るよう重役に義務づけることができる。情報開示の規定は、意思決定の理由や、その意思決定が将来の業績にどういう影響を及ぼすかについて、企業に説明を求めることができる。責任の規定は、長期的な被害から市民を守ることができる。これらは干渉主義や反市場の立場からなされるものではない。あくまで見えざる手を正常に働かせるためのものだ。

(3) 株主と共有せよ

企業は、株主に正当な権利があるものはすべて、株主に提供しなくてはならない。一般の人々に株式を売り出すということは、会社の所有権を一般の人々と分け合うことを意味する。株主とは公平に、また誠実に向き合わなくてはならない。つまり、会社について伝えるべき情報があれば伝え、労働の成果が生まれれば分配するということだ。重役はともすると株主を重荷と捉えがちだ。しかし、株主は企業の根幹を支える要素だ。株主がいなかったら、会社は成り立たない。株主の資本が、資本主義の土台をなしている。企業はつねに株主の利益を念頭に置いて、経営されなくてはならないし、企業と株主との良好な関係が資本主義には欠かせない。

英国の東インド会社の活動は、株式会社制度の強みをいくつも明らかにした。東インド会社はもとはエリザベス女王から東インド貿易を許可された、ロンドンの香辛料貿易商たちの会社として発足した。東インドへの商船隊を準備するためには莫大な資金が必要だったが、一般の人々から出資を募る株式会社という仕組みのおかげで、そのような資金の調達が可能になった。また東インド会社の株式が土台となって、ロンドンのエクスチェンジ通りに新たに証券取引所が開設された。その後、競合企業のあいだにも株式会社制度と株主本位モデルが瞬く間に広まった。

しかし株式の隆盛は、いいことばかりではなかった。インサイダー取引から株式バブルまで、新たな策略や詐欺を生み出した。また配当を求める株主の期待に応えるため、企業が利益を増やさなくてはならないという新しい重圧にさらされるようにもなった。東インド会社は、ベンガルの新しい統治者からインドの織物市場から締め出すという脅しを受けると、軍隊を派遣するという挙に出て、インドを征服した。ロンドンの東インド会社の狡猾な幹部たちは、外国からいいニュースが届くと、そのことは隠したまま、株式市場に戦争や疫病の流行のうわさを広めて、値下がりした株を急いで大量に買い、やがていいニュースが世の中に知れ渡ると、値上がりした株を売却して多額の利益を得るということをした。ついロンドンの証券取引所では株価の乱高下が繰り返されて、詐欺が横行し、破産する者が相次いだ。ついには議会で株式の売買を制限する新法が可決される事態となった（一時は、新しい企業の設立すら禁じられた）。一般の人々に企業の株式を売る行為は、「株式仲買人の悪質な商法」と見なされ、英国じゅうで広く非難を浴びた。

企業の歴史には、企業と株主が良好な関係を保つのがいかにむずかしいかが示されている。そのことが市場に悪影響を及ぼすことも多い。東インド会社の取締役は株主をだまして、高騰した価格で株式を買わせようとするのがつねだった。ヘンリー・フォードはたえず利益や方針を巡って、株主と対立した。KKRの企業買収のファンドでは、公共目的の投資家（教師の年金基金や大学基金など）に対しても、多額の手数料が課された。目先の利益しか見ないファンドマネジャーによって無知な投資家がいいように利用されていることも多い。これは見えざる手の修正が必要な部分だ。

片や株主の側には何も問題がないということではない。株主は企業の利益の分け前にあずかる権利を持っているが、どの程度の分け前が適当といえるのか。従業員の賃金を引き上げたら、株主への配当が減るとき、どちらを優先するべきなのか。短期的な株の売買で手早く儲けようとする「ものいう株主」に、企業はどう対処するべきなのか。これらの問いに簡単に答えることはできない。何が最善かについては、良識のある者のあいだでも、意見が分かれうる。

賢明な重役であれば、企業を繁栄させる株主の役割を理解している。かといって株主のあらゆる要求に屈するわけではない。株主の要求を拒むべきときもある。例えば、株主の要求を受け入れることで、社会に害を及ぼす恐れがあるときがそうだ。ただし優れたリーダーシップとは、株主の声に耳を傾けることを意味する。株主の議決権に制限を加えることではない。情報を隠し、株主に知らせるべきことを知らせないことでもない。情報の非対称性を利用して、株主を搾取することでもない（たとえ、それによって自分たちが大金を手に入れられる場合であってもだ）。

とはいえすべての企業の重役にそのような高潔さを期待するのは現実的ではないし、市場にその取り締まりを委ねることもできない。したがって、ここでは法律で企業と株主の関係を規定することが社会に許される。インサイダー取引を防ぐ法律も必要だし、株価操作を禁ずる法律も必要だ。企業に情報開示を義務づける法律も欠かせない。バブルや「根拠なき熱狂」の兆候を察知するための市場の監視体制を設ける必要もある。株主が自分で自分の身を守ることは期待できない。となれば、そこには社会が介入せざるを得ない。

（4）競争せよ、ただし公正に

見えざる手に課すべき第4の原則は、公正な競争だ。企業はライバルよりもよりよい商品を、より安い値段で提供することをめざす。それが社会にも恩恵をもたらす。しかしその競争は公正なものでなくてはならない。より多くの顧客を引きつけるため、より安い値段で商品を売るのと、ライバル企業を倒産させるために、原価より安い値段で商品を売るのとは違う。あるテクノロジー企業を買収して、その企業が持っているテクノロジーを自社のビジネスの改善に役立てようとするのと、ある企業を買収して、その企業が自社の強敵に成長するのを未然に防ごうとするのとは違う。無論、企業がどんな手段を使ってでもライバルを排除したいという願望に突き動かされるのは、めずらしいことではない。見えざる手には、そのような反競争的な戦略へと企業を駆り立てる悪しき傾向がある。

このような危険な偏向を最もよく体現していたのは、ユニオン・パシフィック鉄道だ。ユニオン・パシフィック鉄道が金ぴか時代に築いた鉄道帝国の物語は、米国ならではのものだった。発端はエイブラハム・リンカーンにあった。イリノイ州の鉄道弁護士だったリンカーンは、鉄道には米国を変える力が秘められていると信じ、太平洋鉄道法の制定を主導した。はじめの10年間は、ユニオン・パシフィック鉄道とセントラル・パシフィック鉄道のあいだで大陸横断鉄道の完成を巡ってはげしい競争が繰り広げられ、米国の国民は競争のすさまじい力を目の当たりにした。2社は想像を絶する困難を克服して、人跡未踏の砂漠や山岳部や平原で調査を行い、地面を平らにし、線路を敷設した。大陸横断鉄道が完成したときには南北戦争も終結し、鉄道は国じゅうで商売や、通信や、移動を活発にすることを通じて、戦争で荒廃した経済の回復に貢献した。

一方で、ユニオン・パシフィック鉄道が所有する鉄道網は、市場を独占し、弱い農民や牧場主から金を吸い取る、新しい悪徳実業家の一群を生み出した。「泥棒男爵」と呼ばれた者たちだ。この泥棒男爵の中で特に悪名を馳せたジェイ・グールドは、ユニオン・パシフィック鉄道の支配権を握ると、あらゆる手段を使って、競合企業を排除し、市場を独占した。競合企業の悪いうわさを広めて、連邦当局に調査されるように仕向けたこともあれば、ひそかに競合企業の株式を買い占めて、取締役会の支配権を奪うこともあった。ひとたび市場の支配を確立し、競争相手がいなくなると、グールドは運賃の値上げに踏み切った。これによって巨大鉄道会社と一般の市民のあいだに緊張関係が生まれ、それがのちに優越的な地位の濫用を取り締まる反トラスト規制を求める運動へとつながった。

政府は企業に公正な競争を義務づけるうえで、重要な役割を担っている。１８９０年代に制定された反トラスト法の重要性は、近年、増す一方だ。フェイスブック、アマゾン、グーグルといった大企業が今や、わたしたちの生活に深く入り込んで、わたしたちからほかのほとんどの選択肢を奪っている。政府は企業を取り締まって、競争の動機と方向を正しいものにするべきだ。しかし、ここでも難問が浮かび上がってくる。ある企業が値下げをしたのは、競合企業を排除するためか、それとも単に売上を伸ばすためかは、どのように見きわめられるのか。ある企業が市場を支配しているという理由だけで、あるいは値上げしたという理由だけで、その企業を解散させるべきなのか。どういう種類の合併や買収は精査するべきなのか。これらの問いに簡単な答えはない。しかし見えざる手のもとでは、企業はなかなか公正で開かれた競争へと向かわないことが多い。そういう場面では政府が介入して、企業が重役の懐を肥やすだけでなく、共通善を促進するよう、策を講じるべきだ。

（５）労働者を正当に扱え

企業は従業員に公正な報酬を支払い、安全な労働環境を提供し、仕事と私生活のあいだにはっきりと境界を設けるべきだ。近年、わたしたちの生活の中で、会社のために割かれる時間がどんどん増えている。社会がこのような関係を肯定的なものとして捉えるのにも相応の理由がある。確かに、人々が働くことは、世の中の繁栄と成長につながるからだ。しかし長時間の労働は意欲を削ぎ、生活の質を低下させもする。自由市場には、優越的な地位の濫用が起きたとき、必ずしもそれを是正する力がない。したがって企業が従業員をどのように扱っているかには、たえず監視の目を向けている必要がある。

この点に関して、フォード・モーター・カンパニーはよき手本と悪しき手本の両方を示している。自動車への米国の執着（と、それに伴う、道路や、モーテルや、郊外や、石油への執着）は、ヘンリー・フォードとT型フォードから始まったといっても過言ではない。ただし、T型をそれほどまでに革命的な製品にしたのは、自動車そのものではなかった。自動車は他社でも作られていたし、その中には性能や、乗り心地や、スピードや、あるいはそれらすべてでT型に優る車も多かった。T型の強みは、それを生産している会社の仕組みにあった。効率に対するヘンリー・フォードのこだわりは徹底していて、ハイランドパーク工場の設計から、組み立てラインのシステム、部品の標準化まで、フォード・モーター・カンパニーのありとあらゆる面にフォードの考えが取り入れられていた。大量生産というフォードの考えから生まれたのが、より多くの車をより安く作るという生産体制であり、そのような生産体制が築かれてからは、すさまじい勢いで自動車が出荷されるようになった。一時は、全米の道路を走っている車の半数をT型が占めたほどだった。

自動車の大量生産が実現しても、世の中にお金と時間に余裕のある消費者がいなくては話にならないと気づくと、フォードは週休2日制と週40時間労働を導入し、労働者の賃金を引き上げた。大量生産と安価な消費財の普及で、米国人の日常生活は一変した。気づけば、多くの人が親の世代には想像もできなかったような豊かさを手に入れていた。フォード・モーター・カンパニーの戦略が成功したことは間違いなかったし、生産、労働、広告におけるそのイノベーションは、新しい消費資本主義の幕開けを告げるものだった。

しかし、フォーディズムには負の面もあった。大量生産は労働者にとっては人間性を奪うものであり、労働者を休みなく稼働する組み立てラインの単なる歯車に変えた。フォードの従業員に対する家父長的な姿勢からは、立ち入ったことにまで口を出すというそれまではなかった側面が資本主義に持ち込まれた。「社会研究部」なる部門の担当者が、従業員の家庭を訪問したり、フォードが定めた道徳的な振舞いの基準を満たしているかどうかを調べたりした。

また、フォードは労働の喜びを賛美するばかりで（「労働のうちに、正気も、自尊心も、救いもある」が口癖だった）、従業員の労働環境が悪化していることには目を向けず、工場の労働組合を結成しようとする動きも弾圧した。フォード・モーター・カンパニーの台頭で社会が目の当たりにしたのは、今や個人と企業のあいだには圧倒的な力の差が存在するということだった。１９３０年代に入ると、労働問題に対する意識の高まりから、労働者を搾取から守るための法律が次々と可決され、団体交渉の権利も確立された。

企業のリーダーはこの第5の原則を実行する役割を担っている。企業は労働者よりも利益を優先しがちだ。株価を高めたＣＥＯに高額の報酬を支払う一方で、そのために強いられた従業員の犠牲は顧みない。１９６５年には、ＣＥＯと従業員の平均給与の差はおよそ20倍だった。それが今では３００倍にもなっている。ＫＫＲの重役は、傘下の企業で何千人もの従業員が解雇されているときに、年に数億ドルという給与を受け取っていた。これは創造的な破壊ではない。単なる破壊だ。取締役や幹部は、自分たちには労働者を守り、その利益を増進する社会的な責任があることを自覚するべきだ。その責任は、たとえ会社の利益を削ることになっても果たさなくてはならない。ただし、ここでもやはり、公正さが具体的に何を意味するかについて、意見が分かれる余地がある。労働者を公正に扱うといっても、全員の給料を一律にするということではない。才能や、勤勉や、技能は給与に反映されるべきだ。また、株主への還元と従業員の賃金とのバランスをどう取るかも、むずかしい。そこには必ず争いがつきまとうだろう。しかし見えざる手に任せていては、労働者は脇に追いやられやすい。ＣＥＯが労働者の味方にならなくてはいけない。[1]

(6) 地球を破壊してはならない

地球を破壊しないというのは、ハードルが低いように思えるかもしれない。しかし見えざる手には、木を見て森を見ない傾向がある。企業は得てして社内で設定された成功の尺度ばかりに目を向け、その尺度が周りの世界にどういう影響を与えるかを見落としがちだ。この問題は経済学者のあいだではよく知られていて、その影響は「外部性」と呼ばれている。わたしたちの行動が自分自身ではなく、他者に害を及ぼすということはめずらしくない。企業にそのような害の責任を負わせるなんらかの仕組みがなければ、企業はいくらでも害を生み出すだろう。

ある一社のひとつの決断で地球が破壊されることはないだろうが、世界じゅうの何千、何万という企業が外部の人々への悪影響を考えずに行動すれば、十分、壊滅的な結果を招きうる。現在世界で最も火急の課題となっている気候変動も、そのような問題のひとつだ。ほかにもある。化学工場が水源を危険な毒物で汚染することもあれば、空港が騒音で近隣住民の生活の質を低下させることもある。テクノロジー企業は、言論の自由や、市民どうしの対話や、人々の共感の能力を脅かすような製品を通じて、数々の外部性を生み出す。これらのコストの多くは、それを生み出した企業自身によって負担されてはおらず、社会が結果として不利益をこうむっている。

エクソンはその好例だ。エクソンの起源は、ジョン・D・ロックフェラーが19世紀後半に設立した巨大複合企業スタンダード・オイルにある。スタンダード・オイルは最後には、20世紀初頭の反トラスト訴訟で解体された。しかし1970年代になると、エクソンがばらばらになっていた各社をまたひとつにまとめ始めた。エクソンはやがて、世界のどこでも石油を採掘できる専門技能と国際的な展開力を兼ね備えた、世界で数少ない企業のひとつとしての地歩を固めた。世界の国々が食料や暖房や移動のために石油への依存を深める中、地球規模で活発化した石油探しをリードしたのは、エクソンだった。その過程で、エクソンは新しいタイプの多国籍企業を築き上げた。それはあらゆる場所で安価な資源を見つけるため、世界じゅうで国境を越えた事業を営む企業だった。

しかし多国籍企業は新たなリスクも生んだ。ときに腐敗した政府や反民主主義の政府とも取引しなくてはならなかったからだ。したがって自国では、自分たちが厄介な相手と手を結んでいることを弁護しなくてはならない立場に置かれた。多国籍企業はどの国に忠誠を尽くす気があるのか、企業市民として理想的といえないのではないか、多国籍企業に頼っている国々を搾取しているのではないかといった疑念が人々のあいだに生じた。中でも特に強く懸念されたのは、温室効果ガスと気候変動の因果関係に関して次々と明らかになる事実をエクソンが隠そうとしていたことだった。エクソンにとっては、石油の消費がいつまでも増え続けるほうが都合がよかった。今や多くの人から、エクソンは地球を破壊する企業と思われるようになった。

企業のリーダーが自社をよき地球市民にするためにできることはいくつもある。例えば、持続可能な開発を推進し、安全対策で業界をリードすることを誓うとか、グリーンイノベーションの研究に資金を投じるとか、共通善にどのように貢献できるかを考えることに積極的に時間と労力を割いて、よき企業市民にふさわしい企業文化を醸成するとかいったことが考えられる。そういう取り組みはときとして、あるいは往々にして、利益を減らすだろう。しかしこれはすべて資本主義の繁栄に直接つながっている。それどころか、資本主義の存続に不可欠なことでもある。

政府にも役割がある。現実には、すべての企業が、地球の将来を考慮に入れた判断を下すような、先を見据えたリーダーに率いられることにはならないだろう。中には、よき企業市民として振る舞うことを拒むことで、競争優位性を獲得しようとする企業もある。そのような企業は、環境や、廃棄物の処理や、サイバーセキュリティに関する規制をかいくぐろうとする。そういうことが起こったときには、政府が介入して、競争環境を公平なものにするべきだ。政府はよい振る舞いに報いる法律を制定することもできれば、汚染に罰金を科すことも、二酸化炭素の排出に課税することも、消費者を保護するためにビッグ・テックに規制を加えることもできる。実際、過去100年にわたって、そのようなルール作りが続けられてきた。しかし、まだ不十分だ。見えざる手に地球という庭を耕させるには、さらにその努力を積み重ねなくてはならない。

（7）独り占めしない

企業は共通善を促進するためにある。わたしたちの労働を生産的な営み――作物の栽培から、家の建築や、新しいテクノロジーの開発まで――に振り向けることで共通善を促進しているのが会社だ。その営みでは、価値を生み出し、経済のパイを大きくすることがめざされている。パイが大きくなるほど、すべての人の分け前が増える。けっしてゼロサムゲームではない。しかし増えた分がどのグループのものになるかは、はじめから決まっているわけではない。ある部分は企業の重役に与えられるかもしれないし、ある部分は労働者に与えられるかもしれないし、ある部分は顧客に与えられるかもしれないし、またある部分は社会に与えられるかもしれない。しかし往々にして、重役がその大部分をごっそり取り、残りのわずかな部分をほかのグループで分け合うということになりがちだ。これは公正でないばかりか、資本主義の精神にも反する。資本主義の果実は、メリットとニーズもある程度考慮したうえで、公正に分け与えられるべきだ。

例えば、ＫＫＲの場合で考えてみよう。１９７０年代の時点では、企業は究極の形態に行き着いたように思えた。証券取引所で株式を公開し、一流のプロの経営陣を揃え、大量生産の商品やサービスを提供する巨大な多国籍企業という形態だ。企業はアメリカンドリームを体現していた。しかし、あるとき、どこからともなく新しいタイプの企業が登場して、突然、古いタイプの企業を脅かし始めた。ＬＢＯ業者とも、プライベート・エクイティ投資会社とも、乗っ取り屋とも呼ばれたその一群の会社は、現代の大企業とは対照的だった。どの会社も小規模で、敏捷で、人員は少なく、ひとつのオフィスで運営されていた。ただしそれらの会社のすべてに共有されているあるひとつの考えがあった。それは、世の中の企業はどこかで道を踏み外してしまったという考えだった。経営者はいつからか高給にあぐらをかき、怠慢になっていた。取締役は高慢になっていた。重役からは規律が失われていた。そこで乗っ取り屋たちは、最初は徐々にだったが、やがてはすさまじい勢いで、そのような堕落した企業を狙って、乗っ取っていった。やり方はどこも同じで、この業界の先駆者にして王者であるコールバーグ・クラビス・ロバーツ（ＫＫＲ）が考案したやり方をまねていた。ＫＫＲの手法とは、敵対的買収だった。相手が望んでいるかどうかに関係なく、経営状態の悪い企業を買収して、経営を立て直し、数年後に売却するという手法だ。

ＫＫＲの強引なやり口はウォール街からは災いの種と見なされたが、一方で、株主の力が強まった新しい世界への適応を大企業に促しもした。とりわけ、米国を代表する大企業であるＲＪＲナビスコがＫＫＲに買収されてからはそうだった。その後、米国有数の大企業ですら、次に狙われるのは自分たちではないかとおびえるようになった。レバレッジド・バイアウト（ＬＢＯ）が途方もなく莫大な利益を生む手法であることがわかると、ＫＫＲに追随する者が続々と現れ、プライベート・エクイティ投資が一大産業をなすようになった。高度な金融工学に支えられたこのハイパー資本主義の新時代は、株式市場の性質そのものを変容させ、現代的な合併買収ビジネスを誕生させた。

同時に、プライベート・エクイティ革命からは新たなリスクも生まれた。プライベート・エクイティ投資会社によって押しつけられた膨大な負債に耐えきれず、会社が倒産したり、無慈悲な効率の重視で従業員の解雇に拍車がかかったりするようになった。プライベート・エクイティ投資会社の「焼畑農業」式の戦略では、長期的な破壊という犠牲を払って、短期的な利益が優先された。しかしプライベート・エクイティ投資会社の重役が高額の報酬を受け取るのを妨げるものは何もなかった。あらゆる政治的な立場の識者から、金融工学が米国の経済の価値を奪い取っているのではないかという懸念の声が上がった。ハーバード大学のロバート・ライシュは次のように述べた。「アメリカ人のパイの分配にこれほど少数の人間がこれほど絶大な影響を及ぼした例は、ほかにまったくない」。現在、大手プライベート・エクイティ投資会社の重役は毎年1000万ドル以上の報酬を受け取っている。2020年、ブラックストーンの最高幹部ふたりの報酬は合わせて、8億2700万ドルにのぼった。

もちろん公正さと報酬の問題は、複雑だ。プライベート・エクイティ投資会社がある会社を100ドルで買い、200ドルで売ったら、プライベート・エクイティ投資会社の取り分はどれぐらいが妥当なのか。プライベート・エクイティ投資会社は、そもそも自分たちがいなかったら差額の100ドルは発生しなかったのだから、自分たちには差額の100ドルを全額受け取る権利があると主張するかもしれない。しかし会社の買収資金を提供した年金基金に権利はないのか。その会社の価値を高めるために実際に働いた従業員に権利はないのか。あるいは解雇された従業員に権利はないのか。

公正な結果とは、市場で決まる結果のことだという意見もあるかもしれない。プライベート・エクイティ投資会社が利益の20%を得ることが交渉で決まったのなら、それこそが公正な結果だ、と。しかしそのためには契約の成立の仕方に関して、相当に楽観的な見方をしなくてはならない。知ってのとおり、世界には非効率や、偏見や、威圧がいやというほどある。交渉が差別や、プライドや、利己心や、無知の影響を受けることもあるし、そのような瑕疵《かし》が交渉の当事者だけのものではなく、広く社会のものであることもある。現実には、交渉で決めたからといって、それだけで結果が公正なものになるわけではない。映画『暴力脱獄』のポール・ニューマンのセリフを借りれば、「仕事でやってるといったからって、正しい行いになるわけじゃない」。わたしたちには何が共通善にかなうか、何が公正か、何が適切かを考える倫理的な義務がある。

知恵を絞りさえすれば、ビジネスリーダーがパイを平等に分けるためにできることはまだまだたくさんある。利益の増減に応じて変動する報酬体系を築くという手もある。労働者に株式を与えることもできる。報酬の支払いについての情報をもっと開示して、いろいろな関係者の意見をそこに取り入れることもできる。報酬の最高額と最低額を決めることもできる。政府も累進課税を強化したり、税の抜け穴をふさいだり、重役の報酬に規制をかけたりすることで、後押しできる。そのような取り組みは、自由市場にそぐわず、人々の勤勉や創意工夫の意欲を失わせるという議論もある。しかし見えざる手は多くのものを取り落とし、けっして完全とはいえない。共通善のためには、企業が関係者全員とパイを公平に分け合う社会にしなくてはならない。

(8) 迅速すぎてはならない、さもないと破壊しすぎる

企業は人々にリスクを取らせ、野心的な目標を成し遂げさせる機関として作られたものだった。企業がどんなに大きな失敗を犯しても、企業の所有者はその有限責任によって保護された。企業の多くは倒産するし、売り出された商品のすべてが大人気を博するわけではない。不景気の影響をこうむることもある。そんなとき、企業の安全装置が作動する。たとえ自分が所有する企業が倒産しても、自分は破産しない。株主は有限責任しか負わないので、自分の個人的な資産を危険にさらすことなく、企業に出資

できる。

しかし企業は、本来、けっして無謀なリスクテイクを促進するためのものではなかった。社会のルールを無視し、招きうる損害を考慮せず、好きなようにしていいという白紙委任状を起業家に与えるものではなかった。しかし、ときに、まさにそういうことのために、無責任な行動に保護を与えるものとして、企業が使われてきた。17世紀の英国では、ジョイント・ストック・カンパニーが明らかに実現性の乏しい事業計画を立てて、無知な一般の人々から資金を調達した。そこには人々が賢くなる前に一発当てようという魂胆があった。19世紀の鉄道会社は、返済できないことがわかっていながら、膨大な額の資金を借り入れた。現在は、テクノロジー企業が結果を考えずに、リスクの大きい製品を世に広めている。その最たる例が、失敗してもいっさい損はしないと考える（それどころか、失敗が名誉と見なされる）シリコンバレーのスタートアップ文化だ。

企業にはわたしたちの生活を形作るとてつもない力があることがいちばんよく示されているのは、インターネットの世界だろう。わたしたちは今や、グーグルで検索し、アマゾンで買い物をし、フェイスブックでつながり、ｉＰｈｏｎｅでそれらのことをすべてしている。一握りのテクノロジー企業の決定が世界じゅうの何十億という人々の日々の生活に影響する。しかもここでさらに驚くべきは、アップルを除き、それらのテクノロジー企業が30年前には1社も存在していなかったことだ。スタートアップの時代は、インターネットの発明とともに始まった。フェイスブックは、ハーバード大学の学生寮の一室で19歳の大学2年生によって設立され、それから1年もせずに、１００万人のユーザーを獲得した。フェイスブック現在、ユーザー数は33億人に達しており、サイトの平均利用時間は1日50分にのぼる。フェイスブックの浸透度はきわめて広く、深い。フェイスブックの成功の土台になったのは、人とつながりたいという人間の生来の欲求だけではなかった。そこにはコンピュータ科学者の精鋭チームを立ち上げて、世界的なソーシャルネットワークを築くという夢を信じられないほどの短期間で実現させた、創業者マーク・ザッカーバーグの桁外れに大きな野心もあった。

しかし、そのような規模に達するため、フェイスブックはたびたび向こう見ずなことをした。「迅速に動き、破壊せよ」が社内の合言葉になった。その戦略はうまくいったが、ユーザーと社会がその代価を支払わされた。フェイスブックは果てしないフィードと通知をはじめ、さまざまな手法を駆使して、ユーザーをサイトに引き留め、できるだけ長い時間を費やすよう誘導し、ソーシャルメディア中毒にした。ほかのサイトでのユーザーの動きを追跡して、ユーザーに関するデータを大量に収集し、それを広告枠を売るために利用するということもした。２０１６年には、ロシア軍の諜報機関や過激派グループがフェイスブックを使って、デマや、ヘイトや、分断を煽る情報を有権者に流すということが起こり、選挙への介入にも利用された。「迅速に動き、破壊せよ」というスタートアップの企業文化は、フェイスブックが学生寮のノートパソコンで運営されているあいだは理にかなっていたかもしれないが、何十億人というユーザーを抱える世界的なネットワークに成長してからは、危険な事態を招くようになった。

企業の歴史のこれまでの時代と違って、わたしたちはこの時代の中に生きている。いまだにその悪影響を解決できていない。社会は悪戦苦闘しながら、対処の仕方を模索している最中だ。そこから見えざる手に対する第８の原則が出てくる。「迅速すぎてはならない、さもないと破壊しすぎる」だ。企業は有限責任という盾を無謀な行動のいいわけに使うべきではない。会社は競争優位性を獲得するため、できる限り早く製品を発売しようとしたり、ユーザー基盤をできる限り急速に拡大させようとしたりするかもしれない。しかしそのときには、前もって、それがユーザーや社会にどういうリスクと見返りをもたらすかを十分に考える義務がある。もしリスクがあまりに大きいようなら、たとえ特大の利益が見込める場合でも、いったん立ち止まるべきだ。政府はここでもやはり、無謀な振る舞いがけっして報われることがないようにして、競争環境を公平なものにすることで、社会的な責務を果たそうとする決定を後押しできる。そのためには企業や重役に幅広い製造物責任を課すという方法もあれば、積極的に悪しき振る舞いを調査したり、内部告発者を保護したりするという方法もある。新しい技術を開発しようとしている企業が監督当局と緊密にやりとりをしながら、関連する法律や政策を理解することができる「規制のサンドボックス制度」を活用するという方法もある。民主主義と資本主義とは味方どうしになるべきであり、敵対するべきではない。企業が本来の姿である、共通善に資する機関となれるよう、両者は協力するべきだ。

企業は人々を協力させることができる

これほどまでに数多くの問題があることを知ったら、見えざる手はまやかしだったと結論づけたくなるかもしれない。現代の資本主義の基本構成単位である企業は、救いようのないぐらい腐敗している。企業は所詮、金持ちや有力者が社会を意のままに操ろうとするための道具にすぎない。無力なわたしたちは、自分たちを搾取している破壊的な機関に絶望的なまでに依存している。社会に貢献すると謳《うた》う企業の夢は、文字どおり、夢なのだ、と。

しかし忘れてはならないのは、人類の数々の偉業の背後には企業の存在があったということだ。古代ローマやフィレンツェの繁栄を築いたのも、大航海時代に世界じゅうで貿易と探検が繰り広げられるようにしたのも、鉄道網や自動車によって米国をひとつに結びつけたのも、20世紀の未曾有の発展を支えたエネルギーと資金を供給したのも、企業だった。現在は、新しいテクノロジーの爆発的な進展をもたらし、世界じゅうの知識をわたしたち全員に開かれたものにしている。これらの功績はまさにすばらしいのひと言に尽きる。

そして、企業は個性のない単なる無機的な組織ではない。共通の目標に向かって、人々を一致団結させることができる機関だ。企業が成し遂げたことは、人間には協力の能力が備わっていることの証拠だ。これまでに無数の男女が力を合わせることで、現代のわたしたちに畏敬の念を抱かせる、画期的なものを生み出してきた。わたしたちが資本主義の真の遺産として称えるべきは、それらの人々の物語――野心や、勇気や、希望や、仲間への信頼の物語――だ。企業がたびたび社会的な責務を果たし損ねても、社会は繰り返しその困難に立ち向かい、企業という強力な商業の担い手を叱り、律し、よりよい方向へと導いてきた。企業の歴史には、ひとつの真実がまざまざと示されている。それは人間は協力するとき、最大の力を発揮するということだ。

謝辞

本書の執筆には数多くのかたがたのお力添えをいただいた。とうてい全員に謝意を表することはできない。ここに記すお名前はそのほんの一部だけになってしまう。知恵と文体では、マイケル・クーネン、貴重なご指摘と励ましでは、ジェイコブ・アイスラー、ジェームズ・コールマン、マーク・ラムザイヤー、ライニヤー・クラークマン、セス・デイビス、ハロルド・コー、カタリナ・ピストー、ランディー・ゴードン、アダム・ウィンクラー、ティム・マルベイニ、ボビー・アハディア、バネッサ・カサド＝ペレス、オーリー・ローベル、エリザベス・ドゥ・フォントネイ、ビージェイ・アード、ハインツ・クルーク、ヤロン・ニリ、ジョン・オーネゾルゲ、ニーナ・バルサバ、ジェイソン・ヤキー、グレッグ・シル、クリス・マッケーナ、アンドルー・タック、ジョン・フレミング、ジャック・ゴールドスミス、アン・リプトン、マット・ペロー、エリザベス・ポールマン、フェリックス・モーマン、スティーブ・ハリガン、マーサ・レビン、ジョン・ミクルスウェイト、エイドリアン・ウールドリッジ、ダグラス・ブリンクリーの諸氏に感謝申し上げたい。数々の点で本書を手直ししてくれたベーシック・ブックスの敏腕編集者エマ・ベリーと、この企画を信じ、首尾一貫したものにしてくれたハワード・ユーンにも厚く御礼申し上げる。想像力を刺激してくれた父と、安らぎと愛の時間を与えてくれた母、道を切り開いてくれた姉に、深く感謝の意を表する。最後に、いつもわたしに刺激を与えてくれるジェイン、キャサリン、エマに、心から感謝したい。

原注

序——企業の役割

1. William Blackstone, *Commentaries on the Laws of England*, Vol. 1 186 (1876); *The Case of Sutton's Hospital*, 5 Co. Rep. 23, 32b (1526–1616).
2. Milton Friedman, *Capitalism and Freedom* 133 (2d ed., 1982).(『資本主義と自由』ミルトン・フリードマン著、村井章子訳、日経BP社、2008年)
3. Letter from Thomas Jefferson to Tom Logan (Nov. 12, 1816); Karl Marx, *Das Kapital: A Critique of Political Economy*, Vol. 3, part 5, ch. 27 (1867)(『資本論』全9冊、マルクス著、エンゲルス編、向坂逸郎訳、岩波文庫、1969–1970年、ほか); Matt Taibbi, "The Great American Bubble Machine," *Rolling Stone*, Apr. 5, 2010.

第1章 「ソキエタス」がもたらしたローマの繁栄

1. Livy, *History of Rome*, bk. 23, ch. 49 (Frank Gardener Moore, trans., 1940).(『ローマ建国以来の歴史』全14冊予定、リウィウス著、岩谷智ほか訳、京都大学学術出版会、2008年–)
2. Livy, *History of Rome,* bk. 23, ch. 49.(『ローマ建国以来の歴史』)
3. Dante Alighieri, *De monarchia* 39 (Donald Nicholl and Colin Hardie, trans., 1954)(『帝政論』ダンテ・アリギエーリ著、小林公訳、中公文庫、2018年); *Plutarch's Lives and Writings* (A. H. Clough, ed., 1909), 2:351.
4. これらの議論の例として以下を比較するとよい。Ulrike Malmendier, "Roman Shares," in *The Origins of Value: The Financial Innovations That Created Modern Capital Markets* (William Goetzmann and K. Geert Rouwenhorst, eds., 2005), with Andreas Martin Fleckner, "Roman Business Associations," in *Roman Law and Economics: Institutions and Organizations*, Vol. 1 (Giuseppe Dari-Mattiacci and Dennis P. Kehoe, eds., 2020).
5. Luke 5:27–30.
6. William Blackstone, *Commentaries on the Laws of England*, Vol. 1 187 (1876); Dionysius of Halicarnassus, *Roman Antiquities*, bk. 6, ch. 17; Pliny, *Natural History*, bk. 10, ch. 26(『プリニウスの博物誌』全6冊、プリニウス著、中

野定雄／中野里美／中野美代訳、雄山閣、2021年); Livy, *History of Rome*, bk. 5, ch. 47.(『ローマ建国以来の歴史』)

7. Livy, *History of Rome*, bk. 24, ch. 18(『ローマ建国以来の歴史』); Malmendier, "Roman Shares" 32–33.
8. Cassius Dio, *Roman History*, Vol. 4193 (Earnest Cary, trans., 1954)(『ローマ建国以来の歴史』); Michael Lovano, *All Things Julius Caesar: An Encyclopedia of Caesar's World and Legacy*, Vol. 1 805 (2015).
9. Livy, *History of Rome*, bk. 24, ch. 18.(『ローマ建国以来の歴史』)
10. *The Orations of Marcus Tullius Cicero*, Vol. 3 112 (C. D. Yonge, trans., 1852).
11. *Digest* 46.1.22; Ulrike Malmendier, "Law and Finance at the Origin," 47 *J. Econ. Lit.* 1076, 1090 (2009); Cicero, *In Vatinium* 29. ポンペイウスは次のように書いている。「構成員の死とともにソキエタスは解散する。したがって構成員の相続人が構成員の資格を相続するとは限らない。これは一般の民間のパートナーシップの場合である。しかし徴税人の組合の場合には、構成員が死んでも、死んだ構成員の権利がその相続人に受け継がれる限り、パートナーシップは存続する。したがって構成員の資格は受け継がれる」。以下を参照。Malmendier, "Roman Shares" 36.
12. Ernst Badian, *Publicans and Sinners: Private Enterprise in the Service of the Roman Republic* 72 (1983).
13. Badian, *Publicans and Sinners* 29, 67; Lovano, *All Things Julius Caesar* 807.
14. Georg Brandes, "High Finance in the Time of Caesar," in *The Living Age* 156 (Jan. 1923); Badian, *Publicans and Sinners* 58.
15. Keith Hopkins, "The Political Economy of the Roman Empire," in *The Dynamics of Ancient Empires* 178, 183 (Ian Morris and Walter Scheidel, eds., 2009); Polybius, *Histories*, bk. 6, ch. 17(『歴史』全4冊、ポリュビオス著、城江良和訳、京都大学学術出版会、2004–2013年); Michail Rostovtzeff, *The Social and Economic History of the Roman Empire* 31 (1957)(『ローマ帝国社会経済史』上下、M・ロストフツェフ著、坂口明訳、東洋経済新報社、2001年); William Cunningham, *An Essay on Western Civilization in Its Economic Aspects* 164 (1898).
16. Livy, *History of Rome*, bk. 24, ch. 3–5.(『ローマ建国以来の歴史』)
17. Diodorus Siculus, *Library of History* 5.38, in Matthew Dillon and Lynda Gar-

land, *Ancient Rome: A Sourcebook* 311 (2013); Badian, *Publicans and Sinners* 69.
18. Livy, *History of Rome*, bk. 45, ch. 18 (『ローマ建国以来の歴史』); Badian, *Publicans and Sinners* 11.
19. 元老院議員がソキエタス・プブリカノルムへの参加を禁じられていたことは、専門家のあいだでおおむね一致した見解になっているが、その禁止を定めていたのが、クラウディア法であるかどうかでは異論もある。以下を参照。 William V. Harris, *War and Imperialism in Republican Rome, 327–70 B.C.* 80 (1979).
20. *Select Orations of M. T. Cicero* 153–54 (C. D. Yonge, trans., 1877).
21. Cicero, *Letters to Quintus and Brutus* 33 (D. R. Shackleton Bailey, trans., 2002) (『書簡』全4冊、キケロー著、根本和子／川崎義和ほか訳、岩波書店、2000–2002年); *Cicero's Letters to Atticus*, Vol. 3 115 (D. R. Shackleton Bailey, trans., 1968). (『書簡』)
22. Charles Oman, *Seven Roman Statesmen of the Later Republic* 170 (1903).
23. *Cicero's Letters to Atticus*, Vol. 1 99–100 (D. R. Shackleton Bailey, trans., 1999). (『書簡』)
24. Lovato, *All Things Julius Caesar* 808; Cicero, *Vatinius* 29.
25. Max Weber, *The Agrarian Sociology of Ancient Civilizations* 315–25 (R. I. Frank, trans., 1976).
26. Adrian Goldsworthy, *Caesar: The Life of a Colossus* 70–74 (2006). (『カエサル』上下、エイドリアン・ゴールズワーシー著、宮坂渉訳、白水社、2012年)
27. Peter A. Brunt, "Publicans in the Principate," in *Roman Imperial Themes* (Peter A. Brunt, ed., 1990).

第2章　メディチ銀行が築いた金融システム

1. Richard Stapleford, *Lorenzo de' Medici at Home* 18 (2013).
2. John Kenneth Galbraith, *Money: Whence It Came, Where It Went* 23 (2017). (『マネー：その歴史と展開』ガルブレイス著、都留重人監訳、ティビーエス・ブリタニカ、1980年)
3. *The Works of Walter Bagehot*, Vol. 5 365 (1891).
4. Raymond de Roover, *The Rise and Decline of the Medici Bank, 1397–1494* 2

(1999).

5. Giovanni Boccaccio, *The Decameron* 11 (Wayne A. Rebhorn, trans., 2014) (『デカメロン』上中下、ボッカッチョ著、平川祐弘訳、河出文庫、2017年); de Roover, *Rise and Decline* 35.
6. John V. Fleming, *An Introduction to the Franciscan Literature of the Middle Ages* 258 (1977).
7. de Roover, *Rise and Decline* 11–12.
8. Richard Goldthwaite, *The Economy of Renaissance Florence* 221 (2009).
9. de Roover, *Rise and Decline* 132–34.
10. de Roover, *Rise and Decline* 103
11. Mandell Creighton, *A History of the Papacy During the Period of the Reformation* 202–4 (1882); Goldthwaite, *The Economy of Renaissance Florence* 612; Mary Hollingsworth, *The Family Medici: The Hidden History of the Medici Dynasty* 66 (2018).
12. de Roover, *Rise and Decline* 194.
13. de Roover, *Rise and Decline* 293, 309. 専門家の中には、このキリンはフィレンツェで死んだという説を唱えている者もいる。以下を参照。Marina Belozerskaya, *The Medici Giraffe and Other Tales of Exotic Animals and Power* 127–28 (2006).
14. Goldthwaite, *The Economy of Renaissance Florence* 231–32.
15. de Roover, *Rise and Decline* 77–81. ナポリやジュネーブなど、いくつかの都市で、メディチ家は「有限責任組合」として登記され、有限責任の権利を正式に認められていた。
16. de Roover, *Rise and Decline* 75–88.
17. de Roover, *Rise and Decline* 47–48; Stapleford, *Lorenzo de' Medici at Home* 14.
18. de Roover, *Rise and Decline* 143; Harold Acton, *The Pazzi Conspiracy: The Plot Against the Medici* 11 (1979).
19. de Roover, *Rise and Decline* 51; Alfred von Reumont, *Lorenzo de' Medici: The Magnificent*, Vol. 1 36 (Robert Harrison, trans., 1876).
20. de Roover, *Rise and Decline* 47–70; Niccolò Machiavelli, *History of Florence and of the Affairs of Italy* 190 (Hugo Albert Rennert, ed., 1901); Francesco Guicciardini, *Florentine History*, ch. 9; Jean Lucas-Dubreton, *Daily Life in*

Florence in the Time of the Medici 58 (A. Litton Sells, trans., 1961).
21. Christopher Hibbert, *The House of Medici* 19, 49 (1975).(『メディチ家の盛衰』上下、クリストファー・ヒバート著、遠藤利国訳、東洋書林、2000年)
22. de Roover, *Rise and Decline* 361–63.
23. Guicciardini, *Florentine History*, ch. 9.
24. Guicciardini, *Florentine History*, ch. 9.
25. Marcello Simonetta, *The Montefeltro Conspiracy: A Renaissance Mystery Decoded* 69 (2008).(『ロレンツォ・デ・メディチ暗殺:中世イタリア史を覆す「モンテフェルトロの陰謀」』マルチェロ・シモネッタ著、熊井ひろ美訳、早川書房、2009年)
26. Simonetta, *The Montefeltro Conspiracy* 1.(『ロレンツォ・デ・メディチ暗殺』)
27. Lauro Martines, *April Blood: Florence and the Plot Against the Medici* 179 (2003); de Roover, *Rise and Decline* 160–61; Hibbert, *The House of Medici* 157.(『メディチ家の盛衰』)

第3章　東インド会社が解き放った株式に秘められた力

1. *The Journal of John Jourdain, 1608–1618* 47 (William Foster, ed., 1905).
2. *Journal of John Jourdain* 303–4.
3. *Journal of John Jourdain* 304.
4. *Journal of John Jourdain* 304–6.
5. E. A. Bond, *Speeches of the Managers and Counsel in the Trial of Warren Hastings*, Vol. 1 15 (1859).
6. Glenn J. Ames, *Vasco da Gama: Renaissance Crusader* 50 (2005).
7. Robert Leng, *Sir Francis Drake's Memorable Service Done Against the Spaniards in 1587* 51 (1863).
8. Richard Hakluyt, *Voyages and Discoveries* 312 (Jack Beeching, ed., 2006).
9. John Shaw, *Charters Relating to the East India Company from 1600 to 1761* 1 (1887); William Blackstone, *Commentaries on the Laws of England*, Vol. 1 185 (1876). ブラックストーンの企業論に関する優れた論考をお読みになりたいかたには、Adam Winklerの *We the Corporations: How American Businesses Won Their Civil Rights* (2018) をお薦めする。企業の目的に関する条項の歴

史については、以下を参照。Elizabeth Pollman, "The History and Revival of the Corporate Purpose Clause," 99 *Tex. L. Rev.* 1423 (2021).

10. Alexander Brown, *The Genesis of the United States*, Vol. 1 99 (1890); John Davis, *The Voyages and Works of John Davis the Navigator* 71 (Albert Hastings Markham, ed., 1880).
11. James Lancaster, *The Voyages of Sir James Lancaster to the East Indies* 63–64 (Clements R. Markham, ed., 1877).
12. John Keay, *The Honourable Company: A History of the English East India Company* 15–17 (1994); Lancaster, *The Voyages of Sir James Lancaster* 94; William Dalrymple, *The Anarchy: The East India Company, Corporate Violence, and the Pillage of an Empire* 20 (2019). (『略奪の帝国：東インド会社の興亡』上下、ウィリアム・ダルリンプル著、小坂恵理訳、河出書房新社、2022年)
13. Gary Taylor, "*Hamlet* in Africa 1607," in *Travel Knowledge: European "Discoveries" in the Early Modern Period* (Ivo Kanps and Jyotsa G. Singh, eds., 2001); Keay, *The Honourable Company* 113–14.
14. Stephen R. Bown, *Merchant Kings: When Companies Ruled the World, 1600–1900* 38 (2010). (『貿易商人王列伝：会社が世界を支配した時代 1600–1900年』スティーヴン・R・ボウン著、荒木正純／石木利明／田口孝夫訳、悠書館、2019年)
15. Nick Robins, *The Corporation That Changed the World: How the East India Company Shaped the Modern Multinational* 46 (2006).
16. John Blanch, *An Abstract of the Grievances of Trade Which Oppress Our Poor* 10–13 (1694).
17. *Historical Manuscripts Commission, Calendar of the Manuscripts of the Marquis of Salisbury* 445 (1904). 東インド会社の株主が有限責任の恩恵をほんとうに受けていたかどうかについては、学者によって大きく意見が割れている。どのような意見があるかについては、以下を参照。 Edward H. Warren, "Safeguarding the Creditors of Corporations," 36 *Harv. L. Rev.* 509 (1923) (16世紀以降の英国の貿易会社に関して、「認可された企業の社員は、単に社員であるという理由で、会社の負債に対して責任を負っていたという意見には、十分な根拠がない」と論じている); Ron Harris, "A New Understanding of the History of Limited Liability: An Invitation for Theoretical Re-

framing," 16 *J. Inst. Econ.* 643（2020）（有限責任が「企業の属性」になったのは1800年頃だと論じている）; John Armour et al., "What Is Corporate Law?," in *The Anatomy of Corporate Law: A Comparative and Functional Approach*（2017）（英国の株式会社に関する法律に「有限責任」が盛り込まれるようになったのは、19世紀半ば以降であると論じている）.

18. Keay, *The Honourable Company* 242; *Records of Fort St. George, Despatches from England, 1717–1721* 15–16（1928）; James Long, *Selections from Unpublished Records of Government*, Vol. 1 127–28（1869）.
19. James Talboys Wheeler, *Early Records of British India* 68–69（1878）.
20. Robins, *The Corporation That Changed the World* 47.
21. Dalrymple, *The Anarchy* 109（『略奪の帝国』）; Richard B. Allen, *European Slave Trading in the Indian Ocean, 1500–1850* 38（2015）.
22. P. G. M. Dickson, *The Financial Revolution in England: A Study in the Development of Public Credit, 1688–1756* 490（1967）.
23. Kirti N. Chaudhuri, *The Trading World of Asia and the East India Company, 1660–1760* 77（1978）; Daniel Defoe, *The Anatomy of Exchange-Alley* 14–15（1719）.
24. *Journals of the House of Commons*, Vol. 11 595.
25. John Francis, *Chronicles and Characters of the Stock Exchange* 37（1850）; *The Manuscripts of the House of Lords, 1695–1697*, Vol. 2 11（1903）; Captain Cope, *A New History of the East Indies* 285（1754）.
26. James Mill, *The History of British India*, Vol. 1 24（1858）; George Herbert Perris, *A Short History of War and Peace* 141（1911）; Philip Anderson, *The English in Western India* 82（1854）.
27. Stephen Pincus, "Whigs, Political Economy and the Revolution of 1688–89," in *Cultures of Whiggism: New Essays on English Literature and Culture in the Long Eighteenth Century*（David Womersley, Paddy Bullard, and Abigail Williams, eds., 2005）; Romesh Chunder Dutt, *History of India*, Vol. 6 57（1907）.
28. Dalrymple, *The Anarchy* 15（『略奪の帝国』）; William Hunter, *A History of British India* 248（1900）.
29. Keay, *The Honourable Company* 247.
30. Robins, *The Corporation That Changed the World* 11; Dalrymple, *The Anarchy*

69–70（『略奪の帝国』）; Keay, *The Honourable Company* 323.

31. *A Vindication of Mr. Holwell's Character* 93（1764）; Dalrymple, *The Anarchy* 62; Robins, *The Corporation That Changed the World* 72. 死者の正確な人数については、歴史学者のあいだで意見が割れている。投獄されたのは64人だけで、死者は43人だったという説を唱えている学者もいる。以下を参照。Stanley Wolpert, *A New History of India* 185（2009）.
32. 以下を参照。P. J. Marshall, *Problems of Empire: Britain and India, 1757–1813* 17（1968）.
33. Samuel Charles Hill, *Bengal in 1756–1757: A Selection of Public and Private Papers*, Vol. 1 240（1905）; John Malcolm, *The Life of Robert, Lord Clive*, Vol. 3 133（1836）.
34. Robins, *The Corporation That Changed the World* 79; George Forrest, *The Life of Lord Clive*, Vol. 2 258（1918）.
35. W. W. Hunter, *The Annals of Rural Bengal* 26–27（1868）.
36. *Life and Writings of John Dickinson*, Vol. 2 460（Paul Leicester Ford, ed., 1895）.
37. Adam Smith, *An Inquiry into the Nature and Causes of the Wealth of Nations*, Vol. 2 225（1869）.（『国富論：国民の富の性質と原因に関する研究』上下、アダム・スミス著、高哲男訳、講談社学術文庫、2020年、ほか）
38. Karl Marx, "The Government of India," *New York Daily Tribune*, July 20, 1853.

第4章　アメリカ大陸横断鉄道と独占の問題

1. *The Complete Works of Abraham Lincoln*, Vol. 7 253（John G. Nicolay and John Hay, eds., 1894）.
2. Grenville M. Dodge, *How We Built the Union Pacific Railway* 10（1910）; *Report of the Select Committee of the House of Representatives on Credit Mobilier and Union Pacific Railroad* 551（1873）.
3. Edwin Legrand Sabin, *Building the Pacific Railway* 130（1919）.
4. 以下を参照。Alfred D. Chandler Jr., *The Visible Hand: The Managerial Revolution in American Business*（1977）.（『経営者の時代：アメリカ産業における近代企業の成立』上下、アルフレッド・D・チャンドラー・Jr.著、鳥羽

欽一郎／小林袈裟治訳、東洋経済新報社、1979年）

5. Stephen Ambrose, *Nothing Like It in the World: The Men Who Built the Transcontinental Railroad, 1863–1869* 28 (2000); John H. White, *A History of the American Locomotive: Its Development, 1830–1880* 211–12 (1979).
6. Horace Greeley, *An Overland Journey from New York to San Francisco in the Summer of 1859* 272 (1860).
7. John P. Davis, *The Union Pacific Railway* 89–90 (1894).
8. Horace Greeley, "The Pacific Railroad," 19 *Am. R.R. J.* 592 (1863).
9. *Railroad Record*, Sept. 11, 1862, 339.
10. George Francis Train, *My Life in Many States and in Foreign Lands* 285 (1902).
11. Maury Klein, *Union Pacific: The Birth of a Railroad* 24–25 (1987); Dodge, *How We Built the Union Pacific Railway* 12.
12. Ambrose, *Nothing Like It in the World* 125–26.
13. J. R. Perkins, *Trails, Rails and War: The Life of General G. M. Dodge* 35 (1929); Dodge, *How We Built the Union Pacific Railway* 11.
14. Ulysses S. Grant, *Personal Memoirs*, Vol. 2 47, 352 (1886).
15. Union Pacific, *Progress of the Union Pacific Railroad* 9 (1868).
16. Klein, *Union Pacific* 76.
17. George Bird Grinnell, *The Fighting Cheyennes* 256–58 (1915).
18. Henry Morton Stanley, *My Early Travels and Adventures in America and Asia*, Vol. 1 156–57 (1895).
19. *Report of Major General John Pope to the War Committee* 204–5 (1866).
20. Klein, *Union Pacific* 70.
21. Klein, *Union Pacific* 165; Perkins, *Trails, Rails and War* 222.
22. Dodge, *How We Built the Union Pacific Railway* 29. デイビッド・ハワード・ベインはこの話の信憑性を疑い、次のように指摘している。「しかし、２社のあいだでこのような競争が繰り広げられていたことを示す証拠は、電報にも、手紙にも、報告書にも、日誌にも、当時の新聞記事にもいっさい見当たらない」David Haward Bain, *Empire Express: Building the First Transcontinental Railroad* 658 (1999).
23. Robert Glass Cleland, *A History of California* 395 (1922). スタンフォードとデュラントがほんとうにハンマーを振り下ろし、的を外したのかどうかに

ついては異論もある。ふたりをけなす目的で、のちに創作された話であるともいわれている。 Bain, *Empire Express* 666.

24. Klein, *Union Pacific* 269.
25. Stanley, *My Early Travels and Adventures in America and Asia* 165–66.
26. *Federal Coordinator of Transportation, Public Aids to Transportation*, Vol. 1 110 (1940); Josiah Bushnell Grinnell, *Men and Events of Forty Years* 86 (1891).
27. *The Congressional Globe*, Vol. 41 536 (1869).
28. *The Works of Ralph Waldo Emerson*, Vol. 2 293 (1901); Martin W. Sandler, *Iron Rails, Iron Men, and the Race to Link the Nation* 176 (2015); *Annual Report of the Auditor of Railway Accounts for the Year Ending June 30, 1889* 322 (1880).
29. *North American Review*, Vol. 108 145 (1869).
30. Robert T. Swaine, *The Cravath Firm and Its Predecessors* 158 (2007).
31. *North American Review*, Vol. 108 145–48 (1869).
32. Harold Crimmins, *A History of the Kansas Central Railway* 24 (1954).
33. Klein, *Union Pacific* 307.
34. Maury Klein, *The Life and Legend of Jay Gould* 457 (1986); Klein, *Union Pacific* 308–10, 482.
35. Klein, *Union Pacific* 308–16.
36. Klein, *Union Pacific* 402–13; Henry Villard, *Memoirs* 283 (1904).
37. Klein, *Union Pacific* 360.
38. Henry George, *Progress and Poverty* 173 (1996).(『進歩と貧困』ヘンリー・ジョージ著、山嵜義三郎訳、日本経済評論社、1991年)
39. Charles Postel, *Equality: An American Dilemma, 1866–1896* 43 (2019); Solon Justus Buck, *The Granger Movement* 58 (1913); Jonathan Periam, *The Groundswell* 286 (1874).
40. Charles Francis Adams, "Railway Problems in 1869," 110 *N. Am. Rev.* 123 (1870).
41. 21 Cong. Rec. 2,457 (1890).
42. Crimmins, *A History of the Kansas Central Railway* 24.
43. *Scribner's Magazine*, Vol. 5 429 (1889); Klein, *Union Pacific* 495.
44. Edward Chase Kirkland, *Charles Francis Adams, Jr, 1835–1915: The Patrician*

at Bay 126 (1965); Thomas Warner Mitchell, *The Collateral Trust Mortgage in Railway Finance*, 20 *Qu. J. Econ.* 443 (1906); Klein, *Union Pacific* 655–57.

第5章　フォード・モーター・カンパニーが可能にした大量生産

1. "New Industrial Era Is Marked by Ford's Shares to Laborers," *Detroit Free Press*, Jan. 6, 1914.
2. Garet Garrett, "Henry Ford's Experiment in Good-Will," *Everybody's Magazine*, Apr. 1914.
3. "An Industrial Utopia," *New York Times*, Jan. 7, 1914.
4. *The American Flint*, Vol. 5 No. 4 25 (Feb. 1914); Daniel M. G. Raff and Lawrence H. Summers, "Did Henry Ford Pay Efficiency Wages?," 5 *J. Lab. Econ.* S57, S57 (1987).
5. Henry Ford, "How I Made a Success of My Business," *System: The Magazine of Business* 448–49 (Nov. 1916).
6. Enzo Angelucci and Alberto Bellucci, *The Automobile: From Steam to Gasoline* 115 (1976).
7. *The American Flint*, Vol. 5 No. 4 25 (Feb. 1914).
8. James Truslow Adams, *The Epic of America* 404 (1931).
9. John Cote Dahlinger, *The Secret Life of Henry Ford* 118 (1978).
10. Henry Ford, *My Life and Work* 200 (1922).
11. Henry Ford and Samuel Crowther, "The Greatest American," *Cosmopolitan*, July 1930, 191.
12. Ford, *My Life and Work* 33.
13. Dixon Wecter, *The Hero in America* 418 (1941); Allan Nevins and Frank Ernest Hill, *Ford: The Times, the Man, the Company* 167 (1954); Ford and Crowther, "The Greatest American" 36–38.
14. Douglas Brinkley, *Wheels for the World: Henry Ford, His Company, and a Century of Progress* 28–30 (2003).
15. J. Bell Moran, *The Moran Family: 200 Years in Detroit* 126 (1949).
16. Brinkley, *Wheels for the World* 35.
17. Steven Watts, *The People's Tycoon: Henry Ford and the American Century* 60 (2006); Ford, *My Life and Work* 86.

18. Bruce W. McCalley, *Model T Ford: The Car That Changed the World* 8 (1994); Ford, *My Life and Work* 56.
19. Richard Crabb, *Birth of a Giant: The Men and Incidents That Gave America the Motorcar* 202 (1969).
20. Ford, *My Life and Work* 18. バナジウム合金という素材のことを知った経緯については、このフォードの話は事実ではなく、実際には、冶金学者のウィルズが別の冶金学者から聞いて知ったのだともいわれている。以下を参照。Brinkley, *Wheels for the World* 102.
21. Ford, *My Life and Work* 73.
22. Ford, *My Life and Work* 80; Nevins and Hill, *Ford: The Times* 471-72 (1954); David Hounshell, *From the American System to Mass Production, 1800-1932: The Development of Manufacturing Technology in the United States* 255 (1985).(『アメリカン・システムから大量生産へ 1800-1932』デーヴィッド・A・ハウンシェル著、和田一夫／金井光太朗／藤原道夫訳、名古屋大学出版会、1998年)
23. Watts, *The People's Tycoon* 139.
24. Julian Street, *Abroad at Home* 93-94 (1914).
25. Stephen Meyer, *The Five Dollar Day: Labor Management and Social Control in the Ford Motor Company, 1908-1921* 72-80 (1981).
26. Nevins and Hill, *Ford: The Times* 533. 1日5ドルというアイデアは、ジェームズ・カズンズが最初に思いつき、フォードに提案したものだともいわれている。 Brinkley, *Wheels for the World* 167-68; Harry Barnard, *Independent Man: The Life of Senator James Couzens* 85-90 (1958).
27. Allan Nevins and Frank Ernest Hill, *Ford: Expansion and Challenge, 1915-1933* 91 (1957); Robert Lacey, *Ford: The Men and the Machine* 168 (1986).(『フォード：自動車王国を築いた一族』上下、ロバート・レイシー著、小菅正夫訳、新潮文庫、1989年)
28. Ford, *My Life and Work* 162; cross-examination of Henry Ford, *Dodge v. Ford Motor Co.*, 170 N.W. 668 (Mich. 1918) in Linda Kawaguchi, "Introduction to *Dodge v. Ford Motor Co.*: Primary Source and Commentary Material," 17 *Chap. L. Rev.* 493 (2014).
29. *Dodge v. Ford Motor Co.*, 204 Mich. 459, 507 (1919).

30. Charles Madison, "My Seven Years of Automotive Servitude," in *The Automobile and American Culture* (David L. Lewis and Laurence Goldstein, eds., 1983).

31. Anthony Harff, *Reminiscences* 18–19 (Benson Ford Research Center, 1953).

32. John A. Fitch, "Ford of Detroit and His Ten Million Dollar Profit Sharing Plan," *The Survey*, Feb. 7, 1914, 547–48.

33. James O'Connor, *Reminiscences* 31 (Benson Ford Research Center, 1955); Ida Tarbell, *New Ideals in Business: An Account of Their Practice and Their Effect upon Men and Profits* 129 (1917).

34. Ford, *My Life and Work* 120; "'Shun Unions,' Ford Advises Workers," *New York Times*, Feb. 20, 1937; F. Raymond Daniell, "Ford Confidently Faces a Labor Duel," *New York Times*, Oct. 17, 1937; Frank Cormier and William J. Eaton, *Reuther* 98 (1970).

35. "Final Report and Testimony Submitted to Congress by the Commission on Industrial Relations," Senate Documents, Vol. 26, 64th Cong., 1st Sess., 7627–28; W. J. Cunningham, *"J8": A Chronicle of the Neglected Truth About Henry Ford and the Ford Motor Company* 38–40 (1931).

36. "Ford Men Beat and Rout Lewis Union Organizers," *New York Times*, May 27, 1937.

37. Henry Ford, "Why I Favor Five Days' Work with Six Days' Pay," *World's Work*, Oct. 1926, 613–16; Ford, *My Life and Work* 154.

38. Henry Ford, "When Is a Business Worthwhile?," *Magazine of Business*, Aug. 1928.

39. Bruce Barton, "'It Would Be Fun to Start Over Again,' Said Henry Ford," *American Magazine*, Apr. 1921, 7; Norval A. Hawkins, *The Selling Process: A Handbook of Salesmanship Principles* 216–18 (1920).

40. John Maynard Keynes, *The General Theory of Employment, Interest and Money* 92 (2018).（『雇用、金利、通貨の一般理論』ジョン・メイナード・ケインズ著、大野一訳、日経BP、2021年、ほか）

41. Alfred D. Chandler Jr., *Giant Enterprise: Ford, General Motors, and the Automobile Industry* 3–7 (1964).（『競争の戦略：GMとフォード 栄光への足跡』A・D・チャンドラー・Jr.著、内田忠夫／風間禎三郎訳、ダイヤモンド社、

1970年）

42. Brinkley, *Wheels for the World* 526.
43. Allan Louis Benson, *The New Henry Ford* 99（1923）.

第6章　国家を超越した石油会社エクソン

1. Bernard Weinraub, "Oil Price Doubled by Big Producers on Persian Gulf," *New York Times*, Dec. 24, 1973.
2. Richard Eder, "U.S. Chief Target," *New York Times*, Oct. 18, 1973; "Saudis Cut Oil Output 10% to Put Pressure on U.S.," *New York Times*, Oct. 19, 1973.
3. Robert B. Stobaugh, "The Oil Companies in the Crisis," *Daedalus*, Vol. 104 179, 184（1975）; US Congress, Senate, Foreign Relations Committee, Subcommittee on Multinational Corporations, Multinational Corporations and United States Foreign Policy, part 7 546–47（1975）.
4. Richard Nixon, "Radio Address About the National Energy Crisis," Jan. 19, 1974.
5. US Congress, Senate, Foreign Relations Committee, Subcommittee on Multinational Corporations, Multinational Corporations and United States Foreign Policy, part 7 515–17（1975）.
6. Daniel Yergin, *The Prize: The Epic Quest for Oil, Money, and Power* 613（2008）.（『石油の世紀：支配者たちの興亡』上下、ダニエル・ヤーギン著、日高義樹／持田直武共訳、日本放送出版協会、1991年）
7. Joseph A. Pratt and William E. Hale, *Exxon: Transforming Energy, 1973–2005* 15（2013）; Exxon, 1972 Annual Report 18.
8. Federal Energy Administration and Senate Multinational Subcommittee, *U.S. Oil Companies and the Arab Oil Embargo: The International Allocation of Constricted Supply* 8–10（1975）.
9. Raymond Vernon, *The Oil Crisis in Perspective* 179–88（1976）; "We Were Robbed," *The Economist*, Dec. 1, 1973; Anthony Sampson, *The Seven Sisters: The Great Oil Companies and the World They Shaped* 313（1975）.（『セブン・シスターズ：不死身の国際石油資本』上下、アンソニー・サンプソン著、大原進／青木榮一訳、講談社文庫、1984年）

10. Thomas L. Friedman, "The First Law of Petropolitics," *Foreign Policy* 28, 36 (May/June 2006).
11. Harold F. Williamson and Arnold R. Daum, *The American Petroleum Industry: The Age of Illumination, 1859–1899* 320 (1959).
12. Ron Chernow, *Titan: The Life of John D. Rockefeller* 132 (2004) (『タイタン：ロックフェラー帝国を創った男』上下、ロン・チャーナウ著、井上廣美訳、日経BP社、2000年); Yergin, *The Prize* 43–53 (『石油の世紀』); Allan Nevins, *Study in Power: John D. Rockefeller, Industrialist and Philanthropist* 402 (1953).
13. Ralph W. Hidy and Muriel E. Hidy, *Standard Oil*, Vol. 1 213–14 (1955); Yergin, *The Prize* 104 (『石油の世紀』); Ida M. Tarbell, *The History of the Standard Oil Company*, Vol. 2 288 (1963).
14. Theodore Roosevelt, Message to Congress on Worker's Compensation, Jan. 31, 1908.
15. Harold F. Williamson et al., *The American Petroleum Industry*, Vol. 2, *The Age of Energy, 1899–1959* 443–46 (1963).
16. Winston S. Churchill, *The World Crisis*, Vol. 1 130–36 (1928).
17. H. A. Garfield, *Final Report of the U.S. Fuel Administration* 261 (1921); Yergin, *The Prize* 176 (『石油の世紀』); Burton J. Hendrick, *The Life and Letters of Walter H. Page*, Vol. 2 288 (1930); R. W. Ferrier, *The History of the British Petroleum Company*, Vol. 1, *The Developing Years, 1901–1932* 248–49 (1982).
18. Yergin, *The Prize* 178, 194 (『石油の世紀』); US Energy Information Administration, US Field Production of Crude Oil.
19. Bennett H. Wall and George S. Gibb, *Teagle of Jersey Standard* 48–49 (1974).
20. Wall and Gibb, *Teagle of Jersey Standard* 71–72.
21. George Otis Smith, "Where the World Gets Oil and Where Will Our Children Get It When American Wells Cease to Flow?," *National Geographic* 292 (Feb. 1929); Secretary of State Memo to Diplomatic and Consular Officers, Aug. 16, 1919.
22. George Gibb and Evelyn H. Knowlton, *History of Standard Oil Company (New Jersey)*, Vol. 2, *The Resurgent Years, 1911–1927* 384–90 (1956).

23. Yergin, *The Prize* 233–35.（『石油の世紀』）
24. Yergin, *The Prize* 176.（『石油の世紀』）
25. E. H. Carr, *The Bolshevik Revolution, 1917–1923*, Vol. 3 352 (1985)（『ボリシェヴィキ革命1917–1923：ソヴェト・ロシア史』全3冊、E・H・カー著、原田三郎／田中菊次／服部文男／宇高基輔共訳、みすず書房、1999年）; Wall and Gibb, *Teagle of Jersey Standard* 222–25.
26. Yergin, *The Prize* 330.（『石油の世紀』）
27. Harold L. Ickes, "After the Oil Deluge, What Price Gasoline?," *Saturday Evening Post*, Feb. 16, 1935.
28. Arthur J. Marder, *Old Friends, New Enemies: The Royal Navy and the Imperial Japanese Navy* 166–67 (1981); US Strategic Bombing Survey, *Oil Division Final Report* 36–39 (1947); B. H. Liddell Hart, *The Rommel Papers* 328 (Paul Findlay, trans., 1953).
29. Yergin, *The Prize* 373（『石油の世紀』）; John G. Clark, *Energy and the Federal Government: Fossil Fuel Policies, 1900–1946* 337–44 (1987).
30. Erna Risch, *Fuels for Global Conflict* ix (1945); Everette Lee DeGolyer, "Petroleum Exploration and Development in Wartime," *Mining and Metallurgy* 188–90 (Apr. 1943); Yergin, *The Prize* 384（『石油の世紀』）; Harold Ickes, *Fightin' Oil* 6 (1943).
31. Yergin, *The Prize* 410（『石油の世紀』）; "Jersey Standard Lists Dip in Profit," *New York Times*, Jan. 27, 1959.
32. Douglas Martin, "The Singular Power of a Giant Called Exxon," *New York Times*, May 9, 1982.
33. Exxon, 1975 Annual Report 4; Pratt and Hale, *Exxon* 112.
34. Daniel Yergin, "Britain Drills—and Prays," *New York Times*, Nov. 2, 1975; Pratt and Hale, *Exxon* 151.
35. Pratt and Hale, *Exxon*, 159.
36. Bennett H. Wall, *Growth in a Changing Environment: A History of Standard Oil Company (New Jersey), 1960–1972, and Exxon Corporation, 1972–1975* xxxviii–xxxvix (1988).
37. US Congress, Senate, Foreign Relations Committee, Subcommittee on Multinational Corporations, The International Petroleum Cartel, the Iranian Con-

sortium, and US National Security 57–58 (1974).
38. "A Conversation with Lee Raymond," *Charlie Rose* (PBS), May 6, 2004; Steve Coll, *Private Empire: ExxonMobil and American Power* 71 (2012).(『石油の帝国：エクソンモービルとアメリカのスーパーパワー』スティーブ・コール著、森義雅訳、ダイヤモンド社、2014年)
39. Detlev F. Vagts, "The Multinational Enterprise: A New Challenge for Transnational Law," 83 *Harv. L. Rev.* 739, 745 (1970).
40. "Incident Archive—Taylor Energy Oil Discharge at MC-20 Site and Ongoing Response Efforts," Bureau of Safety and Environmental Enforcement, www.bsee.gov/newsroom/library/incident-archive/taylor-energy-mississippi-canyon/ongoing-response-efforts.
41. Ad Hoc Study Group on Carbon Dioxide and Climate, *Carbon Dioxide and Climate: A Scientific Assessment* vii (1979); James Hansen et al., "Climate Impact of Increasing Atmospheric Carbon Dioxide," 213 *Science* 957 (1981).
42. Brian Flannery, "Global Climate Change: Speech to Esso Italiana," Sept. 14, 1996.
43. Lee Raymond, "Energy—Key to Growth and a Better Environment for Asia-Pacific Nations," Address to the World Petroleum Congress, Oct. 13, 1997.
44. Draft Global Climate Science Communications Action Plan, American Petroleum Institute (1998).

第7章　コールバーグ・クロビス・ロバーツと「乗っ取り屋」の時代

1. Smith, *Wealth of Nations* 326.(『国富論』)
2. Michael C. Jensen and William H. Meckling, "Theory of the Firm: Managerial Behavior, Agency Costs, and Ownership Structure," 3 *J. Fin. Econ.* 305, 312 (1976).
3. George Anders, *Merchants of Debt: KKR and the Mortgaging of American Business* 6, 29 (1992).(『マネー・ゲームの達人：金融帝国KKRの物語』ジョージ・アンダース著、近藤博之訳、ダイヤモンド社、1993年)
4. Anders, *Merchants of Debt* 5.(『マネー・ゲームの達人』)
5. Anders, *Merchants of Debt* 7(『マネー・ゲームの達人』); George P. Baker

and George David Smith, *The New Financial Capitalists: Kohlberg Kravis Roberts and the Creation of Corporate Value* 53–54 (1998).（『レバレッジド・バイアウト：KKRと企業価値創造』G・P・ベーカー／G・D・スミス著、岩村充監訳、日本債権信用銀行・金融技法研究会訳、東洋経済新報社、2000年）

6. Bryan Burrough and John Helyar, *Barbarians at the Gate: The Fall of RJR Nabisco* 136 (2009)（『野蛮な来訪者：RJRナビスコの陥落』上下、ブライアン・バロー／ジョン・ヘルヤー著、鈴田敦之訳、パンローリング、2017年); Anders, *Merchants of Debt* xix.（『マネー・ゲームの達人』）
7. Burrough and Helyar, *Barbarians at the Gate* 138.（『野蛮な来訪者』）
8. Anders, *Merchants of Debt* 14.（『マネー・ゲームの達人』）
9. Baker and Smith, *The New Financial Capitalists*（『レバレッジド・バイアウト』); Anders, *Merchants of Debt* 45.（『マネー・ゲームの達人』）
10. Robert Metz, "Takeover Hope and Houdaille," *New York Times*, July 7, 1978.
11. Anders, *Merchants of Debt* 26.（『マネー・ゲームの達人』）
12. Anders, *Merchants of Debt* 33–34.（『マネー・ゲームの達人』）
13. Anders, *Merchants of Debt* 34–36.（『マネー・ゲームの達人』）
14. David Carey and John E. Morris, *King of Capital: The Remarkable Rise, Fall, and Rise Again of Steve Schwarzman and Blackstone* 13–14 (2012).（『ブラックストーン』デビッド・キャリー／ジョン・E・モリス著、土方奈美訳、東洋経済新報社、2011年）
15. Carey and Morris, *King of Capital* 13.（『ブラックストーン』）
16. Burrough and Helyar, *Barbarians at the Gate* 140.（『野蛮な来訪者』）
17. Sarah Bartlett, "Gambling with the Big Boys," *New York Times*, May 5, 1991.
18. Anders, *Merchants of Debt* 44（『マネー・ゲームの達人』); Sarah Bartlett, *The Money Machine: How KKR Manufactured Power and Profits* 118 (1992)（『リストラのプロフェッショナル：「ドキュメント」KKR 富と権力の構図』サラ・バートレット著、前田俊一訳、ダイヤモンド社、1994年); Baker and Smith, *The New Financial Capitalists* 79–80（『レバレッジド・バイアウト』); Anders, *Merchants of Debt* 54.（『マネー・ゲームの達人』）
19. Allen Kaufman and Ernest J. Englander, "Kohlberg Kravis Roberts & Co. and the Restructuring of American Capitalism," 67 *Bus. Hist. Rev.* 52, 71 (1993);

Anders, *Merchants of Debt* 54.（『マネー・ゲームの達人』）

20. Anders, *Merchants of Debt* 23.（『マネー・ゲームの達人』）
21. Carey and Morris, *King of Capital* 38（『ブラックストーン』）; Anders, *Merchants of Debt* 83.（『マネー・ゲームの達人』）
22. Anders, *Merchants of Debt* 160.（『マネー・ゲームの達人』）
23. Lawrence M. Fisher, "Safeway Buyout: A Success Story," *New York Times*, Oct. 21, 1988; Anders, *Merchants of Debt* 158–61.（『マネー・ゲームの達人』）
24. Anders, *Merchants of Debt* 158（『マネー・ゲームの達人』）; "N.Y. Fed President Takes Swipe at Junk Bond King," Associated Press, May 1, 1989; Carey and Morris, *King of Capital* 43.（『ブラックストーン』）
25. Susan C. Faludi, "The Reckoning: Safeway LBO Yields Vast Profits but Exacts a Heavy Human Toll," *Wall Street Journal*, May 16, 1990; Anders, *Merchants of Debt* 180（『マネー・ゲームの達人』）; Fisher, "Safeway Buyout."
26. Baker and Smith, *The New Financial Capitalists* 207; Anders, *Merchants of Debt* 36.（『マネー・ゲームの達人』）
27. Burrough and Helyar, *Barbarians at the Gate* 144（『野蛮な来訪者』）; Anne de Ravel, "The New Formalities: The Menus," *New York Times*, Oct. 26, 1986; "Those Gilded Moments," *Esquire*, June 1990.
28. Anders, *Merchants of Debt* 179（『マネー・ゲームの達人』）; *Toledo Blade*, March 21, 1987.
29. Laura Saunders, "How the Government Subsidizes Leveraged Takeovers," *Forbes*, Nov. 28, 1988; Anders, *Merchants of Debt* 158（『マネー・ゲームの達人』）. ハーバード大学の税法学者アルビン・ウォーレンは大方の見方を次のように要約している。「もとは第一次世界大戦時の超過利得税に対する一時的な軽減措置として導入された、企業の利払いの全額控除は、配当が控除されないことと相まって、以来、連邦法人税の問題点とされている」Alvin C. Warren Jr., "The Corporate Interest Deduction: A Policy Evaluation," 83 *Yale L. J.* 1585, 1618–19 (1974).
30. Anders, *Merchants of Debt* 243.（『マネー・ゲームの達人』）
31. Theodore Forstmann, "Corporate Finance, Leveraged to the Hilt," *Wall Street Journal*, Oct. 25 1988; Colin Leinster, "Greed Really Turns Me Off," Fortune, Jan. 2, 1989.

32. Burrough and Helyar, *Barbarians at the Gate* 142.（『野蛮な来訪者』）
33. Burrough and Helyar, *Barbarians at the Gate* 144–45（『野蛮な来訪者』）; Anders, *Merchants of Debt* 149.（『マネー・ゲームの達人』）
34. Burrough and Helyar, *Barbarians at the Gate* 71–72, 93.（『野蛮な来訪者』）
35. Alison Leigh Cowan, "Investment Bankers' Lofty Fees," *New York Times*, Dec. 26, 1988; Smith, "KKR to Receive $75 Million Fee in RJR Buy-Out," *Wall Street Journal*, Feb. 1, 1989; Burrough and Helyar, *Barbarians at the Gate* 508.（『野蛮な来訪者』）
36. Frederick Ungeheuer, "If I Fail, I'm on the Hook," *Time Magazine*, Dec. 5, 1988.
37. Jim Hightower, "Where Greed, Unofficially Blessed by Reagan, Has Led," *New York Times*, June 21, 1987.
38. Baker and Smith, *The New Financial Capitalists* 26–27; Robert B. Reich, "Leveraged Buyouts: America Pays the Price," *New York Times*, Jan. 29, 1989.
39. 以下を参照。Peter Lattman, "KKR Duo: $1.65 Billion Stock Stake," *Wall Street Journal*, July 7, 2010.
40. Bartlett, *The Money Machine* 214.（『リストラのプロフェッショナル』）
41. Anders, *Merchants of Debt* 152.（『マネー・ゲームの達人』）

第8章　スタートアップ企業フェイスブックによる創造と破壊

1. US Bureau of Labor Statistics, American Time Use Survey 2019.
2. ミーアキャットは見た目ほどおとなしくない。ある研究によると、哺乳類の中で最も同種間で殺し合うことが多い動物だという。Jose Maria Gomez, "The Phylogenetic Roots of Human Lethal Violence," 538 *Nature* 233（2016）.
3. John Cassidy, "Me Media," *New Yorker*, May 14, 2006; Michael M. Grynbaum, "Mark E. Zuckerberg '06: The Whiz Behind thefacebook.com," *Harvard Crimson*, June 10, 2004.
4. Claire Hoffman, "The Battle for Facebook," *Rolling Stone*, Sept. 15, 2010; S. F. Brickman, "Not-So-Artificial Intelligence," *Harvard Crimson*, Oct. 23, 2003.
5. Steven Levy, *Facebook: The Inside Story* 13（2020）.
6. Interview with Mark Zuckerberg, "How to Build the Future," Y Combinator, Aug. 16, 2016.

7. Katharine A. Kaplan, "Facemash Creator Survives Ad Board," *Harvard Crimson*, Nov. 19, 2003.
8. Kaplan, "Facemash Creator Survives Ad Board"; Hoffman, "The Battle for Facebook."
9. "Put Online a Happy Face," *Harvard Crimson*, Dec. 11, 2003.
10. Nicholas Carlson, "At Last—the Full Story of How Facebook Was Founded," *Business Insider*, Mar. 5, 2010.
11. Grynbaum, "Mark E. Zuckerberg '06."
12. Jose Antonio Vargas, "The Face of Facebook," *New Yorker*, Sept. 13, 2010; Hoffman, "The Battle for Facebook."
13. Nicholas Carlson, "Here's the Email Zuckerberg Sent to Cut His Cofounder Out of Facebook," *Business Insider*, May 15, 2012.
14. Alan J. Tabak, "Hundreds Register for New Facebook Website," *Harvard Crimson*, Feb. 9, 2004.
15. Nicholas Carlson, "Well, These New Zuckerberg IMs Won't Help Facebook's Privacy Problems," *Business Insider*, May 13, 2010.
16. Sebastian Mallaby, *The Power Law: Venture Capital and the Making of the New Future* (2022).
17. Levy, *Facebook* 214, 525.
18. Levy, *Facebook* 144.
19. Levy, *Facebook* 110.
20. Levy, *Facebook* 108; Henry Blodget, "Mark Zuckerberg on Innovation," *Business Insider*, Oct. 1, 2009.
21. Levy, *Facebook* 123–27.
22. Hannah Kuchler, "How Facebook Grew Too Big to Handle," *Financial Times*, Mar. 28, 2019.
23. Levy, *Facebook* 267.
24. Levy, *Facebook* 141.
25. Levy, *Facebook* 180.
26. Dan Farber, "Facebook Beacon Update: No Activities Published Without Users Proactively Consenting," *ZDNet*, Nov. 29, 2007.
27. Levy, *Facebook* 195–96.

28. Robert Hof, "Facebook's Sheryl Sandberg: 'Now Is When We're Going Big' in Ads," *Robert Hof*, Apr. 20, 2011; Emily Stewart, "Lawmakers Seem Confused About What Facebook Does—and How to Fix It," *Vox*, Apr. 10, 2018.
29. Antonio Garcia Martinez, *Chaos Monkeys: Obscene Fortune and Random Failure in Silicon Valley* 5 (2018); Levy, *Facebook* 197.
30. Martinez, *Chaos Monkeys* 275; Ashlee Vance, "This Tech Bubble Is Different," *Bloomberg*, Apr 14, 2011; Mike Allen, "Sean Parker Unloads on Facebook: 'God Only Knows What It's Doing to Our Children's Brains,'" *Axios*, Nov. 9, 2017.
31. Levy, *Facebook* 247–48.
32. "Facebook Nudity Policy Angers Nursing Moms," Associated Press, Jan. 1, 2009.
33. Levy, *Facebook* 166.
34. Levy, *Facebook* 153.
35. Josh Constine, "Facebook Is Shutting Down Its API for Giving Your Friends' Data to Apps," *TechCrunch*, Apr. 28, 2015.
36. Sandy Parakilas, "We Can't Trust Facebook to Regulate Itself," *New York Times*, Nov. 19, 2017.
37. R. Jai Krishna, "Sandberg: Facebook Study Was 'Poorly Communicated,'" *Wall Street Journal*, July 2, 2014.
38. Levy, *Facebook* 272–73.
39. Robert M. Bond, "A 61-Million-Person Experiment in Social Influence and Political Mobilization," *Nature*, Sept. 2012.
40. Levy, *Facebook* 354.
41. Soroush Vosoughi, Deb Roy, and Sinan Aral, "The Spread of True and False News Online," 359 *Science* 1146 (2018).
42. Donie O'Sullivan and Dylan Byers, "Fake Black Activist Accounts Linked to Russian Government," *CNN*, Sept. 28, 2017; Indictment, *US v. Internet Research Agency*, Feb. 16, 2018, 1:18–cr–00032–DLF.
43. Casey Newton, "Zuckerberg: The Idea that Fake News on Facebook Influenced the Election Is 'Crazy,'" *The Verge*, Nov. 10, 2016.
44. Alex Stamos, "An Update on Information Operations on Facebook," *Facebook*

Newsroom, Sept. 6, 2017; Craig Timberg, "Russian Propaganda May Have Been Shared Hundreds of Millions of Times, New Research Says," *Washington Post*, Oct. 5, 2017; Levy, *Facebook* 373–74.

45. David Remnick, "Obama Reckons with a Trump Presidency," *New Yorker*, Nov. 28, 2016.

結論――共通善の促進のために

1. Lawrence Mishel and Julia Wolfe, "CEO Compensation Has Grown 940% Since 1978," Economic Policy Institute, Aug. 14, 2019.

ウィリアム・マグヌソン
William Magnuson

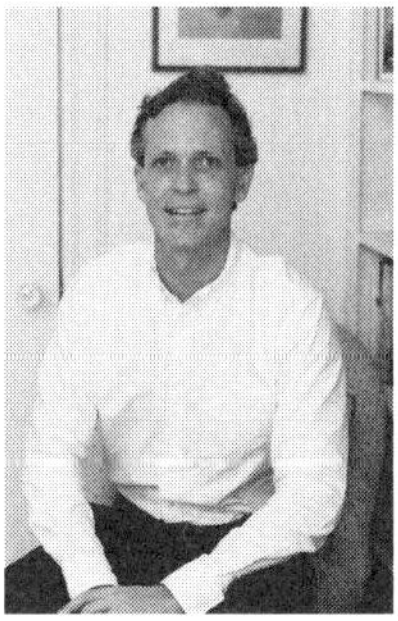
MING CHEN

テキサスA&Mロースクールの教授で企業法を教えている。以前はハーバード大学で法律を教えていた。著書に*Blockchain Democracy*（未訳）がある。ウォール・ストリート・ジャーナルやワシントン・ポスト、ロサンゼルス・タイムズ、ブルームバーグに寄稿している。テキサス州オースティン在住。

黒輪篤嗣
くろわ　あつし

翻訳家。上智大学文学部哲学科卒業。ノンフィクションの翻訳を幅広く手がける。主な訳書に『アッテンボロー 生命・地球・未来：私の目撃証言と持続可能な世界へのヴィジョン』『新しい世界の資源地図：エネルギー・気候変動・国家の衝突』『ワイズカンパニー：知識創造から知識実践への新しいモデル』（以上、東洋経済新報社）、『問いこそが答えだ！：正しく問う力が仕事と人生の視界を開く』（光文社）、『哲学の技法：世界の見方を変える思想の歴史』『ドーナツ経済学が世界を救う：人類と地球のためのパラダイムシフト』（以上、河出書房新社）、『宇宙の覇者 ベゾスvsマスク』（新潮社）、『レゴはなぜ世界で愛され続けているのか：最高のブランドを支えるイノベーション7つの真理』（日本経済新聞出版社）などがある。

世界を変えた8つの企業

2024年4月30日発行

著　者――ウィリアム・マグヌソン
訳　者――黒輪篤嗣
発行者――田北浩章
発行所――東洋経済新報社
〒103-8345　東京都中央区日本橋本石町1-2-1
電話＝東洋経済コールセンター　03(6386)1040
https://toyokeizai.net/

装　丁………橋爪朋世
DTP………アイランドコレクション
印　刷………港北メディアサービス
製　本………積信堂
編集担当……九法　崇

Printed in Japan　ISBN 978-4-492-50353-9